21世纪汉语言专业规划教材
专题研究教材系列

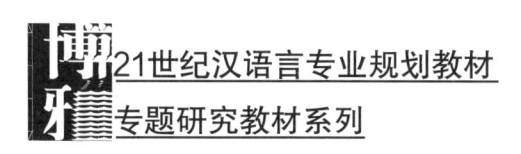

语法化理论解析

YUFAHUA LILUN JIEXI

彭睿 著

北京大学出版社
PEKING UNIVERSITY PRESS

图书在版编目(CIP)数据

语法化理论解析 / 彭睿著. -- 北京:北京大学出版社,2025.6. -- (21世纪汉语言专业规划教材). --ISBN 978-7-301-36275-4
Ⅰ.H146
中国国家版本馆CIP数据核字第2025K5Y823号

书　　　名	语法化理论解析
	YUFAHUA LILUN JIEXI
著作责任者	彭　睿　著
责 任 编 辑	宋思佳
标 准 书 号	ISBN 978-7-301-36275-4
出 版 发 行	北京大学出版社
地　　　址	北京市海淀区成府路205号　100871
网　　　址	http://www.pup.cn　新浪微博:@北京大学出版社
电 子 邮 箱	zpup@pup.cn
电　　　话	邮购部 010-62752015　发行部 010-62750672
	编辑部 010-62753374
印 刷 者	河北博文科技印务有限公司
经 销 者	新华书店
	650毫米×980毫米　16开本　24.5印张　388千字
	2025年6月第1版　2025年6月第1次印刷
定　　　价	79.00元

未经许可,不得以任何方式复制或抄袭本书之部分或全部内容。
版权所有,侵权必究
举报电话:010-62752024　电子邮箱:fd@pup.cn
图书如有印装质量问题,请与出版部联系,电话:010-62756370

例句中英文术语缩略形式

A	agent
ABS	absolutive
ACC	accusative
ADD	additive
ALL	allative
AUX	auxiliary
CL	classifier
CONV	converb
COP	copula
CT	connective
DEC	declarative
DEF	definite
EMPTY	empty marker
ERG	ergative
F	feminine
GEN	genitive
IMP	imperative
INF	infinitive
IPF	imperfective stem
IRR	irrealis
INSTR	instrument
JUNC	juncture
LOC	locative
M; MASC	masculine

N	noun
NAR	narrative
NOM	nominative
OBJ	object
PART	participle
PF	perfective
PFT	perfective past
PL	plural
PRES; PRS	present
PROS	prospective mood
PROX	proximate
PST	past
RE	repetitive
REL	relative/relativizer
SG	single
SUB	subordinator
SUPER	location on surface

目　录

第一章　语法化理论:课题和流派 1
- 1.1　引言 1
- 1.2　语法化研究的重大理论课题 4
- 1.3　语法化理论方法的不同流派 21
- 1.4　传统语法化理论的价值 35

第二章　语法化环境和语法化条件 37
- 2.1　引言 37
- 2.2　语法化环境 37
- 2.3　语法化条件 54
- 2.4　总结 67

第三章　语法化参数 70
- 3.1　引言 70
- 3.2　语法化窄化观的参数体系 71
- 3.3　语法化扩展观的参数体系 90
- 3.4　"窄化观"和"扩展观"的语法化参数的整合 93
- 3.5　总结 97

第四章　语法化原则 99
- 4.1　引言 99
- 4.2　什么是"语法化原则" 99
- 4.3　涉及语法化项自身特征的语法化原则 102
- 4.4　语法化的伴随现象 109
- 4.5　语法化原则的效力和适用范围 113
- 4.6　总结 124

第五章 "形式—意义"共变关系 …………………… 126
  5.1 引言 ………………………………………………… 126
  5.2 语音形式视角 …………………………………… 127
  5.3 泛形式视角 ……………………………………… 138
  5.4 总结 ………………………………………………… 154

第六章 语法化源概念和语法化路径 ……………… 157
  6.1 引言 ………………………………………………… 157
  6.2 语法化源概念 …………………………………… 158
  6.3 语法化路径 ……………………………………… 165
  6.4 独特语法化路径 ………………………………… 181
  6.5 总结 ………………………………………………… 191

第七章 频率和语法化 …………………………………… 193
  7.1 引言 ………………………………………………… 193
  7.2 文本频率效应 …………………………………… 194
  7.3 笼统频率观 ……………………………………… 197
  7.4 对笼统频率观的审视 …………………………… 201
  7.5 差异频率观 ……………………………………… 210
  7.6 笼统频率观和差异频率观的结合 …………… 220
  7.7 总结 ………………………………………………… 223

第八章 语法化单向性和去语法化 …………………… 225
  8.1 引言 ………………………………………………… 225
  8.2 关于语法化单向性 ……………………………… 226
  8.3 去语法化:事实和争议 ………………………… 231
  8.4 语法化和去语法化的异同 ……………………… 241
  8.5 语法化单向性的理论解释 ……………………… 245
  8.6 总结 ………………………………………………… 257

第九章　词汇化问题 ·········· 260
9.1　引言 ·········· 260
9.2　"词汇化"辨异 ·········· 261
9.3　"词汇化"概念的理论依据 ·········· 265
9.4　词汇化和语法化的关系 ·········· 272
9.5　总结 ·········· 297

第十章　扩展适应问题 ·········· 299
10.1　引言 ·········· 299
10.2　关于扩展适应 ·········· 300
10.3　扩展适应和其他现象的纠葛 ·········· 307
10.4　"扩展适应"的启示——汉语类同义副词"也"的产生 ·········· 315
10.5　总结 ·········· 327

附　录 ·········· 329
　　人名索引 ·········· 329
　　术语索引 ·········· 334
　　部分术语名称汉英对照 ·········· 343
　　部分语言名称汉英对照 ·········· 350

参考文献 ·········· 354
后　记 ·········· 378

表目录

表 3.1　语法化参数 …………………………………………… 73
表 3.2　语法化参数的相互关联 ……………………………… 75
表 3.3　桥梁环境模型 ………………………………………… 86
表 5.1　语法化参数的相互关联 ……………………………… 140
表 7.1　笼统频率和临界频率（每百万字出现的频次）……… 214
表 10.1　春秋－东汉文言句中语气词"也"的使用频率 ……… 325
表 10.2　古白话句中语气词"也"的使用频率 ………………… 325
表 10.3　春秋－东汉文言句末语气词"矣"的使用频率 ……… 326
表 10.4　古白话句末语气词"矣"的使用频率 ………………… 326

第一章 语法化理论：课题和流派

1.1 引言

"语法化"这一术语最早见于 Meillet（1958[1912]）。然而，学界对语法化（即语法性单位由词汇性单位演变而来这种现象）的观察和讨论，可以追溯到 18 世纪和 19 世纪（Traugott 2010：271）。在其发展历程中，语法化研究一直伴随着各种争议，理论方法上曾经遭受质疑（如 Campbell & Janda 2001；Campbell 2001；Joseph 2001；Newmeyer 2001）。学者们经过长期努力，已经证明了语法化在理论方法上有独立价值，也总结了很多深刻影响形态句法历时演变的跨语言规律，使语法化研究成为语言学的一个重要领域。

Meillet（1958[1912]：131）认为，语法化是"曾经具有自主性的词项被赋予语法性特征"这样的过程。这是学界公认的最早语法化定义。这一定义代表了早期传统语法化理论的一个基本观念，即语法化就是实词性词项（通常为开放性词类成员）发展出语法性功能（即成为封闭性词类成员）的过程；而这一过程通常伴随着语法化项语音材料的缩减或者丧失以及句法独立性及词汇性意义的丧失等。这一观念在 Kuryłowicz（1976[1965]）得到了拓展。这份研究主张（1976[1965]：52）：

> 语法化主要是语素的范围从词汇性到语法性或者从低语法性到高语法性的提升过程，例如，由派生性构形成分演变

> 为屈折性构形成分。

这一定义标志着学界对语法化现象理解的深化。这一定义出现之后,学者们开始认识到不仅词汇性单位可以发生语法化,语法性/功能性单位也可以继续发生语法化。Givón(1971)把前一种情形和后一种情形分别称为"主要语法化"和"次级语法化"(也见 Traugott 2002:26)。Killie(2015)提到,次级语法化这一概念不太容易理解,其中一个主要问题是如何解读"语法性提升"。作者注意到,对于"语法性提升",总体上有两种解读方式,一种方式是较传统的形态句法路子,另一种方式是把语义语用因素纳入考量。而正如 Traugott(2001:3)所指出的,纯粹形态句法路子的麻烦在于,要证明语法性/功能性单位语法性的进一步提升不是一件容易的事。这对孤立语来说问题尤其突出(如 Bisang 2011;Breban 2014)。拿汉语例子来说,动词"过"、表完毕义的动态助词"过$_1$"和表过去曾经义的动态助词"过$_2$"依序形成了一个复合语法化链(如彭睿 2009b);持续体标记"着"来源于动词"着",也是进行体"着"的直接源头(如陈前瑞 2003,2009;彭睿 2019),三者也构成了一个复合语法化链——要单纯地从形态句法角度来区别"过$_1$"和"过$_2$"之间以及持续体标记"着"和进行体标记"着"之间的语法性高低,恐难做到。

为了避开判定次级语法化输入端和输出端语法性高低的难题,学者们采用了一种更具包容性的策略,即从语义语用视角出发,以"产生新语法功能"代替"既有的语法性/功能性进一步增强"的说法。在这一路子的各种观念中,最有影响的是 Hopper & Traugott(2003)给语法化的定义。两位作者主张,语法化是这样一种演变过程:

> 词汇性单位和复合结构在特定语言环境里承担语法功能,而且,一旦语法化,继续产生新的语法功能。

"继续产生新的语法功能"的表述方式,既包括了语法性/功能性进一步增强的情形,也涵盖了只是在既有语法功能基础上增添新功能的情形。Norde & Beijering(2013)指出,次级语法化的关键是从一个次级范畴到另一个次级范畴之间的范畴性重新分析，而这一过程伴随着用以编码语法关系的意义的重新诠释。这一说法并未强调语法性/功能性的增强，和 Hopper & Traugott（2003）的定义是高度一致的。

在语法化研究的百年历史中，学界对语法化特征和规律的认识由浅入深、由表及里。目前的语法化理论已经有了高度发展，一方面体现为对于关乎形态句法历时演变的重大课题的深刻论述，另一方面体现为理论方法上的多元化。这为语法化研究进一步深化提供了可能性。梳理语法化理论发展历程并剖析既有语法化理论方法得失，一种可能的策略是对这两项工作采用编年式方法来开展。但是，因为相关研究成果繁多、学术观念芜杂，语法化理论发展脉络以这种方式厘清是不容易达到目的的。和语言学其他领域一样，语法化理论的发展是学者们在对那些重大课题的深入探索和反复论辩基础上推动的。因此，一种更为有效的策略是专注于语法化理论关键点的发展，把握理论建构和研究实践的重要环节。具体说，可以从两个角度来观察：一是语法化研究的重大课题，二是不同理论方法流派的兴起和发展。学者们理念不同、风格有异，所倾力研讨的重点也不同。语法化研究日益成熟，其重要标志正是理念、方法的多元化或说不同理论流派的竞合及互相促进；而理念、方法的多元化，又反过来对语法化研究的深化起到了强力推动作用。

研究课题和理论流派属不同维度，但二者之间关系紧密是不言而喻的。在语法化研究的百年历史上，关键性理论发展都是由持功能、认知理念的学者们推动的，而产生了重大意义的研究成果也大都是这些学者取得的。因此，对语法化研究重大课题的回顾，最主要的就是对功能认知派学者学术成就的追踪。对语法化理论不同流派及其发展脉络的梳理，就是对 Meillet 之后各种理念和方法的主要特色及主张的解析。功能认知路子语法化研究的一个重要关注点是语法化在语义和语用方面的表现，其中首要方面是意义，其次是语用（特别是环境的作用）（参 Heine & Narrog 2010：403—404）。认识到这一点，是成功解析语法化理论的一个关键。

1.2 语法化研究的重大理论课题

在语法化研究历史上,学界对一些重大课题的探索和论辩,极大地推动了这一领域在理论观念及研究方法上的发展。一个语法化研究课题之所以"重大",是因为它要么关系到对"语法化"作为一个语言学研究领域的性质的定位,要么足以引领整个领域的研究方向,要么具备了增强语法化理论解释力的潜质,或者兼有这几重功用。以下简介和评析的六个课题,无一例外地都具有这样的特点。

1.2.1 课题一:语法化单向性问题

语法化单向性问题最早是由 Givón(1971)提出来的,而单向性在语法化早期的定义中即有清楚体现。如前文提到,Kuryłowicz(1976[1965]:52)给语法化的定义包括了两种情形,不仅提到了从词汇性到语法性的过程(主要语法化),也提到了从低语法性到高语法性的过程(次级语法化)。这一定义对很多语法化理论家都有启发意义。如 Heine,Claudi & Hünnemeyer(1991b:2)的说法,即语法化是"词汇单位或者结构担负起语法功能,或者语法单位担负起更具语法性的功能"的变化,应该是在 Kuryłowicz 定义的影响下产生的。按照 Kuryłowicz(1976[1965])和 Heine,Claudi & Hünnemeyer(1991b)的定义,语法化的这两种情形都体现了语法化演变的单向性特征,即演变的结果通常是语法性程度的提高。

取决于其语法化理念,学者们对于语法化单向性的探索,要么着眼于语法化项,要么着眼于语法化项所在环境(即以语法化项为其中一个成分的结构式)。语法化项视角,就是以语法化项在语音、形态句法和语义语用特征等方面的变化为主要观察对象。一些具有影响力的语法化理论著作,包括 Lehmann(1995[1982])以及 Heine,Claudi & Hünnemeyer(1991b)和 Hopper & Traugott

(2003)等,都主要是从语法化项特征变化的角度来讨论语法化演变的。在这一视角下,学者们经常提到的语法化单向性特征变化包括如下几个方面:

  语音:语音材料融蚀
  形态—句法:去范畴化;范畴性征弱化;实词性征减弱;功
    能性/语法性增强;内向依附性增强
  语义—语用:实义性丢失或减弱("语义虚化")

Himmelmann(2004)独树一帜,以语法化项所在环境为视点,从"同构项""句法环境"和"语义—语用环境"三个层次扩展的角度来定义语法化,并且主张"语义—语用环境"扩展是语法化的核心特征(详细评述见彭睿 2020:10-14)。"语义—语用环境"扩展也正是这一语法化理念中单向性特征的体现。

  值得注意的是,学界既有人把单向性看成语法化的一个"原则",也有人把单向性看成一个"假说"。二者的区别是:如果语法化单向性是一个原则,就意味着语法化演变一般不能逆反;而如果把单向性认定为一种假说,则会容许一些逆反方向的变化(见 Norde 2009:49)。研究证实,语法化的逆反过程——"去语法化"的确跨语言地存在,但这种变化的个案在数量上远远少于语法化(如 Heine,Claudi & Hünnemeyer 1991b:5,52;Haspelmath 1999,2004;Heine 2003:175);而且,和语法化不同的是,这种变化通常不具有跨语言的系统性——一个证据是,不同语言共享去语法化路径的情形十分少见。

  尽管去语法化个案数量稀少而且缺乏跨语言系统性,学界仍然对这种现象是否能给语法化单向性的定性带来冲击感兴趣。关于这一问题,学者们的主流意见是,语法化单向性并不会因为去语法化现象的存在而受到根本性影响(如 Heine,Claudi & Hünnemeyer 1991a;Haspelmath 1999,2004;Heine 2003;Traugott 2001;Brinton & Traugott 2005)。但大家也认识到,去语法化现象既然存在,就说明语法化单向性虽然大体上可靠,但不是绝对的(如 Hopper & Traugott 2003;Haspelmath 2004)。

去语法化作为一种独立演变现象的理论意义引起了越来越多学者的关注，具有跨语言视野及理论深度的研究也已开展。目前最有影响的观点是，和语法化一样，去语法化是渐变性的，而且也经历了中间阶段，也可能受到语用推理的驱动（见如 Willis 2007，2017；Norde 2009，2010）。这一认识尽管尚有待进一步证实，但已经凸显了去语法化研究自身的价值。

1.2.2　课题二：语法化机制——"重新分析"和"类推"

"重新分析"和"类推"都是语法化机制，这是学界长期以来的一个主流观点。学者们的分歧在于，重新分析和类推在语法化过程中孰为主要机制，孰为次要机制。

一种十分有影响力的观点是，重新分析的后果是创造新的语法结构和规则，具有隐性特征，是推动语法化的主要机制；而类推只是推广新结构、新规则的手段，具有显性特征，因而在语法化中的作用是次要的（见如 Hopper & Traugott 2003）。这一观点可以更具体地从两个角度来看。首先，重新分析的后果是组合性变化，即改变语法形式的句法、构词和语义特征，是一种句法结构和语义语用的重新解释，能够创造出新的规则。因此，重新分析是类推的前提。严格说来，类推只能改变表层形式，并不能改变规则，其最重要功用是导致新结构和新规则的推广，其后果是聚合性的。重新分析所引起的规则变化通常不会立即清晰地呈现出来，而是只有在新规则推广到对比鲜明的情形时，才会被说话人察觉到。其次，重新分析和类推都是创新，但体现在不同层面上。重新分析是新规则和语法结构的创新；通过对新规则的推广，类推可以让语言单位出现在先前不能出现的环境——对这样的语言单位来说，其用法上实现了创新（详见 Hopper & Traugott 2003 第三章的讨论）。

关于类推在语法化中扮演何种角色，学界也有不同声音。以 Paul Kiparsky 和 Olga Fischer 为代表的部分学者都主张类推是语法化的主要推动力，但其所秉持的理论基础以及具体观点都有较大的差异。如 Kiparsky（1968）把音系学意义上的类推重新定义为规则扩展，同时以形式方法证明，类推并不是语言变化的一种随意现象。作者在此后的一系列研究中（如 Kiparsky 2012）继续深化这一认识，并且都把类推看成从相对狭窄的辖域到更为宽广的辖域的规则推广或语法优化，认为类推可以由独立于语言的限制条件来驱动，而这些限制条件是由普遍语法来决定的。Kiparsky（2012）列出了类推性变化的如下分类方式和层级：

```
                    类推变化(优化)
                   /            \
          基于范例的类推      无范例类推（语法化）
          /          \
    比例式类推    非比例式类推
```

其中无范例类推变化的作用是建立起新的范式，而且这一过程是单向性的，完全符合语法化特征。Kiparsky 所定义的这种新类推概念，不仅整合了语法化（即无范例类推）和一般性类推（即基于范例的类推），也为形态及句法的内生创新提供了一种机制。

Fischer（2007，2008，2010，2013 等）认为类推以相似性为基础，是语法构成和语法变化的最重要原则。Fischer 主张，语法化过程的每一步都是独立的，是说话人的类推性思维与其所掌握的语法相结合的产物，而且都以形式和功能的相似性为基础，是用其他结构或语言符号来对某种结构或者语言符号进行替换。比如，Fischer（2008）主张，重新分析应该被看作由类推引起的替换过程。一个例子是，英语的"[BE+going]+[to+不定式]"重新分析为"[gonna]+[不定式]"之所以可能发生，是因为英语里已经存在着"[助动词+不定式]"这样的结构式，这是新结构取代旧结构的基础。因此，类推既是语法化的原因也是语法化的机制。在 Fischer 看来，主流语法化理论的一个缺陷，是过于强调语用语义因素对演变的作用，而把形式变化看成意义变化的副产品。她主张类推同时涉及形式和意义，它不仅是语言变化和语言学习的原动力，也是语法化的推手。但 Fischer 也认识到，类推并不是语言演变理论中的预测性原则。这是因为，类推性思维终究是以个体说话人的经验及创造性为基础的,也只有当类推十分明晰时才会为众多的个体所接受,从而引发演变。

对于两种观念的分歧,彭睿(2020:21)的评论是:"Kiparsky 强调普遍语法对类推的驱动,而 Fischer 的不同之处在于,她认为类推过程的解释,只能从类似结构在说话人的语法共时系统和交际情势范围内所具备的形式和意义中获得。"这份研究认为,语法化以类推为主要机制的说法本身还有很多理论问题需要深入探讨和整合。

1.2.3　课题三:语法化效应——"窄化"和"扩展"

"窄化"效应和"扩展"效应都是语法化重大理论课题,从中可以看到语法化研究理论方法的差异。

1.2.3.1　语法化窄化观

彭睿(2009a,2016)注意到,早期语法化研究的一个普遍认知,是语法化项在形式(语音材料和句法独立性)和意义两方面都发生"窄化"(特征弱化或脱落);后来,当学者们开始同时以语法化项及其所在环境两方面变化为观察对象,语法化研究就有了一个新的视角,即"扩展"。Traugott(2010)和 Traugott & Trousdale(2013)等也都谈到,语法化研究方法上存在着分别以缩减/受限和扩展/增长两种变化为视点的不同方法。

以语法化项为观察对象的各种理论,其核心观念是,语法化后果即语法化项自身各种特征以及语法化项与其他成分之间关系在语法化过程中发生窄化。彭睿(2020:7-8)指出,依据学者们研究目的及着眼点的不同,语法化窄化效应在各家观点中的概括和呈现方式不完全一致。如:

i. Givón(1979:208)最早将子句结合纳入语法化范畴,并勾勒出"篇章 > 句法 > 词法 > 形态音位 > 零"这一斜坡。在这个过程中"松散、并列及语用性"的篇章结构逐渐演变成关系紧凑和语法性的句法结构,窄化特征十分明显。

ii. Hopper & Traugott(2003:176-184)也把复杂句子结构的形成看成语法化,并且指出其变化路径为"并列句 > 依附句 >

嵌入句"。这明显是一个由复杂到简单、由松散到紧密、以紧缩为特征的窄化过程(2003：211)。

iii. Hopper & Traugott(2003：142)将形态化归纳为"具体句法环境中的词汇项 > 附着成分 > 词缀"。这一过程可以解释为语法化项在形态句法方面自主性的受限，也即对其他成分依附程度的加深。词汇项如果出现语音材料的失落，则是另一个层面的窄化。

iv. 在语法化窄化观中，最具影响力的是 Lehmann 的语法化"标杆理论"(Lehmann 2015)[①]。作者的基本观点是，语法化是一个语法性增强而自主性减弱甚至丢失的过程；这一过程涉及语法化项的"势域""内聚"和"变异性"三种特征，而每种特征变化都可以从组合和聚合两个角度来观察，由此可归纳出一共六个语法化参数，即语法化"标杆参数"(详细介绍见本书第三章)。重要的是，六种参数都具有减量(也即"窄化")特征。"聚合势"除外，其他五种参数都涉及语法化项和其他成分(同一聚合内成员或者可构成句法组合的成分)的关系。"聚合化"和"融合"都可理解为减量过程："聚合化"导致"聚合度"增加，其后果是语法化项内部结构的紧密化；而"融合"，即组合度的增加，是语法化项和其他成分相组合的能力的降低(彭睿 2020：9)。

语法化窄化观的一些主张，如 Hopper & Traugott(2003：176—184)讨论的复杂句子结构形成过程的紧缩趋势，以及 Lehmann 提出的语法化标杆参数，都不同程度地存在可商榷之处。复杂句子结构的形成是否具有传统语法化理论意义上的语法化性质，目前学界并没有得出一个一致的看法(详见本章 1.2.6 节的介绍)；同时，既有研究已经证实，复杂句子的形成不一定以紧缩为特征。举个例子，Peng(2013)证实，汉语溯因兼语句(如"张三

[①] Lehmann 的相关理论萌芽于 Lehmann(1982)，之后在 Lehmann(1995[1982])以单行本的形式进一步阐发。这一单行本后来又分别于 2002 年和 2015 年出版了第二版和第三版。本书对 Lehmann 语法化理论(特别是窄化观理念及语法化参数)的介绍和评述均以 Lehmann (2015)为基础。

骂李四懒""我羡慕他有车")是依附句,但其直接来源则是嵌入句(如"哀[吾君不免于难]")(也见彭睿2020:242—245)。这一演变路径和Hopper & Traugott(2003)所预测的恰好相反。对于语法化标杆参数的普遍意义,学界也一直有争议。如Traugott(2010:272)指出,Lehmann的标杆参数在形态丰富的语言里容易操作,但对形态不丰富的语言(如汉语和当代英语)来说则不一定适用。而Bisang(2008c:25—26)也注意到,在Lehmann的标杆参数里,只有组合变异性完全适用于东亚及东南亚大陆语言(如汉语);因为各种原因,其余五个参数都无法对这些语言现象进行有效解释(详细介绍见彭睿2020:9—10;也见本书第三章的讨论)。

1.2.3.2 语法化扩展观

语法化的"扩展"涉及两个方面,即语法化项自身特征的泛化和语法化项所在环境的拓展,两个方面密切相关。根据彭睿(2020)的梳理,语法化"扩展"理念可以追溯到Bybee(1985)和Bybee,Perkins & Pagliuca(1994:5—10)对语法化特征的论述,特别是其中的泛化概念。Bybee(1985:168)的泛化概念是从环境角度定义的,即语法化项使用环境的拓展。例如,在从道义情态到认识情态的历时变化过程中,后者的使用环境比前者宽泛。以英语 *must* 为例,这个情态词由最早的"必须"义发展出"可能"义。"必须"义的 *must* 通常只能用于具有"有生性"主语的句子中,而"可能"义的 *must* 则无此限制,可以出现在任何类型主语的句子中。Bybee,Perkins & Pagliuca(1994)把泛化的内涵拓宽到"用法的扩展"和"意义的泛化"两个层次,指出用法的扩展就是环境的扩展,而意义的泛化就是虚化,即词汇性细节的丢失。其背后理据是,词汇性语素一般来说意义丰富而具体,所以其所在环境是狭窄的;而作为词汇性语素演变后果的语法素[①],通常会失去

[①] Bybee,Perkins & Pagliuca(1994:2)提到,"语法素"(grammatical morpheme)是所有类型的语法性成分的统称,在形式上可以是词缀、词干变化、重叠、主动词、小品词以及复合型的短语性语法单位(如助词 *be going to*)等。作者指出,语法素的英文简写形式 *gram* 是由Bill Pagliuca创制的,而其首次使用则出现于Bybee(1986)。

具体的意义特征,所剩的语义内容较为宽泛抽象,所以能够出现在多种环境。

Hopper & Traugott(2003:101)对泛化的理解稍不同于Bybee等人。这部著述主张泛化"一方面以语言单位多义性增加为特征,另一方面以语素从词汇性到语法性或者从语法性较低到较高这样的范围增加为特征"。作者也把泛化分为"意义泛化"和"功能泛化"两类。意义泛化指的是语法化项通过发展出多义词来拓展其语义范围。举一个汉语的例子,表完成义的动词"了"经过语法化(或者多重语法化)发展出"了$_1$"和"了$_2$"两种用法,这意味着"了"的语义范围得到了拓展。功能的泛化即环境的扩展,相当于Bybee等人所说的用法的扩展。语法化过程中的重新分析往往发生在一个局部的环境当中;新语法意义的用法一般会通过类推而扩展到新的环境。按照Traugott(2010:277)的说法,在语法化过程中,词汇意义丢失,剩余下来的是以语法方式强化了的意义,此即虚化;而虚化必然导致能够与语法化项共现的限制条件的放宽,此即泛化。从历时发展轨迹来看,这种泛化是一种使用环境的扩展。究其原因,丢失了意义特征的语言单位适应性更强,能摆脱一些搭配上的制约,也因此能够出现在更多的语言环境里,即功能上的扩展。这在汉语处置标记"把"的例子上看得很清楚。处置标记"把"的宾语类型最早是可持握的物事,后来逐渐扩展到不可持握甚至抽象的物事。从另一个角度看,介词"把"早先用于表达处置义的环境,后来逐渐扩展到表致使这样的环境。这种变化背后的原因不难窥见——摆脱了持握义约束的"把"可以和意义范围更宽泛的语言单位相搭配。

语法化扩展理念的典型代表当属Himmelmann(2004)。作者提出了"基于结构的语法化观"(简为"语法化扩展观")。语法化扩展观主张,语法化环境包括语法项的同构项类型、句法环境和语法化项所在复合构式所处的语义-语用环境三个层次;而语法化就可以定义为这三个层次环境的"扩展"(意为"出现在原本不能出现的环境")。三层次环境扩展具体解释如下(详见Himmelmann 2004:32—33):

i. 同构项类型扩展，即能与语法化项构成组合关系的成分类型的增加。如指示代词通常不能修饰指称独特物事的名词，但语法化为冠词后，就可以修饰包括专有名词及 sun（太阳）、sky（天空）和 queen（女王）等指称独特物事的名词。

ii. 句法环境扩展。比如，由于语法化，语法化项所在结构能出现的句法环境从核心论元（主语或宾语）扩展到它不曾出现过的其他句法环境（如介词短语）中。

iii. 语义－语用环境扩展。这里的环境也是针对语法化项所在结构而言的。这一点也反映在指示代词和冠词的区别上。如"指示代词＋名词"只出现于有上下文或前指成分的环境中，而"冠词＋名词"则不拘于此。

Himmelmann（2004：33）提到，在三层次环境扩展中，语义－语用环境扩展是最关键的，而其他两种环境扩展可能发生，也可能不发生。按照 Himmelmann（2005：83）的说法，其他学者的语法化定义提到的那些（窄化）现象在扩展观的语法化定义中并不出现；特别地，语音融蚀和溶合在他的体系中属于语法化的附带现象——这些现象是否发生，一是取决于具体语言的类型学特征，二是和（语法化项所在）结构式的类型有关。举个例子，语法化项的语音融蚀及溶合在汉语和高棉语中远不如在英语和俄语中普遍，就是由这两种语言的类型学特征差异造成的。拿汉语族语言来说，这些孤立语因为受到音节之间的离散界限和音位制约两个因素的影响，尽管其语法化演变并不受到妨碍，但音节紧缩的可能性基本上被排除了（详见 Ansaldo & Lim 2004）。这在一定程度上凸显了语法化扩展观的合理性。

Himmelmann（2004）从语法化项与其三种环境的共变关系的角度来定义语法化过程，把环境变化的重要性提升到了空前的高度，理论意义十分重要，也在一定程度上获得了部分学者的认同（见 Brinton & Traugott 2005；Noël 2007；Traugott 2008a，2010；Trousdale 2012；Traugott & Trousdale 2013 等）。如 Brinton &

Traugott（2005：99）给语法化的定义是：

> 语法化是说话人在特定语言环境里用一个复合结构的局部表达语法功能的过程。随着时间的推移，这一过程产生的语法性单位可能通过获得更多语法功能以及扩展其同构项而增强其语法性。

以上定义采纳了扩展的理念。从字面上看，这一定义对扩展理念的认同仅限于同构项类型的变化，并没有涉及其他两种环境，特别是被 Himmelmann（2004）视为关键的语义－语用环境扩展。实际上，定义中所说的语法性单位"获得更多语法功能"就是前文提到的功能泛化，也就是语义－语用环境扩展。

1.2.3.3　整合的语法化观

归纳起来，前人对语法化的理解有两种视角，分别着眼于语法化项和语法化环境。跨语言的事实表明，两种视角所观察到的特征变化并不互相抵牾，即没有非此即彼式的对立，同时也不存在此消彼长式的关联。根据具体语言及语法化项的不同，语法化项自身特征和语法化环境特征在语法化过程中的显现程度可能有差异，如果偏废其中任何一方，都会导致语法化定义的不周延。因此，彭睿（2016：18）提出了"整合的语法化观"，指出"完整的语法化理论应该整合窄化和扩展两种观念"，具体说就是：

> 语法化应当是"语法性特征的获得或增加""意义泛性增强"以及"语义－语用环境扩展"三种变化交互促进的过程。这一过程及其后果不仅体现了语法化现象的区别性特征，也展示了语法化理论诠释和预测能力的独特性。其他特征，包括语法化窄化观的其余参数以及语法化扩展观的同构项扩展和句法环境扩展，都只是语法化的附带现象，是非本质性的。

明显地，作者试图在语法化的窄化观和扩展观中找到最佳结合点。

彭睿（2020：38－39）进一步强调，语法化的最本质特征是语法功能的获得，是一个外部条件和内部依据相互作用的语用推理过程，同时牵涉语法化项及其所在的环境：着眼于语法化项，语法化是"一个以紧缩和耗损为特征的减量过程,包括语法化项语音和语义内容的失落及其与其他成分关系的受限,即窄化效应";着眼于语法化环境,语法化则是"一种增量过程,即扩展效应",以语义语用环境的扩展为特征。这本著述结合 Haspelmath(2004)、Himmelmann(2004)和 Brinton & Traugott(2005)的部分说法,把语法化定义为如下这样的过程:

> 语法化是说话人在特定语言环境里用一个语言单位来表达语法性功能的过程。随着时间的推移,这一语言单位意义泛性增加,从而获得一定语法性功能,或者在既有语法功能基础上获得新的语法性功能,并且语义语用环境得到扩展。这一过程通常(但不必然)伴随着语法化项语音材料的融蚀、内向依附性的增强以及语言单位的搭配成分范围和句法环境的扩展等现象。

这一定义区隔了语法化本质特征(即语法性功能的获得)和附带现象,和 Himmelmann(2005)的理念是一致的。因为(新)语法性功能的获得使得语义语用环境的扩展成为可能,所以这一定义和语法化扩展观并不矛盾,而是把窄化和扩展两种观念结合了起来。

1.2.4　课题四:语法化项的"形式-意义"共变问题

语法化项既有形式特征,也有意义特征。Bybee,Perkins & Pagliuca(1994:106-107)指出,语法化项的形式变化和意义变化平行发生、语法化项在意义进一步泛化的同时,也会发生形式上的变化。这种形式变化包括两种情形,即语法化项语音材料的紧缩或失落,以及自主性的丧失(即与周围语音材料溶合程度的增加)。作者指出,两种形式变化都和语法化中的主要意义变化同步发生,从而造成了形式和意义之间的共时像似性关系;而历时地看,在语法化过程中这两种形式上的变化都和意义变化具有共变关系。这种共变关系在 Bybee,Perkins & Pagliuca(1994)里被总结为"平行紧缩假说"。

"平行紧缩假说"遭到了很多质疑。如前文几次提到了

Himmelmann（2005：83）的观点，即语音融蚀和溶合在语法化扩展观中属于语法化的附带现象，因为这些现象不具有普遍性，其出现与否取决于具体语言的类型学特征，也和语法化项所在结构式的类型有关。也有学者从语法化的界定性属性（或区别性特征）的角度质疑了语法化项语音紧缩的普遍意义。如 Schiering（2006，2010）主张，语法化项语音紧缩并不是语法化的界定性属性，而 Arcodia（2013）的调查也显示，语法化项的语音紧缩实际上是独立于语法化过程的，属于形态音位过程。Heine 及其同事系统地论述了语法化项形式变化滞后于意义变化的事实。如 Heine & Kuteva（2007：32—53）和 Heine & Narrog（2010：406）都提到，语法化是以语用、语义、形态句法和语音这四个因素的互动为基础的，涉及不同使用层面的参数，包括"扩展"（即语言单位在扩展至新环境时产生新意义）、"去意义化"（即意义内容的失落）、"去范畴化"（即作为词汇项或者其他低语法化程度单位的特性的形态句法特征的失落）和"融蚀"（即语音材料的失落）。Narrog & Heine（2018：1—2）指出，对语法化来说，扩展和去意义化是根本性的；去范畴化和融蚀未必发生，如果发生，应该在扩展和去意义化之后。就是说，Heine 等的语法化参数的排列顺序是意义变化（扩展和去语法化）居先，形式变化（去范畴化和融蚀）随后。这一理念即"意义先行假说"的基础（详细介绍见本书第五章）。

　　Bisang & Malchukov（2020）在跨语言的大规模语料基础上对不同类型语言语法化项的形式和意义变化进行了评估，从统计学视角对两种假说进行了检验。在意义先行假说和平行紧缩假说二者之间，这份研究的调查结果总体上更支持前者（2020：7）。这一结论和学界目前关于形态句法变化的结论是一致的。研究表明，意义是语言能力的根本表征（如 Goldberg 1995；Pinker 1989），也就是居于支配地位。拿图式性构式来说，其历时扩展就是受语义制约的（如 Langacker 2008；Bybee 2010，2013；Goldberg 2006，2009）。这种一致性进一步动摇了平行紧缩假说的合理性。

　　总之，就学界目前的认知来说，语法化项形式和意义共变的说法无论在理论上和实证上都存在一些问题。要解释这些问题，关键是要认识到，形式变化应该服务于(并从属于)意义变化。

1.2.5　课题五：词汇化及"语法化－词汇化"关系

学界对于"词汇化"概念的内涵和外延一直都有争议，这一术语在文献中被学者们用来指称数种不同的演变现象。如 Brinton (2002：70－74)列出了这一术语的九种含义：

i. 纳入词库
ii. 脱离能产性的语法规则
iii. 构成词的一般过程
iv. 语法词(范畴) ＞ 词汇词(范畴)
v. 句法结构式 ＞ 词位
vi. 黏着语素 ＞ 词位
vii. (两个以上)独立语素 ＞ 单语素形式
viii. 习语化
ix. 语义化

而通过梳理学者们对词汇化的不同理解，Himmelmann (2004)也归纳出词汇化的四种类型[①]：

i. 并合，包括习语化
   由既有的两个或两个以上的词创造出新词，既有词可以继续独立。
ii. 化石化(或称"能产性中止")
   曾经具有能产性的构形成分重新分析为词根的一部分。
iii. 派生性构形成分的产生
   (通常黏着性)构形成分的创造，新构形成分可以具有能产性地用于新词的构成。

---

①　Himmelmann 提到了第五种类型，即"词汇化模式"(即意义特征编码模式)，但指出他之所以列出这种模式是出于完整性考量。所谓"意义特征编码模式"是一种认知范畴或特征。作者举了 Talmy (1985, 2000)的例子，如英语的位移动词 *float*、*slide*、*roll*、*bounce* 和 *run* 是位移、方式或致因等特征的结合的词汇化，而西班牙语位移动词 *entrar*、*salir* 或 *pasar* 是位移与路径的结合的词汇化。Himmelmann 认为这种词汇化和语言变化现象无关。

iv. 分裂

　　新词由单独的既有词派生出来，既有词可以继续独立存在。

不论是 Brinton 总结的九种含义，还是 Himmelmann 归纳的四种类型，其各自内部关系都是十分复杂的。撇开这种复杂关系，目前学界最有影响的一种观点是：词汇化演变的输出端（"词汇化成项"）是实词性的；着眼于过程，词汇化涉及输入端（"词汇化项"）意义理据性的丧失，也可能会引起内部结构性的丧失。因此，词汇化的输入端只能是复合型组构（如句法结构式、词的搭配等）（见如 Kastovsky 1982；Lipka 2002[1990]；Lehmann 2002b；Himmelmann 2004；Brinton & Traugott 2005，2007）。就是说，单独的单语素语言单位或独体性语言材料都不具备发生语法化的条件。

　　词汇化和语法化的相互关系一直以来都是一个热门话题。这种关系一直无法厘清，其中一个主要原因就是词汇化这一概念本身内涵和外延都不甚明确。关于词汇化和语法化之间关系，学界曾经出现过若干观点，如认为二者互为逆反过程等。然而，随着研究的深入，这样的观点开始式微，目前更为学界所接受的是如下说法：

i. 二者以某种方式互相关联，其背后的机制相同，并非方向相反的演变；
ii. 二者共享一些变化特征，但演变结果的范畴性质不同（分别为实词性和语法性的），所以在一定意义上是平行的（参 Wischer 2000；Lehmann 1989，2002b；Himmelmann 2004；Brinton & Traugott 2005，2007；等等）。

　　既然词汇化和语法化是平行的，那么一个无可回避的问题就是二者各自的逆反过程分别为何。Brinton & Traugott（2005，2007）认为，词汇化的逆反过程是"反词汇化"，其典型代表就是 Lehmann（2002b）所称"俗词源"（该术语借自 Untermann 1975）的形成(着眼于过程，或可称为"俗词源化")①，也就是没有透明性的表达式被"人为"地赋予一定理据性和结构这种操作过程。前面谈到，语法化的逆反过程为"去语法化"，这一说法目前是学界的主流意见。所谓"去语法化"，是"在语法化斜坡上导致从右而左转移的语法性变化"(Norde 2002:47－48)，或者更严谨地说，就是"语法素于特定环境中在多层次(语义、形态、句法或语音)上自主性或语音材料获得增强的综合性变化"。这一定义和Lehmann的语法化标杆理论给语法化的定义在特征变化上是相互逆反的。有关词汇化及"语法化－词汇化"关系的话题将在第九章详细讨论。

1.2.6 课题六：图式性构式的语法化

随着历时构式语法的兴起，"图式性构式的语法化"这一话题已经被提出。"图式性构式的语法化"存在两个可能性，一是图式性构式为语法化输出端("语法化成项")，二是图式性构式为语法化输入端("语法化项")。在传统语法化理论框架下讨论图式性构式的语法化的做法，在跨语言的文献中都早已存在，如以英语语料为观察对象的Traugott(2008a，b)及Trousdale(2008a，b；2010；2012)，讨论汉语个案的洪波、董正存(2004)，杨永龙(2011)和龙国富(2013)等。然而，传统语法化理论是否能够解释"图式性构式的语法化"这种现象，是一个尚未被系统论证的课题。

目前最广为学界认同的语法化定义，无一例外地都认为语法化输出端是语法性/功能性的(Heine，Claudi & Hünnemeyer 1991b；Heine 2003；Hopper & Traugott 2003；Brinton & Traugott 2005)。因此图式性构式能否成为语法化输出端，一个重要因素是图式性构式是否具有语法性/功能性。对此，学者们的观点并未能达成一致。如按照Rostila(2006:53)的说法，图

---

① 很多文献以"俗词源"来指称这一现象，而另一些文献更注重其变化性和过程性，故以"俗词源化"来称说。详细讨论见本书第九章。

式性层次和语法化程度之间具有正比例关系，完全图式性构式是所有构式中语法化程度最高的。这种说法也认定了图式性构式具有语法性/功能性特征。然而，这一理念并未完全成为学界共识，如 Boye & Harder（2012）认为，图式性构式具有一定语法性/功能性特征，但并不具备最典型的语法性/功能性特征。

　　Noël（2007）注意到了学者们的不同观念。首先，有的学者主张复合型图式性构式的形成过程具有语法化性质。如 Tomasello（2003：14）认为，图式性构式的产生，即由"话语串"变成"结构严密的句法构式"，是一个语法化过程。Bybee（2003b：146）指出，不涉及具体语素的"语序范式的产生"也可视为语法化过程。Boye & Harder（2012）的观点与此相似。其次，有学者主张已经形成的图式性构式可以成为语法化项，也就是认为语法化能够发生于现存图式性构式（Croft 2001；Trousdale 2008a）。如 Trousdale（2008a）认为现存图式性构式的进一步演化，即构式图式性程度的提升，具有语法化属性。图式性构式的进一步演化是否具有语法化性质不是一个简单的问题，原因是这种历时演变本身并不是一个单一性质的过程，而是可以细分为两种情形，即现存图式性构式（i）进一步扩展以及（ii）变成新图式性构式。Rostila（2006）和 Boye & Harder（2012）都支持这样的观点，即情形（i）具有语法化特征，因为扩展的结果是产生图式性程度更高的构式。情形（ii）和刚才提到的图式性构式的产生可以看成同样性质的过程。

　　图式性构式能否发生语法化，如果严格地从传统语法化理论角度看，并不是一件能够轻易下结论的事情。彭睿（2020：22—27）梳理了学界对语法化项应该具备的条件的讨论。如 Bybee（1985），Bybee，Perkins & Pagliuca（1994）和 Hopper & Traugott（2003）等一致认为，语法化项通常具有意义泛性特征并且担负着普通的话语功能；Heine，Claudi & Hünnemeyer（1991b：32—45）指出，语法化项通常是有限的几种基本认知结构，包括源概念和源命题。其中源概念多指物件、过程和处所等，也包括一些指示性和疑问性概念，属于最初级的人类经验，通常来源于人的物理状态、行为或者所处环境，为人类了解较为抽象的概念提供具体参照点；源命题指的是复合结构，往往是人类经验中最基本的、可以用涉及两个个体的谓语性成分来诠释的状态或过程（Heine，Claudi & Hünnemeyer 1991a：151－153）。源命题的特征是"以基本的方式来表述物件在何处、从何处或往何处移动、不同物件之间如何关联以及人们做什么"（1991a：153）。因此，图式性构式可否成为语法化项，在很大程度上取决于它们是否具备泛性特征，以及是否符合认知源条件或说可否归入源概念或源命题范畴。彭睿（2020）对此持谨慎态度，指出"图式性"和"意义泛性"属于不同认知域，二者并不能简单地等同起来。

在两种认知源里和图式性构式较为接近的是源命题。如前所述，Heine，Claudi & Hünnemeyer（1991a）把源命题定义为人类经验中最基本的、可以用涉及两个个体的谓语性成分来诠释的状态或过程。因此，图式性构式要成为源命题，必须能够表达这种基本状态或过程。Langacker（2008）、Goldberg（2006，2009）等认为，论元结构构式（属于复合型图式性构式）自身对其语义解释最为关键。如 Langacker（2008：245）指出，图式性构式"是有意义的"，并且"能对复杂结构的语义作出关键的贡献"。Goldberg（2006，2009）也认为，虽然动词和论元结构构式都能传达句子的总体意义，这一总体意义并不能可靠地由动词的意义以及/或者句法信息来决定（2006：6－9），而论元结构构式作为一个整体对语义信息的贡献是显著的（2009：105）。由论元结构构式可以进一步推及其他类型的图式性构式，即图式性构式本身能够表达意义，能够表达人类经验中最基本的状态或过程。彭睿（2020：32－33）指出，和论元结构构式（如双及物构式、兼语构式）不同的是，有的图式性构式（如汉语的"越……越……""连……也/都……"以及英语的"NP *of* NP"以及"*way* 构式"）所表达的既不是人类经验中最基本的状态，也非其中最基本的过程，因此不符合源命题的条件。

从语法性/功能性来看图式性构式能否成为语法化输出端，以及从其认知源属性来看图式性构式能否成为语法化输入端，都是就总体而言的。对具体演变个案来讲，其语法化性质的认定，还要看演变过程所呈现出来的特征是否符合学界对语法化的认知,如是否具有单向性特征,是否经历连续性环境,是否以语用推理为驱动力,等等。目前这方面研究尚没有系统性地开展。

以上六个课题并不能涵盖语法化研究的所有方面。但是,因为涉及对语法化的定性,而且对学界语法化研究的走向产生了巨大影响,所以这六个课题的研究历史和现状基本上能够勾勒过去百年来学界对语法化重大问题的探索轨迹,以及更深层次地看,能够概括学界语法化根本观念的形成和塑造过程。学者们对这些课题的探讨仍在进行中,而且已经出现了新的发展态势,如在新的理论框架(历时构式语法)里来检视相关问题。历时构式语法一方面继承了传统语法化理论的合理内核,另一方面全面吸纳了构式理念,具有很强的解释力。这种新的理论框架如何解决传统语法化研究遗留下来的问题,值得期待。

1.3 语法化理论方法的不同流派

语法化研究的深化离不开不同理念的碰撞。这种碰撞不仅体现在微观层面,即学界对具体语法化现象见解的差异,也体现在宏观层面,即学者们对语法化本质的认知以及对语法化规律进行归纳的切入点和方法上的不一致。这两个层面的碰撞推动了语法化研究的发展。

Meillet之后语法化研究出现了多种功能学派的研究路子(Kiparsky 2012)。其中最有影响的当属如下几种理论框架[①]:Christian Lehmann的语法化标杆理论,Joan Bybee等的频率驱动说,Bernd Heine等的隐喻主导说,以及 Hopper & Traugott

---

① Himmelmann(2004)提出的"基于结构的语法化观"(或称"语法化扩展观")广为学界知晓。但"扩展"理念在语法化理论界久已有之,这份研究的准确定位应该是这一理念的集大成者(见彭睿 2020:10—14)而非创始者。Himmelmann 并未在此基础上进一步深化,也未在其扩展观框架下系统讨论其他语法化理论问题(如单向性、形式-意义共变等)的立场,更没有把其相关理论运用于跨语言的语法化研究实践,或者以跨语言事实来检视其理论。因此,着眼于理论方法的创新性、影响力的广泛性以及自身理论的系统性,"基于结构的语法化观"的理论地位同其他几家学说相比是有一定距离的。因此,本书并不把 Himmelmann 的理论和其他四种理论框架相提并论。

(2003)的转喻主导说①。以下内容是对几种理论框架核心内容的概括。

1.3.1 Lehmann 的语法化标杆理论

Lehmann 的语法化观有几个关键点，包括基于"自主性"的语法化参数、语法化过程以及语法化认知原理。

Lehmann（2015）接受了 Kuryłowicz（1976[1965]）的观点，认为语法化不限于词汇性单位演变成语法性单位的过程，同时也是语法性单位的语法地位增强的过程。其中一个关键词是"语法性"。Lyons（1977：234）提到，在各种语言中，人们用不同方式来对时、数、性别、格、人称、临近性、可视性、形状、生命性等等进行语法化（即让语言单位在语言中以语法性方式参与）；而 Lehmann 强调，在某一语言中，特定语义范畴只有以语法性范畴形式来表征的时候，才能说被语法化了。那么，一个重要问题是，成为语法性范畴需要满足哪些条件呢？Lehmann（2015：14）采用了 Jakobson（1959：48）和 Mel'čuk（1976：84）的说法，指出其中的关键条件是"强制性"：在某种语言里，如果说话人没有对特定意义不予显性标示的选择自由，这种意义在该语言里就是被语法化了。但 Lehmann 也指出，强制性都是相对于环境而言的：一个意义在某种环境下是强制性的，在另一种环境下则可能是可选性的，而在第三种环境中或许不能出现。作者所举的数范畴的例子很能说明问题。拉丁语名词形式要么是单数性的，要么是复

---

① Paul J. Hopper 教授和 Elizabeth C. Traugott 教授都在当代最杰出的语法化理论家之列，其语法化理念有不少相近之处，也有很多体现各自特色的地方。之所以把 Hopper & Traugott（2003）作为一种研究路子，而不是分别介绍 Traugott 及 Hopper 各自的理论主张，主要是基于两个原因。第一，Hopper & Traugott（2003）是迄今为止传统语法化研究路子中读者最多的教科书，其中的很多主张在学界产生了广泛的影响。第二，拿 Traugott 教授来说，其理论观点和研究方法是与时俱进的。Traugott 教授不仅在本章第 2 节所讨论的几个重大课题方面影响巨大，而且是传统语法化研究和构式语法理念相结合的理论和实践的最主要推动者之一。因此，要在本章有限篇幅内概括 Traugott 教授的贡献有一定难度。本书的内容是讨论传统语法化理论，而 Hopper & Traugott（2003）集中地体现了 Traugott 教授在传统语法化理论方面的主要贡献，从中可以获知她关于语法化的主要理念，了解她对语法化研究的卓越贡献。

数性的，说话人没有选择不标明单复数的自由。因此，可以说拉丁语的"数"是一个语法性范畴。在土耳其语里，多数名词能够以复数后缀的形式来标示数范畴。有的名词，如民族、职业等，作为谓语构成部分的时候可以不标示数范畴，而前面有基数词的名词也都不标示数范畴。在多数其他环境里，数范畴的标示不具有强制性，没有标示的形式既可以表单数也可以表复数。

Lehmann 语法化理论最核心的概念之一是语言符号的自主性。自主性和语法性是相对的。如 Lehmann（2015：130）假定，语言符号在使用上越自由，就越具自主性；语法化会减损语言符号的自主性。Lehmann（2004：155）也指出，一个语言符号丧失自主性、受限于语言系统的变化，就是该符号的语法化过程。因此，要衡量一个语言符号的语法化程度，就得先确定其自主性程度。作者把自主性的决定因素分为三个方面：

势域：使语言符号区别于同类成员并且在结构段中获得显著度的特征即"势域"。

内聚：语言符号的自主性降低，从而系统性地紧缩与其他语言单位的某些关系；这些关系中对自主性具有减损作用的内在因素即"内聚"。

变异性：语言符号自主性越高，就越具有"变异性"，即位置的可移动性。

作者指出，"势域削减""变异性减弱"以及"内聚增强"是语言符号语法化的三个方面。作者从聚合和组合两层次特征来对三个方面进行检视，归纳了语法化的六个标杆参数，其功用是确定不同语言符号的语法化程度：

i. 从聚合角度看势域，称为语法化项的"聚合势"，包括语义内容和语音材料的多寡；而从组合角度看势域，就是"组合势"，即语言符号进入或参与建构的结构式所覆盖的范围。

ii. 从聚合角度看，语言符号和同一词形变化表内其他语言符号之间的内聚关系称为"聚合度"，即该语言符号在词形变化表里面被整合以及依赖词形变化表的程度。从组合角度看，语言符号和同一结构段中其他语言符号的内聚关系体现的是"组合度"，意指该语言符号依赖或附着于那些语言符号的程度。

iii. "聚合变异性"和"组合变异性"指的分别是一个语言符号为其他语言符号所代替或被省略以及在结构中位移的可能性。

语言符号的自主性及与之相反的语法性都是由六个参数共同决定的。Lehmann（2015：135）指出，语法化不能以这六个参数中的任何一个来单独定义，所有参数互动才会发生语法化。

Lehmann（2015：16）的进一步假定是，语法化始于话语中无屈折变化的实词之间的自由搭配：

i. 这种搭配经句法化变成句法结构式，其中一些语素承担起语法功能，因而这种句法结构式是分析性的。

ii. 分析性语法结构式经过形态化紧缩成综合性结构体，从而使其中的语法成分变成黏着性的词缀。

iii. 因为构词手段由黏着变到屈折，词作为一个整体在形式上更紧密，这一过程称为"去形态音素化"。

iv. 语法性范畴的形式和意义都归于零。

这几个阶段可以图示如下（译自 Lehmann 2015：15）：

层级	话语	句法	形态	形态音素
手段	孤立性 > 分析性 >	综合性—黏着性 >	综合性—屈折性 >	零
阶段	句法化 形态化	去形态音素化		丢失
过程	语法化			

Lehmann 强调，上表内容不完整，是经过了简化的，其唯一功能就是让人粗略地认识到语法化包括什么样的变化。

Lehmann 对语法化和词汇化之间的关系有着深刻的解读。Lehmann（2002）主张，语法化和词汇化反映了人的大脑对具有复合特征的认知对象的不同认知方式。这份研究指出,大脑对具有复合特征的认知对象有两种存取方法,即"分析性方法"和"整体性方法"。分析性方法着眼于细节,把认知对象的每一个组成部分都纳入考量,并且认可认知对象的性质和功能特征对整个组构所作的贡献,同时把组合规则运用于各个部分;整体性方法,顾名思义,即从整体入手,对整个认知对象进行直接存取,并不对个别组成部分的贡献细加考量。Lehmann 认为,语法化和词汇化分别是对语言单位的分析性存取和整体性存取的结果,语法化就是语言单位从分析性的组构中获得某种功能的过程。这一点可以通过语言单位的组构 XY 的例子来清楚说明:以分析性方式来存取 XY,就是把这一搭配当作一个语法结构式,也即认识到 X 或 Y 或两者的结构特征都会在搭配中发挥作用,即各自能都对整个结构式的结构和意义作出贡献;如果说话人在言语实践中对 XY 的这种"先分解再整合"式的认知模式加以强化,XY 即开始语法化。

很显然,在 Lehmann 的语法化观里语法化项的形式变化是重点;语法化环境和语用推理的作用都没有被强调。同时,如 Traugott(2010:272)所指出的,Lehmann 的标杆参数在形态丰富的语言里容易操作,但对形态不丰富的语言(如汉语和当代英语)来说则未必适用。

1.3.2 Bybee 的语法化观

Bybee 的语法化观一个最重要关键词是"文本频率"。Bybee 的语法化理念,用 Heine & Narrog(2010:403)的话来讲,就是把语法化看成高频率使用的后果,并且关注形态和语音材料方面的变化。

Bybee 对语法化的理解有一个深化的过程。Bybee, Perkins & Pagliuca(1994)强调了语用推理的作用,主张语用推理贯穿语法化整个过程,比隐喻更重要。这份研究同时把语法化项所在结构式纳入考量。真正具有 Bybee 特色的语法化观,在这部著作之后的系列研究里(如 Bybee 2002;2003a, b;2006;2010 等)才充分体现出来。如 Bybee(2003a:603)主张语法化是"高频使用的词串或者语素串发生自动化,变成一个单一处理单元的过程",强调了"重复"或"频率"的作用。按照 Bybee(2003a:602)的说法,高频率"不仅是语法化的后果,也是这一过程的一个主要参与者,是引发语法化过程中各种变化的作用力"。此后 Bybee 不断修正和强化自己的论述,如 Bybee(2010:109)指出,语法化是新语法素的创造过程,体现为组块化、语音紧缩、自主性①增加、泛化至新环境(通过类推)、习惯化和语用推理等的累积效应;而这些具体方面的运作都离不开重复,其背后的驱动力或机制就是使用频率的增加。很明显,文本频率的作用在 Bybee 的语法化观念里居于核心地位。

Bybee 视文本频率的增加为语法化的机制,其背后的理论基础是 Haiman(1994)对语法化和仪式化的类比。Haiman 认为,语法化和仪式化过程在特征上十分相似,仪式化过程的一个关键因素是重复,而如下几个方面都是重复的后果:

i. 重复可以导致习惯化;习惯化使得文化对象或实践的力度遭耗尽,也常常使其原本的意义变得虚空;

ii. 重复可以导致单元串发生自动化,使之变成一个单一的处理组块,而组块中先前分离的单元则会丧失其各自的意义;

iii. 重复也可以使整个形式层面被减缩,对作为行为构成部分的单个动作进行弱化,同时把先前彼此分离的一系列动作重新组织成一个自动化的单元;

iv. 仪式化过程中的动作行为原本具有较强的工具性功能,

---

① Bybee 理论和 Lehmann 理论的一个共同术语是"自主性",但内涵完全不同。Bybee 的自主性涉及"理据性"和"可析性"两个方面。语义理据性即整体意义可由组成部分意义预测得出的事实,而可析性指每一组成成分对于组合性概念化的贡献,是语言使用者对表达式中单个词语或语素及其形态句法结构的认知。Bybee 理论的"自主性"即复合型单位理据性的丧失,或可析性的丧失,或二者兼而有之。Lehmann 则把自主性定义为语言符号的"自由度",主张语法化是一个语言符号因变得更受制于语言系统而失去自主性的过程。本书在讨论 Bybee 和 Lehmann 两种理论时所用到的"自主性"概念,分别和两位学者各自所表达的意涵保持一致性,这是读者们需要注意的。

但人们往往能够从发生这些动作行为的环境里推导出象征性功能。当工具性功能让位于象征性功能时,"释放"就会发生。

所谓"释放",应该理解为动作行为不再拘泥于原本的用法,而是可以发生功能泛化,即有新的用途。Bybee 把以上仪式化过程和语法化进行了类比,指出重复(对语法化项来说就是文本频率)对语法化同样有着关键性的推动作用。Bybee(2003a:604)归纳了高频率在语法化过程中扮演的几种角色:

i. 高频使用导致语义力度因为习惯化而变弱;
ii. 发生语法化的结构式因为高频使用而出现紧缩和溶合两种语音变化;
iii. 频率越高,结构式的自主性也越高,意味着结构式的组成成分与它们的其他用例之间的关联遭遇弱化或被丢失;
iv. 结构式的意义透明度(即理据性)丧失,也使它得以在新环境中产生新的语用联结,从而出现意义变化;
v. 高频使用的单位因为具有自主性而使其稳固性获得增强,也因此而使其某些形态句法特征免遭遗弃。

以上说明,结构式因高文本频率而具备了被赋予新语用功能、获取新语法意义的条件或者可能性。至于语法意义的产生,Bybee(2010)指出,其背后的机制有三种:

i. 语义虚化或泛化
ii. 推理作用下的语用增强(语用推理)
iii. 从语言及语言外环境的意义吸收(语境吸收)

关于泛化及语用推理如何推动语法意义的产生,Bybee 的解释可以归纳如下:在交际过程中,说话人通常会对结构式用法加以扩展,以便表达新思想、新主意。当一个结构式的适用范围逐渐扩展到新词汇项、分布范围逐渐扩展到新环境时,就可以说泛化已经发生了。环境扩展过程往往伴随着结构式一些先前具体意义的丧失。结构式意义泛化的结果是其能够适应的环境越来越宽,其文本频率相应地也会变得更高。泛化是通过类推机制实现的。结构式的新功能/新意义是从环境中推导出来的，而促使新意义和结构式发生联结的是语用推理。在言语交际中，要清楚表达说话人意图传递的意义是十分繁杂的一件事，因此语用推理在言语交际中往往很常见，听话人通过环境来推理和解读说话人表达的意思，最终会导致意义变化。这一过程即 Traugott（1988）和 Traugott & Dasher（2002）所说的语用增强，指的是环境所提供的推理和意义最终变成语法性语素或者结构式意义的一部分的现象，也就是通常所说的推理义的语义化过程。

"频率推动语法化"，这是 Bybee 语法化观最醒目的标签。高文本频率在语法化过程中扮演一定的角色，这是没有疑问的。但把高文本频率看成"引发语法化过程中各种变化的作用力"，需要论证的事情很多。事实上，频率推动语法化的说法，遭受到了很多来自同行的挑战。举个例子，Bybee 需要解释的是，为何高文本频率未必引发语法化，而低文本频率的语言单位却未必不能发生语法化演变（换言之，没有高文本频率也能发生语法化）。前一种情形可以这样理解，即高文本频率只是推动语法化发生的条件之一，也就是并非语法化的充分条件。后一种情形甚至说明高文本频率并非语法化的必要条件，除非跨语言地看低文本频率语法化的个案十分少见。这是"频率推动语法化"说需要清楚解释的（详细讨论请见本书第七章）。

1.3.3 Heine 的语法化观

Heine 对语法化规律的探讨以意义为切入点，包括三个关键词，分别是"隐喻主导""意义优先"和"连续环境"。

Heine，Claudi & Hünnemeyer（1991a，b）把语法化定性为一个"解决问题"的过程，其特点是以既有语言资源来表达新功能。这种"旧瓶装新酒"似的新功能发展体现在两个层面：一是宏观结构层面，以不同语义域之间的隐喻过程为特征，另一个是微观结构层面，主要是转喻过程，即基于环境的语用推理。其中隐喻过程是占主导地位的。作者认为，宏观结构的隐喻过程是语法

化的"中心策略",其普遍性的映射链是由具体到抽象:

人 ＞ 物 ＞ 行为 ＞ 空间 ＞ 时间 ＞ 质地/品质

微观结构的转喻过程就是基于环境的语用推理,是一个"环境引发重新诠释"的过程。经过重新诠释,会话隐含被习用化,成为语法化项意义的一部分。Heine 等指出,因为隐喻决定了不同辖域之间的转变,而转喻的主要作用只是在个别语义域之间搭建桥梁,所以前者是最基本的。

Heine 等主张,语法化的动因是成功交际。这一理念在 Heine & Narrog(2010:421)里有很清楚的表述,就是:

> 说话人取用那些他们认为最适于其交际目的话语选项,更频繁地使用它们,可以用它们来创造新的语法结构。为此,他们取用诸如隐喻性和转喻性转换这样的认知操控机制,以人类经验中"具体"领域来表述更抽象领域的概念。

作者举例说,通常是实物性及行为性概念被用来表述非实物性概念,因此,语法化一条显著的演变线索,是从身体部位到空间结构的概念转换。同样地,诸如 do,go 或 come 之类行为或位移,常常被用来表达描写事件的时间或体貌轮廓这种更抽象的概念,从而发展出时体范畴来。

交际的成功以意义表达的成功为前提。因此 Heine(2018)主张在语法化过程中意义变化是主要的,其发生早于形式(如形态句法和语音)变化,而 Narrog & Heine(2018:1)更是认为意义变化是语法化的核心。实际上,意义变化重于形式变化的思想,在 Heine 的早期研究中即有所体现。如 Heine,Claudi & Hünnemeyer(1991a:150)曾说,"语法化可以解释为以解决问题为主要目标的过程的后果,其主要功能是通过用一个事物来表述另一个事物的方法进行概念化",换言之,"语法化是概念操控的结果"(1991a:174)。意义变化不仅比形式变化更重要,前者的发生在时间上也早于后者,这就是 Heine(2018)提出的"意义先行假说"的基本思想。如本章 1.2.4 节提到,"意义先行假说"已经得到了 Bisang &

Malchukov（2020）的跨语言调查结果的支持。

Heine（2002：83）指出，语法化发生于特定环境；与其渐变性相吻合，语法化赖以发生的环境具有连续性。而事实上，语法化研究通常专注于描写和解释历时演变的起点和终点之间的差异，对其阶段性特征并未给予足够的重视。Heine（2002：84－85）具体主张，语法化变化的起始阶段之后有三个连续发展阶段，分别对应于三种连续环境，包括"桥梁环境"（该术语借自Evans & Wilkins 2000），其特点是目标义开始浮现，但仍然可以取消，而源义无法排除；"转换环境"，其特点是源义可排除，目标义是唯一解释，但对具体环境有依赖性；而到了"习用化"环境，目标义因频繁使用而常态化，不再依赖特殊环境。Heine（2002：86）指出，从桥梁环境之前的起始阶段到习用化环境，目标义逐渐前景化，而源义逐渐背景化，最终成为唯一可能。

在Heine（2002）的语法化连续环境体系中，桥梁环境是语法化的必要条件，但非充分条件。也就是说，这是语法化的必经阶段。对此，Traugott（2012a，b）和Traugott & Trousdale（2013）都提出了质疑，其理由是并非所有语法化个案都经由了这种引起语法化项歧解的环境，包括桥梁环境和Diewald所说的"临界环境"（也见彭睿2020：46－48的梳理）。对于桥梁环境或者临界环境的本质特征，彭睿（2020：63）的评论是：

> 临界环境/桥梁环境的作用既然是致引语用推理从而使语法化项产生目标义，或许就不必以模糊性或者歧解性为本质特征。这种环境的本质特征应该是具有语用推理条件——模糊性或者歧解性只是语用推理条件的伴随现象（或者后果）。……这样的环境所体现出的歧解性特征的显著程度，可能因个案的不同而有异。就是说，对有的语法化个案来说，这种环境的模糊性或歧解性较为明显，而对其他一些个案来说，这种环境的模糊性或歧解性特征并不清晰。

彭著的主张是，临界环境或者桥梁环境或许应该称为"语用推理环境"，因为这"在理论上更有解释力，实践上也更为可行"（2020：63）。

1.3.4 Hopper & Traugott (2003) 的语法化观

Hopper & Traugott (2003)主张，探讨语法化最重要的视角是语用。这本著述的语法化观最关键的三个主张分别为"语用推理驱动""转喻优先"和"重新分析为主"。

Hopper 和 Traugott 两位学者的一个基本假定是，语法化是由说话人和听话人在交际中以交涉语义的方式驱动的。其背后的理论基础有二，一是 Grice (1975) 提出的"格莱斯会话原理"，二是 Dahl (1985)提出的语义化过程。Hopper & Traugott (2003：79)指出，语法化最主要的是和格莱斯会话原理中的"第二量准则"（即所说的话应该不超过交流中所需的信息）以及"关系准则"（即所说的话应该不偏离交际目的）有关。语法化所产生的新意义的关键来源是会话隐含。在语法化的早期阶段，会话隐含频繁地被语义化。Dahl (1985：11)对语义化背后的原理作了如下描述：

> 如果一种条件在某个范畴使用时频繁地得到满足，那么该条件和这一范畴之间就会发展出更强的关联，以至于该条件被理解为这一范畴意义中一个不可缺少的部分。

其中很重要的一点是，会话隐含最终要被语义化，前提是相关语用推理必须频繁发生。这一理论模式以隐喻和转喻为基础，其中转喻过程又是基于会话隐含的，而隐喻过程则是基于不同语义域之间的类比这种习用性隐含。

在语法化过程中隐喻和转喻哪一个起主导作用，学者们有着不同看法。和 Heine, Claudi & Hünnemeyer (1991a，b) 不同的是，Bybee, Perkins & Pagliuca (1994：25) 认为隐喻只是在语法化初期起一定作用。在这一阶段，当人们"对比源概念和相关语法性概念"的时候，可能在两者之间建立起一种隐喻关系。作者指出，没有证据表明隐喻是语法化过程中语义变化的主要机制，隐喻只在语法化路径（或说语法性特征连续统）上靠近词汇性的一端起作用；当语法化项越来越抽象时，隐喻就不起作用了，而相反的是，语用推理的作用贯穿语法化的所有阶段。同样，

Traugott & König (1991) 和 Hopper & Traugott (2003) 等也都认为 Heine, Claudi & Hünnemeyer (1991a, b) 高估了隐喻的作用。关于 Traugott & König (1991) 和 Heine, Claudi & Hünnemeyer (1991a, b) 这两种观点上的差异，Traugott (2010：281) 的评价是，后者强调"隐喻性（类推性、聚合性）思维"是语法化的动因，而前者引证"格莱斯会话原理"，强调概念性转喻（组合性）思维是语法化的动因。Hopper & Traugott (2003) 主张语法化同时以隐喻和转喻为基础，而且和 Dahl(1985) 一样把两者都视为语用过程。两位作者认为，转喻过程和会话隐含相关，不仅比隐喻过程更重要，而且先于后者发生，这一点和 Heine 等人的看法有着明显区别。以下这段话清楚地反映了作者的立场（Hopper & Traugott 2003：87）：

> 隐喻无疑在语法化中扮演某种角色。然而，因为长久以来人们认定重新分析而非类推是结构和形态句法层面语法化的主要过程，如果属于类推性质的隐喻过程在语用和语义上起主要作用，将是令人惊讶的。

两位作者进一步指出，重新分析和类推分别与转喻和隐喻这两个认知过程相关联；转喻性推理和隐喻性推理在语法化过程中相辅相成，而不是互相排斥。（Hopper & Traugott 2003：93）

前面提到，Hopper & Traugott (2003) 对重新分析和类推在语法化过程中的作用的定位是，重新分析创造新的语法结构，具有隐性特征，是推动语法化的主要机制；而类推只能推广新的规则，具有显性特征，因而在语法化中的作用是次要的。重新分析创造新规则，而类推的作用是推广新规则——从这个意义上说，类推以重新分析为前提。

Hopper & Traugott (2003：176－184) 从语法化视点出发，同时结合 Matthiessen & Thompson (1988) 和 Lehmann (1988) 等的相关讨论，归纳出复合句的三种形式，即"并列句""依附句"和"嵌入句"。根据 Hopper & Traugott (2003：177)，并列句的子句之间相互独立但又相互关联，依附句由一个核心及一个或多个子句构成,这些子句均无法独立存在;而嵌入句的特点是子句为主句的一个成分。两位作者引用 Lehmann(1988)的说法,指出小句结合遵循"并列句＞依附句＞嵌入句"这样的演变路径,而且每个步骤都以紧缩为特征。Hopper & Traugott 的"紧缩"和 Givón 所说的句法上由"松散"到"紧凑"是高度一致的。Hopper & Traugott(2003)把这种紧缩看成"跨小句的语法化"中的一种。这一路径本身是否具有普遍性是一个问题,然而,紧缩或许是复合句重新组构的一个重要方式,但非其根本性特征。以汉语溯因兼语句的形成为例,这是一个从嵌入句到依附句的过程,是扩展而非紧缩。

彭睿(2022)从构式立场出发,指出小句结合紧缩规律的普适性并未经由广泛调查得到证实;对有源构式的复合型图式性构式形成来说,"句法化""固定化"或"小句结合的单向性"等都只是一种强倾向性,而非铁律。也就是说,对于复合型图式性构式的历时形成而言,句法层面的紧缩并非其本质性特征。另一个问题是这种演变过程是否真正具有语法化属性。这实际上就是本章 1.2.6 节所说的图式性构式是否能够发生语法化(成为语法化输入端或者输出端)的问题,牵涉诸多因素。对于这一问题,受限于学界当时的理论研究层次,包括 Hopper & Traugott(2003)在内的既有语法化理论著述都没能完全解决。

1.3.5 各流派的异同

以上四种理论框架尽管有相似之处,但对语法化过程的促成机制、动因及关键性特征的理解差异很明显,讨论视角也不相同。

意义变化在四种理论框架中都有提及。Hopper & Traugott(2003)、Heine 及 Bybee 三种理论框架一个最重要的共同点,是把语义语用变化看成语法化过程中的最关键因素,认为这种变化远比形式变化重要。如 Hopper(1991:19)认为,"语法化和其他类型的语义演变并无不同"。Hopper & Traugott(2003:39)的说法是,在重新分析中,语言单位的语法性(句法和形态)特征以及意义特征被改变,涉及诠释方式(如句法划分和意义),而"不是首先从形式上来改变"(这里的"形式"应该指的是语法化项的语音形式)。Heine,Claudi & Hünnemeyer(1991a：174)主张语法化是通过用一个事物来表述另一个事物的方法来进行的概念化,是概念操控的结果;而 Heine 在其之后一系列研究中所展示的理念,即在语法化过程中意义变化优先于形式变化,都充分地体现了作者的一贯立场。Bybee 的语法化理论也强调了意义的作用。如在 Bybee(2003a)所讨论的高频率引起的五种后果里,(i)"高频使用导致语义力度因为习惯化而变弱"和(iv)"结构式的意义透明度(即理据性)丧失,也使它得以在新环境中产生新的语用联结,从而出现意义变化"都是关于意义的,而其他几种后果也不同程度牵涉意义问题。

虽然 Lehmann 的学说无法完全回避语法化项的意义变化,但明显地这一理论框架对形式变化的强调超过了意义变化。Lehmann(2015：16)的语法化四步骤假定,包括"句法化""形态化""去形态音素化"以及最后的"语法性范畴形式和意义都归于零",前三个步骤着眼的都是形式变化,只是在最后步骤提及了意义。相应地,在 Lehmann 的六个语法化参数里,唯一涉及意义的是"聚合势",其他五个参数都和意义无关。这和 Lehmann 语法化研究的出发点有关——按照 Traugott & Trousdale(2013：102—105)的说法,Lehmann 的语法化参数是建立在对印欧语的观察基础上的,而且主要是缘起于对形态变化的研究。这可以解释为什么语用推理、隐喻和转喻等均不在 Lehmann 考虑之列。

四种理论框架的差异较为复杂,难以简要归纳,但各框架所具备的有区别性意义的特色还是可以清楚看到的。例如,以下是对这几种理论框架最显著特色的概括：

Lehmann 的语法化标杆理论视语法化为语法化项自主性的削弱和丧失,并从组合和聚合两个视角各归纳出三种参数,以便衡量语法化项自主性程度以及与之相反的语法性程度。这一框架从形态出发,强调语法化就是语法化项受限于语言规则的过程。

Bybee 等人的语法化学说以频率增加为语法化驱动力,以此来观察和解释语法化项新意义/功能的获得、形式上的变化和分布环境的扩展。

Heine 等人的语法化理论视隐喻为语法化主要机制，主张语法化的动因是成功交际，可以解释为以解决问题为主要目标的过程所产生的后果，就是以人类经验中具体领域来表述更抽象领域的概念。

Hopper & Traugott（2003）强调语法化以转喻过程为主，隐喻过程为辅，而转喻和隐喻都是语用过程；相应地重新分析是语法化主要机制，类推为次要机制；语法化是由语用推理推动的，其实现过程即会话隐含的语义化。

这些特色反映了不同语法化理论家建构其理论框架的出发点，也是其理论探索过程中所恪守的原则。这种差异正是语法化理论深入发展和多元化的标志。以上讨论只是高度概括性的，各理论框架更详细的区别在本书余下章节中还会涉及。

1.4 传统语法化理论的价值

语法化理论的发展是一个认识不断深化、理念逐渐多元化的过程，其丰硕的成果也是对学界曾经的质疑声的有力回应。语法化理论研究不断推进的一个重要标志是与时俱进。近二十年来，构式语法蓬勃发展，语法化研究者们也开始尝试把语法化理论和构式语法理念结合起来，在推进语法化研究的同时，也催生了"历时构式语法"及"构式化理论"（详见彭睿 2016；也参胡亚 2022）。如胡亚（2022：32）所言，"构式语法与语法化走向交汇，既出于理论发展的需求，也存在可能性条件"。这里的"发展需求"指的是两种理论各自的局限性，而"可能性条件"则是指二者的共同理念（如"基于用法"的原则）。而学者们的研究实践已经表明，在语法化研究里纳入构式理念是一个十分有前景的做法。然而，必须指出的是，传统语法化理论，即本章介绍的这些不曾受到构式语法理念冲击的语法化理念和方法，仍然具有无可替代的价值和意义。这些理念和方法不仅是这一领域的理论核心，也是语法化研究继续深化的重要基础。理解这一点的同时，也必须认识到，对语法化研究来说，构式语法理念的冲击是一个挑战，但更是一次全面提升的契机。为把握好这一契机，对百年来语法化理论的发展历程进行全面梳理，同时对既有的理论方法的得失予以深刻剖析检视，都是十分必要的。

思考题

1. 一直以来，人们最熟悉的语法化观念是"语法化窄化观"。越来越多的证据显示，这种观念存在一些较为明显的缺陷。这种观念的主要缺陷是什么？

2. "语法化扩展观"可以说是对"语法化窄化观"的修正。那么"语法化扩展观"自身是不是没有短板？"整合的语法化观"能否弥补两者的不足？

3. Hopper & Traugott(2003)的语法化观最关键的主张有哪些？

4. Lehmann 的"标杆理论"、Bybee 等人的"频率驱动说"、Heine 等人的"隐喻主导说"以及 Hopper & Traugott(2003)的"转喻主导说"，是功能认知路子的语法化观念和方法中影响最大的四种。四者之间的异同点有哪些？

5. 图式性构式(如双宾句和兼语句)的历时产生和"了""着""过"等体标记的语法化有何异同？把图式性构式的历时产生过程处理成语法化合适不合适？为什么？

第二章　语法化环境和语法化条件

2.1　引言

　　语法化发生于特定环境，以语用推理为驱动力。学界在语法化发生环境的范围及特征等方面都存在争议。一方面，依据其对语法化演变影响的直接性程度，语法化环境可以分为不同层次。另一方面，语法化是一个渐变过程，相应地语法化环境也具有连续性特征。语法化条件是一个内涵丰富的概念，但存在一定的规律性。驱动语法化的语用推理是以一些具体语法化条件为基础的。因此对语法化研究来说，很重要的一点是弄清楚导致语用推理发生的语法化条件有哪些。研究表明，语法化条件以语法化不同层次的环境为依托，并且和语法化动因、语法化机制处在不同维度。动因、机制和条件共同构成了语法化的促成因素。

2.2　语法化环境

　　"语法化环境"可以从两个角度来讨论，都和语用推理有关。第一个角度和语法化环境的层次性有关，是在一定共时平面里实质性地驱动语法化的语用推理所牵涉的环境的范围（称为"直接结构环境"）。第二个角度和语法化项所在环境的变化过程有关，是与具有产生目标义所需语用推理条件的环境相对应的历时阶段（即"歧解性环境"）。

2.2.1 语法化环境的三个层次

Traugott(2012a：245)指出，要理解语言的微观变化，不仅应该考察调查对象最直接的结构环境，而且要调查其共文或说上下文语境。相应地，Traugott & Trousdale(2013：196)对环境作了如下界定：

> 我们所说的"环境"指的是上下文语境，广义地解释为语言学意义上的语境，包括句法、词法、音系、语义、语用推理、语体模式(书面语/口语)，以及间或更宽的篇章及社会语言学意义上的环境。

这一界定非常有价值。但这个意义上的语法化环境牵涉面甚广，在进行具体个案分析时不易把握。彭睿(2020)主张，为准确了解这些环境对触发语法化语用推理的影响方式，有必要对它们进行重新梳理并予分门别类。以下内容是对彭著相关讨论的概括和补充。

Traugott & Trousdale(2013)提到的语法化的"环境"可以粗略地分为三个层次：

i. 语言学习者对特定语言的整体认知
ii. 上下文语境
iii. 语法化项的直接结构环境

这里的"语言学习者"在内涵上和 Bybee & Slobin(1982)、Milroy(1992)、Labov(1994)及 Ravid(1995)等的同名概念一致，包括所有年龄的人，其背后的假定是说话人终生都在发展语言能力和进行语言创新，不仅仅是在其儿童时期。"语言学习者对特定语言的整体认知"(称为"宏观环境")具有"普适性"(在特定语言中不因具体演变个案而有差异)和"无形性"(不存在于具体语言材料中)，包括语体模式、篇章和社会语言学意义上的环境，以及句法、词法、语义整合方式和音系等，其中也涉及语言的类型学特征。语法化宏观环境是语言学习者内化了的共同背景知识，或说是特定语言里所有关于语用推理和语法化的共同假定。这种背景知识是语用推理中价值判断的前提和基础，同时也为这种判断设定了限制条件。语言整体认知可能因为学习者的个体差异而有不同，且语言学习者在语用推理中对它们的运用方式都是隐性和模糊的。换言之，这类环境对具体语法化演变的助推缺乏针对性，表现为对特定语用推理过程的助推方式不清晰、不确定。例如，研究表明，因为汉语以及其他孤立语的类型学特征，对这些语言的语法化来说，音系的影响是微小的。最直接的证据，就是在这些语言的语法化项身上，诸如语音缩减之类的形式变化的发生没有普遍性（见 Bybee，Perkins & Pagliuca 1994；Bisang 1996，2004，2008a，2008b；Ansaldo & Lim 2004；等等）。音系对语法化的影响既然不具备跨语言的意义，也就没有关键性。此外，关于宏观环境，还需要注意两点。第一点是不排除某些语言类型特征对部分语法化个案有着较为直接的影响，但这种影响是非常有限的。第二点是句法、词法、语义整合方式和音系，再加上类型学特征，从一方面看是一种抽象环境，而从另一方面看则更像是语法化的背景条件（详见本章 2.3.2 节的讨论）。

"上下文语境"涉及时间、空间、情景、对象、话语前提等，都是非语言性因素，具有"特色性"（随具体演变个案而变化）和"可辨性"（即可以依据具体语言材料予以辨识）。上下文语境可能（但未必）成为说话人进行语用推理的重要判断依据，也可看作语用推理的推动因素。比起宏观环境，这种环境对语用推理的作用更为直接，能为语用推理提供较为具体的参照条件。不同语用推理个案对上下文语境的依赖程度不等。

"语法化项的直接结构环境"（以下简为"直接结构环境"），就是语法化项所分布的形态句法结构。相比于宏观环境和上下文语境，直接结构环境除了"特色性"和"可辨性"，还具有"有形性"（作为一个独立语言单位存在于具体语言材料中）和"结构性"（具体实现为某种句法或话语结构），是以语法化项为局部（组成成分或材料）的最小的形式－意义结合体。既然是形式－意义结合体，就具有一定的形态句法和语义语用特征。这些特征正是致引语法化项发生形态句法上的重新分析以及促使语法化项获取新功能的关键条件。

环境的三个层次对语用推理及语法化的影响方式存在差异，这一点可以从汉语处置标记"把"的语法化过程中看到。首先，没有迹象表明，驱动"把"由持握义动词演变为处置标记的语用推理，以任何显性方式依赖于诸如语体模式、篇章和社会语言学等意义上的环境；也没有证据显示汉语音系特征在这一语用推理过程中扮演了任何角色。其次，从"把"的语法化过程来看，上下文环境的影响如果存在，也是极其微弱的——很难说清楚时间、空间、情景、对象和话语前提等在语法化的哪一个环境发挥了作用。换言之，在"把"的语法化过程中，汉语母语者对汉语的整体认知以及连动式"[把＋NP][VP]"的上下文语境即使能发挥一定影响，其具体方式也难以捕捉和确证。最后，"把"的语法化最主要地依赖于其直接结构环境所蕴含的几个关键条件。通常的说法是，"把"的语法化发生于连动式"[把＋NP][VP]"这一特定环境，这一连动式就是"把"语法化的直接结构环境。严格说，这一连动式要成为"把"语法化的直接结构环境，必须满足这样一个语义条件，即NP同时是动词"把"和VP的论元。比较(1a)和(1b)两句：

(1) a. 武王把钺讨纣。　　　　　　　　　　　　(《论衡·齐世》)
　　 b. 醉把花看益自伤。
　　　　　　　　　　　　(白居易《花前有感兼呈崔相公刘郎中》)

两句中满足这一条件的只有(1b)句的下画线部分。简单说，以"把花看"为代表的实例都同时具备"(某人)手握物件NP"和"(某人)对NP施以其他行为"这两个语义语用特征，而这两个特征就能够直接引发"处置物件NP"这一推理；随后"把"就会变成这一语义关系的表征，即处置式标记。因此，"把"由动词变为处置标记，是"手握物件NP"和"对NP施以其他行为"这两个语义语用特征之间碰撞的结果，而这两个特征就存在于"把"语法化的直接结构环境中。

总之，尽管可以说驱动语法化的语用推理是通过三层次环境交互作用而实现的,但必须清楚的是,语言整体认知对语用推理的影响是隐性和不确定的,而上下文语境对语用推理的影响则不具有必然性。驱动语法化的语用推理是由语法化项的直接结构环境实质性地诱发产生的。

2.2.2 语法化环境的连续性特征

语法化环境的三个层次都具有可变性。语言学习者对特定语言的整体认知会随着语言的历时演变而发生改变,上下文语境则因语法化项使用个案的不同而有差别。语法化项所在的直接结构环境也不是一成不变的。语法化是渐变的,相应地语法化项的直接结构环境(以下将以"语法化环境"来专称)的一个重要特点是其连续阶段性。而且,很关键的一点是,并非每一个阶段都具备语用推理条件。

2.2.2.1 两种模式

目前针对语法化环境连续性特征的讨论有两种模式,分别以Heine(2002)和Diewald(2002)为代表。Heine(2002:84-85)认为,语法化变化在起始阶段之后有三个连续阶段,分别对应三种环境:

桥梁环境

a. 目标义开始浮现,且较源义更合理。

b. 目标义仍然可取消;源义无法排除。

c. 一个语言形式可与多个桥梁环境相关联。

d. 可以但不必产生习用性语法意义。

转换环境

a. 这种环境与源义的一些特征相抵牾。

b. 源义可排除。

c. 目标义是唯一解释。

d. 目标义对具体环境有依赖性。

习用化环境

目标义因频繁使用而常态化,不再依赖特殊环境。

Heine 的以上归纳可称为"桥梁环境模式"。Diewald（2002：104—114）的语法化三种连续环境概括如下：

  非典型环境
    目标义以会话蕴含的形式初现端倪。
  临界环境
    具有结构及语义上的歧义，诱发包括目标义在内的数种解释。
  孤立环境
    目标义独立于源义，不再只是基于语用的会话蕴含。

Diewald 的观察可称为"临界环境模式"。临界环境模式在 Diewald 的数项研究中都有讨论。Diewald（2002）指出，临界环境不仅仅涉及语义和语用两方面，其特征是语义和结构的歧解性。Diewald（2006）分析了德语情态助词的语法化环境；Diewald & Ferraresi（2008）则详细探讨了德语情态分词 eben 的语法化过程中的三个连续环境。

  桥梁环境模式和临界环境模式的共同点很清楚。除了环境的连续性，最重要的就是都有一个同时具备源义和目标义两种理解方式的阶段，即"桥梁环境"（Heine 2002）或"临界环境"（Diewald 2002）。这种歧解性环境的理念可以追溯到学界有关语义变化的更早理论文献。从源义到目标义的变化过程中具有一个多义特征的过渡阶段（Wilkins 1981，1996；Sweetser 1990；Evans & Wilkins 2000 等），这是这些文献的一个标准假定（见 Evans & Wilkins 2000：549）。Evans & Wilkins（2000：549—550）指出，通常这一过渡阶段之前还存在另一个阶段，其特点是目标义通常只是因环境里具有语义语用推理条件才得以略显端倪，并没有真正变成一个独立的意义，并且把这两个阶段合起来称为"桥梁环境"。这个桥梁环境和 Heine（2002）体系里的桥梁环境的范围是一致的，但涵盖了 Diewald（2002）体系里非典型环境的一部分和临界环境的全部（彭睿 2020：44）。桥梁环境和临界环境的一个共同特点是都具备通过语用推理产生目标义的条件。具体说，对桥梁环境模式来说，这种语用推理机制是"致引推理"(Traugott & König 1991)，而对临界环境模式来说，这种语用推理机制是"环境引发的重新诠释"(Heine，Claudi & Hünnemeyer 1991a：164—167)。

彭睿(2020：43)指出，两个模式有三个重要区别，概括如下：

i. Heine(2002)依据的主要是共时语料，而 Diewald(2002)则涉及了历时语料。
ii. Heine(2002)的模式侧重的是语法化项的语义变化及其与特定环境的密切关系，而 Diewald(2002)的模式更强调形态、结构等方面特征以及语法化项旧义和新义之间的对立（见 Diewald 2002：117)。
iii. Heine(2002)和 Diewald(2002)的几种环境并不完全对应。比如，Heine(2002)的桥梁环境的一部分应该划入 Diewald(2002)的非典型环境中，另一部分则应划入其中的临界环境中（见 Diewald 2002：117)。

因为这些差异，有关两种模式对语法化解释力强弱的话题也曾经被提起过。如 Traugott(2012a：244)认为，Diewald 的临界环境模式涵盖了语用和结构因素，比 Heine 的桥梁环境模式更适合于讨论语法化。

临界环境模式的解释力可以在不同语言语法化个案里得到印证。如汉语连词"以及"语法化过程中的语用推理方式就能够很好地诠释这一模式。彭睿(2020)提到，连词"以及"来源于跨层语串"以＋及"，后者的分布环境以(2)中句子为例：

(2) 今恩足以及禽兽，而功不至于百姓者，独何与？

(《孟子·梁惠王上》)

(2)中的下画线部分并不具备产生并列连词"以及"的临界性特征（见本章 2.3.3 节的介绍)，而在更大的范围里(即全句)也没有这样的条件。这是因为在"今恩足以及禽兽"句中，被推广至"禽兽"的特征/状态是"恩"，但"恩"的来源(即产生"恩"的人或事物)这种信息未被提及，也就是缺少可能和"禽兽"并列相关的另一事物

(由名词短语充任)。"以＋及"语串语法化的临界环境以(3)两句为代表(转引自田范芬 2004：54)：

(3) a. 夫国人恶公子纠之母，<u>以及公子纠</u>。
　　　　　　　　　　　　　　　　(《吕氏春秋·慎大览·不广》)
　　 b. 老吾老，<u>以及人之老</u>。　　(《孟子·梁惠王上》)

(3a)和(3b)高度相似，都可以形式化为"$[V\ NP_1]_i$，以 e_i＋及 NP_2"，牵涉两个单句，其意义可概括为"把 NP_1 所关涉的状态或过程 V 推及 NP_2"。"以＋及"语串语法化的临界环境所含的利于语用推理的具体特征(即"语法化条件")可以归纳为三点：

第一，在"$[V\ NP_1]_i$，以 e_i＋及 NP_2"中，NP_1 是与 NP_2 并列相关的另一名词短语。既然 NP_1 所关涉的状态或过程 V 被推及 NP_2，V 自然也为 NP_2 所关涉。这是驱动"以＋及"语串语法化所需语用推理发生的重要前提。

第二，NP_1 是行为 V 涉及的对象，所以 NP_2 也可能被视为 V 所涉及的对象。这样，NP_1 和 NP_2 就被看作并列的名词短语，作为一个整体成为 V 涉及的对象，这是驱动"以＋及"语串语法化所需语用推理的语义语用基础。

第三，从表层形式上看，NP_1 和 NP_2 一前一后，分别紧邻"以＋及"语串，这样 NP_1 和 NP_2 都可能被理解为 V 的宾语。把 NP_1 和 NP_2 都看作 V 的宾语，就意味着把"以＋及"原来的分布环境"V NP_1，以＋及 NP_2"重新分析为"V＋[NP_1 以及 NP_2]"。这是驱动"以＋及"语串语法化所需语用推理的形态句法基础。

以上特征既有句法方面的，也有语义方面的。正是这些临界性特征的存在，使得"以＋及"语串有了被解读为 NP_1 和 NP_2 之间连接词的可能。这种语用推理过程在(3a)中体现得很清楚。(3a)句原意为国人讨厌公子纠的母亲，并且把这种厌恶态度推及公子纠身上。公子纠因获厌恶态度的对待而具有了与公子纠之母相同的地位，而它在句子中的位置也不妨碍它被理解为"恶"的宾语，这样"公子纠"和"公子纠之母"就有了构成并列关系的可能。在这种情况下，"以＋及"就必须被看作"公子纠"和"公子纠之母"之间的连接词。"以+及"语串在被赋予了"把特征/状态 S_i 推广到 NP"的框架义之后,转喻为并列连词"以及"是水到渠成的事。换个角度,(3a)和(3b)两例里"以+及"的目标义——连词理解方式究竟只是会话蕴含,还是已经达到和其原来的跨层解读在接受程度上不分伯仲的程度,并无显性证据。同时,"以+及"如果是在(3)这样的例子里被推理为连接词的,那么其推理条件和过程显然是无法单纯从句法结构上重构的。明显地,"以+及"的语用推理的推动因素中既有句法上的,也有语义语用上的。从这个意义上说,临界环境模式的确适合于解释语法化现象。

应当说,临界环境模式和桥梁环境模式都有可取之处,也都有不足的方面,这从对语法化歧解性环境的全面检视中可以看到。从特征上看,语法化歧解性环境应当和 Diewald（2002）所讨论的临界环境一样,涵盖语义、语用和结构三个方面。从跨度上看,语法化歧解性环境的范围应该不限于临界环境模式的临界环境,而是可以延伸到这一模式更早的环境,包括目标义"开始以会话蕴含的形式出现"以及"与源义共存"这两个阶段,更接近于桥梁环境模式的桥梁环境。将语法化歧解环境的特征增加至语义、语用和结构三个方面,丰富了其内涵;把语法化歧解环境的跨度等同于桥梁环境,则拓宽了其观察视野。这两点都有利于准确挖掘语法化条件。Traugott（2012a：243）指出,语用推理对语法化十分关键,但桥梁环境语义语用特征过窄,因而不足以引起这种变化,应该纳入临界环境所包含的结构性转换。因此,要更合理地理解语法化连续环境并描述语法化过程,最佳策略是把临界环境模式和桥梁环境模式综合起来,尽取两家之长。

2.2.2.2 关于歧解性环境

把临界环境模式和桥梁环境模式结合起来,这只是全面了解语法化歧解性环境的一个方面。接下来要回答的问题是为何歧解性环境对语法化来说如此关键,以及如何理解歧解性环境的本质特征。

先来看歧解性环境的必要性。

关于歧解性环境（桥梁环境或临界环境）在语法化过程中扮

演的角色及存在的价值，学界有不同声音。语法化歧解性阶段的存在有无必然性和必要性，是学者们关注的焦点之一。如在Traugott（2012a）和Traugott & Trousdale（2013）看来，具有歧解性的临界环境或者桥梁环境并不是语法化的必由阶段。

Traugott（2012a）讨论了晚期中古英语及早期现代英语的 *be going to*，同时分析了英语假性分裂句的发展，在此基础上谈及了数个和语法化歧解性阶段有关的问题，其中包括：

i. 有没有证据表明语法化是由桥梁环境（主要是语义/语用环境）或者临界环境（具有形态句法、语用和语义三方面特征）诱发的？

ii. 对语法化来说，桥梁环境或临界环境是不是不可或缺？

作者发现，*be going to* 的个案支持歧解性阶段为语法化变化的必要前导这一说法，但是 ALL-和 WH-假性分裂句的个案则似乎提供了反例。作者特别提到了一种可能性，即人们或许认为 ALL-和 WH-假性分裂句的产生并非语法化过程，然后引用 Traugott（2008a）的说法，把假性分裂句的产生过程定位为一种"无词汇性来源的语法化"。Traugott & Trousdale（2013）提到了5世纪英语中 *like* 演变成情态助词 *be like to* 以及英语 *way*-构式的产生过程，指出这两种变化发生之前都并没有存在一个具有歧解性的环境（2013：199）。归纳起来，Traugott 的态度很明确，即歧解性环境在语法化过程中未必是必需的，原因是（见 Traugott 2012a：243）：

i. 没有证据显示语法化前的临界环境必然有多种理解方式；

ii. 没有证据显示一定存在一个含桥梁环境或者临界环境而且必然早于新用法的阶段。

彭睿（2020：47—48）的解读是，这两点合起来实际上是一个更深层次的问题，即语法化是不是必然存在一个歧解性的前提；如果回答是肯定的，那么这种歧解性前提是不是因语义域不同而突显程度有异。

以下是彭睿(2020：60−63)对歧解性环境的必然性和必要性的解释。歧解性环境如果普遍性地存在，就具有必然性，而如果只是出现在部分语法化变化过程中，那就只能算是一种倾向性。必要性和必然性可能互相关联——前者预示后者，后者蕴含前者。但是，必要性也可能只是就具体个案而言的。就是说，歧解性环境对一些个案是必要的，而对另一些个案来说则未必如此。从这个意义上讲，歧解性环境的必要性也可以独立于必然性。要探讨歧解性环境的必要性和必然性，如下几种情形必须纳入考量：

i. 歧解性环境的跨语言性和跨范畴性

语法化变化前的歧解性环境现象是跨语言、跨范畴存在的。一方面，歧解性环境在多种语言的语法化现象中都有发现。另一方面，在已经证实的经历歧解性环境的语法化变化中，语法化项并不局限于特定的功能范畴和形式类型。以汉语为例，临界环境不仅存在于普通语法化项的演变中，如"过$_1$"和"过$_2$"(彭睿 2009b)，"再说$_1$"和"再说$_2$"(Peng 2014)，而且还存在于非结构(跨层结构)的演变中，如"以及"和"因而"(彭睿 2011a)等。这种歧解性环境既然跨语言而且跨范畴地存在，就无法被看成一种偶然现象。此外，无迹象表明歧解性环境限定于特定语义语用域，或为特定语义语用域所排斥，这说明语法化歧解性环境即使不是一种必然的规律，至少也有着显著的广泛性。

ii. 关于歧解性环境必要性的反例

Traugott(2012a)和 Traugott & Trousdale(2013)提到，一些语法化个案中并不存在歧解性环境。这些个案既有实体性构式的演变，也有图式性构式的演变。其中的图式性构式包括 Traugott(2012a)提到的 ALL-和 WH-假性分裂句，以及 Traugott & Trousdale(2013)提到的英语 *way*-构式。一个关键问题是，这些复合型图式性构式的形成过程是不是具有语法化性质是有争议的(详见彭睿 2016；也见本书第一章的相关讨论)。不论是语法化窄化观还是扩展观，其研究对象都局限于实体性的语言单位；学界所归纳的语法化参数和语法化原则(分别详见第三章和第四章)对图式性构式是否适用是令人怀疑的。彭睿(2016：24)在评论构式化理论时指出,这种理论方法"似乎蕴含了一个其本身尚有待证实的前提,即不同类型的构式(如图式性构式和实体性构式)的演变规律具有高度共同性",然而,"图式性构式的演变,特别是复合型图式性构式的演变,在诸多方面不同于实体性构式演变;前者绝不可简单看作后者的一种图式化的体现"。实际上,很多语法化著述都持同样的态度。

如果复合型图式性构式的历时形成不属于典型语法化过程,那么对歧解性环境来说,Traugott(2012a)和 Traugott & Trousdale (2013)所提到的这几个例子都不构成挑战。即使图式性构式形成过程可以归入语法化范畴,图式性构式的历时形成和(功能性)实体性构式的历时形成之间的差异也是无法否认的。图式性构式的形成过程中是否必然存在歧解性环境尚需要进一步观察,但可以确定的是,以图式性构式来作为语法化歧解性环境必要性的反例,不论是从理论上看还是从实证上看,都有可商榷的空间。

iii. "歧解性环境缺乏"的一种可能解释

Traugott(2012a)和 Traugott & Trousdale(2013)提到的没有歧解性环境的情形中,实休性语法化项的个案并不多。前文提到,Traugott(2012a)举的一个例子是 *like* 演变成情态助词 *be like to* 的过程中缺乏歧解性环境。要解释类似的情形,必须正视如下两个方面:

第一,歧解性环境实例,如同语法化项的其他历时发展阶段,并不都能在书面语料中得到完好保存。一种可能的情形是,一些语法化个案无法找到歧解性环境,实际上是指在传世书面语料中歧解性环境实例没有出现,而这并不能成为否定这些个案中这一特殊阶段存在的理由。因其特殊性,临界环境实例应该不会非常高频率地出现。在历时语料中未能保存的歧解性环境,有可能在后现语料中找到其对应实例。如彭睿(2009b)在讨论汉语助词"过$_1$"和"过$_2$"的语法化时指出,因为历时语料的匮缺,两者演变过程中的不同历时阶段无法反映出来,但在南宋这一共时平面里却有很清楚的呈现。就是说,后现语料,如功能词或语法标记的不同用法或变体,只要能够有理据地推理出它们与历时语料的关系，就应该可以为历时演变分析所用，包括对是否存在歧解性环境的判断。总之，从现有的理论视角和研究状态来看，似乎无法轻易否定临界环境存在的必然性。

第二，英语情态助词 be like to 的语法化过程如果的确没有经过歧解性环境，那么我们有必要进一步思考诸如类似个案所占比例、其共同特征以及歧解性环境的替代环境是什么这样的问题。拿缺乏歧解性环境的个案所占比例来说，如果事实证明这类个案数量不在少数，那就有必要重新检视目前语法化理论中关于重新分析是语法化主要机制的说法，以及 Heine（2002）和 Diewald（2002）等有关歧解性环境在语法化中扮演的关键角色的论述。相反，如果研究表明 be like to 这样的例子数量极少，而且并不存在跨语言、跨范畴的规律性，那么就可以把这些个案视为"反例"——反例往往在数量上不占优势，即使存在，也无损于歧解性环境在语法化过程中的作用。

接下来讨论临界环境或桥梁环境的本质特征。

彭睿（2020：63—64）在考察汉语处置标记"把"、被动标记"被"、三个连词"因而""以及"和"再说"及跨层来源的副词"极其"的语法化的基础上，观察到歧解性环境的如下现象：

i. 歧解性环境所涉范围因个案而不同

如"极其"的歧解性环境所涉及的直接结构环境较窄，限于其所在最小句法单位，即"[极][其 NP]"框架。汉语处置标记"把"和被动标记"被"的歧解性环境也是如此，分别是"[把 NP][VP]"框架和"[被 NP][VP]"框架。"因而"语法化的直接结构环境相对较宽。非结构"因+而"所在最小句法单位是"因+而 VP"，但其歧解性环境是以"S_i，因 e_i+而 VP"为基础的。非结构"以+及"所在最小句法单位是"以+及 NP"，但其语用推理牵涉的范围是"[V NP_1]$_i$，以 e_i+及 NP_2"。"再说"的功能是对其后所言内容的强调，其歧解性环境所涉直接结构范围最大，包括了由若干单、复句构成的语段：

（4）怎么是难得者兄弟？<u>且说</u>人生在世，至亲的莫如爹娘，

> 爹娘养下我来时节，极早已是壮年了，况且爹娘怎守得我同去？也只好半世相处。再说至爱的莫如夫妇，白头相守，极是长久的了。然未做亲以前，你张我李，各门各户，也空着幼年一段。只有兄弟们，生于一家，从幼相随到老。有事共商，有难共救，真像手足一般，何等情谊！
>
> （《喻世明言》卷十）

按照 Peng（2012）的说法，"再说"的语法化涉及了跨越单句的歧解性环境。这里的语用推理过程非常直观：为了论证"兄弟情谊可贵"这一观点，说话人用了两个论据，分别由"且说"和"再说"引领。第一个论据讲述父母和子女关系的局限，第二个论据讲述夫妻相处的缺陷。对听话人来说，后出现的论据往往是补充说明性质的，也容易被赋予强化论点的功用。其结果是，"再说"开始具有了"强化论述"这一功能。

ii. 不论其所依赖的直接结构环境的大小如何，每个语法化歧解性环境都有一个引发歧解或者导致语用推理的最关键因素

例如，"极其"的歧解性环境中最关键的因素就是"[极][其 NP]"中 NP 具有被解读为 VP 或 AP 的可能性。"以及"的情形稍微复杂一些，其歧解性环境可形式化为"$[V\ NP_1]_i$，以 e_i ＋及 NP_2"，这一环境的语义和结构特点，足以引发 NP_1 和 NP_2 同属 V 的涉及对象（宾语）这一推理。再如"因而"，其分布环境为"(S_i) ＋因 e_i ＋而 VP"，其中"因"的后面承前省略了 S_i；"因"有"因袭，承继"的含义。在这样的环境中，因为 S_i 从语义上讲是 VP 所代表的行为或状态发生或者出现的条件，由"条件－结果"到"原因－结果"的推理极其普遍，而"因"的意义也与此相宜。所以，从"因＋而"语串到表因果的连词"因而"之间的关键因素是 S_i 和 VP 之间的语义联系。

临界环境或桥梁环境的作用既然是致引语用推理从而使语法化项产生目标义，或许就不必以模糊性或者歧解性为本质特征。这种环境的本质特征应该是具有语用推理条件——模糊性或者歧解性只是语用推理条件的伴随现象（或者后果）。一般地，语法化

过程都应该经历具备语用推理条件的环境,这种环境既然能够使语法化项产生目标义,就可能具有不同的语义语用和形态句法解读方式,也就是歧解性。然而,这样的环境所体现出的歧解性特征的显著程度,可能因个案的不同而有异。就是说,对有的语法化个案来说,这种环境的模糊性或歧解性较为明显,而对其他一些个案来说,这种环境的模糊性或歧解性特征并不清晰。所以,如果我们把具有语用推理条件看成临界环境或者桥梁环境的区别性特征,就可以避免理论上的纠结。这种意义上的临界环境或者桥梁环境是任何典型语法化过程都必须经过的。因此,彭睿(2020:63)指出,临界环境或者桥梁环境也许更宜于称为"语用推理环境",而非"歧解性环境"。语用推理环境可以这样定义:

> 语用推理环境是语法化连续环境中语法化项产生目标义的阶段,具有语用推理条件,通常伴随不同类型和不同程度的语义语用和/或形态句法歧解性,以语义语用歧解性为核心特征。

这在理论上更有解释力,实践上也更为可行。

需要注意两个问题。首先,稍不同于彭睿(2020)的说法,以上表述把语义语用歧解性看成语用推理环境最核心的特征。这是因为,"形态句法歧解性"并不必然出现。按照 Heine(2018:20-21)的"意义先行假说",在语法化过程中,意义变化是主要的,而且在时间上早于形式(如形态句法和语音)变化(详见本书第五章)。这在一些次级语法化的个案中较为明显。如彭睿(2019)指出,汉语持续体标记"着"语法化为进行体标记"着(著)"的语用推理环境实例以如下句子为代表(转引自陈前瑞 2009):

(5) a. 五嫂咏曰:"他家解事在,未肯辄相嗔。径须刚捉著,遮莫造精神。"　　　　　　　　　　　(《游仙窟》)
  b. 余时把著手子,忍心不得,又咏曰:"千思千肠热,一念一心焦。若为求守得,暂借可怜腰。"(《游仙窟》)

在类似的语用推理环境实例中,"着"前面的动词多为"把、捉、看、听、唱、道、读、扶、数、飘、敲"等。这类句子之所以是持续体标记"着"语法化为进行体标记"着"的语用推理环境实例,主要是因为这些动词所引发的状态可以有条件地持续:如果施动者持续输入能量,动作引发的状态得以持续;如果能量输入中止,则动作引发的状态也无以为继。拿例(5b)的"把著手子"来说,一方面可以理解为在施动"把"的动作的同时,"把握手"这种状态持续了下去("静态");另一方面,"把握"这样的动作要能够持续,需要施动者不断施力,也就是不断输入能量("动态")。"把、捉"等动词兼有表静态和动态的可能,正是"着"由持续体标记语法化为进行体标记所需关键条件。明显地,这里的歧解性主要是语义语用上的("静态"和"动态");在形态句法关系上,"着"和前面的动词之间并未相应地有不同解读方式。

其次,总体上,不同个案的语用推理环境在歧解性程度上形成一个连续统,由一端的强歧解性(语义语用和形态句法的双重歧解)过渡到另一端的弱歧解性(单一的语义语用歧解)。因此,具体个案的语用推理环境的歧解性可能明显,也可能不明显。这种连续统可以非常粗略地图示如下:

语义语用歧解性	语义语用歧解性
强 ←――――――――――――――――――――→ 弱	
形态句法歧解性	(形态句法歧解性)

其中"(形态句法歧解性)"表示形态句法的歧解可能存在,也可能不存在。如在"极其"语法化的语用推理环境"[极][其 NP]"中,NP 具有被解读为 VP 或 AP 的可能性,而"以及"的语用推理环境"[V NP$_1$]$_i$,以 e_i + 及 NP$_2$"的两种理解方式,即"以"要么省略了和[V NP$_1$]$_i$同指的宾语,要么和"及"构成了一个双音组合来充任 NP$_1$ 和 NP$_2$ 之间的连接词。两个个案的语义语用歧解性都伴随着句法结构上的明显差异,因而是强歧解性语用推理环境的代表。上文提到的汉语持续体标记"着"语法化为进行体标记"着"的语用推理环境实例中,只有语义语用歧解性而无形态句法歧解性,因此在歧解性程度连续统上靠近弱歧解性一方的端点。这样

的处理方式对 *be like to* 的产生这类"缺乏"歧解性环境的语法化个案的解释是适用的,即其语用推理环境处于弱歧解性一端。

2.2.3 语法化环境对语用推理的推动

作为语法化驱动力量的语用推理条件从何而来?应该是语法化三层次环境互动的结果。

再以"以及"为例,其所需语用推理条件均体现在"$[V\ NP_1]_i$,以 e_i + 及 NP_2"这种环境里,包括如下三个方面:

i. NP_1 是与 NP_2 并列相关的另一名词短语;
ii. NP_1 是行为 V 涉及的对象,所以 NP_2 也可能被视为 V 所涉及的对象。NP_1 和 NP_2 因此可被看作并列的名词短语,作为一个整体成为 V 涉及的对象;
iii. NP_1 和 NP_2 一前一后,分别紧邻"以+及"语串,这是进一步语用推理的形态句法基础。

语言学习者把这几个条件和他们对汉语的整体认知结合起来,然后再以逆向推理①的方式得出"以+及"的新义。对语言学习者来说,其中有关汉语的一个非常重要的背景知识就是,并列相关的名词通常可以用一个并列连词(如"及"和"暨")来作为标记,而且这样的规律早已有之。语料显示,早在上古汉语文献中"及"和"暨"就已经是并列连词了,如下例两句(分别转引自《古代汉语词典》656 页和 677 页):

(6) a. 六月食郁及薁,七月亨葵及菽。

(《诗经·豳风·七月》)

---

① 逆向推理过程就是看到一个结果,联想到某种规律,然后推论出个案。其中的规律既可以是广为认知的某种普遍规律原则,也可以是一种常识性的东西。和归纳及演绎不同,逆向推理即使前提正确,结论也未必正确,因为和观察结果相对照的往往是错误的规律。一个经典例子是:苏格拉底死了(结果),而人都是要死的(规律),所以人们可能判断苏格拉底是一个人(个案)(Andersen 1973:775;也参 Hopper & Traugott 2003:43);苏格拉底完全可能是人以外的其他生命体。Andersen 以及众多其他语言学家都认为逆向推理是包括语言在内的文化范式发展的关键。逆向推理也被看成作为语法化驱动力量的语用推理的逻辑基础。

b. 帝曰：咨！汝羲暨和。　　　　　　（《尚书·尧典》）

也就是说，"NP_1＋并列连词＋NP_2"这样的认知，应该在连词"以及"产生之前就已经是语言学习者内化了的汉语知识的一部分。因此，简短描述，语言学习者首先观察到条件(i)、(ii)和(iii)(结果)，联想到汉语中业已存在的并列相关的名词短语由连词"及"或者"暨"等连接的规则(规律)，然后推论"$[V\ NP_1]_i$，以 e_i＋及 NP_2"框架中的"以＋及"部分作为一个整体应当在 NP_1 和 NP_2 之间起连接的作用(个案)。"以＋及"的这种新义，一开始只是不稳定的会话蕴含，随着"$[V\ NP_1]_i$，以 e_i＋及 NP_2"框架实例的增多而变成"以＋及"语义的一部分。

语法化三层次环境的互动方式应当不止一种类型，其中的规律也值得深入讨论。前文提到，驱动语法化的语用推理是否发生，最关键的是语法化项的直接结构环境。因此，有必要更具体地对以直接结构环境为主要基础的语用推理的产生机制和模式进行探究。

2.3　语法化条件

语法化条件以语法化环境为载体。既然语法化环境有着不同层次，相应地语法化条件也存在不同类型。

2.3.1　语法化条件的界定

学者们对什么是语法化条件有着不同认知。常见的误区有两种，要么对语法化条件理解过宽，要么对语法化条件界定过窄。

理解过宽指的是对语法化条件、语法化动因甚至语法化机制不加区分，把不同层面的东西混为一谈。如语用推理应当属于语法化的驱动力量而不是条件，但引发语用推理的因素则可归入语法化条件中。重新分析和语法化相互独立(Haspelmath 1998)，但重新分析是语法化的主要实现手段(称为"机制")，而一些重新分析个案的发生也离不开语法化条件的驱动；准确说，在这些个案中，重新分析是在语法化条件基础上产生的一种后果。

界定过窄是把语法化条件狭窄地等同于语法化项和其所在环境的形式特征。典型误区有数种，如认为处于特定句法位置（如句首、句中或句尾）或与特定成分毗邻是推动语法化项发生演变的首要（甚至唯一）因素，或者简单地把语法化项或其直接结构环境在形式上的所谓"超常"特征（即异于通常情形）看成语法化的关键诱发条件。从 Heine 等人的"意义先行假说"的角度看，这两种误区都源自对语法化演变基本原理的误解。形式特征或许对语法化有一定助推作用，也可能（但未必）是语法化临界性特征中的一个部分，但由单纯的形式特征引发语法化的现象应属罕见。语法化项能否发生演变，归根结底是由交际目的（即意义表达）决定的，而这取决于多种因素。这些因素中除了宏观环境和上下文语境，最重要的当然是推动语法化的直接结构环境。在直接结构环境中，语法化项语义语用和形态句法两方面特征及其与其他成分的互动方式，如前文提及的"以及"语法化的三个语用推理条件，是至为关键的。

综上，语法化条件可以这样定义：

> 语法化条件是存在于语法项所在三层次环境中、间接或直接推动语法化所依赖的语用推理的宏观和微观因素，涉及形态句法和语义语用的诸多方面。

粗略地讲，语法化条件有"背景条件"和"诱发条件"之分。"背景条件"指的是各具体语言在宏观层面上利于语法化的性质特征等（如类型学特征），依附于语法化环境的宏观层次，属于语言学习者对特定语言的整体认知范畴。"诱发条件"则指语法化项的分布环境（直接结构环境）中致引语法化发生的语义语用和形态句法特征，以及不同成分之间的形式和意义关联方式等。上下文语境中如果存在利于语用推理的信息，也可以归入诱发条件的范畴。

2.3.2 背景条件

依托于宏观环境的语法化背景条件有两个重要特点：助推语

法化的间接性和非必然性。间接性指的是这种条件并不是驱动语法化的语用推理达成的直接依据,非必然性则表明并非所有语法化个案都依赖于这种条件。因此,背景条件对语法化演变的推动或有或无,具有不确定性。背景条件中最常见的是语言的类型学特征。总体说,语法化和语言的类型学特征有关(如 Bisang 2004,2008c,2011;Bybee 2010;Narrog 2017;Narrog & Heine 2018);而且,类型学特征和语法化演变之间是相互影响的(如 Narrog 2017;Narrog & Heine 2018)。很多学者都注意到,在以汉语族语言为代表的孤立语里,语法化通常不会导致音节的紧缩。用 Ansaldo & Lim(2004)的话来说,就是高度孤立性的语言一般不会出现"昨日的句法变成今日的词法"①的情形;因为音节边界是离散性的,音位配列限制排除了紧缩音节存在的可能性。再如 Bybee(2010:206)所指出的,语法化实现的程度有着跨语言的差异;具体说,分析语或孤立语不仅语法化成项更长、和动词的溶合程度更低(即总体上语音缩减程度低),而且语法范畴的意义更具体、代表的是语法化路径的稍早阶段(也见 Bybee, Perkins & Pagliuca 1994 的讨论)。

在以上研究中,学者们关注的都是语法化过程在类型学特征的影响下产生的后果及呈现出来的总体面貌,其结论都有着合理性。类型学特征如何助推或者制约驱动语法化的语用推理,可以从汉语个案清楚看到。

2.3.2.1 几个汉语个案

拿汉语来说,因为缺乏形态标记,语法化演变可能(但不一定)会受到一些独特因素的影响。

如 Bisang 指出,在上古汉语晚期(即公元前 5—3 世纪),汉语语法化受到包括"前范畴性"在内的类型学特征的推动。前范畴性指的是相同语言单位可能被赋予不同的词性(Bisang 2008a, b, c, d;2010),如"信"在以下三个句子中用法不同,但并没有显性

---

① 出自 Givón(1971:413)。Givón 的原话是 Today's morphology is yesterday's syntax。

标记来予区隔(转引自 Bisang 2008a):

(7) a. 智士者未必信。　　　　　　　　(《韩非子·八说》)
　　b. 人皆信之。　　　　　　　　　　(《孟子·尽心章句上》)
　　c. 无道得小人之信矣。　　　　　　(《韩非子·南面》)

"信"在(7a)里处在不及物动词位置,意思是"值得信赖";在(7b)中是"相信"义及物动词;在(7c)中处于名词短语核心位置,意为"信任"(Bisang 2008a:569)。Bisang(2010)认为,前范畴性是推动汉语语法化的重要因素。

董秀芳(2008)也注意到,因为缺乏形态标记,上古汉语的动、名两个语法化范畴之间没有形式上的区隔,甚至在功能上能够实现动和名之间的对转,即动转名的无标记性;这一特点不仅影响了汉语的句法,而且造成了汉语的词类与句子成分的不对应,对部分汉语语法化个案的影响也很明显。根据董文的归纳,汉语中与动－名之间无标记转换相关联的语法化模式有三种,包括"及物动词＞连词""及物动词＞副词"和"话题结构＞复句"。作者指出,在动转名的无标记性特征的驱动下,汉语里名词化了的动词性成分可以出现在名词性成分的句法位置。其中一种特别的情形是,这一句法位置与语法化过程中同构项位置重叠。例如,(8)两例(均转引自董文)中,名词短语"其利"和"数十创"是作为语法化项的动词"被"的同构项:

(8) a. 万民被其利。　　　　　　　　　(《墨子·尚贤》)
　　b. 身被数十创。　　　　　　　　　(《史记·魏其武安侯列传》)

而在(9)两例(均转引自董文)中,名词化了的动词"攻""侵"和"辱"也是"被"的同构项:

(9) a. 国一日被攻,虽欲事秦,不可得也。
　　　　　　　　　　　　　　　　　　(《战国策·齐策》)
　　b. 今兄弟被侵,必攻者,廉也;知友被辱,随仇者,贞
　　　也。　　　　　　　　　　　　　(《韩非子·无蠹》)

这些同构项均经历了无标记性的动转名,为"被"的语法化提供了

条件。

其他汉语类型学特征对语法化也有一定影响。很多学者都注意到了双音化对汉语跨层结构语法化的推动(如张谊生 2001, 2007;董秀芳 2011;刘红妮 2019)。如刘红妮(2019:182)指出,"双音化是诱发跨层词汇化最根本的语音变化",其中"词汇化"包含了双音节虚词的形成(语法化)和双音节实词的产生(狭义词汇化,详见本书第九章)两种情形,涉及原本不在同一层次的两个成分边界的消失并凝固成单一的词项,以及一些跨层形成的词项在凝固后的语音上进一步"弱化、减短甚至消失"的变化(2019:175)。刘著提及的跨层成分边界消失并发生凝固的典型例子包括"势必"和"幸而"的产生(均转引自刘红妮 2019):

(10) a. 其势/必举赵。　　　　　　　　　　(《史记》卷七)
　　　b. 今又诱蔡而杀其君,以围其国,虽幸/而克,必受其咎,弗能久矣。　　　(《春秋左氏传·昭公十一年》)

其中"/"表示两个成分边界消失、凝固为一个单位之前的语音停顿。语音弱化以后一音节轻音化的情形最普遍,如副词"好不""及其""有点"等。语音减短的典型例子是"而+已"语法化为语气词"而已",然后进一步产生合音字或语气词"耳","何+不"在形成副词"何不"后语音进一步减短为"盍"(见刘红妮 2019:180)。

2.3.2.2 背景条件作用的有限性

诸如汉语的前范畴性、动转名的无标记性以及双音化之类因素,肯定都对特定语法化项的演变有助推作用。如上文提到的动转名的无标记性和双音化分别在"被"的语法化及"势必"和"幸而"等的产生过程中起到了重要作用,这都是无可置疑的。三种因素之所以被划归语法化的背景条件,是因为它们都没有触及语法化的最重要驱动力,即语用推理,因而总体上对语法化的影响是有限的。

先看前范畴性或动转名的无标记性。彭睿(2017)指出,前范畴性或动转名的无标记性对汉语语法化的影响可以从"质"和"量"两方面来看。从质的标准看,动转名的无标记性是相关语法化个案演变环境的条件(临界性特征)中的一部分,但非充要条件。既然只是语法化临界性特征之一,动转名的无标记性也就无法成为汉语语法化的最根本推动因素。从量的标准看,虽然前范畴性或者无标记性的动转名是汉语的一种显著个性化特征,但受到前范畴性影响的语法化现象在汉语中并不占优,与此类特征相关的演变都只是汉语语法化现象中的特殊个案,而非无标记的情形。研究表明,众多的汉语语法化个案,如处置标记"把"和"将"的产生,被动标记"让""教"和"给"的出现,动态助词"了""着"和"过"的历时形成,以及量词的语法化,等等,都与无标记性动转名这一汉语类型学特征没有关联。

双音化在汉语语法化过程中扮演何种角色,是推手还是后果,是条件还是机制,似乎无法清楚定位,目前学界在这方面的讨论是不充分的。把双音化看成一种有汉语特色的语法化条件并不存在问题,但无论从质和量哪一方面来检验,这种条件都不是最为关键的。拿非结构(跨层结构)的语法化来说,句法层次不同的成分要语法化成一个双音节虚词,其过程远不止于两个成分边界消失然后结合成一个单位这么简单,其最重要的一个步骤应当是功能的获得,而这一步骤和双音化至少是没有直接关联的。因此,彭睿(2011a)提出了非结构语法化的三个层次,包括"组块化"(两个源构素结合成组块)、"赋义化"(组块获得语义语用特征)和"语用推理"(组块演变为虚词)。如果双音化仅指组块化这一层次,那么它并不能直接影响语法功能的获得——按照彭睿(2011a)的说法,它只是非结构语法化的前提条件,是这一演变过程中"最基本的一个层面"。就是说,即使把其范围扩展到三个层次,从质的角度看,双音化也不是能够对汉语非结构语串语法化现象产生决定性影响的因素。

双音化说到底只是两个源构素结合成一个处理单位的过程,改变的是形式边界,并不一定涉及双音节组块新意义/功能的获得。因为两个成分不在相同句法层次,所以双音化在非结构语串组块化过程中的作用较为明显。但对结构性语串的语法化(如"因此""结果""其实""随时"等的形成)来说,双音化的作用是不明显的。用彭睿(2011a)的话来讲,非结构语串发生组块化是为其后的赋义化作铺垫;而这类语串之所以必须经过赋义化过程,是因为它们缺乏语法化的内部依据,无法成为语法化的源概念,也因而无法通过语用推理获得新意义/功能。相反,结构性语串一方面可以与其他语言单位构成合法组合关系,具有"形态句法自足性",另一方面其源构素之间具有相关性,自然地形成一个语义单位,负载完整而清晰的语义信息,所以也具有"语义信息自足性"。这两重自足性决定,有两个源构素的结构性语串可以直接经语用推理获得新意义/功能,双音化无疑是其语法化的一种助推力量,但也不排除是其语法化的后果。这可从连词"结果"的语法化过程清楚看到。以下是姚双云(2010)的相关讨论(例句均转引自该文,字句有删略)。连词"结果"来源于由动词短语演化而来的名词"结果",如以下两例:

(11) a. 一花开五叶,结果自然成。　　　　　(《六祖坛经》)
　　　b. 盖颜子一个规模许多大,若到那收因结果,必有大段可观者也。　　　　　(《朱子语类》卷三十六)

因为借用为佛教用语的关系,名词"结果"被用来比喻人的归宿,然后引申为"事物的最后结局"。连词"结果"表示"在某种条件或情况下产生某种结局",大约出现于明代,如:

(12) a. 由于朝代的嬗递,她准备剪去头发做尼姑,结果没有成功。　　　　　(《剪灯余话》卷四)
　　　b. 于是他偷偷前往伍相祠向神明祈求从梦境中预知祸福,结果梦见神说:"洒雪堂中人再世,月中方得见嫦娥。"　　　　　(《剪灯余话》卷五)

姚文提到的"结果"由名词向连词语法化的诱发因素包括交际的语用因素、认知的心理因素和语言的内部因素,但双音化不在其中。很明显地,这三种因素对名词"结果"语法化的诱发或助推,完全无需双音化机制的参与。因为双音化并不在所有汉语双音虚词的语法化个案中扮演角色,所以从量的角度看,不具有普遍意义。

语法化由语用推理驱动,语言中的某种类型学特征是否对语法化有助推作用、助推程度有多大,都取决于它是否能够影响语用推理。前范畴性和双音化要么只在部分汉语语法化个案中扮演角色,要么和语用推理没有关联,因此,并不是汉语语法化的关键条件。

2.3.3 诱发条件

语法化诱发条件指的是蕴含于直接结构环境的语用推理诱因。尽管语用推理有不同方式,但这种诱因的产生和诱发语用推理的机制都是有规律可循的。

2.3.3.1 临界性特征

语法化是由语用推理驱动的;语法化诱发条件就是那些能够直接助推并促成语用推理的因素。语法化连续环境中和语用推理直接关联的是歧解性环境(临界环境或桥梁环境)。彭睿(2008)把影响临界环境和语法化项关系的因素称为语法化"临界性"特征,即诱导语言学习者对语法化项所在框架进行语用推理的各种诱发条件,具体包括四个主要方面:

i. 框架关系的恒定性
ii. 语法化项/语法化成项的编码角色
iii. "非语法化项—语法化项"和"非语法化项—非语法化项"两种关联方式对框架关系的作用
iv. 非语法化项对语法化项歧解性的制约

所谓"框架"特指临界环境,是语法化项的直接结构环境。框架从性质上说相当于构式理论中的复合型半图式性构式,是一个形式-意义组配,包括语音、形态句法和语义语用等诸多方面,语法化项是其中的实体性成分。彭睿(2020:66-67)在彭睿(2008)的基础上,进一步把框架关系分为两个层面:一是以语法化项为实体性成分的半图式性构式的语义语用特征集和形态句法特征集,包括框架内各成分的形态句法和语义语用特征,二是这些成分相互之间的形态句法和语义语用关联方式。临界性特征有三点需要注意：

i. 四个方面都具有特异性，具体内容因语法化个案的不同而有差异。
ii. 四个方面都可能涉及语义语用和形态句法两个层面。
iii. 在实际语用推理过程中，扮演关键角色的也可能只是四个方面中的一两个，甚至只是这一两个方面中的语义语用和形态句法中的一个或数个特征。

2.3.3.2 关于"临界环境－语法化项"关系的假设

关于"临界环境－语法化项"关系，彭睿(2008)提出了两个假设，其中一个涉及框架关系和非语法化项在语法化中的作用，另一个涉及临界环境和语法化项互动的规律。彭睿(2020)修正了彭睿(2008)对两个假设的论述中的一些说法。以下内容主要是对彭睿(2020：71－84)中相关讨论的进一步概括和补充。

假设一：语法化项歧解性的诱导因素中可能包括框架关系和非语法化项。

语法化临界环境的框架关系在语法化项产生歧解性的过程中必然扮演重要角色，语法化项自身特征对语法化演变的影响也自不必说。框架关系影响语法化的一个典型例证是汉语系词"是"的历时形成过程——指示代词"是"因为是等同关系中的常项，最终变成了这种关系的专门标记（较详细讨论见下文）。研究表明，非语法化项的语义语用和形态句法特征也是诱导语法化项产生歧解性的一个因素。非语法化项可能单独为语用推理创造条件，也可能通过和语法化项之间以及和其他非语法化项之间的关联而为语用推理创造条件。如本章2.2.1节提到，"醉把花看益自伤"（白居易《花前有感》）是"把"演变的临界环境实例，其中"把"可理解为"持/拿"义动词，非语法化项"花"则是可持拿的有形具体物；又因为"花"可看成另一个非语法化项"看"的论元，而且"把花"可当作达成"看（花）"这一行为的辅助方式，所以"看"有可能被理解为唯一动词核心。进一步地看，因为"把"的持握物件的意义，

"把花"由"看"的实现方式被推理为对"花"进行处置。这些具体条件在"把"的临界环境中都是不可缺少的。

假设二：临界环境和语法化项之间存在不同关系模式。

临界环境和语法化项之间主要有两种基本模式：一种是恒定框架关系直接诱发语法化项的演变；另一种是非语法化项的语义和形态句法特征诱发非恒定框架关系的歧解，同时引发语法化项的演变。两种模式可以看作"临界环境－语法化项"关系模式的两种典型情形，分别描写如下。

基本模式 I：

> 框架关系为诱因；语法化项因频繁编码某恒定框架关系，逐渐演变成该框架关系的语法标示手段。

基本模式 I 的临界性特征概括如下：

i. 框架关系具有恒定性。
ii. 语法化项歧解为框架关系的临时编码项和专门语法标记。
iii. 框架关系不受非语法化项制约。
iv. 语法化项歧解不受框架内非语法化项的制约。

在这种模式里面，由临界环境到孤立环境，最显著的变化是其框架关系的临时编码项（即语法化项）演变为专门语法标记（即语法化成项）。

基本模式 I 以汉语系词"是"的产生为典型代表。Li & Thompson（1977）对汉语系词"是"的产生过程作了如下描述：

话题	述评		主语	谓语
NP_i	是$_i$ NP	>	NP	是 NP

这一过程的输入端是一个"话题－述评"结构，其中"是"为指示代词，与话题 NP_i 同指；"NP_i，是$_i$NP"可看作等同句的一种临时编码形式（Li & Thompson 1977：419），表述的是 NP_i 和 NP 之间的等价关系。输出端是一个主谓结构，是等同关系的专门编码方式。Li & Thompson（1977：424－425）认为，汉语"话题－述评"结构的重新分析正是发生在(11a)和(11b)这类临界环境实例中

(二例均转引自 Li & Thompson 1977)：

(13) a. 知而使之，是不仁也。　　　　　　(《孟子·公孙丑》)
　　　b. 既欲其生，又欲其死，是惑也。　　(《论语·颜渊》)

(13a)中的"知而使之"和"不仁"之间，以及(13b)中的"既欲其生，又欲其死"和"惑"之间，是两对等同关系。指示代词"是"作为这种等同关系框架的唯一常项，因频繁地出现在这一框架中而被视为其临时编码项。指示代词"是"之所以能被语用推理成等同关系的专门语法标记，主要是两个条件的推动：一是"NP_i，是$_i NP$"这一框架的等同关系本身，具体说，就是"NP_i"和"NP"之间等价；二是"是"的句法位置处在这两个等价成分之间。单独地看，两个变项(非语法化项)NP_i和NP都对这种语用推理没有直接影响，但两者和语法化项之间的关联方式，则是语用推理所依赖的。

基本模式 II：

　　　非语法化项为诱因；非语法化项引起非恒定框架关系的歧解，同时诱发语法化项的歧解。

基本模式 II 的临界性特征概括如下：

　i. 框架关系具有非恒定性。
　ii. 语法化项和语法化成项不必为框架关系编码项。
　iii. 框架关系受非语法化项的语义和形态句法特征的制约。
　iv. 语法化项歧解受非语法化项的语义和形态句法特征的制约。

基本模式 II 以汉语跨层结构的语法化为典型例证，如汉语副词"极其"的产生。"极"和"其"结合的条件是"极"的宾语由体词化了的谓词性成分来充当(即在"极＋其 VP"结构中)。如在句子(14)中，"恭敬"可以理解为体词化的谓词性成分：

(14) 臣子入朝，自然极其恭敬，也自和。

　　　　　　　　　　　　　　(《朱子语类·论语·学而篇》)

"极其恭敬"具有两种理解方式：

理解方式一:"极"为动词核心,其主语是"臣子",该词串可读为"极+其恭敬"。

理解方式二:"恭敬"是动词核心,该词串可读为"极其+恭敬","极其"修饰"恭敬"。

"极其"的语法化条件就是:"极"的主语为施事,而宾语为谓词性成分。"极其"所在框架如果满足前一条件,可读为"NP$_{施事}$+极+其VP",而如果满足后一条件,则又可读为"NP$_{施事}$+极其+VP"。"极+其VP"结构和"极其+VP"有着不同的框架关系,而跨层语串"极+其"和副词"极其"分别都不是二者的标示性成分(称为编码项)。

基本模式Ⅰ和基本模式Ⅱ对应的分别是低歧解性框架关系和高歧解性框架关系,是"临界环境-语法化项"关系的两极。两个模式中语法化项的歧解性分别受恒定框架关系和非语法化项的语义及形态句法特征的制约。彭睿(2008)指出,这两极之中,还存在一种非基本模式,其特点是框架关系和非语法化项可以同时对语法化项歧解性施以影响。基本模式Ⅰ和基本模式Ⅱ在多项临界性特征上都呈对立之势,而非基本模式兼有两种基本模式的部分特征。非基本模式的临界性特征归纳如下:

i. 框架关系恒定性不明确。

ii. 语法化项可歧解为框架关系的临时编码项和专门语法标记。

iii. 语法化项歧解性受非语法化项的制约。

iv. 语法化项歧解性受其所在框架影响。

v. 框架关系对非语法化项有依赖性。

彭文举了Sohn(2002:313-315)讨论的朝鲜语敬语与格标记 *kuey* 产生过程的例子,指出其中的两个主要步骤,即 *kuey* 由"指示代词>与格标记"和由"与格标记>敬语与格标记",都显示出了非基本模式的特点。

Kuey 由"指示代词>与格标记"的演变可以很清楚地诠释以上临界性特征。Sohn(2002:313-315)指出,*kuey* 在中古朝鲜

语是一个远指代词：

(15) stah-i　　　　hwueha　　　-ko　　　tyohAn koc-I
　　 land-NOM　　wide open-and good　flow er-NOM
　　 ha-kenul　　　kuey-sye　　　csa-ni
　　 be plenty-CT　there-LOC　　　live-and
　　 'Since the land was wide open and there were a lot of nice flowers, they lived there.'

Kuey 可以因与人称代词 nAm-ey (other-GEN) 共现而产生歧解：

(16) selu　　　　tAtho-a　　　ssaho-myen　　nalah-i
　　 each other　argu-and　　fight -if　　　country-NOM
　　 nAm-ey　　　kuey　　　ka-li-ta　　（Welinsekpo 1459）
　　 other-GEN　 there　　　go-PROS-DEC
　　 a. 'If you fight each other, the country will be given to other's place.'
　　 b. 'If you fight each other, the country will be given to others.'

在(16)句中，kuey 既可以理解为方位词(16a)，也可以理解为与格标记(16b)。因为这种歧解，(16)句是 kuey 由"指示代词 > 与格标记"演变的临界环境。明显地，kuey 的歧解性主要是由两个因素决定的。第一个因素是非语法化项的语义和形态句法特征，即其前面必须是指人的名词性成分，而其后的动词核心则限于运动动词。第二个因素是"NP_{指人}＋kuey＋运动动词"这一框架。这一框架的内部语义关系既可能是"(某物)位移至某人处"(kuey 读作方位名词)，也可能是"(某物)被给予某人"(kuey 读作与格标记)。这两种解读尽管不完全等同，但已经十分接近，这与典型的基本模式Ⅰ(如系词"是")和典型的基本模式Ⅱ(如"极其")的情形都不相同。作为"NP_{指人}＋kuey＋运动动词"这一框架中的常项，kuey 的方位名词和与格标记的解读方式，分别是这一框架语义关系的临时编码项和专门语法标记。

朝鲜语与格标记 *kuey* 语法化临界环境的临界性特征可以归纳如下：

i. 框架关系无明显歧解；
ii. *kuey* 可歧解为框架关系的临时编码项和专门语法标记；
iii. *kuey* 的歧解性受非语法化项影响；
iv. *kuey* 的歧解性受其所在框架影响，即必须依附在指人的名词性成分后，主要动词限运动动词；
v. 框架关系对非语法化项有依赖性。

Kuey 的语法化临界环境兼有基本模式 I 和基本模式 II 的部分临界性特征的事实是很清楚的。

需要指出的是，非基本模式本身是一个内涵和外延都不清晰的概念，上面归纳的临界性特征不是唯一可能性。或许存在偏向基本模式 I 或偏向基本模式 II 的情形，而不同情形之间到底是离散关系还是连续关系，目前的研究无法确证。同时，这几个模式的归纳是以汉语和朝鲜语个案为基础的，其特征是否受限于两种语言类型学特征，在多大程度上具有跨语言的解释力，都需要进一步研究。但正如彭睿（2020：85）指出的那样，这三种模式的探讨，有助于深化对语法化临界环境的必然性和必要性的理解，对于证明"语法化语用推理最直接的诱发因素来自语法化项直接结构环境"这一说法，是十分必要的一步。

2.4　总结

"语法化环境"在既有研究中是一个笼统的概念。从助推语用推理并实现语法化的角度看，语法化环境可以分为三个层次，"语言学习者对特定语言的整体认知""上下文语境"和"直接结构环境"，依序由宏观而具体，对语法化的影响由不确定、非必然到直接关联。准确说，驱动语法化的语用推理是通过这三层次环境交互作用而实现的，其中直接结构环境在助推语法化的问题上作用最为明显。和语法化的渐变性相对应，语法化项的直接结构环境也有连续性——Heine(2002)和 Diewald(2002)的语法化连续环境理论中,连续环境最明显地体现在直接结构环境中。在直接结构环境的连续发展阶段中,最关键的是具有语用推理条件的歧解性环境(Heine 的"桥梁环境"和 Diewald 的"临界环境"),其特征是允许语法化项具有源义和目标义两种解读方式。

语法化演变是由语法化动因(源于说话人－听话人交际的语用推理)驱动,通过语法化机制(重新分析和类推)来实现的。语法化演变能否发生,取决于语用推理是否可能被诱导发生,而语用推理的产生在很大程度上取决于语法化条件。语法化条件和语法化环境密切相关。作为语法化背景条件的语言类型学特征和语法化宏观环境(即语言学习者对特定语言的整体认知)相对应,而诱发条件则是以语法化直接结构环境为依托的。不论是背景条件还是诱发条件,它们对语法化的助推都是通过服务于语用推理这一语法化核心驱动力的方式来实现的。

严格说,决定语法化个案发生与否的条件不限于背景条件和诱发条件。文本频率在一些理论体系中被看成语法化机制或主要驱动力(如 Bybee 2003a,2010),其更合适的定位应当是有别于背景条件和诱发条件的另一种语法化条件。和背景条件及诱发条件一样,文本频率如果对语法化有推动作用,也必得通过助力语用推理的方式来实现;因此,只有和语用推理相关联的高文本频率(即高"临界频率")才对语法化有直接影响(彭睿 2011b;Peng 2012;也见本书第七章的介绍)。

语法化条件,无论是普遍性适用的(如文本频率),还是局部性或者个别性适用的(包括背景性和诱发性两类),都不能归入语法化的充要条件或充分条件。这是因为,一方面,即使满足了理论上的语法化条件,特定语法化个案未必就会发生;另一方面,语法化个案如果发生,也不必然是得益于特定语法化条件的推动。如 Traugott(2015:273)在谈及语言变化的无可避免性时曾指出,"变化不必发生,常常不发生,或者一经肇始便戛然而止"(相似观点也见 Hopper & Traugott 2003:130－131)。这一说法完全适用于语法化。

第二章 语法化环境和语法化条件

思考题

1. 有没有必要区分"语法化环境"和"语法化条件"？如果有必要，二者分别如何界定？

2. Traugott 曾经认为，在语法化连续环境理论中，Diewald 的"临界环境模式"比 Heine 的"桥梁环境模式"更适合于讨论语法化。这一看法的依据是什么？

3. 对于语法化过程是不是必定经历一个歧解性环境，学者们似乎没有形成统一认识。跨语言地看，没有歧解性环境的语法化个案是不是真实存在？如果有，判定这类演变个案具备语法化性质的依据是什么？

4. "临界环境或桥梁环境的本质特征是具有语用推理条件"的说法有没有道理？应该怎样理解这一观点？

5. "语法化动因""语法化条件"和"语法化机制"虽然处在不同维度，但都是语法化的促成因素。三者之间是如何相互关联的？

第三章　语法化参数

3.1　引言

　　语法化演变具体有哪些特征，迄今为止学界并没有一个统一的认知。第一章提到，学界对语法化的讨论，最早是以语法化项为焦点的，后来有学者把语法化环境作为研究视角。不论是哪种方式，都有一部分语法化特征存在程度或量的差异。语法化特征的这种程度或量的变化即"语法化参数"。在语法化参数的基础上可以精细地观察语法化过程中各种特征之间的互动关系。并非所有语法化参数都和语法化本质特征有关。本质性的东西，顾名思义，指的是语法化过程中必然出现的变化或现象，具有普遍意义，可以用来区别语法化和其他语言变化。语法化参数可以包括常见或具有较强倾向性的情形，但未必都能和必然性挂上钩。和语法化参数相对的是另一类语法化特征，称为"语法化原则"（详细讨论见本书第四章），其特点之一恰是没有程度或量的差异。

　　因为语法化理论方法的多元性，学者们归纳出来的语法化参数不尽相同，这清楚地体现在经典的语法化理论文献中。语法化窄化观和扩展观看待语法化现象的角度分别是语法化项自身和语法化项所在环境，相应地二者对语法化参数的归纳也是围绕这两个角度进行的。从不同角度归纳的语法化特征变化之间并不相互矛盾，但这些特征变化或宜于被看成语法化参数，或被如此定性不完全合适。只有充分吸纳各种语法化理论方法的精髓，同时把语法化项及语法化环境的特征变化结合起来，才能总结出具有广泛适应性的语法化参数来。

3.2 语法化窄化观的参数体系

本书第一章提到,以语法化项为观察焦点的语法化理论体系,其核心观念可以概括为"减量"性变化,涉及语法化项自身各种特征以及语法化项与其他成分的关系等。这种理论体系以"窄化"为主要特点,可称为语法化窄化观。语法化窄化观最具代表性的论著是 Lehmann（2015）,其他有影响的理论著述,如 Bybee, Perkins & Pagliuca（1994）、Heine & Kuteva（2002）和 Hopper & Traugott（2003）等,在一些观念上也和窄化观多有契合,也暂且归入这一类型。尽管不同著述的理论主张总体上并无高度不兼容之处,但它们对语法化项特征的归纳及理解方式的不同是十分明显的,其各自的语法化参数体系也大不相同。这一方面和学者们对语法化性质的理解不同相关,另一方面也是这些著述受限于其写作年代理论发展水平、很多问题尚无明确答案的必然后果。在语法化窄化观著述中,对语法化参数较为系统的讨论除了 Lehmann（2015）以外,还有 Bybee, Perkins & Pagliuca（1994）、Heine 等人的系列研究（如 Heine & Kuteva 2002, 2007; Heine & Narrog 2010）。其中 Lehmann 的参数最为独特,和 Bybee 以及 Heine 的参数大相径庭。Bybee 和 Heine 的参数体系虽然也有明显差异,但主要是由二者关注点的不同引起的,所以具有整合为一套参数的可能性。

3.2.1 Lehmann 的语法化参数

Lehmann 的语法化参数在一些文献里被称作语法化的"标杆参数",而 Lehmann 的理论也相应地被称作语法化"标杆理论"（见如 Wiemer 2004 等）。

3.2.1.1 标杆参数的内涵

Lehmann（2015）的主要观念在本书第一章已有简单梳理。Lehmann 理论中"语法性"和"自主性"这两个概念最为关键。Lehmann 假定,语言符号在使用上越自由,就越具有自主性;而自主性和语法性是相反的，语法化会减损语言符号的自主性。因此，要衡量一个语言符号的语法化程度，就得先确定其自主性程度（Lehmann 2015：130）。回顾一下 Lehmann 提到的自主性的三个决定因素：

> 势域：使语言符号区别于同类成员并且在结构段中获得显著度的特征即"势域"。
>
> 内聚：语言符号的自主性降低，从而系统性地紧缩与其他语言单位的某些关系；这些关系中对自主性具有减损作用的内在因素即"内聚"。
>
> 变异性：语言符号自主性越高，就越具有"变异性"，即位置的可移动性。

Lehmann 主张，语言符号势域和变异性的减弱以及内聚的增强是语法化的三个方面。这三个方面结合语言操作的两个基本方式（即语言符号的"聚合"和"组合"），可以进一步分化出来两组特征。具体说，作者以势域、内聚和变异性为经，同时以聚合和组合特征为纬，共归纳了六个语法化特征（见表 3.1）。简单概括如下：

从聚合角度看势域，即可得到语法化项的"聚合势"，包括语义和语音两方面内容的多寡；而从组合角度看势域，就是"组合势"，即语言符号进入或参与建构的结构式所覆盖的范围。内聚也可从聚合和组合两个角度来讨论。从聚合角度看，语言符号和同一词形变化表内其他语言符号之间的内聚关系称为"聚合度"，指的是该语言符号进入词形变化表并且在里面被整合的程度以及对词形变化表的依赖程度。

从组合角度看，语言符号和同一结构段中其他语言符号的内聚关系称为"组合度"，意指该语言符号依赖或附着于其他语言符号的程度。"聚合变异性"和"组合变异性"分别指的是语言符号为其他语言符号所代替或被省略的可能性，以及在结构中位移的可能性。

下表为 Lehmann（2015：132）所归纳的语法化参数：

表 3.1　语法化参数

自主性决定因素	聚合	组合
势域	聚合势	组合势
内聚	聚合度	组合度
变异性	聚合变异性	组合变异性

语言符号的自主性和与之相反的语法性可以从不同角度表示语法化程度，二者都是由这六个特征共同确定的。这些特征的变化趋向即 Lehmann 的语法化参数体系[①]，归纳如下：

i. 聚合参数

聚合势逐渐衰减，可以细化为语法化项的两方面变化：去意义化和语音损耗。

聚合度增加，称为聚合化。语法化项通过这种变化从主要词类变为次级词类，并进入屈折词形变化表。

聚合变异性失落，称为强制化，即语法化项在特定形态句法环境强制性出现。

ii. 组合参数

组合势的紧缩，即语法化项句法范围的减少。

组合度增加，涉及语法化项的并合（即相邻词项边界的失落）和融合（即形态音位整合程度的加强）。

组合变异性失落，称为固定化，涉及语法化项句法自由程度的降低。

Lehmann（2015）提及，一些语法化个案可能同时涉及所有六个参数，但并没有具体给出例证来。倒是 Traugott & Trousdale（2013：102）举了英语 *be going to* 的个案来解释 Lehmann 的标杆

[①] Lehmann（2015：132）还提到了这六个参数的另外两种称说方式，包括"因素"和"标准"。"因素"之称强调的是，语法化是一个复杂现象，由这六个方面组成，而且无法独立于它们而存在；而"标准"之称应当和六个参数衡量语法化程度的不同功用有关。换言之，这六个方面可以用来确定两个功能近似的结构段在语法化刻度表的顺序，因而具有"标杆"的性质。

参数，概括如下：

Be going to 原本"有目的位移"的意义丢失，音节从四个减至三个(*be gonna*)，在非洲裔英语中甚至变得更少(*I'ma*，*Ima*)。①（聚合势衰减）

Be going to 被纳入迂回型助动词的行列，和 *ought to*、*have to* 及 *be to* 并列。（聚合度增加）

Be going to 在魁北克英语里分布位置受限。但 *be going to* 所受到的位置变异限制是微弱的，这一助动词尚未变成将来时的强制性标记，也可能永远不会朝这个趋势发展。（聚合变异性失落）

Be going to 语串的分布原本横跨两个分句（第一个分句涉及位移，而第二个分句涉及 *to* 支配的目的），之后变成了单个分句内的助动词。（组合势紧缩）

To 和 *going* 在 *gonna* 中形成组结，不再容许插入副词及介词短语。（组合度增加）

Be going to 固定在助动词位置上，而且和情态动词一样，置于体标记和被动标记之前（如 *is going to have been cleaned thoroughly*）。（组合变异性失落）

必须强调的是，跨语言地看，六个参数均有涉及的语法化个案并不普遍；因其类型学特征的制约，在孤立语里这样的语法化个案更为罕见（详见本章 3.2.1.3 节的讨论）。

3.2.1.2 参数之间的关联

Lehmann（2015：135）指出，语法化不能单凭这六个参数中的任何一个来定位，而应该看成所有参数互动的结果。理论上，语法化参数应该是相互关联的，Lehmann 把这种关系总结为如表 3.2（译自 Lehmann 2015：174）所示：

---

① 严格说，*be gonna* 的出现发生于 *be going to* 也已语法化之后，并非语法化的直接后果（稍详细介绍见本书第六章）。

第三章 语法化参数

表 3.2 语法化参数的相互关联

参数	弱语法化	演变过程	强语法化
聚合势	一组语义特征；可能多音节。	损耗 →	少许语义特征；截断或单音段。
聚合度	语言单位松散地参与到语义场。	聚合化 →	规模小、紧密地整合的词形变化表。
聚合变异性	语言单位可依据交际意图自由选择。	强制化 →	选择范围被系统性地制约，使用上很大程度上有强制性。
组合势	语言单位可与任意复杂程度的成分相关联。	紧缩 →	语言单位修饰词或词干。
组合度	词项以独立单位身份与其他成分并列。	融合 →	语言单位变成词缀或者甚至成为其他成分的语音特征。
组合变异性	语言单位的位置可以自由变动。	固定化 →	语言单位占据固定位置。

Lehmann 把表 3.2 的内容称为所有语法化刻度的"公分母"，并且主张，正常的语法化过程必须遵守这样的条件：在某个结构式里发生语法化的语言单位必定在每个参数中占据一个点，而且六个点大致地在一条垂直线上。作者强调，三个聚合性参数之所以相互关联，在某种程度上有着逻辑上的必然性。传义性增强（高聚合势），要么可选范围扩大（高聚合度），要么从限制条件中解脱出来（高聚合变异性）。相反，如果一个语言单位只是与一些相似的单位对立，或者只能在特定情形出现，其传义性就会相应地较低。去意义化、选择限制的放宽以及文本频率的提高通常是相互关联的。一个词形变化表的不同成员可能在语义上差异不明显，因此其传义性就相对较低。三个组合性参数也有逻辑关联：一个语言单位只有在其组合势较强的情况下其句法变异性才会相应地较高。

Lehmann 认为，正常的语法化里，这六个参数应该有着对应关系；然而，似乎也有一些例外的情形，语法化参数不一定能够相互关联——从不同参数的视角看，语法化可能超前或者滞后。如印欧语的关系代词从所有其他参数的角度看，其语法化程度都相当高，但其组合势是从句，属于高阶的句法层次。对此，Lehmann（2015：180—181）认识到，目前并不具备能够预测语法化参数之间对应关系百分比的理论基础。语法化参数之间不完全齐整的对应，彰显的是不同语言的个性特征。

Lehmann界定语法化标杆参数的目的，即揭示不同语言单位之间的语法性的差异（Norde 2012：73）。Lehmann（2015：178）指出，六个参数相互关联，就可以计算语法化程度，并能够在不同层次对多种语言单位或词形变化表的语法性等级进行比较。然而，以语法化标杆参数来确定语法化程度的做法面临的问题很多，比如这些参数不论是从语法化阶段来说还是就语言类型而言，其适用性都是有限的。特别地，对孤立语来说，既然标杆参数不都适用，以全部参数来确定语法化程度也就无从做起了。

3.2.1.3 标杆参数的局限性

Lehmann的语法化参数体系的建立是十分有意义的，对语法化研究产生了巨大的影响，也获得了学界的广泛关注。学者们在肯定Lehmann标杆参数的积极意义的同时，也提出了诸多质疑。Traugott & Trousdale（2013：101）注意到，语法化标杆参数聚焦的是语法化项自身的变化，而对语法化环境的关注极少。例如，本书第二章介绍的语法化连续环境（Diewald 2002；Heine 2002）在Lehmann的学说里都没有涉及。von Mengden（2008）指出，和标杆参数发生关联的是语法化项的不同方面。例如，势域和内聚针对的是个别表达形式；对二者来说，语法化变化和语法化项的意义有关联。如空间表达通常是由身体部位名词演变而来（从 *head* 到 *up*，从 *face* 到 *front*，从 *back* 到 *back*、*behind* 等），或者由指称环境的词语演变而来（如从 *sky* 到 *up*，从 *earth* 到 *down*）。von Mengden（2008）还指出，"变异性"适用于范畴的所有或多数成员。如介词来源于名词或动词，一般来说比后二者句法自由度更低（见 Norde 2012：74）。von Mengden（2008）的意思是，语法化标杆参数的存在依据不相同。

也有学者批评 Lehmann 的语法化参数除了单个的例证以外，并没有系统性的实证基础（如 von Mengden 2008；也参见 Norde 2012：75），而批评的声音更多地出现在对标杆参数普遍意义的质疑上。按照 Traugott & Trousdale（2013：102－103）的说法，这六个参数中大部分是经得住检验的：聚合势引起语义虚化，自19世纪以来就是语法化研究中的根本性的东西，而组合变异性则成为非词汇性单位语法化的基础；其余参数不同程度都存在一些争议。例如，按照 Lehmann 的说法，组合势紧缩涉及语法化项句法范围的窄化。Norde（2012）提到的一个例子是，当置词语法化为格词缀以后，其句法范围从名词短语降至名词或形容词的词干。然而，Traugott & Trousdale（2013）注意到，在一些语法化个案中，语法化项所参与构成的句法范围发生扩展，而不是缩小——如连接词和语用标记的产生结果是，其所参与构成的句法及语义范围得到了扩展。两位作者提到，也有一些学者把二者的形成看成语用化而不是语法化的过程，原因是它们分布于核心分句之外；实际上在分句内范围扩展的例子也有发现，如出现于限定结构式的 *exactly* 和 *quite* 这类限定词前成分就是如此。Tabor & Traugott（1998）等对语用化的研究已经显示，语法化项的句法范围并非总是出现窄化。

学界对语法化标杆参数普遍意义的质疑，集中体现在这些参数对语法化不同阶段的适用性和对不同语言类型的适用性上。

第一种质疑：标杆参数对语法化不同阶段的适用性有差异。

如 Norde(2010：133－134) 及 Norde(2012：80－83) 都指出，标杆参数变化在主要语法化和次级语法化中的体现程度是不同的，可以从如下几个方面看到。

首先，这些参数变化不一定在任何语法化个案中都有体现。特别是语音损耗，通常在从词汇单位到功能单位（主要语法化）的语法化中未必发生。例如，Norde（2012）的讨论显示，瑞典语的介词 *mot* 来源于名词 *mot*，并无语音材料损耗的发生；较明显的语音变化通常只在次级语法化里出现，如原始斯堪的纳维亚语的指示代词(h)inn('this')语法化为现代瑞典语的冠词en('the')。

其次,有的语法化参数具有连续性效应,而其他语法化参数在语法化链的不同阶段效应不相等。如聚合势衰减的连续性效应的具体表现是,其中去意义化程度和语法化程度之间是正比关系,而聚合化在主要语法化和次级语法化中所呈现的效应不一样。在主要语法化中,聚合化意味着语法化项从开放类范畴向封闭类范畴转移,如前面提到的 *mot* 的例子;而对次级语法化来说,聚合化意味着语法素变成了屈折性词形变化表的一部分。

最后,Norde还注意到,有的参数似乎只和某一种类型的语法化(主要语法化或次级语法化)有关联。如组合度的增加通常只发生于次级语法化,因为只有语法素才会变得黏着;而聚合变异性的失落则只出现于主要语法化,因为黏着语素本身就是固定在特定位置的。从这个意义上说,组合度和聚合变异性实际上属于同一个参数,只不过在不同语法化类型中呈现出不同效应。这样一来,聚合性参数有三个,但组合性参数却只有两个,这样就影响了Lehmann参数体系的规整性。

第二种质疑:标杆参数对不同语言类型的适用性也不一样。

Lehmann标杆参数的另一个不足是缺乏跨语言类型的普适性。第一章提到,按照 Traugott(2010:272)和 Traugott & Trousdale(2013:102-105)的说法,Lehmann的标杆参数在形态丰富的语言里容易操作,但对形态不丰富的语言(如汉语和当代英语)来说则不一定适用。究其原因,所谓标杆参数是建立在对印欧语的观察基础上的,而且主要是缘起于对形态变化的研究。如 Traugott & Trousdale(2013:103)指出,聚合变异性的丢失是由强制化引起的,而强制化本身颇有争议。按照作者的说法,这一参数在有屈折变化的语言里是说得通的,因为这些语言要求一致性,如英语、法语和德语要求动词和主语之间具有一致性,而法语和德语更是要求修饰语和名词之间具有一致性;在俄语这种屈折性高的语言里,强制性和形态聚合度都会增加;但对英语这种屈折性稍低的语言,这种二者对应的情形并不存在。对汉语这种缺乏屈折形式的语言来说,强制性和形态聚合度都无明显表现。

Bisang（2008c：25—26）也注意到，Lehmann的参数中只有"组合变异性"完全适用于东亚及东南亚大陆语言，其余五个参数都不适用于这些语言。在东亚及东南亚大陆语言里，语法化不一定伴随语法化项语音形式的损耗，这说明"聚合势"衰减并不是普遍存在的。这一点可以从汉语语法化现象中看得很清楚：语义内容的逐渐损耗或许是普遍性的，但语音形式的损耗并不广泛存在，只是发生在部分语法化个案里。Bisang指出，因为东亚及东南亚大陆语言的类型学特征，另外两个聚合性特征，即聚合度和聚合变异性，也不完全适用。在这些语言里，聚合度只适用于封闭范畴的产生，但并不能导致词形变化表的出现。聚合变异性对这些语言之所以不完全适用，是因为这些语言中语法化成项所代表的范畴并不具备强制性。组合方面特征存在的问题同样很明显。拿汉语来说，"组合度"的适应范围很窄，如在标准汉语里只有"了"和"着"等语法标记显示出对动词的依附性，而这种依附性在东亚及东南亚大陆语言里并不具有普遍性。

Lehmann的语法化参数对孤立语的适用性是不是受限以及如何受限，可以从汉语完成体标记"了"的个案窥见一斑。

聚合势衰减："了"（/lɪau/）原本是"完毕"义动词（记为"了$_动$"），演变成动态助词"了"（/lə/）（记为"了$_助$"）以后，这一意义丢失。而且，"了$_助$"很明显地出现了元音弱化，即从复元音变成了单元音。可见动态助词"了$_助$"的聚合势在语义和语音两方面都发生了损耗。

聚合度增加：按照曹广顺（1986，2000）的说法，动态助词"了$_助$"形成之前，汉语已经有了"却、将、得、取"等几个完成助词。这几个完成助词形成了一个封闭范畴，功能上相近，但形式上谈不上同质性。因此，动态助词"了$_助$"也发生了聚合化现象。元明以后，"却、将、得、取"等完成助词在口语中逐渐式微，"了$_助$"就成了唯一选择。

聚合变异性失落：南北朝至唐五代"完毕"义动词"了"可能有三种分布，即"VO了$_动$""V了$_动$O"和"V了$_动$"；动态助词"了$_助$"只有两种分布，即"V 了$_{助}$O"和"V 了$_{助}$"。然而，动态助词"了$_{助}$"的这两种用法都不具备强制性。一个明显的表征是，"了$_{助}$"并不必须出现。拿现代汉语口语来说，诸如"吃了$_{助}$饭再走"和"吃饭再走"的说法都很常见。换言之，遏制聚合变异性发生的强制化在动态助词"了$_{助}$"身上并未出现。

组合势紧缩："了$_{动}$"可以参与构成连动式（"VO 了$_{动}$""V 了$_{动}$O"和"V 了$_{动}$"），而助词"了$_{助}$"要么附着在动词后（"V 了$_{助}$"），要么进一步参与构成动宾结构（"V 了$_{助}$O"）。从"了$_{动}$"到"了$_{助}$"，组合势的紧缩至少不是很明显。

组合度增加："了$_{动}$"和出现于其前面的动词在结合上相对松散，中间可以插入动词宾语"O"。动态助词"了$_{助}$"和动词的结合更紧密，中间不能插入其他成分，显示其组合度在一定程度上有所增加。

组合变异性丧失："了$_{动}$"既可紧跟另一个动词，也可以置于动词宾语之后。"了$_{助}$"的分布位置相对固定，只能附着于动词之后。这是固定化的后果。

归纳起来，对动态助词"了$_{助}$"的个案来说，聚合势、组合度及组合变异性的变化很清晰，聚合度的变化是有限的，而聚合变异性和组合势的变化体现得不明显。语音损耗在汉语语法化个案中并不普遍，聚合势变化在汉语中通常只体现为意义损耗，这是由汉语类型学特征所决定的。汉语动态助词"了$_{助}$"的情况是具有代表性的，证实了学者们的观察，即 Lehmann 的语法化标杆参数并不具备跨语言类型的普适性。

3.2.2　Bybee，Perkins & Pagliuca（1994）的语法化参数

3.2.2.1　Bybee 等对语法化参数的描述

Bybee，Perkins & Pagliuca（1994：4—9）把语法化定义为词汇性语素、"词汇性语素－词汇性语素"组合或者"词汇性语素－语法素"组合逐渐演变成语法素的过程。其基本理念是，语法化项的频率增加，致使其意义变得更具泛性，逐渐向语法性方向转移；而获得了语法性地位的语法化成项又可能朝语法性程度更高

的方向发展。这一过程涉及语义、功能、语法及语音等特征变化，这几种变化相互之间关系密切。Bybee 等人对相关语法化参数的描述摘引如下。

i. 意义泛化

"意义泛化"指的是语法化项的意义随着其分布环境的扩展而变得越来越抽象。原因是一部分意义元素的失落，这个过程也可以称为"意义缩减"。

ii. 语音紧缩

"语音紧缩"与意义泛化是平行的。因其词汇地位的丧失，语法化项会失去重音或独立声调；随之而来的是辅音和元音的紧缩，导致音段材料减少或者失落以及整个语素长度的缩短。这种紧缩既有实体性的一面，又有时间性的一面。实体性紧缩指的是发音动作的简化，而时间性紧缩，顾名思义，就是因语音的压缩而造成的发音时间的缩短。

iii. 语音依赖性增加

随着语音的紧缩和意义的缩减，语法化项对周围语言材料依赖性越来越高，并且开始与相邻语法素或词汇性语素发生溶合。不管这种溶合过程最终是不是引起词缀化，语法化项都可能因为受相邻语音材料的影响而发生语音变化。相邻语音材料的不同可能造成语法化项出现不同的语音形式，即同义的形式变体现象（如英语不定冠词 *a/an*）。

iv. 意义依赖性增加

和语法化项的语音依赖性增加相平行的是，语法化项在意义上对周围语言材料的依赖性也逐渐增加。语法化项原本意义内容的失落程度，与其意义诠释方式对其所在环境意义的依赖程度是成正比的。随着语法化项意义内容失落程度的增加，语法化项的意义最终会为环境所改变。

v. 句法位置和运用范围的固定化

在多数语言里，词汇性语素的位置可能随义和语用目的而稍微不同，但语法素通常不能被词汇性语素修饰，也不能因为其所修饰范围的改变而变换位置。Bybee 等人所举的一个例子是，

英语过去时后缀 -ed 不能因为强调目的而重读,也不能被其他语言单位修饰。要重读或对句子的过去时态进行修饰,必须启用含 do 的迂回表达方法:

(1) a. *I certainly did wash the car.*
　　b. * *I certainly washed the car.*

vi. 语法性范畴规模的进一步缩小

当语法性范畴中的某个成员出现意义泛化,其适合分布的环境会扩大。如果这一成员挤占了其他成员出现的位置,被挤占的成员甚至可能消失。美国英语中 *will* 和 *shall* 的竞争是一个典型例子——*will* 因分布环境的增加而有取代 *shall* 之势。

vii. 语法素频率的增加

当词汇性语素获得语法性地位后,其文本频率会不断增加。语法素之所以高频率出现主要有两个原因。一个原因是语法素具有意义泛性,能够出现在范围较宽的环境。另一个原因是语法素有时候在其所出现的环境中是冗余性的。换言之,语法素既能出现在需要其功能的地方,也能在与环境及说话人意图相容的任何时候出现。

3.2.2.2 对 Bybee 等人语法化参数的评价

Bybee 等人的语法化参数可以从不同角度去解读。

首先,七个参数涉及的是语法化的不同层面。意义泛化和语音紧缩属于语法化项自身特征变化范畴。语音依赖性增加和意义依赖性增加是语法化项与临近语言材料互动关系的变化。语音依赖性和意义依赖性结合起来相当于 Haspelmath(2004)所说的内向依附性。句法位置和运用范围的固定化可以理解为语法化项在语法化过程中所出现的形态句法特征的变化。语法素频率的增加应该和语法化项泛化程度增加有关——意义泛化程度越高,能够与之搭配的语言单位的类型就越多,其结果就是语法化项的频率得以增加。语法性范畴规模的进一步缩小指的则是同一功能域的功能单位由于相互竞争而引起的数量上的变化。

其次,按照 Bybee 等人的说法,这七个参数中有两对具有平行关系，分别是意义泛化和语音紧缩，以及语音依赖性增加和意义依赖性增加。因为意义泛化会导致一部分意义元素的失落，而语法化项意义内容的失落程度又与其意义诠释方式对其所在环境意义的依赖程度成正比，所以一个推论是，意义泛化和意义依赖性增加之间也有着平行关系，进而这四个参数之间都具有平行关系。意义泛化和语音紧缩之间的这种关联被 Bybee 等人概括为"平行紧缩假说"(Bybee，Perkins & Pagliuca 1994：106—107)。这一假说的普遍意义已经遭到了不少学者的质疑，不仅有类型学特征的原因，也有学者们对语法化本质的认知差异的原因(详见本书第五章)。举个例子，和语言类型有关，语音紧缩并不会普遍发生，如在以汉语为代表的孤立语里就不具有必然性。拿汉语的处置标记"把"和被动标记"被、给、叫、让"来说，在其历时形成过程中，从语音上看都既无明显的实体性紧缩，也无时间性紧缩。如果学者们的质疑是合理的，那么四个参数之间的平行关系是否存在，同样有必要重新审视。更准确的说法是，Bybee 等人所说的四个参数之间的平行关系，或许在某种类型的语言里(如屈折语)的确存在，但在其他语言里(如孤立语)则未必如此。

最后，对于七个语法化参数之间的关系，如相关特征变化孰轻孰重和孰先孰后以及相互之间的互动等等，Bybee 等人没有予以讨论。实际上，并非所有七个参数对语法化都具有关键意义。对语法化来说，语法化项的意义泛化(以及与之相关的语义语用特征变化)应该是最为核心的，相当于其他学者论著里所称的"虚化"(如 Givón 1975)或"去意义化"(如 Heine & Kuteva 2007，见本章 3.2.3 节的介绍)，因为它是语法化项获得新功能的关键条件之一。相应地，意义依赖性增加也是一个关键性特征变化，而语音依赖性是否增加也取决于具体语言的类型学特征。语法性范畴规模的进一步缩小这一参数则因为无关语法化项本身及其所在环境的变化，不在语法化的关键特征之列。Bybee 等人并没有提及这七个语法化参数所概括的特征变化的发生顺序；如前文的解读，几位作者至少主张七个参数中有四个是平行发生的。

此外，从 Bybee，Perkins & Pagliuca (1994)对语法素频率的

增加这一参数的描述可见，作者并没有强调文本频率是语法化的驱动力，而是视之为语法化后果。这和 Bybee 后来的观念（详见本书第七章）有着明显的区别。语法性范畴规模的进一步缩小似乎和语法化"择一原则"（详见本书第四章）有一定关联。某个范畴成员的分布环境扩大导致其他成员消失，这一观察或许是准确的。但是，语法性范畴中的某个成员的适用环境是否一定会扩大，则需要进一步观察。例如，标准汉语的被动标记有"被、叫、让、给"等几个，其中"叫、让、给"都用于口语。三个口语被动标记之间细微的语义语用差异，反而使得它们有可能在口语中长期并存。

Bybee，Perkins & Pagliuca（1994）把语法化项限定于三种类型，包括词汇性语素、"词汇性语素－词汇性语素"组合及"词汇性语素－语法素"组合。就是说，尽管作者提到了语法化项本身为功能性单位的情形，但在其语法化定义中，功能性单位（语法素）的语法化项身份似乎未获认可，因此作者讨论的语法化被限定于主要语法化。这一做法不可避免地会在一定程度上影响作者语法化参数体系的全面性、适用性和解释力。

3.2.3 Heine 等人的语法化参数

3.2.3.1 Heine 等人的语法化参数具体内容

Heine 等人的语法化参数有一个重要特点，即对语用因素的强调。这套参数背后的基本假定是，语法化是以语用、语义、形态句法和语音这四个因素的互动为基础的（如 Heine & Kuteva 2007：32－53；Heine & Narrog 2010：406）。这些参数分别和语言使用的不同层面相关联：

i. "扩展"，即语言单位在扩展至新环境时产生新意义（环境引发的重新诠释）。
ii. "去意义化"（或者"语义虚化"），即意义内容的失落（或者泛化）。

iii. "去范畴化"①,即作为词汇项或者其他低语法化程度单位特性的形态句法特征的失落。

iv. "融蚀"(语音紧缩),即语音材料的失落。

扩展涉及语法化项和环境的关系,而去意义化、去范畴化和融蚀都是语法化项自身的特征变化。扩展本质上是语用性的,去意义化和意义相关,而去范畴化及融蚀则分别涉及形态句法和语音。除了扩展,其余三个参数都属于特征的失落,但也伴随着获得,即语言单位在新环境中发展出新特征。Heine & Kuteva(2007:35)强调,这四个参数的排列方式反映了它们通常发生的历时顺序:语法化始于语法化项的扩展,既而引发其去意义化,之后才是去范畴化和融蚀。Narrog & Heine(2018:1—2)指出,对语法化来说,扩展和去意义化是根本性的;去范畴化和融蚀未必会发生,但如果发生,应该在扩展和去意义化之后。换言之,对语法化来讲,相对于形态句法和语音形式的变化,语义语用特征变化是最重要的。

Heine & Kuteva(2007:34—46)对这四个参数背后理据的详细讨论概括如下。

因为涉及社会语言学、文本-语用和语义等因素,扩展是四个参数中最为复杂的。从社会语言学角度看,语法化肇始于作为个体行为的创新(或激活)。概括起来,就是说话人以新颖方式来使用既有形式或结构,而这种创新随后又为其他说话人所接受,并逐渐扩散至整个语言社区。文本-语用要素涉及由惯常性环境到(一个或多个)新环境的扩展,然后到一般性环境的逐渐蔓延。语义要素指的是在既有意义基础上产生另一个意义,而新意义是由新环境引发或支撑的。在同一新语法结构产生过程中,文本-语用和语义两方面扩展具有互补性。

扩展问题一个很好的体现方式,是 Heine(2002)提出的环境引发的重新诠释的四阶段模型(即"桥梁环境模型",详见本书第二

---

① 第四章将介绍,"去范畴化"在 Hopper(1991,1996)中被当成语法化四个原则之一。"去范畴化"的程度变化的特点不是很鲜明,所以归入语法化原则更有道理。

章)。这一模型可以归纳如表3.3(译自 Heine & Kuteva 2007：36—37)所示：

表3.3 桥梁环境模型

阶段	环境	意义	语用推理类型
I 起始阶段	无限制	源义	—
II 桥梁环境	引发新意义的新环境	目标义前景化	招请推理(可取消)
III 转换环境	和源义不相容的新环境	源义背景化	一般性推理(通常不可取消)
IV 习用化	目标义不再需要它赖以产生的环境的支撑；可以出现于新环境	限于目标义	—

由阶段 I 到阶段 IV 经历了两个过渡阶段，即桥梁环境和转换环境。在桥梁环境产生新意义以及在转换环境的源义背景化是由两个因素造成的，即意义泛化(新环境意味着更宽泛的意义)和招请推理(新环境造就新意)。语法化项所出现的环境越宽泛，就越容易丧失其语义细节，从而发生意义泛化。意义泛化应该是扩展的强制性后果。招请推理并不普遍存在。在特定环境里，新意义被前景化(阶段 II)，但仍能取消；语用推理也可能变成一般性推理，同时源义发生背景化(阶段 III)。

为解释这一过程，Heine & Kuteva (2007：37)举了英语介词 *in* 的例子：

(2) a. *John died in London.*
　　b. *John died in Iraq.*
　　c. *John died in a car accident.*

在(2a)和(2b)两句里，*in* 都是其原本的空间义，但在(2c)句里，*in* 的意义比空间义更宽泛。在(2b)句里，由于特定历史事件(如伊拉克战争)，依据百科知识，*in* 可能因招请推理而被理解为 John 死亡的缘由，但这一推理可以取消。在(2c)句里，*in* 的这种缘由义已经不太可能取消了，因为在这个句子里把 *in* 理解为空间或者时间介词都是不合适的。

去意义化是扩展的直接后果。Heine 等人这样诠释这一变化：把某一语言表达式用在新环境，就意味着该表达式丢弃了和这一新环境不相容的那部分意义。去意义化通常通过隐喻过程实现。如身体部位名词（如 *back* 和 *head* 等）在特定环境中常被重新诠释为地点介词（如 *behind* 和 *on top of*）。在这一过程中，实物性概念（身体部位）被以隐喻方式用作表达空间方位概念的媒介，身体部位的具体意义让位于空间意义。行为动词（如 *keep*，*use*，*go to*）可以被重新诠释为时态或体貌助词，涉及了由物理性行为到更抽象的时间和体貌关系的转移。这种转移可能导致行为动词词汇义的丧失。

去范畴化和去意义化直接相关，指的是这样的情形：一个语言表达式一旦发生去范畴化，就会丧失其原本的形态和句法特征，这些特征不再和该表达式的新用法相关联。去范畴化有如下几个显著特征：

i. 失去发生屈折的可能。
ii. 失去派生性形态。
iii. 失去作为自主形式的独立性，对其他成分依赖性增加。
iv. 失去带修饰成分的可能。
v. 失去句法自由，即如未曾语法化的单位一样在句子里移动的可能。
vi. 失去以照应方式进行指称的可能性。
vii. 失去隶属于相同词形变化表的成员资格。

拿名词来说，名词如果发生去范畴化，往往会失去数、性、格等形态上的对立，以及与形容词、限定词等相结合和作介词宾语的能力，也会失去句法自由以及在话语中成为指称性单位的能力。当指示词演变为小句标句词以后，会失去明显的范畴特征。动词如果发生去范畴化，则通常会丧失其时、体、否定等的屈折形式，以及派生、被副词修饰、带助词、在句子中移动、与其他动词结合、用作谓语以及被指代等其他一些可能性。

融蚀意指语法化了的语言表达式的语音材料的失落。融蚀可以分为两类。第一类是构词上的，涉及整个构词单元。Heine 等举了这样一个例子：当古英语短语 *Pa hwile Pe*（'that time that'）或其变体语法化为现代英语的时间及容让标句词 *while* 后，其中的几个构成部分发生脱落。然而，更常见的是，融蚀仅仅限于第二类，即语音材料的脱落，可能是如下情形之一，也可能是几种情形的结合：

i. 失去语音片段，包括失去整个音节。

ii. 失去超音段成分特征，如重音、声调或语调。

iii. 失去语音自主性并与相邻语义单位相互适配。

iv. 语音简化。

在很多语法化个案中，两类融蚀现象都会出现。如英语短语 *by the side of* 语法化为介词 *beside*，以及 *by cause of* 语法化为 *because*（*of*），都同时涉及了两类融蚀。

需要注意的是，融蚀通常发生在语法化的后期，因此不是语法化发生的必要条件。这一结论和跨语言及跨语言类型的事实是相吻合的：并非所有类型语言的语法化都会发生融蚀现象，构词融蚀和语音融蚀都未必发生。

3.2.3.2 Heine 等人语法化参数的特点

Heine 等人的这套参数除了简洁明了，其优点还体现在其他几个方面。

首先是适用性广。Heine 一直以来都主张语法化项包括词汇性和功能性两种类型，这一点很清晰地体现在 Heine, Claudi & Hünnemeyer（1991b：2）的语法化定义中，即语法化是"一个词汇单位或者结构担负起语法功能，或者一个语法单位担负起更具语法性的功能"的变化。因此，四个参数对词汇性语法化项和功能性语法化项都是适用的。

其次是具有层次性和逻辑性。四个参数分属语用、语义、形态句法和语音四个层次。Heine 等人对扩展这一语用层次参数的关键作用的强调，和学界所持的语法化由语用推理驱动这一主流观念相一致。四个参数在排列上很具有逻辑性，性质定位较为清楚，而且相关特征变化发生顺序背后的理据也十分明晰，层次感分明。其中扩展（即"环境引发的重新诠释"）在四个参数中居先，和 Heine 主张的"意义先行假说"，即语法化本质上是一个认知－交际及语义过程，意义变化先于形式变化而发生（如 Heine 1997；Heine 2018；详见本书第五章），是高度吻合的。

此外，四个参数不仅具有高度概括性，根据 Heine 等人的描述，其具体内涵也是十分丰富的。如扩展涉及三方面因素，去范畴化具有七个显著特征，融蚀引发的语音材料脱落包含四种情形，都彰显出这种简约的语法化参数体系背后的深刻理据。

文献中常常提及的和语法化密切相关的一些特征变化，如文本频率，并不在 Heine 等的语法化参数之列。这和 Heine 本人对"频率－语法化"关系的立场有关。对于文本频率推动语法化的说法，Heine, Claudi & Hünnemeyer（1991b）和 Heine & Kuteva（2007）都表示怀疑，认为频率推动语法化的观点缺乏有说服力的证据，理由是发生语法化演变的词项往往在文本频率上未必是最高的。Heine, Claudi & Hünnemeyer（1991b：38－39）举了斯瓦希里语的例子，在这个语言里尽管所有发生语法化的词都在 278 个频率最高的词范围内，但频率最高的前 15 个词都没有发生语法化。作者是想表明，"文本频率推动语法化"的说法把问题简单化了。

语法化发生于特定环境，而 Heine 主张语法化环境具有连续性特征。从这个意义上说，语法化环境也可以看成一种有程度差异的特征，其变化也可以归为参数。然而，Heine 等人的语法化参数体系里并没有环境的单独位置，而只是在讨论扩展的内涵时涉及。考虑到环境因素对语法化的重要性，语法化参数体系中环境因素的缺失，似乎是一个不足之处。一种可能的原因是，扩展参数中含有环境变化的因素，故而不再单列为一个独立参数。与此相对照，Heine 等人已经意识到融蚀并不具有普遍性，但却把融蚀列为四个语法化参数之一。究其原委，或许在 Heine 等人看来，语法化参数和语法化本质特征并不能画等号。

3.3 语法化扩展观的参数体系

Himmelmann(2004)把语法化过程中"语法化项－环境"互动关系的意义予以了极大化,从环境变化的角度来定义语法化,是语法化扩展观的典型代表。如本书第一章提到的,Himmelmann(2005:83)声明,语法化项在语音、形态－句法和语义－语用诸方面的特征变化的发生,都取决于具体语言的类型学特征及语法化项所在具体结构式的特征。言下之意,它们都不是本质性的——这清楚解释了为什么作者一反传统,选择从环境角度来观察和定义语法化项。这一视角需要解决的问题很多,毫无疑问,绕开语法化项自身的特征变化来讨论语法化过程是否合适,便是其中的一个。

学界的一个共识是,语法化发生于特定环境,因此,环境变化也应该是语法化变化的参数之一。Himmelmann(2004)虽然没有把环境设立为一个独立的语法化参数,但对环境和语法化项之间的共变关系进行了深入讨论。Himmelmann所说的环境具体包括三个层次,即语法项的"同构项(即搭配项)类型""句法环境"和语法化项所在复合结构(和本书第二章讨论的"直接结构环境"接近)所处的"语义－语用环境"(Himmelmann 2004:33):

> 基于环境的语法化观
> $(X_n)\ A_n\ B\ |\ K_n \rightarrow (X_{n+x})\ A_{n+x}\ b\ |\ K_{n+x}$

其中 A 和 B 代表实词性词项,b 代表语法化了的成分,环境变化包括以下三种:

a. 同构项类型的构成:$A_n \rightarrow A_{n+x}$(如,普通名词→普通名词和专有名词)

b. 句法环境的变化:$X_n \rightarrow X_{n+x}$(如,核心论元→核心及边缘论元)

c. 语义－语用环境的变化:$K_n \rightarrow K_{n+x}$(如,前指用法→前指及次前指用法)

作者指出，语法化发生于复合结构"A_n B"；B > b 的演变是复合结构"A_n B"语法化的结果。本书第一章介绍了三层次的环境扩展的具体含义，重复如下（详细讨论见 Himmelmann 2004：32－33；也见彭睿 2020：10－14 的介绍和述评）：

i."同构项类型扩展"，即能与语法化项构成组合关系的成分类型的增加。如指示代词通常不能修饰指称独特物事的名词，但语法化为冠词后，就可以修饰包括专有名词及 *sun*（太阳）、*sky*（天空）和 *queen*（女王）等指称独特物事的名词。

ii."句法环境扩展"，比如，由于语法化，语法化项所在结构能出现的句法环境从核心论元（主语或宾语）扩展到它不曾出现过的其他句法环境如介词短语中。

iii."语义－语用环境扩展"，这里的环境也是针对语法化项所在结构而言的。这一点也反映在指示代词和冠词的区别上。如"指示代词＋名词"只出现于有上下文或前指成分的环境中，而"冠词＋名词"则不拘于此。

三个层次的环境扩展，相当于以语法化环境特征为视点的语法化参数。关于三个层次环境扩展在语法化中的定位问题，Himmelmann（2004：33）指出，三层次环境扩展在语法化过程中同时发生，而语义－语用环境扩展是其中的核心特征，因为其他两层次环境扩展未必发生。语义－语用环境扩展和 Bybee 等人的意义泛化参数以及 Heine 等人的扩展参数在内涵上大致一样。有意思的是，Bybee 等人并没有把意义泛化看成有特殊重要性的语法化参数，而在 Himmelmann 和 Heine 等人的参数体系里，语义－语用环境扩展和扩展分别具有核心和首要/居先地位。应该说，在这一点上，Himmelmann 和 Heine 等人看法是十分合理的。

环境视点的语法化参数体系优点和缺点一样明显。其最突出的地方是强化了"语法化环境"这一概念，并且把扩展/泛化对语法化的意义最大化。这一优点同时也正是这种参数体系有待细化和完善的地方。Himmelmann 的"扩展"概念，按作者的说法，意指"出现在原本不能出现的环境"。这一说法本身也是值得进一步推敲的。如"出现在原本不能出现的环境"到底是"量的增加"还是

"质的转变",作者未予更深入挖掘,但实际上很有必要细加分析。具体三层次环境扩展的说法,明显也是粗略的。把语义-语用环境扩展看成语法化的核心特征是正确的,但语义-语用环境的内涵外延都不是很清晰。从跨语言以及跨范畴的角度来看,语法化项的语义-语用环境应该是一个非常值得深究的课题,其变化规律是否能够以扩展来简单概括,有待检视。同构项和句法环境也有同样问题。彭睿(2017)注意到,Himmelmann(2004)并没有明确界定同构项的内涵,只是笼统解释为和语法化项搭配的成员。这种笼统解释给了其他学者以不同解读的空间。如 Traugott(2008a)对同构项的解读是狭义的,把它等同于语法化项搭配的词类成员(如名词、形容词、动词或副词),而同构项扩展就是这些词类成员范围的扩大;Trousdale(2012)的理解则是广义的,主张同构项不拘于词一级单位,而同构项扩展就是一种搭配限制条件的改变。Himmelmann(2004)对句法环境扩展的界定也是笼统的,没有对其规律性进行详细归纳。但是,作者有关句法环境扩展不具备普遍性的说法是准确的,这在次级语法化个案中尤其明显。以持续体标记"着"到进行体标记"着"的语法化为例,"着"产生了新功能并且同构项发生了替换,但其句法位置并无改变,都是跟在动词后面;而且,无论是持续体标记"着"还是进行体标记"着","动词+着"这一组合内部的句法关系等都无改变。和同构项变化一样,语法化项句法环境的变化也必定有其规律性,但目前学界尚无人就这一问题展开论述。

要检视 Himmelmann 的语法化扩展观的理论价值,深入探讨三层次环境的变化规律势在必行。彭睿(2017)对同构项的变化规律进行了讨论。这份研究通过对汉语处置式标记"把"、动态助词"过"、结构助词"个"和"得"的个案分析,指出语法化项的同构项有两种基本变化方式,即"同质性扩展"和"异质性替换"。

同质性扩展指的是这样的情形,即语法化项的初始同构项和新增同构项属于同一语法范畴,同构项数量增加。以"把"为例,其同构项无论语法化前还是语法化后都是体词性的,而且位置不变,但范围扩大,在语法化前的"可持握有形具体物"基础上增加了"不可持握有形具体物""不可持握无形具体物"和"抽象物"三种。

异质性替换意指语法化项的初始同构项和新增同构项分属不同语法范畴,后者替换了前者,同构项数量不增加。如泛用量词"个"的同构项是体词性的,语法化为助词以后,其同构项变成了谓词性单位。

同质性扩展和异质性替换只是语法化项同构项变化的两种基本方式,实际情况可能更复杂,两种方式也可以交织进行。"扩展"如果理解为一种数量的增加,那么一种可能情形是"同质性替换",即初始同构项和新增同构项属于同一语法范畴,但同构项数量不增加,只是新增同构项替换了初始同构项。例如,汉语进行体标记"着"是持续体标记"着"进一步语法化的结果(曹广顺2014[1995];陈前瑞2003,2009;彭睿2019),其同构项变化可归为同质性扩展。按照彭睿(2019)的说法,"着"从持续体标记到进行体标记,除了产生新功能,其同构项(即"着"前面的动词)也发生了变化,即不需要持续能量输入的"并、堆、放、覆、浸、留、载、枕、悬、封、帖"等为需要持续能量输入的"把、看、听、唱、道、读、扶、数、飘、敲"等所代替(具体动词引自陈前瑞2009的分析)。是否需要能量的持续输入是意义问题,不牵涉语法范畴,因此这是一个典型的同质性替换例子。Himmelmann的语法化扩展观如果能把诸如同质性扩展和异质性替换之类同构项变化规律纳入考量,其同构性扩展这一参数的变化规律就会得到更全面的概括。

3.4 "窄化观"和"扩展观"的语法化参数的整合

语法化窄化观和扩展观视角不同,而完整的语法化理论应该整合窄化和扩展两种观念。实际上这两种视角下的语法化参数并不存在矛盾之处,而本章所介绍的三个窄化观参数体系相互之间反倒有明显差异。要统一窄化观和扩展观的语法化参数,可以先从窄化观参数体系中通过合并和增删得出一套更能代表窄化理念的参数来，然后再和扩展观参数体系进行整合。对于 Lehmann 的语法化标杆参数的理论价值，学界是充分肯定的，但这些参数在语法化不同阶段以及对不同类型语言在适用性上的差异，使得其价值打了折扣，无法直接成为窄化观语法化参数体系的典型代表。Bybee 和 Heine 的参数体系从理念上来说较为接近，而且不存在适用性方面的突出问题，其不足之处都在于观察现象的角度，因此可以成为语法化窄化观代表性参数的基础。

3.4.1　Bybee 和 Heine 参数体系的联结

根据 Bybee 等人的参数体系，语法化项不同方面特征变化相互之间有着关联性。Heine 等人的参数体系概括性更强，而且明确了语法化过程中特征变化的主次性和先后顺序。两个参数体系在总体思路上并不相矛盾，这是二者统一起来的有利条件。两个语法化参数体系异中有同，同中有异。其中"同"指的是相互之间的对应关系，包括三个方面：

i. Bybee 等人的意义泛化，在 Heine 等人的体系里被称为去意义化。从内涵上说，二者相当。

ii. Bybee 等人所说的句法位置和范围的固定化以及语法性范畴规模的进一步缩小既然都是语法化项形态句法方面特征的变化，就和 Heine 体系中的去范畴化有关联。

iii. Bybee 等人的语音紧缩和 Heine 参数体系中的融蚀具有一致性。语音依赖性增加是语音紧缩的后果之一，也和融蚀有关联。

所谓"相当"或"有关联"，是指相关参数所描述的特征变化实际表现大体相同，但观察视角未必完全一致。两个参数体系的不同，主要是源于其背后语法化理念的差异。如 Bybee 的学说把文本频率看成语法化的驱动力，这一观点并未获广泛认同。Heine 的理论更强调的是交际目的和语用因素（如语用推理）的推动作用，这在目前学界认同度更高。严格说，文本频率的作用和语用因素的作用是高度兼容的，这是两种参数体系整合起来的一个有利条件。学者们之所以对频率作用有争论，主要是因为 Bybee 等人没有精准定位文本频率对语法化的推动方式(详见本书第七章)。一种可能的方案是把"临界频率"当成语法化的一个参数。临界频率即语法化项在语法化临界环境(有语用推理产生目标义条件的环境)中的文本频率,即有语用推理因素的文本频率;临界频率的提升会导致语法化的发生(彭睿 2011b,2020;Peng 2012)。如彭睿(2011b)通过对汉语时间名词"时"语法化为假设助词"时"以及跨层结构"因+而"语法化为连词"因而"等个案的考察,发现临界频率的升高都在这些个案中起到了决定性作用。

两种参数体系整合的一种可能思路是:以 Heine 的体系为蓝本,加入 Bybee 体系中的重要参数,同时强化 Heine 等人参数体系的主次意识和层次意识。语法化项有形式和意义两方面特征。Croft(2001:18)对构式的形式和意义两方面特征作了多层次定位:形式特征包括句法、形态及语音三个层面,而意义/功能特征则有意义、语用和话语－功能三个层面。这种构式视角的定位对语法化项也是适用的,就是说语法化项的变化可能涉及多个层次特征的改变。因为语用和话语功能都涉及语法化所赖以发生的语言环境,在讨论语法化项自身特征的时候可暂不予考虑。这样,着眼于语法化项自身的特征变化,并考虑到主要语法化和次级语法化的共性,同时把语用推理和文本频率在语法化中的作用纳入考量,窄化观的语法化参数就可以进行归并了。归并的窄化观语法化参数可以概括如下:

在语法化过程中,语法化项

i. 扩展至新环境,丧失部分意义内容(或发生意义泛化);
ii. 临界频率升高;
iii. 获得新的语义语用功能;
iv. 改变搭配及分布等特征;
v. 语音自主性减弱,包括语音材料的失落(融蚀)和对周围语言材料语音依赖性的增强(溶合)。

在以上参数中,(i)和(iii)是核心,(ii)属于语法化的推动因素或实现手段。特别要说明的是(iv)和(v),其中(iv)是语法化项的同构项形态句法关系的变化,(v)是 Bybee 等人体系中语音紧缩和语音依赖性增加与 Heine 等体系中融蚀的结合。这两个参数所代表的特征变化都不具有必然性。举个汉语例子,持续体标记"着"是动词"着"语法化的结果,而前者又进一步语法化产生了进行体标记用法(见如彭睿 2019);"着"从持续体标记到进行体标记是一个次级语法化过程,"着"获得了新语法功能,但其搭配及分布特征和语音自主性都没有改变。这种情形在次级语法化现象中并不罕见。同时,跨语言的事实证明,这两种形式参数是否变化以及如何变化,都和具体语言的类型学特征有关。

3.4.2 进一步整合的语法化参数

归并的窄化观语法化参数以(i)(语法化项扩展至新环境,丧失部分意义内容或发生意义泛化)和(iii)(语法化项获得新的语义语用功能)为核心。其中(i)和扩展观核心参数"语义－语用环境扩展"高度对应,二者是从不同视角对同一现象进行观察的结果。窄化观参数中的(iv)(语法化项改变搭配及分布等特征)和扩展观参数中位居非核心地位的"同构项类型扩展"和"句法环境扩展"两个参数在内涵上也高度重叠。这种对应是窄化观和扩展观两种参数体系整合的基础。"窄化观－扩展观"整合的语法化参数表述如下:

在语法化过程中,语法化项
i. 语义－语用环境扩展;
ii. 临界频率升高;
iii. 获得新的语义语用功能;
iv. 同构项类型和句法环境扩展;
v. 语音自主性减弱,包括语音材料的失落(融蚀)和对周围语言材料语音依赖性的增强(溶合)。

整合的语法化参数体系和第一章提到的整合的语法化观(彭睿 2016:18;2020:38－39)理念是一致的。在这一体系里,语法化以语法化项的(i)(语义－语用环境扩展)和(iii)(获得新的语义语用功能)为核心参数。这一参数体系强调的是临界频率而不是笼统意义上的频率,目的是避免陷入 Bybee 等人频率理论的误区(详见本书第七章)。(i)、(ii)和(iii)三个参数的排列体现了语法化背后的驱动原理:语法化项因交际需求而扩展至新环境,新环境中包括语用推理产生新语义语用功能的临界环境;新的语义语用功能随着临界频率的升高而发生语义化,并进而习用化。其余两个参数,包括(iv)(同构项类型和句法环境扩展)及(v)(语音自主性的减弱),都是形式参数,属于语法化的附带现象,具有非本质性特征。整合的语法化参数体系不仅兼顾了语法化扩展观和窄化观的合理主张,同时把主要语法化和次级语法化的特征都纳入了考量。

3.5 总结

目前学界有影响的语法化理论著述,秉持的理念主要都是语法化窄化观,但它们所归纳的语法化参数不尽相同,也各自存在优缺点。这种不同反映了学者们更深层的语法化观念上的差异,但并不妨碍这些语法化参数体系之间的归并和整合。窄化观和扩展观对语法化的理解视角不同,但从根本上说并不矛盾,因此窄化观和扩展观的语法化参数完全可以进一步整合,形成一组更具解释力的语法化参数。"窄化观-扩展观"整合的语法化参数既凸显了不同语法化观的合理内核,也摒除了各种观念(特别是窄化观)中有争议的地方。

语法化参数不同于一般意义上的语法化特征,它们相互之间密切相关,有的还存在着时间顺序甚至因果两个层次的关联。并非每一个语法化参数(包括整合后的参数)都具有语法化本质特征的地位,这意味着其所指的变化未必发生,而从方法上看语法化参数的确定以及具体每一个参数的性质定位都必须考量其跨语言和跨范畴双重意义——这两种说法并不矛盾。一方面,和 Bybee, Perkins & Pagliuca (1994),Heine & Kuteva (2007) 及 Himmelmann (2004) 等几种参数体系一样,整合的语法化参数,如果具有较强的预测力和解释力，就应该能够跨语言地适用。"有个别语言特色的语法化参数"的提法，就如同"有个别语言特色的语法化动因"一样，即使并非全然没有实证依据（如双音化对汉语语法化的推动，见本书第二章），但理论价值必然打折扣。另一方面，语法化参数应该是跨范畴和跨形态句法类型地适用的。同样道理，诸如"有特定语法范畴特色的参数""专属于某一语法化项的参数"之类提法，虽不排除其在个案解释上的便利性，其理论价值有多大也是可议的。

思考题

1. Lehmann 的"语法化标杆参数"在备受推崇的同时也饱受质疑，其局限性体现在哪几个方面？

2. Bybee 等人的语法化参数有什么优缺点？

3. Heine 等人的语法化参数比较简洁明了，但内涵丰富。这一语法化参数体系的解释力如何？

4. Himmelmann 的语法化参数以环境为视点。这位学者主张"语义—语用环境扩展"是语法化核心特征，是不是合理？这一参数体系的优缺点分别是什么？

5. "窄化观—扩展观"整合的语法化参数体系是不是有很强的解释力？有没有进一步调整的空间？

第四章 语法化原则

4.1 引言

"语法化特征"是一个十分笼统的提法。被归为语法化特征的东西并不是均质的,可以依据不同标准进行分类。第三章介绍了学者们对于具有程度差异或量的变化的语法化特征的讨论,并且以"语法化参数"来予以称说。本章将要讨论的是 Hopper(1991)提出的一套被称为"语法化原则"的特征。① 这组特征要么涉及语法化项,要么是语法化的附带现象。其中后一种情形既无关语法化项,也和语法化环境无涉。本章的核心任务就是对这些特征进行检视。理论上,既然是语法化"原则",就应该不仅没有程度或量的差异,而且具有普遍意义,即跨语言、跨范畴以及跨语法化阶段存在。然而,事实上 Hopper 的"语法化原则"不都具有普遍意义,有的还不排除有程度上的差异或量的变化。

4.2 什么是"语法化原则"

Hopper(1991)在讨论语法化原则之前,检查了 Lehmann(1985)归纳的一组语法化特征:

聚合化(语法化成项倾向于被纳入词形变化表)

---

① 因为学者们的理论视角和观察范围不同,语法化"原则"在学界理解和归纳方式都不完全一致。如很多人把单向性看成语法化的一个基本原则,但也有学者对此持怀疑态度(详见本书第八章)。

强制化（非强制性出现的形式倾向于变为强制性）
紧缩（语音上缩减）
融蚀（相邻单位合一）
固定化（线性顺序由自由趋于固定）

这些特征在语法化过程中都很常见，但却难以成为语法化的普遍性原则。首先，按照 Hopper（1991）的说法，这些现象其实是语法化到了一定程度才会发生的。在一些语言的语法化高级阶段，如形态化阶段，体、数、时和格等等都可能以词缀方式表达。在这一阶段，以上伴随特征是很容易观察到的；而语法化如果尚未达到此种程度，强制化、固定化等变化都不会出现。其次，如同 Lehmann（2015）的语法化标杆参数，即便是对语法化高级阶段来说，以上语法化伴随特征也多见于形态丰富的语言，而在形态不丰富的语言里（如汉语和当代英语），这样的特征未必会出现。拿汉语来说，"聚合化"和"强制化"都不显著，这在 Bisang 的系列研究中（Bisang 2004；2008a，b，c；2010）讨论得很充分。"紧缩"，更具体地说，所谓"形式—意义"共变的情形，对汉语这样的孤立语来说并不具有必然性（也见 Traugott 2010；Traugott & Trousdale 2013：102—105）。Hopper（1991）没有提及的是，这些特征都具有程度差异性，其程度变化归入语法化参数范畴更为合适。

为了对 Lehmann（1985）归纳的语法化伴随特征进行补充，并总结出对语法化初始阶段和高级阶段都适用的特征来，Hopper（1991）归纳了五个称为"语法化原则"的现象：

i. 层化："在一个较宽的功能域，新的层次持续涌现。当这一情形出现时，旧层次未必会遭丢弃，而是可以与新层次并存而且相互作用。"

ii. 裂变[①]："当一个词汇项语法化为附着成分或词缀时，先前的词汇项可以保持为一个自主性成分，而且可能发生如同其他词汇项一样的变化。"

---

① "裂变"即 Heine & Reh（1984：57—59）中提到的"分裂"。

iii. 择一:"对一个功能域来说,在某个发展阶段,有可能存在各种各样差别细微的形式;随着语法化的发生,这些不同的形式选择数量减少,较少形式被选来承担更宽的语法意义。"

iv. 保持:"当一个单位从词汇项语法化为功能项时,只要这一单位在语法上合法,它的身上就会附有一些原来词汇义的痕迹,而且其一些词汇历史的细节可能体现为语法分布上的限制条件。"

v. 去范畴化:"发生语法化的单位易于丧失名词或动词这两类主要范畴的形态标记或者句法特性或使之中性化,并且承担诸如形容词、分词及介词等次要范畴的特征。"

其中去范畴化被 Heine 等人当作一个语法化参数。Hopper 指出,这些原则实际上早就存在于人们对语言变化的认知中,并不是对语法化本质和过程的新颖见解。这五个语法化原则对于语法化的意义是有差别的。如在 Hopper & Traugott(2003)看来,这五个原则都和语法化单向性密切相关,但具体关联方式不同。在这部著作中,和语义及功能的泛化一样,去范畴化也被看作语法化单向性的一个重要表现形式,是观察语法化单向性的一个重要视角;择一和裂变被视为参与语法化单向性的处理程序,而层化则被归入语法化单向性的共时后果。Hopper & Traugott(2003:115)还提到,择一和裂变都助推了语义和/或结构上的泛化以及去范畴化。有意思的是,两位作者并没有专门讨论保持原则,而只是在讨论裂变现象时略微提及。

从另一个角度看,Hopper(1991)提出的五个语法化原则,实际上处在不同维度。第一个维度是语法化项特征,要么是语法化过程在不同方面给语法化项带来的特征变化,如去范畴化,要么是语法化成项因语法化项的特征而受到的限制,如保持。余下的三个原则——层化、裂变和择一,则属于第二个维度,都涉及语法化项和其他语法性单位的关系,而非语法化项自身特征,是语法化项特征变化以外的伴随现象。

Hopper（1991）声明，以上五个原则都和语法化有着特殊的关系，而且对各种阶段的语法化现象都适用。Hopper（1996：230）对以上原则进一步作了解释，也指出归纳这些原则的目的是对 Lehmann（1985）和 Heine & Reh（1984）进行补充。但和 Hopper（1991）稍微不同的是，Hopper（1996）解释说，这几个原则针对的重点是语法化的初级阶段。既然只针对语法化初级阶段，把这五种现象称为语法化原则就有些名实不副。本章的余下内容将沿用 Hopper 的"语法化原则"的称法，以便和文献中的相关讨论保持一致。

4.3　涉及语法化项自身特征的语法化原则

从语法化项的角度看，语法化演变后果体现在两个方面：语法化项在分布上所受的限制（"保持"）和范畴特征变化（"去范畴化"）。

4.3.1　保持原则

在语法化的渐变过程中，语法化项不断拓展其语法功能及分布环境，其意义特征也随之不断损耗，即通常所说的语义虚化。语法化成项往往保留先前作为语法化项（词汇性单位）的意义痕迹，而且这种痕迹会影响和制约语法化项在其后发展阶段（即语法化成项）的分布和搭配。① Hopper（1991）把这一现象处理成了语法化的一个原则，命名为"保持"，意指语法化成项保存及受制于语法化项特征这种现象。

按照 Hopper 的说法，语法单位在意义和功能上与其词汇性来源之间的联系，通常在形态化这一高级阶段就模糊不清了。而

---

①　Bybee & Pagliuca（1987：112）提到的"保留"现象似乎和"保持"原则所指比较接近。语法化项在一定环境里展示出多义的特征，按照 Bybee 和 Pagliuca 两位作者的说法，这就是保留的体现。如英语情态助词 *will* 在有的环境里是意愿义，而在其他环境则体现出将来义，新义出现，而旧义仍保留存。在其他情况下，因为旧的意义痕迹的存在，语法化成项无法出现在某些环境中，这也是保留的体现。应该说"保持"和"保留"并不完全等同。

在稍早的中间阶段，语法单位可能是多义的，其中一个或者多个用法可能反映早期的主要意义。Hopper 举了 Lord（1982：286—288）讨论过的加族语的宾语标记 $kɛ́$ 的例子。在西非语言里，诸如加族语的 $kɛ́$ 之类的宾格标记，都是由"拿"义动词发展而来的：

(1) È   kɛ́   wòlò   ŋmè-sí
    She   OBJ   book   lay-down
    'She laid the book down.'

Hopper 指出，$kɛ́$ 原本是"拿"义动词，后语法化为宾格标记。此类句子在历史上应该是 *He took the book [and] laid [it] down* 这样的形式，这反映了 $kɛ́$ 早期的多义现象——$kɛ́$ 在稍早阶段既可以用作"拿"义动词，也可以用作宾格标记。而在加族语中，这种多义现象的痕迹仍然可以看见。举个例子，宾格标记 $kɛ́$ 不能用在如下两种情况下，即动词是结果动词，如(2a)，或者其宾语只能被体验但不受影响的动词，如(2b)：

(2) a. È ŋmè wɔlɔ 'She laid an egg.'
       但 *È kɛ́ wɔlɔ ŋmè 'She kɛ́ egg lay'不合法。
    b. Tɛ́tɛ́ nà Kɔlɔ 'Tete saw Koko.'
       但 *Tɛ́tɛ́ kɛ́ Kɔlɔ̀nà 'Tete kɛ́ Koko saw'不合法。

很明显，只有可以被持拿的东西才能通过 $kɛ́$ 来标记为动词宾语。这体现了宾格标记 $kɛ́$ 早期的词汇义"拿"的影响。

保持原则在 Hopper & Traugott（2003）里并未获专门讨论，但这种现象跨语言存在的事实是很清楚的，并且已获得学界一定的关注度。以下介绍几个来自不同语言的例子，其中法语和马来语的例子都转引自 Ziegeler（2000：208—209）。Ziegeler（2000）提到了 Hagège（1993）所举的一个法语语法化个案：*se voir*（字面义为"看见自己"）演变为一个静态被动标记；这一标记的特点是，句子主语不能引发其所卷入的行为事件，或者成为该行为事件的被影响者。如在以下这句里：

(3) *Il s'est vu offrir un livre.* （Hagège 1993：328）
'He was offered a book.'

Se voir 作为词汇项的意义是"看见自己"，而这一意义痕迹在语法化之后并未完全消失，而是限制了其分布。Hagège（1993）对52名法语母语者进行了调查，发现下面这个句子不太被认同：

(4) *L'aveugle, hésitant à traverser la rue, s'est vu soudain prendre par la main.* （Hagège 1993：328）
'The blindman, hesitating to cross the street, suddenly had his hands taken by someone.'

盲人看不见任何东西，而 *se voir* 早前"看见自己"的意义仍对作为被动标记的 *se voir* 的分布有限制作用，这是以上句子不被接受的原因。

马来语量词（专用于单数名词）*satu* 可以溯源到名词 *watu*（'石头'）。由 *watu* 发展出了 *sa watu*（'一＋用于小物件的量词'），如今变成 *suatu*（'一'），其通常的发音和书写形式是 *satu*。*Satu* 的语法化源头（*sa watu*）中含有量词，而量词的痕迹对其分布有影响，具体表现是 *satu* 一般来说不能和量词同现，如以下说法不可接受：

(5) * *suatu buah rumah*
　　　One　CL　house

而去掉量词 *buah* 之后，*suatu rumah*（'one house'）就说得通了。

体现保持原则的语法化案例在汉语中也不难发现，如连词"结果"、置换假设标记"搁、叫、换/换作/换成"以及"被"字句就是典型例子。表示在特定条件或情况下产生某种结局或后果的汉语连词"结果"[例(6)两句]系由表示事物最后结局的名词"结果"[例(7)两句中]语法化而来（姚双云 2010；也参周毕吉 2008）（两组句子均转引自姚双云 2010）：

(6) a. 由于朝代的嬗递，她准备剪去头发做尼姑，结果没有成功，不久，又转嫁给有户籍的平民，更加沦落。

（《剪灯余话》卷四）

b. 于是他偷偷前往伍相祠向神明祈求从梦境中预知祸福，结果梦见神说："洒雪堂中人再世，月中方得见嫦娥。"　　　　　　　　　　（《剪灯余话》卷五）

(7) a. 一花开五叶，结果自然成。　　　　（《六祖坛经》）

b. 盖颜子一个规模许多大，若到那收因结果，必有大段可观者也。　　　　　　　　　　（《朱子语类》卷三十六）

姚双云（2010）指出，名词"结果"先是语法化为连贯连词，之后才进一步成为因果连词。名词"结果"本来是表时间的，语法化为连贯连词后仍然残留了时间意义，因此多用于"关联前后相继的事件"。这种用法特点应当就是保持原则的一种体现。

周洋（2015）注意到，在现代汉语口语中，"搁、叫、换/换作/换成"可以用作假设标记。以下讨论中例句及相关分析均引自这份研究。假设标记"搁""叫"和"换"的源头分别是放置义、使令义和替换义的行为动词"搁""叫"和"换"。三者的语法化都发生于表示假设－推论逻辑关系的话语结构中，如(8)、(9)和(10)各组句子，其中的(b)句均为临界环境实例：

(8) a. 再说了，明年香港就回归了，搁过去，哪个朝代能把香港拿回来？　　　　　　　　　　（1996年《人民日报》）

b. 吕斌：我还能不火吗？搁谁，谁也受不了！

（老舍《春华秋实》）

(9) a. 叫他就这么样退出去，他实在也有点不甘心的。

（古龙《陆小凤传奇》）

b. 骂人谁不会骂？我看，叫你一干你也抓瞎。

（王朔《千万别把我当人》）

(10) a. 嫌少么？还亏了是老主顾，才当得这么些，换别人只能当八块呢。　　　　　　　（民国《留东外史续集》）

b. 朝秦暮楚朝三暮四朝花夕拾，连我也觉得特没劲。这也就是我自个，换别人这样儿我也早急了，要不

> 怎么说正人先正己上梁不正下梁歪。
>
> （王朔《永失我爱》）

一个重要观察是，这几个假设标记只能出现在很受局限的语义语用和句法环境。试比较：

（11）a. 您想想，搁您是和珅，您会像别人似的？您也得像和珅那样做。　　　　　　　　（纪连海《百家讲坛》）

　　　b. 叫我，就狠一狠心，自己去投案。

　　　　　　　　　　　　　（高阳《红顶商人胡雪岩》）

　　　c. 换你是老师，该给这作业打几分？　　（百度搜索）

（12）a. 如果（*搁）明天下雨，我就去不了中山陵。

　　　b. 要是（*叫）再等，就没机会了。

　　　c. 假如（*换/*换了/*换作/*换成）没有染料，就没五光十色的衣服。

（11）各句中的"搁、叫、换"都可以用假设连词"如果、要是、假如"来替换，而（12）各句的假设标记都不能用"搁、叫、换/换作/换成"来替换。"如果、要是、假如"的假设域是全局式的，既可以是整个事件，又可以是事件的组成部分，而"搁、叫、换/换作/换成"的假设域是聚焦式的，即只能聚焦于事件中的个别组成项（如参与者），故称为"置换假设标记"（周洋2015：142）。置换假设标记的特点是必须有"置换项"（即假设中替代现实存在的人或事物）。（11）和（12）两组句子的不同在于，前者的假设标记之后都有置换项，而后者没有，也因此无法以"搁、叫、换/换作/换成"等来作假设标记。究其原因，是因为作为这几个置换假设标记源头的动词"搁、叫、换/换作/换成"都有一个名词性词语作为宾语，这一特点对演变为功能词的"搁、叫、换/换作/换成"所能出现的语义语用和句法环境有影响，即这些表假设的功能词后面必须出现名词性置换项。周文并没有从语法化原则的角度来讨论这一现象，但引发这种限制的正是保持原则。

汉语"被"字句的语义色彩问题也可以从"保持"原则的角度来解释。按照王力（2013：411）的说法，表被动的"被"字句在战国末期已经萌芽。这意味着"被"由表示"蒙受""遭受"意义的动词语法化为被动标记的过程战国末期已经完成。而从战国末期到五四前的长时间内,"被"字句最明显的语义语用方面限制条件是只用于表达不如意的事情(王力 2013:418;丁声树 1961:99;赵元任 1968:587;李临定 1986:223;俞光中、植田均 1999:55 等)。

(13) a. 祢衡被魏武谪为鼓吏。　　　　　(《世说新语·言语》)
　　 b. 我被郑王召募,被吴军来伐。　　　(《伍子胥变文》)
　　 c. 每被老元偷格律,苦教短李伏歌行。
　　　　　　　　　　　　　　　　(白居易《戏赠元九李二十》)
　　 d. 争奈老母今被曹操奸计赚至许昌囚禁,将欲加害。老母手书来唤,庶不容不去。
　　　　　　　　　　　　　　　　(《三国演义》第三十六回)

根据贺阳(2008:230-231)对《西游记》《儒林外史》《红楼梦》《儿女英雄传》及《二十年目睹之怪现状》的统计,五四前旧白话小说中,92.7%的"被"字句都表示贬义,表示中性和积极义的"被"字句分别约占5.6%和1.7%。"被"字句的这种语义语用色彩限制,在很大程度上是源自动词"被"的"蒙受""遭受"义(见王力 2013:416 的讨论)——这同样是受制于保持原则的结果。

4.3.2　去范畴化原则

Hopper & Thompson(1984)指出,语法化通常会引起范畴非强制性标记方式的丢失,从功能上讲,就是"话语自主性的丧失"。范畴非强制性标记方式的丢失,就是去范畴化。Hopper & Traugott(2003:106-115)的说法是,去范畴化即名词、动词和形容词在分布上典型性的降低。当一个词汇性单位语法化为功能性单位时,它会丢失其作为名词或动词这种主要语法范畴的形态和句法特征。作者提到了文献中最常讨论的两个语法化斜坡,分别以动词和名词为起始点。这两个语法化斜坡也可以理解为"去范畴化斜坡"。

以动词为起始点的一种语法化斜坡

> 完全动词 ＞ 助动词 ＞ 动词附着成分 ＞ 动词词缀

动词语法化后，会失去典型动词的特征，如不再有时、体、情态和人称－数量等标记。Hopper & Traugott（2003：108）举了 Kortmann & König（1992）提到的一个例子：

(14) a. *Carefully considering / Having carefully considered all the evidence, the panel delivered its verdict.*
   b. *Considering（*having carefully considered）you are so short, your skill at basketball is unexpected.*

在(14a)句中，动词 *consider* 的分词形式 *considering* 仍可以被副词修饰，可以有现在时或过去时形式，而且必须有可以理解为主语的成分，其主语和主句主语是一致的。然而，在(14b)句中，作为连词的 *considering* 已经丧失了这些动词特征。类似的范畴特征变化跨语言类型地存在。如汉语动态助词"了"和处置标记"把"分别由完毕义动词"了"和持握义动词"把"演变而来，都不再具备动词的典型范畴特征，如不能带宾语，本身不再具有时、体和情态等等。

以名词为起始点的一种语法化斜坡

> 关系名词 ＞ 次要介词 ＞ 主要介词 ＞ 黏着性格缀 ＞ 溶合性格缀

Hopper & Traugott（2003：107）举了英语连词 *while* 的例子。*While*（如 *while we were sleeping*）来自古英语名词 *hwil*，意为"一段时间"；而这一意义在当代英语中也得到了保留（*we stayed there for a while*）。*Hwil* 语法化为连词 *while* 后出现了如下范畴特征的变化：

i. 不能带冠词或者计量词；
ii. 不能被形容词或者指示代词修饰；
iii. 不能担任主语或者动词的其他论元；
iv. 只能在分句句首位置；
v. 不能被前指代词指称。

类似的例子十分常见。如汉语量词"个(箇)"的来源是名词"个(箇)",后者是由竹子制作而成的算筹,而量词"枚"是"树干"义名词"枚"语法化的结果(如刘世儒 1965;张万起 1998)。量词"个(箇)"和量词"枚"都没有继承其源头的名词性语法特征。

Hopper & Traugott(2003)对去范畴化的讨论限于主要语法化。Heine & Kuteva(2007)和 Heine & Narrog(2010)拓宽了去范畴化的范围,把这一原则定义为作为词汇项或者其他语法化程度低的语言单位特性的形态句法特征的丢失,这样就同时涵盖了主要语法化和次级语法化。去范畴化在次级语法化中的具体体现方式详见本章 4.5.2 节的讨论。

4.4 语法化的伴随现象

语法化演变的另一种后果不涉及语法化项自身的特征变化,但和这些特征变化相关联,属于语法化的伴随现象。

4.4.1 层化原则

同一语言中承担相似甚至相同功能的形态语法形式往往可以不止一种,它们构成了一个功能域。这些形式可能适用范围不同,意义上有细微区别,或者语体风格上不一致,语法化程度也有差异。承担同一功能的形态语法形式之所以会出现多样性,是因为新形式产生后不会立即替换掉功能相同的既有形式,而是可能长久地与之共存。

Hopper(1991)举了英语将来时的例子。作者引用 Quirk et al.(1972:87—90)的说法,指出除了 *be about* + *to*,英语将来时还可以有以下表达形式:

  will:*He will be here in half an hour.*
  be going + *to*:*She's going to have a baby.*
  be + *-ing*:*The plane is taking off at* 5:20.
  be + *to*:*An investigation is to take place.*

汉语中也不乏"层化"的例子。如按照曹广顺(1986,2000)的研究,唐五代汉语表完成的动态助词有"却、将、得、取"等几个,如在以下句子中:

(15) a. 吾早年好道,尝隐居四明山,从道士学却黄老之术。
(《太平广记》卷七十四)

b. 收将白雪丽,夺金碧云妍。
(白居易《江楼夜吟元九律诗成三十韵》)

c. 母不识字,令写得经,及凿屋柱以陷之,加漆其上,晨暮敬礼。 (《太平广记》卷一〇七)

d. 合取药成相待吃,不须先作上天人。
(张籍《赠施肩吾》)

而同时期"了"也已发展出了完成义动态助词的用法(有关这一说法的争议详见蒋绍愚、曹广顺主编 2005:198-202 的综述):

(16) a. 若道不传早传了,不传之路请师通。
(《祖堂集》卷四,转引自太田辰夫 1987[1958])

b. 恰则心头托托地,放下了日多萦系。
(毛滂《惜分飞》),转引自曹广顺 1995)

这些动态助词在功能上是高度相似的。

另一个典型汉语例子是胡晓萍、史金生(2007)讨论的唐宋时期表强调的介词"连、和、并、兼"(以下例句均转引自胡、史文):

(17) a. 他人连个千条万目尚自晓不得,如何识得一贯?
(《朱子语类》卷二十七)

b. 又更和那中间核子都咬破,始得。
(《朱子语类》卷十八)

c. 唯心则三军之众不可多也,若并心做主不得,则更有甚? (《二程集》卷十五)

d. 忽若尧王敕知,兼我也遭带累。 (《敦煌变文选》)

这几个介词都是和后面的成分组成一个介词结构,强调某种程度。它们在功能上近似,甚至可以互相替换。如胡晓萍、史金生

(2007：70)转引了刘坚(1989)举的"和"和"连"并用的例子：

(18) 仔细看时，和店房都不见了，连王吉也吃一惊。

(《古今小说》卷二十)

Hopper & Traugott(2003：126)指出，同一功能域里不同语法形式不同程度地存在语用上的差异，它们相互之间是竞争关系。一个常见的情形是，其中一种语法形式在竞争关系中占据优势，并且最终取代其他竞争对手(即择一原则的后果，详见本章4.4.3节)。

4.4.2 裂变原则

裂变原则指的是词汇项发生语法化后，原来的形式保持其自主性，并且可以经历和其他词汇项一样的变化。这一原则的相关现象是词源同而功能异的两个或多个形式的产生。一个典型例子是英语动词 *have*（如 *I have two of them*）和 *'ve*（如 *I've eaten it*）之间的关系（见 Hopper 1996：230）。*'ve* 是助动词 *have* 的缩略形式，而助动词 *have* 来源于动词 *have*，但二者并存，而且后者的动词特征不受影响。裂变原则和层化原则关系很近，前者可以看成后者的一种特殊情形。

跨语言地看，裂变现象十分常见。汉语中处置标记"把"和持握义动词"把"，完成体标记"了"、事态助词"了"和二者的源头——完结义动词"了"之间的并存现象，都是裂变原则的体现。如完结义动词"了"[(19)中二句]经由不同语法化路径分别语法化产生动态助词"了$_1$"[(20)中二句]和事态助词"了$_2$"[(21)中二句]，但"了"的完结义动词用法直到现代汉语仍保留着[如例句(22)]。

(19) a. 子胥解梦了。 (《伍子胥变文》)

b. 目连剃除须发了，将身便即入深山。

(《大目乾连冥间救母变文》)

(20) a. 将军破了$_1$单于阵，更把兵书仔细看。

(《云烟过眼录》)

b. 见了$_1$师兄便入来。 (《难陀出家缘起》)

(21) a. 皆入这里来，这里面便满了$_2$。

(《朱子语类》卷九十六)

b. 后来节次臣僚胡乱申请，皆变坏了$_2$。

(《朱子语类》卷一〇六)

(22) 他还有一桩心事没了。

在裂变现象中，语法化成项在语音上可能与其词汇源（即语法化项）相同，如处置标记"把"和动词"把"，也可能和语法化项不同，如完毕义动词"了"和其两个语法化后果，即动态助词"了$_1$"及事态助词"了$_2$"。语法化项和语法化成项有时候在形式上差异极大，以至于相互关系变得不太清晰，特别是在表音字母书写的语言里，如英语不定冠词 a(n) 和数词 one。

4.4.3 择一原则

择一原则与语法化项的意义泛化及功能泛化有关，可以细化为同一功能域中形态语法形式数量的减少和单一化两种情形。Hopper（1991）提到了现代法语否定形式的个案。法语的否定形式通常为 ne…pas，如在以下句子中：

(23) Il ne boit pas de vin.

'He doesn't drink wine.'

在这个句子里，动词 boit 前后分别有 ne 和 pas。Ne 本就是否定词，而 pas 原本是一个名词，意为"步子，足迹"，用在否定格式中有增强否定意味的作用。Hopper（1991）指出，用于增强否定意味的名词往往和被否定的动词的意义相契合。如对位移动词的否定可以用 pas 来增强，对给予动词和吃类动词的否定可以用 mie（碎屑，面包屑）来增强。作者列举了 Gamillscheg（1957：753）提到的数个例子，其中的名词都含有"最低数量"的意味，在古法语中被用来增强否定：

pas '步子，足迹'   point '点，小圆点'
mie '碎屑，面包屑'   gote '点，水滴'

> amende'杏仁' areste'鱼骨'
> beloce'黑刺李' eschalope'豌豆荚'

到16世纪时,这些用于增强否定的名词仅剩下四个:

> pas'步子,足迹' point'点,小圆点'
> mie'碎屑,面包屑' goutte'点,水滴'

其中 pas 和 point 在16世纪即开始占优,而到了现代法语中则是硕果仅存的两种形式。二者中真正的否定词是 pas,其使用频率压倒性地高于 point,成为最广泛使用的否定词。而且,在口语里 ne 常常省略(如 je sais pas '我不知道'),结果是 pas 成了唯一的否定标记。

本章4.4.1节提到的汉语表完成的动态助词"却、将、得、取、了"在宋元以后的汉语口语里仅剩下"了",而表强调的介词"连、和、兼、并"到了明清以后,"连"是唯一留存下来的那一个。同功能语法形式被"兼并"的时间有先有后。拿这几个强调义介词来说,"和"于元代以后消失,而"兼"和"并"都是宋代以后就罕见了(详见胡晓萍、史金生2007:66—75)。这些现象都很好地诠释了择一原则。

4.5 语法化原则的效力和适用范围

层化、裂变、择一、保持和去范畴化等五种现象既然被称为语法化"原则",理论上应该对语法化以外的演变具有排他性,同时对所有语法化个案具有普遍性。然而,事实证明,这种对外排他性并不存在,而对内普遍性也是有问题的。

4.5.1 语法化原则的对外排他性

Hopper(1991:21,33—34)指出,以上五种现象并不为语法化所独有,在一般性语言变化中同样存在,如 miss 和 mrs 都是由名词 mistress 分化出来的,但这个过程不是语法化。作者提到了 mistress 和 miss 及 mrs 这两个称谓之间的区别,并指出被称为语法化原则的五种现象在三者之间关系中都有体现：

i. 从 *mistress*、*miss* 到 *mrs* 依序语音长度缩短，是称谓的三个不同层次。（层化原则）

ii. *Mistress* 在分化出 *miss* 和 *mrs* 后，仍保持了其原本的意义。（裂变原则）

iii. 尽管 *mistress* 的前身已难考据，或许它曾经只是多个女性称谓中最终存留下来的那一个。（择一原则）

iv. *Mistress* 是和中产阶层男性称谓 *master* 相对应的女性称谓形式，而 *mrs* 的称谓限于成年女性，很清楚地反映了 *mistress* 的这一历史；*miss* 是用来称谓未婚年轻女性的，也反映了这种历史性限制。（保持原则）

v. *Miss*、*mrs* 及 *ms* 都缺少名词那些非强制性形态句法特征，如不能在前面加上冠词、指示代词和领属性代词，而且都不能单独地指称参与者。（去范畴化）

既然缺乏对外排他性，这五种现象在语法化中的"原则"地位就是可质疑的。

4.5.2 语法化原则的对内普遍性[①]

Hopper（1991：21）曾经强调，这份研究所归纳的语法化原则适用于语法化的所有阶段，但 Hopper（1996）则承认，这些原则只适用于语法化的初级阶段。Hopper 关于语法化原则普遍性的论断是从语法化输出端来看的。而从语法化输入端的角度看，

---

① 非结构（跨层结构）现象在语法化理论中一直没有获专门的论述。因为非结构语法化项既非词汇性的，也非功能性的，非结构语法化难以从主要语法化和次级语法化的角度来归类。按照彭睿（2011a，2020）的说法，非结构语串因为缺乏语法化所需要的内部依据（即语义语用特征），必须经过"赋义化"（即获得语义语用特征），才具备成为语法化项的条件。这种情形并没有被目前的语法化理论纳入考量。比较明确的是，保持和去范畴化这两个涉及语法化项自身的语法化原则，对非结构语法化是完全不适用的。这是因为，非结构语法化的语法化项——非结构语串的源构素之间既无形态句法关系，也无语义相关性，不是一个自然的语言单位，故而不存在约束语法化成项的意义及功能特征，也不存在原本的范畴类型。这应当是语法化原则缺乏对内普遍性的一个重要证据。但考虑到非结构语法化的特殊性，本章拟暂不用这种语法化项来检视语法化原则的适用性。

目前有关语法化原则的论述,似乎都是以主要语法化为讨论焦点的。关于语法化原则对次级语法化过程的适用性,相关文献并没有一个明确的说法。本节接下来的内容主要围绕两个问题展开:

i. 语法化原则是否必然适用于主要语法化?
ii. 语法化原则在多大程度上适用于次级语法化?

层化是一种共时效应,择一则是这种共时效应发生改变的后果。二者都和语法化类型关系不大,是跨语法化类型存在的。需要观察其适用范围的是余下三个原则:裂变、保持和去范畴化。

4.5.2.1 裂变、保持和去范畴化对主要语法化的适用性

对主要语法化来讲,裂变和去范畴化的发生都有必然性,跨语言的语法化现象充分证明了这一点。保持原则的适用性如何,则需要进一步考察。关键是保持原则能否满足以下两个条件:

i. 是不是在任何主要语法化个案中都能发挥效力,以及
ii. 是不是对主要语法化的任何阶段都适用。

先来看第一个问题。Hopper(1991)对保持原则的界定很清楚,就是词汇性语法化项的意义特征对语法化成项的分布和搭配有影响。这种影响的普遍性似乎难以找到充足理据。既然语法化是语法化项通过语用推理驱动并借由重新分析来获得(新)语法功能的过程,那么(新)语法功能的获得和语法化项原本的意义或功能特征的关联就没有必然性——除非语法化项自身意义或功能特征对(新)语法功能的获得过程具有决定性作用,不然这种意义和特征就难以对语法化成项的分布和搭配等产生限制作用。换一个角度看,彭睿(2011a:323-326)指出,语法化是一个"外部条件"和"内部依据"相互作用的语用推理过程,其中外部条件即具备语用推理条件的临界环境,而内部依据则是语法化项自身的语义语用特征。语法化项自身的语义语用特征是语法化的重要推动因素,对语法化成项的分布和搭配等有一定影响并不奇怪。然而,因为语法化项的语义语用特征并不能独立地推动语法化,所以这些特征对语法化成项的分布和搭配的影响并不具有必然性。

事实证明，保持原则在有的主要语法化个案身上体现得很明显，而在其他个案身上则不容易观察到。在一些主要语法化个案中，语法化成项如果有分布上的限制，通常是由其自身功能特征决定的，和作为其来源的语法化项无关。如汉语事态助词"了"[如(24)两句]直接由完毕义动词"了"[如(25)两句，转引自曹广顺 2014(1995)]语法化而来，但并没有迹象表明"了$_2$"的分布受到了完毕义动词"了"意义特征的限制。

(24) a. 然看得系辞本意，只是说那"动而未形有无之间者几"底意思。几虽是未形，然毕竟是有个物了$_2$。

《朱子语类》卷六十七

b. 如舜汤举伊尹皋陶，不仁者远，自是小人皆不敢为非，被君子夹持得，皆革面做好人了$_2$。

《朱子语类》卷七十

(25) a. 公留我了矣，明府不能止。

《三国志·蜀书·杨洪传》

b. 其设斋不遂一处，一时施饭，一时吃了。

（圆仁《入唐求法巡礼行记》）

再如，史秀菊(2019：346-360)提到，山西绛县方言中的处置标记"眊"[如(26)两句里]是由视角类动词"眊"[如(27)两句里]语法化而来。

(26) a. 王强眊兵兵打唠一顿。

b. 你咋眊外$_{那}$杯子打啦？

(27) a. 半个月我就眊（探望）你十五回。　　　《眊妹妹》

b. 走地里眊（瞧）一下去吧。

基于史文的这一分析，对比"眊"作为动词的意义特征和其处置标记用法，很难看出后者在分布及搭配上如何受到前者的影响；要是这种影响的确存在，就很难解释史秀菊(2019：348-349)的观察，即"眊"作为处置式标记，和普通话处置标记"把"在语法和语义功能上相当，语义特征基本一致，而且句法语义条件也基本相同。根据李蓝、曹茜蕾(2013a，b)的统计，现代汉语方言中目前正在使用的处置标记多达 113 个(单音节标记和双音节标记分别计算)，其中包括 18 个用音标记音的。作者推断这 18 个用音标记音的处置标记和一些已有字形的可能是同音字或来源相同。假如保持原则具有普遍性，那么这些处置标记在分布和搭配上应该呈现出不同个性特色来，而不是大致相同。换言之，对相同功能域的语法化成项的分布和搭配特点与其源头之间关系的观察，或有助于了解保持原则是否具有普遍性。

第二个问题，即保持原则适用阶段的局限性[①]，也值得细究。Hopper(1991：28)提到，语法化项和语法化成项之间的关联，到了形态化阶段就基本消失了，只存在于中间阶段。Hopper(1996：231)也指出，保持原则只适用于语法化的初级阶段。实际上，语法化成项始终受制于语法化项意义特征的情形是不能完全排除的。举个例子，如果前面提及的马来语量词 *satu* 和法语被动标记 *se voir* 各自受到的限制一直存在，就说明保持原则的效力并未因语法化环境的改变而消减。而汉语"被"字句表不如意的语义语用色彩在五四前一直存在，不受"被"字句结构由简单到复杂以及汉语自身演变的影响，直到欧化句法的影响才得到改变(见如贺阳 2008)。这一情形如果确实是由语言接触引发的，而非自然演变的结果，或许说明保持原则的效力在这一个案上具有跨越语法化环境的持久性。

当然，并非所有受制于保持原则的语法化个案都和马来语量词 *satu*、法语被动标记 *se voir* 及汉语被动标记"被"的情形一样。汉语量词"张"的演变是一个典型例子。学者们普遍认为，量词"张"来源于动词"张"(本义为"张弓")(刘世儒 1965；孟繁杰、李如龙 2010；王力 2013 等)。以下内容是对孟繁杰、李如龙(2010)的相关讨论的概括，例子均取自该文。先秦时期"张"用其本义的

[①] Hopper 的语法化阶段和 Heine(2002)及 Diewald(2002)的语法化连续环境不完全对应。Hopper 的语法化阶段只是一个笼统说法，而 Heine 及 Diewald 对语法化阶段的划分则是依据一定的形态句法和语义语用特征标准来进行的。

用法以如下例子为代表：

(28) a. 天之道，其犹张弓与？ （《老子》）
　　 b. 既张我弓，既挟我矢。 （《诗经·小雅·吉日》）

"张"由其原本的"张弓"义引申出泛指一切"张开"的用法，如：

(29) a. 笙竽具而不和，琴瑟张而不均。
　　　　　　　　　　　　　　　（《荀子·礼论第十九》）
　　 b. 用贫求富，用饥求饱，虚腹张口，来归我食。
　　　　　　　　　　　　　　　（《荀子·议兵第十五》）
　　 c. 张伞以向之，则已矣。 （睡虎地秦墓竹简）

"张"在由动词语法化为量词之初，主要是称量可以"张开"的事物，最早的例证是(30)：

(30) 子产以幄幕九张行。 （《左传·昭公十三年》

"幄幕"因可张开，所以用"张"来称量。王力和刘世儒都认为，因为"张"的本义是"张弓"，所以量词"张"按理应当首先称量"弓"。孟、李文指出，"张"很早就开始泛指所有的"张开"动作，不限于"张弓"；而"张开"义正是"张"语法化为量词时所依据的特征属性。因此，量词"张"最早称量的事物，基本上都曾经或者一直有充任动词"张"宾语的用法。两汉时期，量词"张"称量的事物仅限于"弓""弩"：

(31) a. 承五月余官弩二张，箭八十八枚。
　　　　　　　　　　　　　　　　　（《居延汉简 128.1》）
　　 b. 弓一张、矢四发。 （《汉书·匈奴传》）

魏晋南北朝开始，量词"张"使用频率增加，称量事物的范围扩大，但仍限于"可张开"之物：

(32) a. 潜不解音声，而畜素琴一张，无弦。
　　　　　　　　　　　　　　　　　（《宋书·列传第五十三》）
　　 b. 并银钉乘具，紫油伞一张。
　　　　　　　　　　　（南朝梁·庾信《谢赵王赉马并伞启》）

c. 细班华罽五张、白绢五十匹。　　（《三国志·卷三十》）

其中"琴"可拉张开，"伞"可撑张开，而"罽"是"细密毛织物"，可铺张开。同时，"张"的用法进一步扩大到称量"弓"以外的其他武器。唐以后量词"张"语义进一步虚化，其同构项范围进一步扩大，开始称量具有平面义特征的事物：

（33）a. 锹一张，马钩一。　　　　　　　（敦煌契约文书）
　　　 b. 铧一孔，镰两张。　　　　　　　（敦煌契约文书）
　　　 c. 匙廿张。　　　　　　　　　　　（吐鲁番出土文书）

唐宋以后，"张"的称量对象的平面义越来越明显，动作义越来越微弱，一个标志是原来由"动作"或"武器"衍生出来的称量对象，大多数改由其他量词来称量。表示平面义的名词唐宋以后逐渐成了量词"张"称量对象的主流。明代"张"的称量对象既有具有平面特征的物件，如桌、椅、凳、机、几、坐器、座位等，同时也扩大到其他非平面类事物，如柜、抽屉、衣架等等。究其原委，是因为表示平面义时，"张"称量的物件大多是"家具摆设"类的，由此类推便扩大到其他的家具摆设了。

汉语量词"张"的称量对象在唐以后即不再限于能"张开"的事物，"保持"原则也正是在这一时期开始失去效力的。所以，随着语法化的深入，"保持"原则失去效力的可能性也会加大。这是因为，语法化的深入往往伴随着语法化项意义泛性的增加，用Himmelmann（2004）的术语来表述，就是语法化项的同构项也随之增多。因此，一种较为稳妥的说法是，对主要语法化来说，语法化阶段越晚，保持原则的效力就越有可能弱化甚至消失。保持原则的约束力具体在哪一阶段消失，则可能因语法化个案的差异而有所不同。

4.5.2.2　裂变、保持和去范畴化对次级语法化的适用性

关于次级语法化和语法化原则的关系，同样存在几个问题。次级语法化的语法化项和语法化成项均为功能性单位，这对裂变原则来说应该没有什么影响。需要细致考察的是保持原则和去范畴化原则的适用性，例如次级语法化的语法化成项是否受语法化项意义及功能特征的制约，如果受制约，方式为何、达到什么程度，以及功能性单位演变成新的功能性单位，去范畴化的具体表现形式是什么。这些问题可以通过汉语中"个"由量词到助词以及"着"由持续体标记到进行体标记这两个语法化个案来清楚解答。

个案一：量词"个" ＞ 结构助词"个"

根据曹广顺(1994)和张谊生(2003)的考察，作为补语标记的结构助词"个"是由泛用量词"个"进一步演变而来的[也见李小军(2016)的讨论]。张谊生(2003)指出，量词"个"前面的数词最常见的是"一"，但由于"一"在使用中经常省略，结果"个"逐渐衍生出表不定指的辅助功能，约略相当于印欧语中不定冠词的功能，如[(34)、(35)和(36)三组句子均转引自张文]：

(34) a. 一片芳心千万绪，人间没个安排处。

（《全唐诗·蝶恋花》）

b. 有个人家儿子，问着无有道不得底。

（《景德传灯录》）

最晚在北宋时期出现了无定标记词"个"修饰谓词性宾语的用例，如：

(35) ……将知尔行脚，驴年得个休歇么！ （《景德传灯录》）

在这个例子中，"个"所修饰的是名物化了的谓词性单位。"个"修饰的对象不局限于单个谓词，也有谓词性短语，甚至包括小句，如：

(36) a. 然今时众中建立个宾主问答，事不获已，盖为初心尔。 （《景德传灯录》）

b. 似斗草儿童，赢个他家偏有。 （辛弃疾《稼轩词》）

因此，在体词性词语前不定性指称标记这一功能基础上，"个"又衍生出了在谓词性词语前面充当名物化限定标记的功能。按照张文的说法，这一用法的"个"的功能就是"使被修饰的谓词在功能上体词化，在表达上事件化"。而当"V 个 VP"的语义重心进一步向 VP 倾斜，V 和 VP 之间的结构关系逐渐由动宾转向动补，

"个"的助词功能就完全显现了出来。助词"个"在宋元时期即已产生，如(转引自彭睿 2017)：

(37) a. 且把锅儿刷洗起，烧些脸汤洗一洗，梳个头儿光光地。　　　　　　　　　　　　　　　　　(《快嘴李翠莲记》)
　　 b. 害相思的馋眼脑，见他时须看个十分饱。
　　　　　　　　　　　　　　　　　　　　　(《西厢记杂剧》)
　　 c. 你老人家开了，检看个明白。
　　　　　　　　　　　　　　　　　(《蒋兴哥重会珍珠衫》)

个案二：持续体标记"着"＞进行体标记"着"

曹广顺(2014[1995])、陈前瑞(2003，2009)和彭睿(2019)等的研究显示，进行体标记"着"是持续体标记"着"进一步语法化的结果。持续体表示的主要是动作实施后所引起的状态的持续，是静态的；而进行体表示的是动作自身的持续，更准确说，动作处于实施或者重复实施过程中，是动态的。因此，彭睿(2019)指出，持续体标记"着"进一步语法化为进行体标记"着"，牵涉由静态的状态持续到动态的动作实施的转换，其中的关键就在于这种由静态到动态的变化的方式。

陈前瑞(2003)所调查的初唐到晚唐五代表持续的"着"前的动词，可以粗略地分为两类：

第一类：并、堆、放、覆、浸、留、载、枕、悬、封
第二类：把、看、听、唱、道、读、扶、数、飘、敲

第一类动词所引发的状态持续并不需要(动作施发者，如果存在)反复输入能量来维持，但第二类动词所引发的状态持续，若无能量的不断输入就无法为继(见彭睿 2019)。(38)和(39)中的句子，"着"前的动词分别是第一类和第二类(均转引自陈前瑞 2003)：

(38) a. 借贷不交通，有酒深藏着。　　　　　(王梵志诗)
　　 b. 得钱自吃用，留著匮裹重。　　　　　(王梵志诗)
(39) a. 五嫂咏曰："他家解事在，未肯辄相嗔。径须刚捉著，遮莫造精神。"　　　　　　　　　　　(《游仙窟》)

b. 余时把著手子，忍心不得，又咏曰："千思千肠热，一念一心焦。若为求守得，暂借可怜腰。"

（《游仙窟》）

彭睿（2019）指出，第二类动词的持续能量输入，是进行体标记"着"产生的关键。（39b）是进行体标记"着"语法化的临界环境实例，其中"着"前面的动词是"把"，它兼具第一类和第二类动词的特点。相应地，"把著手子"也可以有两种解读，一方面可以理解为在施动"把"的动作的同时，"把握手"这种状态持续了下去；另一方面，"把握"这样的动作要能够持续，需要施动人不断施力，也就是不断输入能量。类似动词的这一特点，从语法化的角度来看，正是语用推理和重新分析的关键条件。

　　那么裂变、保持和去范畴化等原则在以上两个汉语个案身上是否都有清晰体现呢？

　　裂变原则关乎语法化项和语法化成项之间的相互独立。Hopper（1991）给裂变原则的定位，即词汇项发生语法化后，原来的形式保持其自主性，并且可以经历和其他词汇项一样的变化，明显是以主要语法化为观察对象的。从次级语法化的角度看，裂变的方式并无实质性不同：原本就是功能性单位的语法化项在保持其既有形式和功能的同时，在临界性特征的作用下发生新的语法化变化，"着"和"个"的个案都是如此，分别体现为量词"个"和结构助词"个"以及持续体标记"着"和进行体标记"着"的并存。[①] 这些功能的并存，说明裂变原则具有较强效力。

　　次级语法化的语法化项本身是功能性的，因此保持原则如果在次级语法化中发挥效力，应该主要是指语法化项的功能特征（而非词汇意义）对语法化成项在分布、搭配等方面有一定的制约作用。量词"个"已经没有了词汇意义，在此基础上发展出结构助词"个"来，保持原则如果存在，应该指的是作为量词的"个"的功

[①] 量词"个"的演变比较复杂，也尚有争议。根据李小军（2016）的说法，个体量词"个"除了语法化为结构助词（补语标记），还另有几个语法化路径，包括发展出词缀、修饰语标记和定指等功能，属于典型的多重语法化现象。

能特征对其助词用法(特别是分布、搭配等)的制约。张谊生(2003:199—200)的观察是,近代汉语中述补结构"V 个 VP"和现代汉语基本一致,除了带虚化宾语的"VO 个 VP"不常见外,主要有四种:VP 可能是一个谓词[如(40a)],也可能是一个谓词性短语[如(40b)],还可以是一个四字格,主要是成语[如(40c)];此外,VP 可以是一个表动作持续的否定式,最常见的是"不清、不止、不了、不住"等[如(40d)](例句均转引自张文):

(40) a. 三百座名园一采个空。　　　　　(《太平广记》卷五)
　　 b. 那一位昨夜也把我唬了个半死儿。

(《红楼梦》第八十三回)

　　 c. 刘唐道:"他不还我银子,直和他拼个你死我活便罢!"　　　　　　　　　　(《水浒传》第十三回)
　　 d. 小二妻子哭哭啼啼,道无人送饭,哭个不止。

(西湖渔隐主人《欢喜冤家》)

张文没有从语法化连续环境的角度来讨论助词"个"的语法化过程,这四种情况应该是概括了助词"个"从转换环境到习用化环境的各种用法。对比"个"的量词功能特征和这些用法的分布及搭配方式,似乎没有迹象表明后者受到了前者的影响,因为"个"本身是一个泛用量词。

进行体标记"着"的分布受到两方面限制。首先,和持续体标记"着"一样,进行体标记"着"通常不能出现在以下几类动词后面:

i. 本身不能表示持续行为的,如"是、在、进、出、去"等。
ii. 本身含有持续动作的,如"恨、怕、知道、认识、同意"等。
iii. 前边有助动词的,如"能说、会写、想要"等。
iv. 含有动补关系的,如"打倒、打败、说明"等。

其次,能带进行体标记"着"的动词只能是那些意指需要持续能量输入的动作行为的,如"握、走、说、吃、笑"等。这种分布上的限制,与其说来自持续体标记"着",不如说是"着"作为进行体标记自身必须满足的条件。所以,保持原则在"着"由持续体标记到进行体标记的语法化过程中也无法无疑义地体现出来。

作为语法化单向性表现形式之一的去范畴化在次级语法化过程中是否存在，取决于对它的界定方式。根据功能派语法化观念，次级语法化就是功能性单位承担起新的功能。很关键的一点，去范畴化如果狭义地理解为"语法化程度的增加"，那么一些次级语法化个案就不存在这种变化。本质上，"承担新功能"和"语法化程度增高"之间并不存在简单的对应关系。所以，更宽泛地说，去范畴化如果更中性地理解为语法化项丧失其作为语法化输入端的范畴特征，同时承担起新范畴的功能，就可以适用于次级语法化。既然是产生了新功能，丧失旧范畴特征是自然而然的事。泛用量词"个"和结构助词"个"之间，以及持续体标记"着"和进行体标记"着"之间，语法化程度孰高孰低很难比较。但既然发生了语法化，产生了新功能，两对功能词中，作为语法化成项的结构助词"个"和进行体标记"着"必然地会分别失去其源头量词"个"和持续体标记"着"的区别性特征。

总结起来，裂变在次级语法化中体现得很明显；去范畴化如果把其内涵拓宽为语法化项原本所属范畴特征的丧失，对次级语法化也是适用的。保持原则对次级语法化的影响则难以捕捉，目前所能观察到的是，这种影响并不显著。

4.6 总结

在 Hopper(1991)讨论的五个语法化原则中，层化、择一和裂变涉及语法化所带来的共时和历时后果，非关语法化项特征，属于语法化的附带现象；只有保持原则和去范畴化原则涉及语法化项自身的特征变化。几个语法化附带现象都具有普遍性，而保持原则和去范畴化原则的适用性都受到局限，但具体情形不同。保持原则的这种局限性体现在不同方面。首先，只有部分主要语法化个案明显表现出保持原则。其次，保持原则即使有效力，其影响也是有阶段性的，在语法化阶段中越是靠后，这种效力就可能越弱。最后，保持原则的内涵即便是扩展为语法化项的功能特征对语法化成项的句法分布和搭配的影响，也似乎无法适用于次级语法化。去范畴化如果严格理解为主要范畴（如名词和动词）失去其典型范畴特征，则只适用于主要语法化的部分个案（即那些以名词和动词为语法化项的）；如果拓宽其内涵外延，理解为语法化项失去其原本的功能特征，去范畴化就会具备普遍适用性。

能被称为语言变化的"原则"的特征和规律应该具有本质性和普遍性，从研究的角度看则具有指导性和可预测性。层化、裂变、择一、保持和去范畴化既然对于语法化演变的意义不同，适用范围也有差异，笼统地称为语法化的原则是否合适是值得进一步思考的。Hopper & Traugott（2003）的处理方式，即把保持和去范畴化同层化、择一和裂变区分开来，没有给保持原则以独立的理论地位，或许可以部分地归因于这种考量。尽管如此，学者们通过对层化、裂变、择一、保持和去范畴化这五种现象的探讨，深化了对语法化的认识。

语法化参数和语法化原则的关系，以及二者在语法化过程中的互动关系，都是目前学界有所触及但未予系统讨论的课题。要透彻了解语法化的本质及其背后机制，这两个课题的研究十分重要。

思考题

1. 区分"语法化参数"和"语法化原则"有什么意义？二者分别如何界定？
2. Hopper把"层化""裂变""择一""保持"和"去范畴化"称为语法化的"原则"是否合适？如果不合适，有几方面原因？
3. 语法化项意义特征的保持有无规律可循？比如说，哪种意义特征更易于保持下来，通常以什么方式保持？
4. Hopper & Traugott(2003)把"保持""去范畴化"和"层化""择一""裂变"区分开来，有什么意义？区分的理据是什么？
5. "层化原则"和"择一原则"是如何相互关联的？

第五章 "形式－意义"共变关系

5.1 引言

语法化项有形式和意义(功能)两个方面,语法化涉及这两方面特征变化。学界对语法化过程中的形式变化和意义变化的讨论十分深入。如本书第三章介绍的不同视角的语法化参数中,既有形式特征方面的,也有意义/功能特征方面的。拿 Bybee, Perkins & Pagliuca(1994)的语法化参数体系来说,"意义泛化"和"意义相互依存性增加"属于意义特征变化,"语音紧缩"和"语音相互依存性增加"则事关语音变化;其中也包括涉及形态句法特征变化方面的,如"句法位置和范围的固定化"。

关于语法化项的形式和意义/功能特征,学界关注的主要课题包括:

i. 两类特征是不是都会发生变化;
ii. 如果两类特征都会发生变化,是同步进行,还是先后发生;
iii. 如果两类特征变化先后发生,是不是意味着二者存在着主次之分。

学者们对这几个课题的探究方式有两种。第一种方式是"质"的考察,主要是对具体语法化个案中的语法化项或者其所在环境的特征变化进行研究。第二种方式是"量"的分析,即对跨语言的语法

化所涉及的形式特征和意义特征变化进行统计学意义上的观察。迄今为止,在学界产生了巨大影响的理论模式有三种:

i. 平行紧缩假说(Bybee,Perkins & Pagliuca 1994)
ii. 意义先行假说(Heine 2018)
iii. 语法化参数的互联性(Lehmann 2015)

三种理论模式的立场不同,要么支持形式特征和意义特征变化的同步发生("平行紧缩假说"和"语法化参数的互联性"),要么主张意义特征变化先于形式特征变化("意义先行假说")。而目前跨语言的研究成果更支持这样一种立场,即在语法化过程中意义(功能)特征变化是本质性的,形式变化是意义(功能)变化的附带现象,未必发生。

学者们对形式特征的观察主要有两个视角。一个视角是以语音特征为关注点,讨论语音变化在语法化过程中扮演何种角色。形式特征中最显性的是语音,因此观察语音特征变化对研究语法化是有指针意义的。另一个视角是泛形式性质的,关注对象包括语音、形态和句法在内的形式特征变化的跨语言表现。[①] 不论是语音形式视角还是泛形式视角,都和类型学特征密不可分。因为本章内容是语法化过程中语法化项的形式特征和意义/功能特征之间的互动关系,所以对语法化项两种特征及其相互关系的介绍和评析都可以从这两个视角来进行。

5.2　语音形式视角

关于语法化项的语音特征变化,学界讨论最多的是语音紧缩。

---

① 这里的"泛形式"和Croft(2001)对构式形式的定位是一致的。Croft(2001:18)基于构式理念,对构式形式和意义两方面特征作了多层次定位:
形式特征—句法、形态及语音
意义/功能特征—语义、语用和话语-功能
这种多层次定位虽然是就构式而言的,但对语法化项也适用,也在语法化讨论中得到了应用(见如Narrog 2017;Heine & Narrog 2018)。

5.2.1 平行紧缩假说

"平行紧缩假说",用 Bybee,Perkins & Pagliuca(1994:106—107)的话说,就是在语法化过程中语法化项的形式变化和意义变化平行发生。学者们对语法化过程中意义变化伴随着形态句法和语音变化这一现象的观察由来已久。Bybee,Perkins & Pagliuca(1994)通过对 76 种相互无关联的语言的考察,发现语法化项由松到紧的语音连续统和意义紧缩连续统之间存在着一种对应关系;简单表述,就是语法化项在意义进一步泛化的同时,也会发生形式上的变化,包括两种情形:

i. 语音实体的紧缩或丧失
ii. 自主性的丧失

涉及语音紧缩的参数既包括音段特征的紧缩(如元音的缩短,辅音的缩短、浊化和失去第二性特征等,以及元音和辅音的完全丧失),也包括超音段特征的紧缩(如丢失重音和变为轻音等)。语音紧缩的后果是语法化项的音段数量被减少,而语法化项自主性丧失的一个典型特征是语法化项对邻近语音材料依附性的提升,也就是与周围语音材料溶合程度的增加。Bybee,Perkins & Pagliuca(1994:106)进一步指出,以上两种形式变化都和语法化中的主要意义变化类型平行,从而造成形式和意义之间的像似性关系:

i. 语音紧缩(即具体语音特征的丧失)和意义上的窄化或泛化(也可看成具体特征的丧失)平行;
ii. 语法化项在附缀化过程中与邻近词汇性成分相溶合,也和这些语法化项对于词干在功能上的依赖性及在概念上的内聚力的增强平行。

换言之,两种形式上的变化都和意义变化具有共变关系。

根据 Schiering(2010:74)的考察,在语法化过程中语法化项形式—意义共变的理念,最早可以追溯到 von der Gabelentz(1969

[1901])。之后 Bybee & Dahl(1989)及 Lehmann(1995[1982])都有类似观点(Lehmann 的立场详见本章 5.3 节的介绍)。"共变"原本是生态学和进化生物学的概念,意指"有着互动关系的物种之间由自然选择驱动的、互相促进式的进化性演变"(Langerhans 2008:32)——每一个处于进化过程中的物种都会因其他物种的变化而发生进化性演变,如捕食者和猎物彼此给对方施加选择性压力。Anthonissen(2021:234)指出,Bybee,Perkins & Pagliuca(1994:20)提到语法性材料的特征是意义和形式的动态共变,同时在语法化过程中意义变化和语音紧缩相平行,其所用的共变概念应该是广义和非技术性的。Anthonissen(2021:234-235)还注意到,Bybee 等把"共变"概念和"可预测的协同变化""相互关联"及"同向平行"等表述方式并用,而这几种表述方式都意味着两件事:首先,形式和意义相互依存;其次,相互依存的形式和意义同步发生。这两件事是密切相关的:既然彼此相互依存,形式变化和意义变化必定同步发生;进一步的推论是,形式和意义中任何一方的变化速度和程度都和另一方的变化速度和程度相对应,互为表征,甚至可以理解为一种因果关联,即一方的变化会引起另一方的相应变化。

Bybee,Perkins & Pagliuca(1994:2-3)提到,"平行紧缩假说"的观察基础主要是和动词相关联的语法化项,尤其是以形态方式来标记的时态、体貌和情态。几位作者意识到了语言的类型学特征对语法化的制约作用,那就是,"平行紧缩假说"对印欧语来说十分适用,但对孤立语则未必如此。孤立语不仅没有发展出词缀,也没有发展出综合语(包括屈折语和黏着语)的那些具有抽象、泛化等意义特征的语法性成分(1994:118)。这一说法实际上证实了 Anthonissen(2021)的解读,即 Bybee 等人认为语法化项形式和意义之间相互依存,难以单方面出现程度较高的变化——既然孤立语的语法素(即功能单位)难以发展到意义上抽象而且宽泛的程度,那么这些语法素的语音形式也不会相应地高度紧缩。言下之意,就是孤立语不会出现高度语法化的功能单位。

5.2.2 语音紧缩和类型学特征限制

"平行紧缩假说"的解释力和预测力都引起了学界的极大关注，也引起了部分学者的质疑（如 Ansaldo & Lim 2004；Schiering 2006，2007，2010；Bisang 2008a，2008b，2008c，2010；Arcodia 2013；Bisang & Malchukov 2020）。特别地，学者们对语法化项语音形式的变化方式——语音紧缩给予了极大的关注，而其中一个讨论重点是类型学特征对语音紧缩的影响。如 Bisang 的系列研究（2008a，b，c；2010 等）证实，东亚及东南亚大陆语言可以发展出高度语法化的功能单位；由于其类型学特征，这些语言的功能单位不论语法化程度高低，语音形式都可以保持不变。这一结论对"平行紧缩假说"的"语法化项形式和意义之间相互依存、难以单方面出现程度较高的变化"以及"孤立语不会出现高度语法化的功能单位"的说法来讲，是一个严重挑战。

5.2.2.1 孤立语语法化项的语音紧缩方式

学界似乎存在这样的一个假定，即跨语言地看语法化项的"语音紧缩"在具体方式上具有一致性。然而，研究表明，不同类型语言的语音紧缩表现方式不尽相同。如 Ansaldo & Lim（2004）以粤语和闽南语为观察样本，讨论了汉语族语言在语法化过程中的语音紧缩问题。两位作者认为，汉语族语言语法化过程中形式上的变化主要并不体现为构词上的紧缩，而是体现为语音时长的缩短和元音的融蚀。比如说，粤语的动词"过"（gwo）和比较级标记"过"（gwo）在语音上的差异既体现在时长上，也体现在元音上。动词 gwo 的平均时长为 0.224 秒，而比较级标记 gwo 的平均时长为 0.141 秒。相比于语法标记 gwo，动词 gwo 的元音位置更低也更靠后（2004：353）。这份研究指出，在汉语族语言这种有声调的孤立语里，因为受到音节之间的离散的界限和音位制约这两个因素的影响，音节紧缩的可能性基本上被排除了（2004：345）；但这并不妨碍这些语言发生语法化演变。因此，在有声调的孤立语里，语法化项的语音形式变化更多地表现在超音段特征上。特别地，对这类语言来说，语法化项语音形式变化最显著地体现为韵律融蚀(2004:346)。

5.2.2.2 孤立语语法化项"形式—意义"关系的三种可能

研究证明,孤立语的语法化与屈折语及黏着语在"形式—意义"关系上的差异性并不全然符合Bybee等人的预测。汉语作为教科书式的孤立语,其语法化项的语音形式变化受制于类型学特征的方式非常具有代表性。具体说,汉语的语法化项在语音特征变化和意义特征变化的相互关系上有三种可能性:

i. 语音特征和意义特征同步紧缩
ii. 语音紧缩滞后于意义变化
iii. 语音特征保持不变

其中(i)和(ii)容易被归为一类,但实际上两者的理论意义完全不同。(ii)和(iii)更相近,即都表明语音和意义之间不存在真正的共变关系。以下将对这三种情形逐一进行分析。

i. 语音特征和意义特征同步紧缩

Bisang主张孤立语的语法化受到类型学特征的限制,而Arcodia(2013)的研究显示,这一说法对汉语标准语或许适用,但未必对所有汉语族语言都适用。根据Arcodia(2013)对部分汉语官话及晋方言的观察,来源于完成义动词的完整体标记"了"也和印欧语一样发生语音紧缩和黏合/融蚀;在部分方言里(林州话、北京官话和南和话),这类体标记显示了形式和意义的共变,具体表现是,在语音形式上标记完整体的"了"较标记完成的"了"更紧缩,而标记完成的"了"则又比其动词源头更为紧缩。

Arcodia(2013)引述的文献中包括陈鹏飞(2005,2007)。陈鹏飞(2007)分析了汉语北方方言中语法化项语音形式和语法化程度的对应现象,而陈鹏飞(2005)则对属于晋语区邯新片的林州方言中词尾"了"的语音变体及其对应的意义之间关系进行了讨论。两篇文章在研究思路上都参考了杨永龙(2001)的说法,即"了"的虚化程度和VO的情状类型之间存在这样的关联:VO是延续情状时,"V了O"的"了"多为补语;当VO为终结情状及静态情状时,V和O之间的"了"表完成和实现。杨文还指出,在早期用例中,"了"只与延续性情状结合,然后与终结性情状结合,最后才与静态性情状结合;相应地,"了"的语义虚化可以分为如下几个阶段:

动作完毕──事件完成──事件实现(──提示语气)

从左至右,"了"的意义泛化程度越来越高,而其语法化程度也相应地不断提升。表动作完毕义的"了"以(1a)为代表,表事件完成和事件实现用法的"了"分别以(1b)和(1c)为代表(例句均引自杨文):

(1) a. 晨起早归,食了洗涤。　　　　　　　　(王褒《僮约》)
　　 b. 死了万事休,谁人承后嗣。　　　　　　 (《寒山诗注》)
　　 c. 直待女男安健了,阿娘方始不忧愁。

(《变文集·父母恩重经讲经文》)

以下内容是对陈鹏飞(2005,2007)相关讨论的概括(观点及例证均出自这两份研究)。汉语北方方言的词尾"了"读音"纷杂不一"。一方面,同一方言中"了"或有多种读音;另一方面,同样句型中,不同方言有不同读音。作者归纳了不同方言的情形,发现"了"的语音变体的语音弱化程度和如下三个阶段相对应:

第一阶段　　liau (liɑ　　liə　　lio):声韵齐全,介音保存,声调变轻声。
第二阶段　　lau (lɔ　　ləu　　lou　　lɯu　　lao):介音失落。
第三阶段　　ləʔ (lɤ　　lə　　lʌʔ　　əʔ　　lɛ):韵母单元音化、央化,有的地区或带上-ʔ尾,也有的地区声母 l 失落。

陈鹏飞(2007)指出,第一阶段的[liau]读音"了"的用法多为动词补语,如洛阳和济源方言中的"吃了[liau](饭)了"的说法,"了"[liau]词汇意义仍较强,可用"过、罢"等词来替换,是动词补语。第二阶段的[lau]和第三阶段的[ləʔ]分别表示"完成意义"和"实现意义",二者在一些方言里的别义作用可以通过时量宾语句看到。"死""出嫁"等是瞬间状态,而"等""想"等具有可持续特征。因此在林州方言里,这些动词后的"了"词尾的读音分别是[lau]和[ləʔ]:

(2) a. 死了[lau]三天了。　　　　＊死了[lə?]三天了。
　　b. 出嫁[lau]一年了。　　　　＊出嫁[lə?]一年了。
(3) a. 等了[lə?]三年了。　　　　＊等了[lau]三年了。
　　b. 想了[lə?]一辈子了。　　　＊想了[lau]一辈子了。

"吃、扫、喝、谈"等动词表达的行为具有两种可能：(i)"吃/扫/喝/谈"等从行为开始到说话时持续了半个钟头（实现意义），(ii)这些行为结束后到说话时已经过去了半个钟头（完成意义）。在林州方言里，"吃/扫/喝/谈了半个钟头了"如果表达的是(i)，则动词词尾"了"念[lə?]；如果表达的是(ii)，则词尾"了"念[lau]。归纳起来，就是

(4) a. 吃了[lau]半个钟头了。　　　[词尾"了"表示完成意义]
　　b. 吃了[lə?]半个钟头了。　　　[词尾"了"表示实现意义]

林州话的例子说明，在一些汉语方言里，"了"的读音从[liau]、[lau]到[lə?]逐渐弱化，意义泛性则逐渐增强。

如果陈鹏飞(2005，2007)和Arcodia(2013)对林州话、北京官话及南和话的完整体标记"了"的观察是准确的，那么这些汉语方言的语音形式和意义之间就确实存在前文所说的相互依存关系。这些观察似乎证实，Bybee及Bisang有关孤立语的语法化项"形式－意义"共变受到类型学特征制约的说法不够准确。然而，需要注意的是，Arcodia(2013)也指出，从其所考察的所有汉语北方方言的情况来说，完整体标记语音形式的紧缩和溶合与其意义上的变化并无关联。作者因此断定，语法化项的语音形式紧缩和溶合只是一个形态音位过程。

ii. 语音紧缩滞后于意义变化

语法化项语音紧缩和意义变化无必然关联这一事实的一种体现方式是，二者都发生，但不同步。如汉语中一个值得注意的现象是，有的功能单位在语音形式上相较其源头更为紧缩，但这种语音紧缩的发生是滞后于意义变化的。李小军(2011)讨论的汉语语气词的情形很能说明问题。汉语语气词大都源于实词，也可能由其他语气词演变而来，而这一过程中的大部分情况都存在语音

弱化现象。汉语是声调语言，其语音弱化可能体现在声母、韵母和声调三方面，或涉及某一方面的弱化，或呈现出几个方面的弱化。根据学界的讨论，声母弱化主要表现为语音强度的减弱，韵母弱化主要表现为主元音的央化，而声调弱化主要是促化或零化。语气词声母弱化的一个例子是中古译经《鼻奈耶》的语气词"婆"，例如（例句转引自李文）：

(5) a. 汝欲闻四深法义婆？　　　　　　　　（《鼻奈耶》卷二）
　　b. 汝……气力轻健不？结坐中供养充足不？出乞食婆？
　　　 无疾患婆？无若干想乎？　　　　　　　　（同上，卷一）

根据李文，"婆"为记音字，是语气词"不"的音变；"不"和"婆"的中古拟音分别为[piuət④]和[bua①]，从清声母[p]浊化为[b]，是典型的声母弱化的例子。"不"已经是语气词，其语音弱化发生于语法化之后。

iii. 语音特征保持不变

汉语是一个典型的孤立语，其较为常见的情形是，不论其语法化程度的高低，语法化项的语音形式特征都不发生变化，在主要语法化和次要语法化中都是如此。主要语法化的个案，如"把"从动词到处置标记，"被"从动词到被动标记，作为介词的"把"和"被"在语音形式上和其动词源头并无明显不同。由使役动词发展而来的被动标记"教/叫"和"给"也体现了这一特点。举个例子，"给"在(6a)中是使役动词，在(6b)中兼具使役和被动用法，而在(6c)中则是典型的被动标记用法（例句均转引自蒋绍愚2002）：

(6) a. 贾母忙命拿出几个小杌子来，给赖大母亲等几个高年
　　　 有体面的嬷嬷坐了。　　　　　　　（《红楼梦》第四十三回）
　　b. 我的梯己两件，收到如今，没给宝玉看见过。
　　　　　　　　　　　　　　　　　　　　（《红楼梦》第四十回）
　　c. 就是天，也是给气运使唤着。（《儿女英雄传》第三回）

关键是，没有迹象表明作为被动标记的"给"在语音形式上较使役动词"给"更为紧缩。

汉语次要语法化个案，如由表完毕义的动态助词"过$_1$"到表过去曾经义的"过$_2$"的演变（见如彭睿 2009b），由系词"是"到焦点标记"是"的演变（见如彭睿 2020：125－131），由进行体标记"着"到持续体标记"着"的演变（见如曹广顺 2014［1995］；陈前瑞 2003，2009；彭睿 2019），语法化项的语音形式也都没有发生明显的变化。

5.2.3 语法化项语音紧缩的本质

对汉语以外的语言来说，语法化项的语音形式不随意义/功能变化的情形也并不罕见。如英语表将来义的助动词 *be going to* 也有语音缩减的形式 *be gonna*，但这种语音缩减是助词 *be going to* 已经产生之后的进一步变化。这可以通过对 *be going to* 语法化的不同阶段的比较清楚看到。Pérez（1990）举了如下这一公元 9 世纪的"*be ＋ going ＋ to*"语串的例子：

(7) ðu   oferfærest   ðone   sæ   7
    you   cross-2-SG   the-ACC   sea-ACC   &
    bist   gangende   to   Romesbyrig
    be-2-SG   going   towards   Rome-GEN-city
    'You'll be crossing the sea and going to Rome.'
    (Old English, *Gregory's Dialogues*, C p13 line 30)

以上例子中 *bist gangende to* 的意义很清楚地是表示位移，代表了 *be going to* 语法化的非典型环境阶段。Danchev & Kytö（1994）发现，可以解读为助动词的 *be going to* 于 15 世纪即已经出现，如：

(8) *Therfore while thys onhappy sowle by the vyctoryse pompys of her enmyes* was goyng to *be broughte into helle for the synne and oneful lustys of her body. Loe sondenly anon came done and hye fro heuyn a gret light.*（*The revelation to the Monk of Eveham* 1482：43）

这个例子中的 *was goyng to* 或许既表示位移，也表示意愿及不久的将来，而如下这个 16 世纪的句子则含有把 *be going to* 解读为表将来义的助动词的语用推理条件(见 Hopper & Traugott 2003：87－92)：

(9) Duke *Sir Valentine, whither away so fast?*
    Val.   *Please it your grace, there is a messenger*
           That stays in to bear my letters to my friends,
           And I am going to deliver them.

(1595，Shakespeare，*Two Gentlemen of Verona*，III. i. 51)

(8)和(9)都相当于 *be going to* 语法化的临界环境实例。Danchev & Kytö(1994)认为，在如下两个17世纪的用例中，*be going to* 所体现出来的"意愿"及"不久的将来"的意义就非常清楚了：

(10) a. *About to, or going to, is the signe of the Participle of the future [emphasis ours]…: as, my father when he wasabout [to]die, gave me this counsel. I am [about] or going [to] read.*

(Poole 1646：26；方括号为原文所有)

b. *so they did not know whether he might not have stepped aside for debt, since at that time all people were calling in their money, (…). The council sat upon it, and were going to order a search of al the houses about the town; but were diverted from it, bymay stories that were brought them by the duke of Norfolk*：(Burnet，*Burnet's history of my own time* a1703：1，II，163－164)

其中(10a)较为特殊，因为根据作者的说法，它是一位英语母语者(即出版于1646年的 *The English Accidence* 的作者)对 *going to* 结构式意义的诠释。很明显地，这位母语者认为 *going to* 和表"意愿"和"不久的将来"的 *about to* 是同义的。这是 *be going to* 已经语法化为表将来义助词的一个有力证据。(10)两句已经到了 *be going to* 语法化的孤立环境阶段了。

早期的将来义助动词 *be going to* 在语音形式上和其源头 *be + going + to* 并无两样,而 *be gonna* 的出现是现代英语的事,而且这个将来义助动词的两种形式 *be going to* 和 *be gonna* 是并存的。就是说,英语将来义助词 *be going to* 的语音紧缩发生于语法化已经完成之后,可以归因为文本频率的升高,但无法从语法化项语音变化和意义变化相互依存的角度来解释。

如果跨语言地看语法化项,不仅存在语音和意义共变的情形,也不乏语音变化滞后于意义变化甚至语音保持不变的个案,那就说明,语法化项的语音变化和意义变化之间并不存在互为因果的相互依存关系。语音和意义特征变化不同步的情形既然不限于孤立语,也就不全然是由语言类型学特征的影响所致。这也进一步证实,平行紧缩假说的确存在预测力和解释力方面的缺陷。这一点将在本章 5.3 节进一步讨论。

虽然越来越多的事实证明,"平行紧缩假说"的确在预测力和解释力两方面都存在缺陷,其中形式方面的语音紧缩到底是什么性质,以及这种语音紧缩和语法化的关系为何,仍然需要清楚说明。Schiering(2006,2010)的结论是,语法化项的语音紧缩并非语法化的必然后果,更不是语法化的界定性属性。

Schiering(2006)在对跨语言的附缀化所进行的系统性调查的基础上,对语法化项语音融蚀(包括语音材料的紧缩和丢失)问题进行了重新评估。附缀化是一种语法化现象,包括形态句法、功能以及语音变化。作者把音韵分为三类,即"基于重音的音韵"(如英语、俄语、阿拉伯语)、"基于音节的音韵"(如法语、意大利语)和"基于短音节的音韵"(如日语、芬兰语),三者依序形成一个连续统。作者发现,只有在以重音为基础的语言里,语音融蚀才能和语法化形成对应关系。上文提到,即使在孤立语以外的语言里,也可能存在语法化项语音紧缩滞后于意义变化(即发生在语法化业已完成之后),而这些语言包括英语。英语是一种以重音为基础的语言,如果其语法化项未必发生紧缩,就说明 Schiering(2006)所说的在以重音为基础的语言里语音融蚀和语法化形成对应关系是有条件的,也不具有必然性。Schiering(2010:

85—90)也指出，语音融蚀不过是附缀化的数种选择之一，而不是语法化过程中普遍性的伴随现象。这份研究进一步主张，基于重音的语言最有可能发生融蚀，而在基于音节的音韵和基于短音节的音韵的语言里，语音紧缩仅限于音渡环境。

以上证据，包括 Bisang 系列研究所揭示的现象，即孤立语类型学特征以及地域性因素对语法化项形式－意义共变的阻遏，如一些汉语语气词及英语将来义助词 *be going to* 等语法化成项的语音紧缩滞后于意义变化的现象，还有 Schiering（2006，2010）的发现，即只有在以重音为基础的语言里，语音融蚀才有可能（但不一定）和语法化形成对应关系，都更进一步地说明了一个问题，即语法化项的语音紧缩和意义变化之间并不具有普遍性的像似关系。Schiering（2006，2010）因此才得出这样的结论，那就是语法化项语音紧缩并非语法化的界定性属性。Arcodia（2013）的说法，即语法化项的语音紧缩独立于语法化，是一个形态音位过程，和 Schiering 的观察是一致的。

根据目前的研究，语法化项的语音紧缩，在很大程度上是由高文本频率引起的，而笼统的高文本频率，并不是语法化的充要条件（详细讨论见本书第七章）。这种情况和 Schiering（2006，2010）及 Arcodia（2013）的结论，即语法化项的语音紧缩独立于语法化过程，是十分兼容的。

语音只是语法化项形式特征中的一类。本章 5.3 节对语法化项泛形式特征和意义特征变化之间关系的讨论，将更有助于准确揭示语法化的本质。

5.3 泛形式视角

本节将讨论 Lehmann 的语法化"形式－意义"共变观以及 Heine 提出的"意义先行假说"。Lehmann 和 Heine 的视角都是泛形式性的。

根据本章 5.2 节的介绍，学者们对 Bybee 等的语法化项"形式－意义"共变理论的质疑，针对的主要是形式方面的语音紧缩和意义变化平行发生这一观点。Lehmann 的语法化标杆理论也主张语法化过程中语法化项的形式和意义平行地发生变化，但其中的形式方面涵盖了句法、形态和语音三个层次。Lehmann 的主张同样受到了一些学者的质疑。质疑方以 Narrog（2017）及 Narrog & Heine（2018）等为代表。如 Narrog（2017）指出，形式和意义共变只适用于个别语法标记或结构式的历时发展；如果语法标记的形式或功能的任一方发展变化，其对应的另一方（功能或形式）要么也随之变化，要么保持不变。此外，学界一直有着语法化中意义变化先于形态句法变化或比后者更重要的观点（见如 Heine & Reh 1984：62；Heine，Claudi & Hünnemeyer 1991b：15；Narrog 2005：697；Narrog 2012：107－109）。Narrog（2017）解释了为什么功能/意义的语法化具有决定性，而形式上的语法化只属于一种附带现象。

5.3.1　Lehmann 的"形式－意义"共变理念

根据本书第一章和第三章的介绍，Lehmann 语法化标杆理论的一个关键假定是：语言符号的自主性（即使用上的自由程度）和语法性是相反的，要衡量一个语言符号的语法化程度，就得先确定其自主性程度。Lehmann 把自主性的决定因素分为三个方面，包括势域、内聚和变异性，并且认为语法化体现为语言符号势域和变异性的减弱以及内聚的增强。具体说，Lehmann 以势域、内聚和变异性为经，同时以聚合特征和组合特征为纬，共归纳了六个语法化变量，包括聚合方面的聚合势、聚合度和聚合变异性以及组合方面的组合势、组合度和组合变异性。

Lehmann 并没有明确给其语法化标杆参数作形式和意义/功能的区隔，结果对于某个具体参数到底应属于形式方面还是宜划归功能/意义方面，学者们似乎见解不一。一般的看法是，聚合势参数实际上既涉及意义/功能特征，也涉及语音特征。但对其他参数的性质，学者们给出了不同的解读。如 Narrog（2017）指出，除聚合势含意义特征，其他参数都是形式方面的，而 Bisang & Malchukov（2020）认为，组合度很清楚地属于形式特征，其余参数则不容易归类；聚合度同意义及形式都有关联；聚合变异性和组合变异性介于意义和形式之间。Lehmann 认为在理论上语法化参数应该是相互关联的（Lehmann 2015：174）。这一主张涉及了语法化项的形式－意义共变问题，反映在如下表格中（表 3.2 重复为表 5.1）。

表 5.1 语法化参数的相互关联

参数	弱语法化	演变过程	强语法化
聚合势	一组语义特征；可能多音节。	损耗	少许语义特征；截断或单音段。
聚合度	语言单位松散地参与到语义场。	聚合化	规模小、紧密地整合的词形变化表。
聚合变异性	语言单位可依据交际意图自由选择。	强制化	选择范围被系统性地制约，使用上很大程度上有强制性。
组合势	语言单位可与任意复杂程度的成分相关联。	紧缩	语言单位修饰词或词干。
组合度	词项以独立单位身份与其他成分并列。	融合	语言单位变成词缀或者甚至成为其他成分的语音特征。
组合变异性	语言单位的位置可以自由变动。	固定化	语言单位占据固定位置。

Lehmann 的主要观点概括如下：

i. 正常的语法化过程必须遵守这样的条件：在一个结构式里发生语法化的语言单位必在每个参数变化的连续统上占据一个点，而且六个点大致地在一条垂直线上。

ii. 三个聚合性参数之所以相互关联，在一定程度上有着逻辑上的必然性。

iii. 也有一些例外的情形，语法化参数不一定能够相互关联。语法化参数之间不完全齐整的对应，体现的是不同语言的个性。

观点(i)理解起来,就是各参数的变化程度都可以在语法化程度连续统上具体定位,而且语法化项在各个参数上的变化进度有可能具有一致性。这在实证中是有问题的。本书第三章提到,Traugott & Trousdale(2013:102)曾用英语 be going to 的例子来例释 Lehmann 的标杆参数。根据二位作者的观察,be going to 的语法化涉及了全部六个参数的变化,这一过程伴随着聚合势的衰减和聚合度的增加,也出现了聚合变异性和组合变异性的失落,以及组合势的紧缩以及组合度的增加。就是说,be going to 的确在每一个参数变化连续统上都占据了一个点,但这些点是否在一条垂直线上则无法确证,因为相关参数变化并无在连续统上定位的有效手段。

Lehmann 并未解释参数变化程度的定位可能碰到的困难,但表示从不同参数的视角看,语法化有可能超前或者滞后。作者举例说,印欧语的关系代词从所有其他参数的角度看,语法化程度都相当高,但其组合势是从句,属于高阶位的句法层次,紧缩程度低。Lehmann 也意识到,目前的研究并不具备预测语法化参数之间对应关系百分比的理论基础。

和 Bybee 及 Heine 不同的是,Lehmann 没有给和这些参数有关的特征变化进行先后顺序的判定,同时也没有区分六个参数孰为本质性的、孰为非本质性的。但上面提及的观点(i),即在正常情况下,语法化项的变化在每个参数中都有体现,并且其变化程度大致地保持一致,或许说明在 Lehmann 看来,语法化项的参数变化并无顺序先后及本质和非本质之分。

上文提到,按照 Narrog(2017)的理解,在聚合性参数中,聚合势是意义方面的,聚合度和聚合变异性都是形式方面的;而依据 Bisang & Malchukov(2020)的解读,聚合度和意义、形式都有关联,聚合变异性介于意义类和形式类之间。如果这几个聚合性参数之间变化不仅相互关联,而且按照观点(ii)的说法这种关联背后有着逻辑上的必然性,那么就可以推导出 Lehmann 所秉持的观点是,语法化属于语法化项"形式-意义"共变的一种历时演变。这一主张和 Bybee 等人的"平行紧缩假说"一样,也遭到了

Heine 及其同事的质疑。

5.3.2 意义先行假说

本书第三章提到，Heine & Kuteva（2007）和 Heine & Narrog（2010）的不同语法化参数所涉及的语言使用层面有差异。除了扩展，其余三个参数（去意义化、去范畴化和融蚀）都属于特征的丢失，但也伴随着特征的获得（即语言单位在新环境里获得新特征）。这四个参数排列上的先后反映了它们通常发生的历时顺序：语法化始于扩展，既而引发去意义化，随后才是去范畴化和融蚀。融蚀（相当于 Bybee 等的语音形式紧缩）在很多语法化个案中都未必会发生。四个参数中，去意义化无异议地属于意义特征变化，扩展（语言单位在扩展至新环境时产生新意义，或说环境引发的重新诠释）则主要属于意义特征变化，但也有形式变化的因素，即语法化成项拓宽了其形态及句法环境（Narrog 2017：78）。其余两个参数，去范畴化和融蚀（或语音紧缩），分别和形态句法和语音相关联，清楚地属于形式变化。

Narrog & Heine（2018：1—2）指出，对语法化来说，扩展和去意义化是根本性的；去范畴化和融蚀未必发生，如果发生，从顺序上说应该在扩展和去意义化之后。就是说，Heine 等人的语法化参数在排列顺序上是意义变化（扩展和去意义化）居先，形式变化（去范畴化和融蚀）相对滞后。这一理念即"意义先行假说"的基础。"意义先行假说"的提法最早见于 Heine（2018），其主要内容就是在语法化过程中意义变化是主要的，其发生早于形式（如形态句法和语音）变化。实际上，意义变化重于形式变化的思想，在 Heine 的早期研究中即有体现。如本书第一章曾提到 Heine, Claudi & Hünnemeyer（1991a：150）的说法，"语法化可以解释为以解决问题为主要目标的过程所产生的后果，其主要功能是以用一个事物来表述另一个事物的方法进行概念化"。作者进一步指出，"语法化是概念操控的结果"，在这一过程中"概念链化要先于形态句法的链化"（1991a：174）。这一说法已经萌芽了"意义变化先于形式变化"的观念，但"意义先行假说"的提法直到 Heine

(2018：20—21)才正式出现。

"意义先行假说"最重要的思想基础是，语法化的根本动因就是成功交际。这也是 Heine 的语法化理论框架的核心，即语法化本质上是一个认知—交际及语义过程；相应地，解释这一过程必得先从意义开始。对此，Heine(2018：20)的解释是：

> 人类一个显著的策略，是以具体、可及性高并且/或者容易描写的意义所用的形式来表达具体程度较低、可及性较低以及不易描写的意义内容。因此，词汇性或者语法化程度低的表达形式被用于表达语法化程度较高的功能。在改变其表达习惯之前，说话人首先关心的是自己要说的是什么，也就是意义。

言下之意，意义变化至关重要，而且其发生应该早于形式变化。

Heine(2018)举了若干非洲语言的个案来诠释"意义先行假说"，其中一个例子是非洲语言中存在的濒临体标记。Heine 具体地讨论了斯瓦希里语的濒临体标记 -taka 及察玛斯语的相同功能标记 (k)éyyeu 的语法化。作者的研究方法是从语法化连续环境的桥梁环境模式出发，观察这两个濒临体标记在语法化过程中的形式和意义变化。以下是对 Heine(2018)相关讨论内容的概括，其中斯瓦希里语和察玛斯语的例句均引自该文。斯瓦希里语濒临体标记 -taka 的语法化阶段以如下三个例子为代表：

(11) a. *Ni-   li-   taka   ku-   m-   piga.*
      1.SG   PST-   want   INF-   3.SG.OBJ hit
      'I wanted to hit him.'

   b. *Ni-   li-   taka   ku-   fa.*
      1.SG-   PST-   want   INF-   die
      (i) 'I wanted to die.'
      (ii) 'I nearly dies. I narrowly escaped death.'

   c. *Mvua   i-   li-   taka   ku-   nyesha.*
      rain   it-PST-   want   INF-   rain
      'It was about to rain.' (* The rain wanted to rain.)

Taka 本是一个"要"义动词，如在（11a）句里的用法。（11b）是 *taka* 语法化的桥梁环境，其中 *taka* 有两种可能的解读，一是维持原动词义。因为死亡通常不是人所意欲发生的，所以 *taka* 的"濒临"义开始浮现，成为第二种解读。（11c）是转换环境的实例，其中主语 *mvua*（'雨'）没有生命性特征，所以 *taka* 不能再解读为"要"义动词，而是已经演变成了濒临体标记。Heine（2018：23）指出，在桥梁阶段（11b），*taka* 在意义上已经开始发生变化了，但从（11a）到（11c），*taka* 的形态句法及语音方面都没有受到影响。

Taka 的语法化没有进到习用化阶段。察玛斯语的（k）*éyyeu* 的语法化程度要比 *taka* 高，（12a）（12b）和（12c）分别是其语法化的起始阶段、转换环境阶段和习用化环境阶段的实例：①

(12) a. *k-　　　e-　　　yyéú　　　m-　　　partút.*
　　　　k-　　　3.SG-　　want　　　F-　　　woman
　　　'He wants a woman/wife.'

　　b. *k-　　　é　　　yyeu　　　l　　　cáni　　　n-　　　euróri.*
　　　　k-　　　3.SG-　　want　　　M-　　　tree　　　NAR-　　fall
　　　'The tree almost fell.'（lit. 'The tree wanted to fall.'）

　　c. *kéyyeu　　a-　　　ók　　　nánʊ　　　kʊlέ*
　　　　PROX　　　1.SG　　drink　　1.SG.N　　milk.A
　　　'I was about to drink milk.'

（12a）的 *yyéú* 很清晰地是一个"要"义动词，（12b）的 *yyeu* 则因为句子主语的无生命性而只可以解释为濒临义，而不能解读为"要"义动词。（12c）的 *kéyyeu* 已经完全是一个濒临体标记，适用于主语为无生命性及指人的所有情形。和斯瓦希里语的 *taka* 相似，从（12a）到（12b），*yyéú* 只是发生了意义变化，形式方面（形态句法

---

① （12a）句的 *e*（3.SG）和 *yyéú*（'want'）在形式上与（16b）句的 *é*（3.SG）和 *yyeu*（'want'）不一致。原文如此，作者未具体说明原因。

和语音)未受影响。(12c)的 *kéyyeu* 是在 *yyéú* 的第三人称代词屈折形式 *k-e-yyéú*('她/他想要')的基础上进一步发展出来的专职濒临体标记。Heine 指出,发生于习用化阶段的形式变化并不影响这样的事实,即在整个语法化过程中意义变化优先于形式变化。

语法化项意义变化先于形式变化的例子在其他语言中也不难发现。如 5.2.2 节举了蒋绍愚(2002)所讨论的汉语使役动词"给"语法化为被动标记的例子。三个代表性句子重复如下:

(13) a. 贾母忙命拿出几个小杌子来,给赖大母亲等几个高年有体面的嬷嬷坐了。　　　(《红楼梦》第四十三回)
  b. 我的梯己两件,收到如今,没给宝玉看见过。

(《红楼梦》第四十回)

  c. 就是天,也是给气运使唤着。(《儿女英雄传》第三回)

很明显,"给"从(13a)句的使役动词到(13b)句(相当于 Heine 的桥梁阶段)的使役动词和被动标记的歧解,再到(13c)的典型被动标记用法,不光是语音形式保持一致,在形态句法关系上也没有明显变化,因为"教/叫"与其后面的名词性成分之间始终是支配和被支配关系。从(13a)到(13c)出现的关键性变化,是"给"意义上的虚化及新功能(被动标记)的获得。

"意义先行假说"的思想并非 Heine 所独有。事实上,如前面提到的,学界一直有着语法化中意义变化先于形态句法变化或比后者更重要的观点(见如 Heine & Reh 1984:62;Heine, Claudi & Hünnemeyer 1991b:15;Narrog 2005:697;Narrog 2012:107—109)。很多语法化理论家,尽管其研究方法不同、语法化理念有差异,但在对语法化项形式变化和意义变化孰轻孰重问题上的看法却是一致的。根据 Heine(2018)的梳理,学者们对语法化过程中意义"先行"的认知,早在 20 世纪 70—80 年代就已经开始(如 Givón 1971,1975;Lord 1973),并且以不同方式体现了出来,如 Haspelmath(1999)的"外溢假说"和 Michaelis & Haspelmath(2015)的"超清晰假说"。按照 Michaelis & Haspelmath(2015:

1)的说法,语法化涉及(i)意义变化,而意义变化会导致(ii)功能化(实义项 > 功能项),然后(iii)紧缩(附着化、黏着化、溶合)。学者们都认识到,形式和意义之间不光是变化的先后顺序问题,更关键的是重要性的不同。Fischer(2000:19—21)注意到,不管是侧重共时变化还是聚焦历时变化的语法化研究,都主张意义所承担的角色比形式更重要。Fischer 自己也主张,在语法化过程中意义变化驱动形式变化,这和"意义先行假说"的思想是一致的。如作者以英语不定式标记 to 的语法化为例,把这一过程分为如下三个阶段(Fischer 2000:155):

a. $\frac{\alpha}{x}$ b. $\frac{\alpha}{xy}$ c. $\frac{\alpha}{x} \frac{\beta}{y}$

其中 α 和 β 代表形式,x 和 y 代表意义。在阶段 a,形式 α 和意义 x 相匹配。到了阶段 b,形式还是 α,但其匹配的意义则在 x 基础上增加了 y。阶段 c 有两个变化:形式 α 回复到只和意义 x 相匹配的状态,但增添了形式 β,和意义 y 相匹配。特别地,由阶段 a 到阶段 b 的变化说明,率先发生变化的是意义。Hopper(1991:19)的说法,"语法化和其他类型的语义变化没有差别",以及 Himmelmann(2004)的主张,即语法化的根本特征是语法化项的语义-语用环境的扩展,都明显地是在强调意义变化在语法化中的核心地位。

5.3.3 "形式-意义"共变的类型学差异

讨论语言历时演变,类型学特征带来的差异向来是一个重要考量因素。具体到语法化项的"形式-意义"共变问题,研究类型学对语言历时演变的影响的代表性著述包括 Bisang 的系列研究和 Narrog(2017)等。Bisang 的研究聚焦于东亚及东南亚大陆语言语法化所受的地域性影响,Narrog(2017)则关注不同语序类型语言的语法化差异。

5.3.3.1 东亚及东南亚大陆语言的语法化

Bisang 的系列研究聚焦了东亚及东南亚大陆语言的语法化特

色。Bisang（2008a：15）指出，和印欧语相比较，东亚及东南亚大陆语言的语法化呈现出三种特色：

i. 缺乏强制性范畴，因此语用推理的作用特别显著；
ii. 存在严格的句法范式（语序范式）；
iii. 缺乏或者仅存在有限的形式－意义共变关系。

其中"范畴的强制性"是 Lehmann（1995[1982]）的术语，指的是某一范畴需要说话人使用专门标记来指明的情形。按照 Bisang 的说法，缺乏强制性范畴的一种表现，就是在印欧语里已经习用化的抽象语法概念，如"时态"和"有定性"等，在东亚及东南亚大陆语言里往往只能靠语用推理来判断。在这些语言里，同样的语法标记可能因情形不同或者所在结构的不同而表达不同的语法关系。东亚及东南亚大陆语言存在少量的非强制性语法标记，但这些标记意义很宽泛，具体功能必须从语境中推理出来。

关于东亚及东南亚大陆语言语法化，Bisang（2008a：16—17）进一步归纳了以下两个特色：

i. 虽然缺乏强制性范畴，但东亚及东南亚大陆语言仍然产生了语法化程度较高的语法标记。这些标记都属于相对封闭的类，而且受制于严格的句法范式，按照 Lehmann（1995[1982]）的标准，其语法化程度都较高。这些语法标记所表达的语法概念都是语用推理的结果。

ii. 汉语族语言语法化过程中语法化项的两个形式变化特点，包括语音时长的缩短和元音实体的融蚀（见 Ansaldo & Lim 2004），对东亚及东南亚大陆语言来说也是适用的。这两个特点，再加上"强制性范畴的缺乏"以及"单一语法标记的多功能性"这两种因素，共同阻遏了东亚及东南亚大陆语言发展出印欧语那样的形态范式，使得这些语言在"形式－意义"共变关系中语法化项的紧缩程度大多数都不及印欧语。

5.3.3.2 和语序类型相关的语法化差异

关于语序类型给语法化带来的差异，Narrog（2017）的讨论很具代表性。以下是对这份研究涉及语法化项形式特征变化部分的概括。

形式特征变化在不同类型语言的语法化过程中有着不一样的呈现方式。先看 VO 语言的情况。Narrog 举了英语情态助词的例子。英语中 *shall/should*，*may/might* 等情态助词来源于动词，其语法化发生的位置通常是在其他动词之前。根据 Bybee, Pagliuca & Perkins（1990）提出的"后缀化优先"观点，跨语言地看，一般后置性语法成分比前置性语法成分更容易失去形态独立性。和其他语法化项一样，英语中的这些情态助词通常在形态上保持独立，并不会发展成动词核心的后缀。这些情态助词的屈折特征减弱，包括失去"人称－数"的一致性，部分地失去时态，同时还失去不定式以及分词形式。这些变化可以从 Lehmann 和 Heine 这两种不同参数体系的角度来分析。从 Lehmann 的语法化标杆参数角度来讲，*shall/should* 和 *may/might* 等失去的是聚合势，聚合度增加了，但组合度并不增加。语音聚合势的丧失较为轻微；而以 *not* 来否定以及问句形式不借助 *do*，都说明英语情态助词丧失了组合变异性（即出现了固定化倾向）。从 Heine 的语法化参数角度看，这些英语情态助词的语法化都伴随着去范畴化现象的发生（如屈折及某些动词形式特征的丧失，以及轻微的语音融蚀），同时也有使用环境的扩展，因为从历时角度看这些情态助词的主语范围都呈现出增大的趋势，如包括非动物性主语和命题都可以成为其主语。

Narrog（2017）指出，同样是 VO 类型，东亚及东南亚大陆语言和英语的语法化有着不同的形式变化特点。以泰语和汉语为代表的东亚及东南亚大陆语言不仅是 VO 语言，而且是孤立语，都缺乏形态变化。作者引用了 Bisang 的相关结论，即从 Lehmann 参数的角度看，这类语言的语法化过程中，只有组合变异性较为适用，其他几个参数的适用性都非常弱。Bisang 总结了东亚及东南亚大陆语言和语法化有关的几个特征，包括缺乏形态变化，可移动性降低，以及依靠特定语境中的语用推理来确定语法意义等。用 Lehmann 的话来说，缺乏形态变化意味着聚合势丧失程度较低；可移动性的降低则说明了组合变异性的丧失。此外，如前文提到的，东亚及东南亚大陆语言的语法化还缺乏强制性范畴，这意味着 Lehmann 所说的"强制化"极少出现。总体上，这些语言的语法化没有或者很少有形式和意义的共变现象，其语法化和 Lehmann 参数关联较强的唯一特征，是有着严格的句法形式（即固定化），也就是组合变异性的降低。

再来看 OV 语言。Narrog（2017）提到，OV 语言（如日语和朝鲜语）情态语素发生语法化的位置通常在动词后面。这类语言具有黏着特征，用 Lehmann 的话来讲，就是具有较高的组合度。举个例子，Narrog & Ohori（2011：777）指出，日语中存在如下语法化斜坡：

> 词/结构式 ＞（小品词）＞ 一般性后缀（包括屈折性后缀）＞ 屈折形式

其中"小品词"阶段不是一个必经步骤。从"词"到"后缀"再到"屈折"的变化，意味着语法化项构词独立性的丧失。以上语法化斜坡左侧的词/结构式具有独立性，作为附着成分的小品词只是较松散地和词干黏合，而屈折形式则最紧密地与前面的词干发生黏合，有时候会出现溶合。举个例子，在日语将来时后缀-am-到劝勉情态屈折语素-(y)oo 的演变过程中，-am-失去了屈折的能力。这是一种程度相对较高的去范畴化和融蚀。在朝鲜语里，这种语音融蚀的程度比日语中更明显（见如 Rhee 2011）：后缀产生之后，进一步变成屈折形式，就进入了词形变化表——从 Lehmann 标杆参数的角度看，进入词形变化表意味着发生聚合化，并且出现聚合变异性的丧失；组合度的增加则意味着构词范围由短语变成了单个的词语。

Narrog（2017）的结论是，Heine 和 Lehman 两种参数体系中的形式标准最适用于日语及朝鲜语这样的语言，但对东亚及东南亚语言的适用程度极其有限，而英语这样的语言介于二者之间。语法化过程中形式特征变化的这种跨语言差异，说明语法化过程中的形式变化（作者称为"形式语法化"）在程度和具体特征上都因语言而异，因此对语法化来说不是本质性的；语法化最本质的是功能变化。这一结论支持了 Heine 的"意义先行假说"。

5.3.4　Bisang & Malchukov（2020）的调查和量化研究

既然学界对语法化项形式变化和意义变化有不同看法，就说明有必要对语法化项的意义变化和形式变化进行更全面、更深入的调查。学者们目前对语法化项的形式变化和意义变化之间关系的讨论，在不同方面存在局限性。Lehmann 的"语法化参数相互关联"说以及 Heine 的"意义先行假说"的共同不足，是较为倚重理论推演，缺乏大规模语言比较的基础和量化研究的支撑。Bybee，Perkins & Pagliuca（1994）虽然是学界公认的较早以大规模语言比较为基础并引入量化手段的语法化著述，但其考察对象是否具有代表性存疑。如 Bybee 等人提到，其研究样本是语法素。作者所定义的语法素包括词缀、词干变化、重叠、助词、分词或复合结构式（如英语的 *be going to*）等，但实际上他们所集中考察的只是其中相对于动词有固定分布位置的几种，特别是时、体和情态这类通常以形态方式在动词上标记的范畴（Bybee，Perkins & Pagliuca 1994：2－3）。同时，"平行紧缩假说"没能给语法化项的形式特征和意义特征以更细化处理。形式和意义各自内部都具有多层次性，其相互关系恐不宜简单而笼统地以"对应"或"平行"来状述，实际情形可能更为复杂。"平行紧缩假说"的可靠性一直遭到学界的质疑，应该和以上原因有着密切关系。Bisang 的系列研究及 Narrog（2017）从类型学视角进行的观察很有价值，但同样缺乏跨语言类型的统计学意义上的证据的支撑。

Bisang & Malchukov（2020）在跨语言的大规模语料基础上，对不同类型语言语法化项的形式和意义变化进行了评估，从统计学视角对"平行紧缩假说"和"意义先行假说"进行了检验。这份研究总共调查了 29 个语言家族共 1003 个语法化路径，并对形式变化和意义变化进行了量化分析。作者以 Lehmann 的标杆参数为参照点，但对 Lehmann 的六个参数进行了调整（2020：89），得出一共八个参数，其中聚合度、组合度、聚合变异性以及组合变异性保持不变。Bisang & Malchukov（2020）对 Lehmann 的标杆参数所作的调整归纳如下：

- i. 鉴于组合势存在争议（见如 Tabor & Traugott 1998；Lehmann 2004；Diewald 2010；Norde 2012），取消这一参数。
- ii. 把势域分解为两个参数，"语音聚合势"（其衰减相当于语音紧缩）和"语义聚合势"（其衰减相当于意义紧缩或泛化）。
- iii. 增加了"去范畴化"这一 Lehmann 的参数体系中原本没有的参数。
- iv. 从聚合度里面分离出"变体"这一新参数来。

Bisang & Malchukov（2020）明确地把组合度归于形式特征，同时指出聚合度和意义及形式两方面都有关联；聚合变异性和组合变异性介于意义类和形式类之间。

Bisang & Malchukov（2020）关注的核心问题有两个，包括八个参数的共变程度，以及这些参数共变关系的跨语言差异性。作者的假设是，逻辑上这八个参数是互相独立的，都可以作为语法化过程中语法化项是否丧失自主性的证据；但它们并不存在共变关系——其中任何一个参数的变化，都不能预示其他特征的改变（2020：90）。通过对 1003 个语法化路径的逐一调查，Bisang & Malchukov（2020）得出了八个参数的变化率，由高到低排列如下：

聚合度	语义聚合势	组合变异性	去范畴化	聚合变异性
86%	84%	82%	61%	37%

组合度	语音紧缩	变体
24%	17%	9%

作者指出，因为语义聚合势是纯粹意义方面的参数，可以通过其变化率（84%）和其他参数的变化率的对比，来评估"平行紧缩假说"的预测力。结果显示：

- i. 和语义聚合势变化率最为接近的是聚合度（86%）与组合变

异性（82%）；
ii. 纯粹形式方面的组合度、语音紧缩和变体的变化率分别为24%、17%和9%，远低于语义聚合势、聚合度和组合变异性的变化率；
iii. 去范畴化和聚合变异性的变化率分别为61%和37%。

以上统计结果可以排列为如下层级（引自 Bisang & Malchukov 2020：42；"形式参数"和"意义参数"的类别名称为本书作者所添加）：

```
        意义参数                              形式参数
  ┌───────┴───────┐                    ┌───────┴───────┐
语义聚合势，聚合度，组合变异性 > 去范畴化 > 聚合变异性 > 组合度，语音紧缩，变体
```

Bisang & Malchukov（2020：42）指出，以上排序表示的是各参数介入语法化的相对频率高低，同时">"号也可能表示一种不确定的隐含关系，即层级低（即居">"号右边）的参数若介入语法化，层级高（即居">"号左边）的参数也必定介入这一变化过程。不意外的是，纯粹形式方面的参数变化率最低。用 Bisang & Malchukov（2020：41）的话来讲就是，和功能/意义相关的语义聚合势和聚合度是率先介入语法化过程的参数，而和形式相关的组合度及语音紧缩的变化则相对滞后。

至于各具体参数间的共变关系，Bisang & Malchukov（2020：45）的初步发现是：语义聚合势和组合变异性及聚合度之间有共变关系，和去范畴化之间也存在共变关系，但和其余四种参数共变的概率很低。这一结果和"意义先行假说"相吻合。长期以来学界默认的一个观点是，语义聚合势（即意义泛化）和语音聚合势（即语音紧缩）的关系对语法化过程中"形式—意义"共变关系的确立有着关键作用，而这份研究发现，在大多数个案中，这种共变关系并不存在。这一点从八个参数的变化率的差异可以清楚看到。如语义聚合势和语音聚合势（语音紧缩）之间的变化率相差67%，意味着在 Bisang 等人调查过的语法化个案中，最多只有33%出现了语法化项的意义和语音形式共变。这一结果和"意义先行假说"非常一致,但对"平行紧缩假说"来说就是一个严重挑战。

Bisang & Malchukov(2020:7)总结说,在"意义先行假说"和"平行紧缩假说"二者之间,调查结果总体上更支持前者。因其调查方法的细腻及调查范围的广泛,这份研究的结论有着较高的可靠性,可用来重新检视既有语法化理论,也势必为语法化研究的深化带来新的契机。

5.3.5 "形式和意义不同步"现象的其他证据

在语法化过程中,语法化项的意义变化先于形式变化,二者不必平行发生,这一现象不仅有着心理语言学和语言认知神经科学方面的依据,也有构式语法意义上的图式性构式演变的旁证。在语言历时演变过程中,意义变化始终居于驱动者和引领者的位置。这是因为,意义是语言能力的根本表征(如 Goldberg 1995;Pinker 1989;Ambridge et al. 2016 等),也就是占据支配地位。意义占据支配地位,并不意味着形式一方必须在意义变化时平行式地跟进,而是意味着意义特征变化可以独立于形式特征而发生。这对不同类型的语言单位(小到语素,大到句子)都是适用的。

拿句型(复合型图式性构式)来说,根据心理语言学和语言认知神经科学的研究成果,语义处理和句法处理分别与不同的脑皮层区域相关联(详见 Peng 2020 的介绍)。比如,Kim & Lee(2005:205)指出,一个句子(复合型实体性构式)中词与词之间的语义关系的确定是独立于该句子的句法分析的;语义处理独立于句法控制。换言之,语言理解过程中有着一个独立的语义组合层(见如 Zurif et al. 1990;Goodglass 1993;Dapretto & Bookheimer 1999;Baggio et al. 2009)。Kuperberg(2007)提出,正常的语言理解至少有两个相互竞争的处理流,一是基于语义记忆的机制,二是基于形态句法规则(但同样受到语义制约)的结合机制。这些成果都支持这样的观点,即图式性构式的形式特征和意义特征相互独立、具有可分离性。

正是以形式特征和意义特征相互独立、具有可分离性这一结论为重要理据,彭睿(2019)和 Peng(2020)提出了图式性构式的"扩展中的语义变异假设"(亦称"变异性扩展假设")。概括起来,就是图式性构式的边缘构例保持既有表层形式和句法关系,但产生新的语义诠释方式,从而发展出新的图式性构式。变异性扩展最典型的例子包括从汉语取得义双宾句(如"拿了小王一支笔")发展出损益句(如"修了王家三扇门")(详见彭睿 2020)以及由汉语隐现句(如"小李家里跑了一只鸽子")到状态变化句(如"办公室感冒了好几个人")的演变(详见 Peng 2020)。以汉语隐现句和状态变化句的关系为例,二者都可形式化为"NP_1+V+NP_2"(或"$L+V+NP$")。隐现句的语义诠释方式为"在地点NP_1,NP_2所指以行为 V 的方式或者作为行为 V 的结果而出现或者消隐"(见 Peng 2016),状态变化句不含隐现义,其基本意义是"NP_2卷入 V,从而给NP_1带来影响力或声誉等状态的变化"(见 Peng 2020),因此是独立于隐现句的图式性构式(彭睿 2019;Peng 2020)。根据 Peng(2020)的讨论,状态变化句的产生源自 13—14 世纪隐现句的变异性扩展,即在隐现句的"NP_1+V+NP_2"的形式上产生新的意义诠释方式的结果。

5.4 总结

"语法化参数的互联性""平行紧缩假说"以及"意义先行假说"的目的都是探索语法化项形式特征(包括语音形式和泛形式)变化和意义特征变化之间的互动关系,但其背后的理论观念不相同。三种模型之间的差异,反映了学界对语法化过程中形式变化和意义变化之间关系已有深刻的理解。形式和意义两类特征变化之间既不存在平行发生的关系也没有因果关联的事实,已经为跨语言的研究所证实,而两类特征变化关系因语序及其他类型学特征的不同而可能不同步的现象,也已经为学者们所清楚揭示。

学界对语法化项形式和意义两类特征变化之间互动关系的认识,也和其他语法化观念有着高度关联性。例如,"平行紧缩假说"以及"意义先行假说"的一部分理论假定和 Himmelmann

(2004)的语法化扩展观是有着内在联系的。如本书第一章所介绍的,Himmelmann(2004)的视角是语法化项所在环境,其独特之处是把语法化定义为语法化项所在的三层次环境的扩展,这三种环境包括同构项类型(即能与语法化项构成组合关系的成分类型)、句法环境以及语义－语用环境。语法化发生于特定环境,并且由基于这一环境的语用推理因素来驱动。因此,在一定程度上,语法化项的特征变化和语法化项所在环境的特征变化具有一致性。Himmelmann(2004)也涉及了形式和意义变化在语法化过程中孰为核心的问题。很清楚,三种环境中句法环境的扩展主要是形式特征变化,同构项扩展着眼于语法化项搭配对象范围扩大,虽然不完全排除意义因素,但应该以形式特征变化为主。语义－语用环境变化则清楚地属于意义特征变化。因此,Himmelmann(2004:33)一方面认为三个层次的扩展在语法化过程中同时发生,这和Bybee等人的看法是相容的,另一方面,又明确指出,语义－语用环境扩展是语法化的核心特征。同构项扩展和句法环境扩展两个层次之所以都是非核心特征,一个重要证据就是二者未必会发生,即缺乏普遍性。在这一点上,Himmelmann又和Heine等人的说法高度一致。

总结起来,语法化以意义/功能特征变化为核心以及先导,形式特征变化并非语法化的区别性特征。这一观念不仅获得了跨语言研究的支持,也得到了不同语法化理念的认同。图式性构式历时演变的变异性扩展现象的存在进一步证实,意义/功能变化才是语言历时演变的本质。

思考题

1. 语法化项的形式和意义之间存在共时像似性关系,很多语法化理论学习者都不怀疑这种现象的普遍性。请细致考察几个汉语语法化个案,看看是不是能发现例外。

2. 孤立语语法化项的语音紧缩方式有什么独特之处?

3. Lehmann的"形式－意义共变"理念和Bybee等人的"平行紧缩假

说"的共同点是什么?

4."意义先行假说"越来越受到学界的肯定,原因有哪些?这一假说的思想基础是什么?

5."语法化项的形式变化和意义变化未必同步"的结论,依据的主要是哪几方面?

第六章 语法化源概念和语法化路径

6.1 引言

　　语法化是一个外部条件和内部依据相互作用的语用推理过程。外部条件即具备语用推理条件的临界环境,内部依据则是语法化项自身的语义语用特征(彭睿 2011a)。语法化项是语法化源概念在具体语言中的实现。研究表明,跨语言地看既存在同一源概念演变为多种目标义的情形,也存在多种源概念发展成同一目标义的倾向。这说明,语法化源概念和目标义之间并不都是一一对应关系,相反,二者之间的演变受到一定规律的制约,存在多重可能性。语法化演变过程可以剥离出两个层次来,即"语法化斜坡"和"语法化路径"。这两个层次之间关系紧密,但属于观察语法化演变的不同方式。二者容易相混,许多语法化论著都未予清楚区分。[①] 语法化斜坡的观察视角是语法化起始点(输入端)的形态句法地位的变化,和 Kuryłowicz (1976[1965])、Heine, Claudi & Hünnemeyer (1991b)以及 Hopper & Traugott (2003)等对语法化类型的界定相吻合,既包括由词汇性单位到功能性单位的降级过程(主要语法化),也包括在功能性单位基础上产生新功能的过程(次级语法化)。以下是 Hopper & Traugott (2003:110－114)提到

---

① 语法化路径和语法化斜坡之间关系密切,但二者是否存在某种对应关系,是一个尚未进行系统研究的课题。这种对应关系存在与否,在很大程度上取决于语法化程度和用形态句法手段编码的概念之间有没有内在联系。

的两个典型语法化斜坡：

"名词—后缀"斜坡

关系名词 > 次级置词 > 主要置词 > 黏着性格后缀 > 溶合性格后缀

"动词—后缀"斜坡

动词 > 助动词 > 动词性附着成分 > 动词性后缀

语法化斜坡具有抽象性和一定程度的跨语言性，但通常无关具体语义语用域。语法化路径是语法化过程在语义语用方面的体现。就是说，语法化路径的观察视角是语法化过程中输入端和输出端的语义语用功能的变化。如当人们说将来时标记最常见的来源是"位移"和"意愿"时，观察的就是产生将来时标记的语法化路径，而非其语法化斜坡：

"位移"路径（如英语 be going to）

朝某个目标位移 > 意图 > 将来时

"意愿"路径（如英语 will）

意志力或者意愿 > 意图 > 将来时

需要注意的是，语法化路径和语法化斜坡之间是否存在某种对应规律，目前文献中尚无系统研究。语法化斜坡意味着语法化程度的提升，而按照 Hopper & Traugott（2003）的语法化定义，次级语法化是语法化项"继续产生新的语法功能"，而非如 Kuryłowicz（1976[1965]）所说"从低语法性到高语法性的提升过程"。因此，基于 Hopper & Traugott（2003）的理念，次级语法化的斜坡和路径之间是难以建立起简单的对应关系的。

本章拟重点讨论语法化源概念以及和语法化路径相关的特征和规律。

6.2 语法化源概念

Heine，Claudi & Hünnemeyer（1991a，b）、Bybee，Perkins &

Pagliuca(1994)和 Bybee(2003b)等都对语法化源概念问题进行过探讨。语法化源概念可以从两个角度来定位：一是其概念特征，二是其出现频次。语法化的源概念和目标义之间并不是简单的一一对应关系，既可能是一对多关系，也可能是多对一关系。

6.2.1 源概念的特征和频次

6.2.1.1 源概念的特征

语法化源概念的特征可以从两个方面来看，"通适性"和"泛性"。

通适性，如 Heine，Claudi & Hünnemeyer(1991a：152—153)所指出的，就是发生语法化的往往都是那些独立于具体文化、对人类经验具有普遍意义的概念；这些概念代表着人类与环境关系(特别是空间环境，包括人体部位)中具体而基本的方面。举个例子，表达空间位移的"来"和"去"两个概念往往出现在将来时结构式中，表达身体姿势的"坐""站"以及"躺"等概念则都出现在进行时结构式中。同时，作者还提到，两个物体之间的空间关系常常用某种人体部位与人体其余部分的相对位置关系来表达。结果是，指称头部的名词演变成"在……之上""上部"或"在"义介词，而指称背部的名词被用来表示"在……之后"，指称脸的名词用来表达"在……之前"，等等。Heine，Claudi & Hünnemeyer (1991a)以及 Svorou(1993)都证实，人体器官是表达关系的词语中最常见的词汇来源，而一些抽象概念，如意志、义务和对知识的拥有以及对权力的掌控等，也常常被语法化。特别地，学者们早就注意到了表达方位的词语和抽象语法概念之间的关系。最抽象的语法关系往往可以溯源到非常具体的概念，特别是涉及位移以及人体在空间中定向的身体或方位概念。例如，Haspelmath (1989)指出，英语中意为 *toward* 的关系词语先是变成 *to*，然后进一步演变为与格标记(*I gave the book to John*)；*to* 和动词一起可以表达目的，并且最终经泛化变成不定式标记。

泛性这一概念是由 Bybee(1985)提出的。语法化源概念的泛性，顾名思义，指的是意义上具体细节特征的缺乏。跨语言地存在这样一种倾向性，就是词项的意义泛性高低和成为语法化项的可能性大小之间有着正比例关系。*Be* 和 *have* 属于意义最宽泛的静态动词,而 *do* 属于意义最宽泛的动态动词,它们都易于发生语法化。Bybee(1985:14—16)指出,意义泛性是形成屈折范畴的重要因素。屈折范畴能够广泛地与词根结合,而且必须强制性地出现在一定句法环境里。所以一个词项越具备意义上的泛性,即越缺少具体意义,就越有可能演变为屈折范畴。Bybee, Perkins & Pagliuca(1994:4—9)指出,词项的具体意义限制了它们可能出现的环境。如英语的运动动词 *walk*('走')、*stroll*('闲逛')、*saunter*('闲逛')、*swim*('游泳')、*roll*('滚动')、*slide*('滑动')等的意义泛性都很低,因为它们表述的无一例外地都是具体的运动细节,所以只能与特定的主语搭配。相反,*go*('去')和 *come*('来')的泛性程度较高,可出现环境的范围也相应地较宽,如可以和不同类型的主语搭配。

Hopper & Traugott(2003:100—101)也提到,发生语法化的词汇项一般为基本词,通常具有意义泛性并且担负着普通的篇章功能。作者举例说,语法化为格标记或者标句词的动词一般都是词汇中的上位词,如 *say*('说')、*move*('移动')和 *go*('去')等;语法化为量词的一般是 *creature*('生物')、*plant*('植物')、*mammal*('哺乳动物')、*bush*('灌木')、*dog*('狗')以及 *rose*('玫瑰')等表达笼统概念的名词,而不会是 *spaniel*('猎')和 *hybrid tea*('杂交香茶')等指称下位概念的名词。显然,Hopper & Traugott(2003)的说法和 Bybee 等人的观点高度一致,和 Heine, Claudi & Hünnemeyer(1991a:152)的主张,即语法化源概念是人类经验中的基本方面,也是相通的。

通适性和泛性体现的是不同类型的量特征,前者是跨语言跨文化的共通性大小,而后者则是对事物认识的概括程度高低。二者处于不同维度,相互之间并没有必然联系,比如通适性高不必然意味着泛性高,反之亦然。

6.2.1.2　源概念的出现频次

Bisang & Malchukov(2020:12)对跨语言反复出现的语法化源概念进行了考察,其考察目标包括这些源概念出现的总次数和其所产生的不同目标义的数量及地域分布。作者梳理了不同语言里共 288 类 571 个语法化路径,涉及 30 个源概念。

Bisang & Malchukov(2020)的调查显示,在 30 个源概念中,频次最高的前五类是系词(55 次)、"去"(45 次)、指示代词(45 次)、"一"(41 次)、"来"(35 次)、"说"(35 次)和"做"(29 次),频次最低的五类源概念则分别是"孩子"(7 次)、"手"(7 次)、"女人"(6 次)、"居住/生活"(5 次)、"坐"(4 次)、"跌落,摔倒"(2 次)和"这里"(2 次)。作者指出,源概念在不同语法化路径出现的频次,大体上和其传义性是成反比的:传义性越高,频次就越低(2020:14)。如系词和指示代词已经高度去意义化了,二者不意外地出现在频次最高的源概念行列;而"跌落,摔倒"和"这里"因其意义十分具体,所以在作者调查的语法化源概念中位居频次最低行列。从这个意义上讲,传义性和泛性是密切相关的。

6.2.2 源概念和目标义的对应关系

跨语言地看,既存在同一源概念对应多种目标义的情形,也存在多种源概念对应同一目标义的现象。

6.2.2.1 多种目标义现象

观察语法化源概念的一个视角,是源概念可能的目标义(语法化成项的功能)种类的多少。高频次的源概念,通常能够参与多个语法化路径,从而演变成多种语法性单位。以下是 Bisang & Malchukov(2020)归纳的频次最高的几种源概念所能产生的目标义数量:

"一"(9 种)　"去"(8 种)　"说"(8 种)　指示代词(8 种)
系词(6 种)　"做"(5 种)　"来"(4 种)

Bisang & Malchukov(2020)统计的是跨语言的情形。在单个语言或语族里也可能出现同一源概念演变成多种目标义的情形。对单个语言来说,这种现象即多重语法化。多重语法化的形成,就是源概念在不同的临界环境里,经由不同的语用推理过程,最后形成了多种发展路径。举个例子,根据 Vanhove(2020:688)

的归纳，在库西提语族里，"说"可以语法化为10种目标义：

"说" >
引证
轻动词结构式
动词性屈折语素
关系动词标记
意图
意志
将来
目的从句标记
话语标记
受益标记

单一源概念的多种目标义现象，应该和源概念的传义性及意义泛性都有关。语法化项/源概念意义泛性越高，不仅能与之搭配的词项的范围越宽，其所能分布的语义语用环境就越广，可能碰到的语用推理条件类型也越多样，因此也就越有可能发生多重语法化。

6.2.2.2 同一目标义现象

另一个有意思的现象，是同一个目标义可能源自不同源概念、依循不同语法化路径发展而来。如根据 Kuteva et al.（2019）的统计，跨语言地看，被动范畴共有14种来源：

被动范畴来源：
反致使　状态改变　伴随格　名词化标记　第三人称复数代词
反身　"来"　　"吃"　"坠落，跌倒""得到"
"给予"　"去"　　"看见"　"遭受"

"原因"和"方所格"各有12种来源。

"原因"标记来源：
方所　　事物　　　　地方　　　目的　　　作格
"自从"　"背部，背面"　"跟随"　　"给予"　　"这里"
"说"　　时间

"方所"标记来源：

地方　　　系词（方所）　　边缘　　"边"　　"耳朵"
"手"　　　"家"　　　　　"房屋"　　"嘴唇"　　"肝"
"脖颈"　　"地方"

同一目标义来自不同源概念的现象在同一语言/语族里也有发现。如曹茜蕾（2007）指出，在汉语方言里，作为宾语标记的处置式标记有三个主要来源："拿"和"握"意义的动词、"给"和"帮"意义的动词、伴随格。

曹茜蕾（2007）把以上三类宾语标记的演变路径概括如下：
源概念类型："拿"和"握"义动词

> 客家话、闽语、粤语：动词 $jiāng$ "将"
> 吴语、湘语、赣语：NA"拿"，如上海话的 $nɔ^{53}$
> 赣语：laq^7 "搦[拿]"，以及 pa^3 "把"（借自北方话）
> 湘语：$tæ^{44}$ "担[带，拿]"（比如洞口话）

演变路径：拿/握 ＞ 工具格标记 ＞ 直接宾语标记
源概念类型："给"和"帮"义动词

> 北京话、西南官话、江淮官话和中原官话：$gěi$ "给"的同源词和同义词。
> 很多湖南湘方言、鄂东江淮官话和南昌赣方言里的 $bǎ$ "把[给]"。
> 湘方言里的 te^5 "得"，大埔客家话里的 tet "得"。
> 吴、徽州和湘方言里的 $bāng$ "帮"，如金华吴方言。
> 温州话（吴方言）里的 dei^{11} "代"。

演变路径：给/帮 ＞ 受益格标记 ＞ 直接宾语标记
源概念类型：伴随格标记

> 闽语：$kā\sim kāng$ "共"的同源词和同义词
> 客家话：$t'ung^{11}$ "同"和 lau^{11} "捞"
> 绍兴吴语：$tseʔ^{45}$ "则"
> 江苏省江淮官话（沭阳、淮阴）和湖北省西南官话（随县）

中的 $kən^{42}$ "跟"

湖南瓦乡话：$kɛ^{55}$

演变路径：

```
                    ↗受话人
动词＞伴随格标记＞间接格标记→受益者＞直接宾语标记
                    ↘夺格
```

6.2.3 小结

对于同一源概念的多种目标义现象，不论是跨语言意义上的，还是属于个别语言/语族内部的，都必须谨慎对待。这是因为，在有的情况下源概念和目标义之间是不是直接的输入端和输出端关系，不容易准确判断。例如，6.2.2.1节提到了Vanhove(2020)的归纳，即在库西提语族里，语法化源概念"说"的10种目标义里包括"将来"和"动词性屈折语素"。然而，按照Bisang & Malchukov(2020：19)的说法，一些目标义实际上可以看成同一语法化链的不同阶段，如库西提语族里的"将来"范畴的直接来源是"意志"而非"说"，而"动词性屈折语素"的直接来源是"轻动词结构式"，也不是"说"：

"说" ＞ 意志/将来 ＞ 将来

"说" ＞ 轻动词结构式 ＞ 动词性屈折语素

Bisang & Malchukov(2020)也承认，Vanhove(2020)所提到的其他目标义都是由"说"独立发展而来的。

同样，在目标义相同的演变路径中，对于具体源概念是否真为目标义直接源头的判定，也需要十分谨慎。特别是在同一语言/语族中，众多源概念对应同一目标义，对其准确性应予细加推敲。前面提到，曹茜蕾(2007)把汉语方言宾语标记的源概念归纳为三种，分别为"拿"和"握"意义动词、"给"和"帮"意义动词及伴随格。这三种源概念是不是分别都是宾语标记的直接来源，需要更为直接的证据。具体说，就是需要看三种源概念是否都能够和宾语标记之间建立起语用推理关系来(详见本章6.4.4节的讨论)。

6.3 语法化路径

6.3.1 语法化路径的观察角度

语法化路径可从三个角度来观察：

i. 跨语言性

跨语言性指的是语法化路径存在于一定语言范围内，不限于特定地域或语言类型。前面提到的将来时标记所由产生的"位移"和"意图"路径就具有跨语言性。例如，学者们的研究已经显示，存在"朝某个目标位移 > 意图 > 将来时"语法化路径的语言除了英语以外，还有法语、巴里语、祖鲁语、马尔吉语、泰梭语、泰米尔语和巴斯克语等（详见 Kuteva et al. 2019）。

ii. 独特性[①]

独特性指的是语法化路径只出现于个别语言或语族，如米安语中存在的"睡觉 > 过去时"这一语法化路径以及茨瓦纳语存在"建造 > 助动词（表达'持续做某事'）"这样的路径（Bisang & Malchukov 2020），而这两个路径在其他语言里难以见到。

iii. 地域性

除了跨语言性和独特性，语法化路径也可以从地域性角度来观察。例如，波罗的海地区的立陶宛语、拉脱维亚语、拉特加莱语、爱沙尼亚语以及利沃尼亚语等语言里广泛存在着由连接词演变为是非问句标记的语法化路径（Metslang，Habicht & Pajusalu 2017：501；也见 Kuteva et al. 2019：59），而这一语法化路径在其他地域语言里或属罕见。

"基于地域性的语法化路径"的提法合适与否有必要进一步思考，其成因和理论意义都需要深入探讨。单纯的地域性并不能对

[①] Bisang et al. (2020)把这种和跨语言性语法化路径相对立的类型称为"罕见"语法化路径。"罕见"和"独特"有所不同。前者指数量少，但未必有限定于特定语言范围的意思；而后者不仅含数量少之意，而且也指明相关语言范围的狭窄。一种语法化路径即使数量少，也仍可能存在于多个语言里，反之亦然。

语法化构成影响,因为语法化演变的动因(语用推理)和机制(重新分析和类推)都存在普遍性。地域性和语言类型学共性无必然关联,因此出现于特定地域的语法化路径可能不限于特定类型语言。例如,在南亚地区的一些语言中存在一个由"递送"义动词演变为致使标记的语法化路径;这一路径不仅在属于藏缅语的蒙森奥语和康巴语里存在,也在属于南亚语系的卡西语及纳尔语里有发现(Coupe 2018:203-210)。这种跨越语言类型的地域性语法化路径如果存在,应当是由普遍意义上的语法化动因(语用推理)推动,但由普遍性的语法化机制(重新分析和类推)以外的因素造成的。一种常见的因素是语言接触。例如,p^haʔ是卡西语的一个致使义前缀[如(1a)句中],同时也是该语言的一个"递送"义动词[如(1b)句中](例句转引自 Coupe 2018:205):

(1) a. *u-jɔn*   *u-p^haʔ-t^hya*ʔ   *ya-i-k^hıllʊŋ*
M-John   3M:SG-SEND-sleep   ACC-n-child
'John made the child sleep.'(Temsen & Koshy 2011:245)

b. *šа*   *ka*   *iyeng*   *ki-n*   *sa*   *p^ha*ʔ
ALL   F:SG   house   3PL-IRR   IRR   send
'To the house they will send.'(Nagaraja 1985:88)

然而 Coupe(2018:217)指出,有证据显示,p^haʔ 的语法化是由卡西语和蒙森奥语及康巴语接触而引起的,是语法复制的结果。

本章拟不从地域性角度来观察语法化路径,而是把重点放在对跨语言性语法化路径和独特语法化路径的介绍(起始点或语法化源概念),并讨论学界对这两种语法化路径产生原因的解释。

6.3.2 跨语言性语法化路径

一个常见现象是,不同语言有着一些相同或相近的语法化演变路径;甚至一些在来源、地理位置以及语言类型特征上都没有关联的语言,也可能共享某些语法化路径。这种跨语言性语法化路径的形成,可以归因于语法化项所在结构意义特征的相同或相似，以及语用推理的跨语言和跨文化类同性。

跨语言性语法化路径十分常见。所谓跨语言性，如前文所提到的，最关键的就是不拘于特定语言类型，如"朝某个目标位移 > 意图 > 将来时"和"意志力或者意愿 > 意图 > 将来时"这两个语法化路径都是典型例子。再如 Bybee（2003b）讨论的由指示代词到定冠词的语法化：拉丁语 *ille*、*illa*（'那'）变成法语中的定冠词 *le* 和 *la* 以及西班牙语的 *el* 和 *la*；而在瓦伊语（利比里亚和塞拉里昂的一种曼德语）中，指示代词 *mε*（'这'）演变为附缀性的定冠词，应当都不是巧合。

跨语言性语法化路径既可能是主要语法化，也可能是次级语法化。主要语法化的例子如 Bybee（2003b）提到的如下两种路径：

路径一：数词"一" > 不定冠词

根据 Bybee（2003b：148）的观察，很多欧洲语言里都发现了数词"一"语法化为不定冠词的演变，如英语 *a/an*、德语 *un/une*、西班牙语 *un/una* 以及现代希腊语 *ena*。Bybee 指出，这些不定冠词产生的时候，这几种语言都已经经历了分化而开始独立发展了，其说话人已不再频繁接触。而研究也证实，数词"一"在莫雷语（布基纳法索境内的一种古尔语言）、闪语系的希伯来语口语以及同属达罗毗荼语族的泰米尔语和堪纳达语里也用作不定冠词，应该都是语法化的结果。

路径二：完成义动词 > 完成体标记

文献中常被提及的另一个跨语言的语法化路径是完成义动词到完成体标记的演变。如班图语、科卡玛语及图卡诺语（均属安第斯－厄瓜多尔语）、科胡语（孟－高棉语族）、布里语（马拉约－波利尼西亚语族）、特姆语及恩吉尼语（均属尼日尔－刚果语族）、老挝语（侗台语族）、哈卡语及拉祜语（藏缅语族）、粤语以及吐克皮辛语里都有这样的演变路径。[①]

[①] 有意思的是，根据 Janzen（1995）的研究，甚至美国手势语的动词 *finish*（'完成'）也有同样的演变路径，显示手势语中的语法化和口语的语法化具有相同的方式（也见 Bybee 2003b：149），这进一步说明跨语言性语法化路径的影响范围之广。

跨语言性次级语法化路径的例子也很多。以下是 Kuteva et al.（2019）所归纳的路径中的四个。

路径一：系词 ＞ 进行体、延续体或持续体标记①

戈蒂语	kù 'be at'	系动词'在'＞进行体
蒂乌拉马语	na 'be at'	系动词'在'＞进行体标记
曼宁卡语	yé…lá	'是……在'＞进行体或者持续体标记
林加拉语	-zala	系动词'在'＞持续义助动词
缅甸语	nei	系动词'在'＞延续体/进行体标记
泰语	jùu	系动词'在'＞延续体/进行体标记
汉语	在	动词 ＞ 延续体/进行体标记

路径二：指示代词 ＞ 第三人称代词

朝鲜语	ce（那）	指示代词＞第三人称代词
拉丁语	ille（那）	拉丁语远指代词（阳性）＞il（他）法语第三人称代词（阳性）
埃及语	pw（这）	近指代词＞他/她/它/他们 第三人称代词
莱兹金语	a（那）	指示代词＞am（a＋通格） 第三人称单数代词(他/她/它)
土耳其语	o	指示代词＞第三人称通格代词
苏里南克里奥尔英语	da（＜英语 that＞dati）（那）	指示代词＞弱第三人称代词
汉语	伊	上古汉语指示代词＞中古汉语第三人称代词

除此以外，Kuteva et al.（2019）还提到，罗曼尼语回指性指示代词也演变成了第三人称代词；突厥语的西部裕固语中，第三

---

① Heine & Kuteva（2002：97）的归类是"系词，方所格 ＞ 持续体"，而 Kuteva et al.（2019：130）则修正为"系词，方所格 ＞ 进行体"。

人称代词 *gol*，*ol* 及 *a* 与对应的远指代词同源；北部挪威和芬兰的斯科特萨米语中，指示代词常出现在人称代词的位置，特别是在回指的情况下；早期东部澳大利亚皮钦英语偶有 *dat*（＜英语 'that'）用作第三人称代词的情形。

路径三：时间关系 ＞ 因果关系

上古汉语	由	表时间的介词＞表原因的连词
法语	拉丁语 *posteaquam*（之后；自从）＞法语 *puisque*（既然，表原因的主从连词）	
英语	*since*	时间介词；主从连词＞表原因的主从连词
巴斯克语	*gero*	副词；后置词（意为"之后；晚于"）＞原因标记
阿兰达语	*-iperre*	时间标记（意为"之后"）＞原因从句标记

路径四：反身标记 ＞ 被动标记

询语北部方言	/'é	反身助词＞被动标记
俄语	*-sja*（元音后作*-s'*）	反身后缀＞未完成体中表被动标记
丹麦语	*-s*	反身后缀＞被动标记
泰梭语	*-o/-a*	反身标记（单数及第一人称复数）＞被动标记
	-s/-as	反身标记（第二及第三人称复数）＞被动标记

此外，维吾尔语的后缀 *-n/-in/-un/-yn/-il/-ul/-yl* 和鞑靼语的后缀 *-n/-ən/-in* 或者 *-l/-əl/-il* 都兼有反身和被动两重标记功能，也应该是这一语法化路径的具体体现。

跨语言性语法化路径在主要语法化和次级语法化两种类型中都存在，更说明这不是一种偶然现象，其成因值得深入探究。

6.3.3 跨语言性语法化路径的成因

学界已经开始尝试解释跨语言性语法化路径的产生因由。学者们目前的看法是，不同类型语言之间存在相同或相近的语法化路径，既有语法化源概念跨语言类同性的原因，同时也和语法化机制密切相关。这些看法具有一定的解释力和预测力，但不可否认的是，都存在局限性。

6.3.3.1 源头决定性假说

Bybee，Perkins & Pagliuca（1994）以"源头决定性假说"来解释跨语言语法化路径存在的事实。"源头决定性假说"的核心内容是，语法化路径及其产生的语法意义，是由进入语法化演变过程的结构式①的实际意义来决定的。

Bybee，Perkins & Pagliuca（1994：10－11）虽然主张语法化项通常在意义上具有泛性，而且代表的是其所属语义域的基本特征，但也认识到单纯地以泛性程度标准来界定语法化源概念，恐有失全面，因为事实上，并非所有语法素的来源都在意义上具有高度泛性。如时、体和情态标记的来源，就可能是泛性较低的动词。作者举了先时体标记、将来时标记和义务标记的例子来说明这个问题。先时体的源概念有"完成""抛弃""经过"等。拿"完成"来说，其所指称的是一个事件的特定阶段，即结束状态；将来时标记可能来源于"要"或者"渴望"等意义，"渴望"义指称的是一种内在状态；义务标记来源于"恰当，合适"和"欠，亏欠"等意义，而"欠，亏欠"指称的则是一种社会状态。"去""在/存在"和"拥有"都属于泛性极高的概念义，而比较起来"完成""渴望"和"欠，亏欠"这些动词意义泛性程度都不算高。然而，按照作者的说法，因为"完成""渴望"和"欠，亏欠"这几个动词编码的都是人类经验的主要"定向点"，实际上它们在地位上和表示存在、领属、地点、态度或者空间位移这类泛性程度最高的动词是相当的。

---

① 这里的结构式可以理解为语法化项所在结构。

第六章　语法化源概念和语法化路径

Bybee，Perkins & Pagliuca(1994：10)的结论是，准确说，人类语言语法意义的基础，不是意义泛性，而是那些基本的以及不可或缺的概念的"基准面"；从意义上看，作为语法化源的结构式和其后产生的语法意义之间存在着一种可定义的关系，前者对后者有预示的作用。为清楚说明这一问题，作者引用了 Heine, Claudi & Hünnemeyer (1991a)的如下说法：正因为语法化源概念是人类经验中的基本方面，因此它们在很大程度上独立于任何具体文化，在不同语言和不同民族里被以同样的方式来审视。就是说，跨类型、跨地域而且相互之间没有关联的语言之所以能共享一些高度近似的语法化路径，一个关键原因应当是人类对语法化源概念的这种相同审视方式。

Heine, Claudi & Hünnemeyer (1991a, b)以及 Bybee, Perkins & Pagliuca(1994)对语法化源概念的探讨，对于揭示跨语言性语法化路径存在的原因是非常有益的。但必须清楚的是，语法化源概念相同以及这些源概念被以相同的方式审视的事实，并不是跨语言语法化路径存在的充要条件。这两个事实仅仅能说明不同语言的语法化路径可以拥有共同输入端，同时这些共同输入端有依循相同语法化路径演变的可能。这些语法化路径的输出端是否一致，还须视其他因素而定。

事实证明，相同语法化源概念(甚至同一语法化项)不出现于相同语法化路径的现象十分常见。这种现象主要有两种类型。

第一种类型发生于特定语言内部，即多重语法化及多重语法化链。前面提到，多重语法化指的是同一语法化项由不同语用推理条件驱动，经由不同语法化路径而产生不同的结果(参 Craig 1991；Heine 1992)。如埃维语的助动词 *le* (be at)既可以演变为多功能介词，也可以演变为动词体标记，这是完全不同的两种路径(Heine 1992：354—355)。再如，跨语言的研究表明，在很多语言中，第三人称代词和定冠词的形式相近甚至相同。语法化研究的成果揭示，第三人称代词和定冠词系远指代词由不同路径演变而来；其形式和意义上的相近性可以归因于它们有着共同源头(详见 Heine 1992：356—358)。汉语多重语法化的一个典型例子是情态助词"再说₁"(如"我们还有一点钱,花出去再说!")和连词"再说₂"(如"我恨他干什么?再说,他也不值得我恨。")的产生过程(Peng 2014;也见胡斌彬、俞理明 2010;张金圈、刘清平 2011)。

第二种类型涉及不同语言,更具体地包括两种次类,都十分常见。首先,一些符合"普遍存在于各个语言里,代表人类认知的基本而且不可或缺的概念的基准面"这一条件的概念,在某些语言里是语法化源概念,但在其他语言里并未能成为语法化源概念。举个例子,就目前的研究发现而言,"吃"只是在少数语言里成为语法化源概念,如汉语、朝鲜语和同属南亚语系蒙达语族的卡利亚语和朱昂语等都有"吃"演变为被动标记或被动后缀的现象(见 Kuteva et al. 2019 的归纳)。

汉语　　　吃(动词)＞吃(被动标记)
朝鲜语　　*mek*-('吃')＞-*mek*-(被动派生性后缀)
卡利亚语　*jom*('吃')＞-*jom*(被动后缀)
朱昂语　　*jim*('吃')＞-*jim*(或 *dʒim*)(被动后缀)

而在一些印欧语如英语和德语中均无类似语法化个案的存在。

其次,相同或相似的语法化源概念在不同语言里沿着完全不同的语法化路径而演变。例如,根据 Kuteva et al.(2019)的归纳,跨语言地看"男子;男性"这一源概念可以有五种语法化路径:

路径一:变成量词,包括壮语、基利维拉语、泰语和阿卡特克语。如:

壮语　　*pou*⁴('男子')＞*pou*⁴(量词)
泰语　　*khon*('男子;人')＞*khon*(用于人的量词)

路径二:变成叹词,包括英语、德语、莫雷语、斯瓦希里语、伊卡语等。如:

德语　　*Mann*('男子')＞*Mann*!(德语口语句首叹词)
伊卡语　*nɔtó*('男子,丈夫')＞*nɔtɔ*=*ni*('These men!')
　　　　(表吃惊的叹词)

路径三：变成不定代词，包括拉丁语（到法语）、古意大利语、冰岛语和古德语等。如：

冰岛语　　maður（'男子，人'）＞maður（'某人'）
古德语　　Mann（'男子'）＞man（只用于主语的不定代词）

路径四：变成阳性标记（特别是形容词性修饰语或派生性词缀），包括汉语获嘉方言、询语和埃维语等。如：

获嘉方言　nan⁴（'男子'）＞nan⁴（雄性动物标记）
埃维语　　ŋútsu（'男子'）＞ŋútsu（阳性，低能产性的派生性后缀）
　　　　　atsú（'丈夫'）＞atsú（阳性，派生性后缀，多用于动物及植物名）

路径五：变成第三人称代词，包括阿尼语、伦杜语和赞德语。如：

阿尼语　　khó(e)-mà（'男子'）＞khó(e)-mà，khó m̀（'他'，第三人称阳性单数代词）
伦杜语　　ke（'男子'）＞ke（第三人称单数代词）
　　　　　ndrú 或 kpà（'人'）＞ndru 或 kpa（第三人称复数代词）

除了路径二和路径三同时涉及德语，其他路径则均为其所出现的语言所独有。

综合以上两种类型，相同概念在不同语言里未必都能成为语法化源概念，而这些概念即使成了语法化源概念，其语法化路径在不同语言里也可能不一样。由此可见，语法化路径相同与否，语法化源概念并不是关键条件，应当同时受制于其他重要因素。既然语法化是由语用推理驱动的，相同的语法化源概念，如不经历相同或相似的语用推理过程，也不太可能产生相同或相似的结果，也就是会形成不同语法化路径。因此，造成语言内部及跨语言存在的源概念相同而语法化路径不同的重要原因之一，正是语用推理条件的差异。对于这一点 Heine，Claudi & Hünnemeyer（1991a，b）和 Bybee，Perkins & Pagliuca（1994）都没有特别予以强调。

6.3.3.2 语法化单向性

语法化单向性似乎也对跨语言性共同语法化路径的形成有一定推动。Bybee，Perkins & Pagliuca（1994：12）指出，语法化单向性涉及的是语义变化的顺序和可追溯性。比如用 Traugott & Trousdale（2013：12）的话来说，实义性的语言材料具有指称能力，而语法性（或称程序性）的语言材料具有抽象意义，表征的是语言关系、角度以及指示性定向关系。从这个意义上讲，语法化单向性，就是变化的方向是从实义性朝向程序性的变化，或者说是实义性渐弱而程序性渐强的过程。这一方向通常不会逆反（详见本书第八章的讨论）。因此，由于语法化单向性的存在，特定语法化项通常不会走向程序性渐弱、实义性渐强的方向。单向性是语法化的强势倾向（即虽然存在反例，但这些反例在统计学意义上对单向性假说无实质影响）。但是，必须清楚的是，语法化单向性限定的是语法化项形态句法上的变化，也即制约的是语法化斜坡的方向性，并不涉及特定语法化项语义语用特征的具体演变方向和方式，因而似乎对解释跨语言性语法化路径的形成并没有直接帮助。

Bybee，Perkins & Pagliuca（1994：9－12）指出，从意义上看，作为语法化源的结构式对其后产生的语法意义有着预示作用，而语法化单向性假说则预测了语法化项形态句法上的变化方向。那么，"源头决定性假说"辅以"语法化单向性假说"，是不是如作者所说可以解释语法化路径为什么可以跨语言地相同或相近呢？这两种假说的结合要对跨语言性语法化路径的存在具有充分解释力，其前提是语法化项的语义语用特征变化方向（语法化路径）和形态句法地位变化方向（语法化斜坡）具有平行性，或者密切相关，而这一前提的合理性本身尚有待证实。

6.3.3.3 语法化机制的一致性

之所以能够出现跨语言地相同或相似的语法化路径，除了需要考虑源概念和语法化单向性等因素以外,也需要考虑不同语言的共同语法化机制问题。Bybee（2010：200－201）指出,语法化演变背后的机制对所有语言来说都是一致的;因此,如果这些机制被置于跨文化相同的话语需求和交际环境中,其结果必然是相近演变路径的出现。Bybee 所说的机制除了前文提到的意义泛化以外,还包括语用推理和习惯化。

语法化由语用推理驱动,而语用推理具有跨语言和跨文化的近似性。跨语言地出现相同或相似的语法化路径,其背后的决定性因素之一恰好就是共同的语用推理过程。根据 Bybee（2010）的说法,不同语言即使其背后的文化迥异,相近的情势也往往能导致相近的语用推理。作者提到的一个例子是由空间或时间关系到"具有逻辑性"的语法关系的推理。以下将介绍两种涉及时间关系的推理,包括由表时间关系到表原因的推理,以及由时间范畴到条件关系的推理。

由表时间关系到表原因的推理很常见。如 Traugott & König（1991）讨论了英语 since 的个案。例(2a)的时间义演变为例(2c)的原因义,中间经过了(2b)这样的例子。

(2) a. *I think you'll all be surprised to know that since we saw Barbara last, she made an amazing trip to China.* （COCA 1990）
b. *After 50 years of sleepwalking, he hasn't walked once since he started taking the drug.* （COCA 1990）
c. *Since the hunters all have CB radios, they can warn each other before he even gets close.* （COCA 1990）

(2a)句里 since 的功能是单纯地表达时间关系,以"我们"上次看见 Barbara 这个人为时间参照点。在(2c)句里,猎人们"拥有无线对讲机"(have CB radios)和彼此能够"相互警醒"(*warn each other*)这两种状态之间并无明显的时间先后关系;说话人意欲凸显的,应当是二者之间的因果关系。因此,since 已经发展出了表原因的功能。(2b)句有着意义上的歧解性,是表原因的 since 赖以产生的临界环境，具备了从时间义到原因义的语用推理的条件——"他"自从"服药"(*taking the drug*)之后便没有再"走动"(*walk*)过，"服药"和"没有再走动"之间有着时间先后关系；因为"服药"对"他"的"梦游症"(*sleepwalking*)有着治愈疗效，所以"服药"和"没有再走动"之间又可以被推理为因果关系。

英语 *since* 已经由单纯表示时间意义发展到了表达原因，而相似的演变路径在印欧语其他语言里也很普遍。根据 Traugott & König(1991：195－197)的讨论，如古高地德语、拉丁语、芬兰语、爱沙尼亚和罗马尼亚语等(也见 Kuteva et al. 2019：425)。这种演变路径在印欧语以外也十分常见。Kuteva et al. (2019：403)提到，巴斯克语的 *gero* 是副词和介词，意为"在……之后"('after')和"稍晚"('later')[如(3a)]，但在工具性/副词性的 *-z* 之后则可以表原因[如(3b)]：

(3) a. *Ikusi ta gero, etxera joan naiz.*
   Ikusi   ta   gero   etxe-   ra   joan
   See[PFV]   and   after   house-   ALL   go[PFV]
   n-   -aiz.
   1：SG：ABS-   AUX
   'After I saw it, I went home.'

b. *Ikusi dudanez gero, badakit nolakoa den.*
   Ikusi   d-u-da-n-(e)z
   see[PFV]   PRES-AUX-1：SG：ERG-SUB-INSTR
   gero,   ba-d-aki-t
   after   EMPTY-PRES-KNOW-1：SG：ERG
   nolako-a   d-e-n.
   what：kind：of-DET   PRES-AUX-SUB
   'Since I've seen it, I know what it's like.'

Kuteva et al. (2019：403)还引用了 Wilkins (1989：206，210)提及的个案，即澳大利亚土著语言阿兰达语(Aranda)的 *-iperre* ('after')由时间标记[如(4a)]演变为原因小句标记[如(4b)]：

(4) a. *nwerne   lhe-ke … dinner-iperre*
    'after dinner, we went … '
   b. *Ngkwerne ultake-lhe-ke re arne-nge tnye-ke-l-ipeer*
    'Her leg was broken from her falling out of a tree.'
    (i. e. because she fell out of a tree)

Gero、*iperre* 等个案背后的语用推理条件和过程应该和 *since* 是一致的，都是由时间先后推理出因果关系来。从类型学上看，巴斯克语独立于印欧语及任何其他语言，其使用者是在西班牙境内的巴斯克人；阿兰达语则是澳大利亚土著语言。这说明，由表时间关系到表原因的语用推理具有跨文化性和跨语言性。

由时间范畴到条件关系的推理也具有跨语言性。条件关系连接词有不同来源。Hopper & Traugott(2003：186)指出，这种连接词的一个来源是表时段或者在时段和时点之间有歧义的时间词，如汉语里就存在由时间范畴到条件/假设范畴的例子。江蓝生(2003)提到，汉语假设助词"时"[如(5b)]的来源是时间名词"时"[如(5a)]，其出现不晚于初盛唐(两句均转引自江文)：

(5) a. 吾富有钱时，妇儿看我好。　　　　　　（王梵志诗）
   b. 你若肯时肯，不肯时罢手，休把人空迤逗。
　　　　　　　　　　　　　　（元 止轩小令《醉扶归》）

彭睿(2011b)指出，汉语由时间名词"时"到假设助词"时"的语法化，其临界环境可形式化为"VP_1 时 VP_2"，其中临界性特征有二：(i)"时"出现于第一个动词短语 VP_1 之后，表示动作或事态是没有实现的（江蓝生 2003）；(ii) VP_1 和 VP_2 之间原本是时间关系(前者是后者的背景时间)，但同时又可以理解为条件关系(前者是后者发生的条件)。"时"由时间名词演变为假设助词的临界环境实例以如下例子为代表：

(6) 以谷贱时增其贾而籴，以利农，谷贵时减贾而粜。
　　　　　　　　　　　　　　　　　　（《汉书·食货志》）

拿"谷贵时减贾而粜"句来说，对"减贾而粜"这一行为的施行，说话人一方面没有预设一个季节或时日意义上的时间点，另一方面也没有明确这一行为是过去还是未来事件。《食货志》作者说的显然是一般性道理。所以当作者说"谷贵"是"减贾而粜"的时机的时候，他实际上表述的是"减贾而粜"的施行以"谷贵"为合适条件。既然说话人说的是一般道理，"谷贵"就很自然地可理解为一种假设条件。

类似汉语"时"这种演变路径在其他语言里也有发现。如赫梯语的 *man*（'当时，如果，可能的'）、他加禄语的(*Ka*)*pag*(*ka*)和 *kung*（'如果，那么，当时'）以及印尼语的 *jika*（'如果，当时'），都经历了由时间范畴到条件/假设范畴演变。Kuteva et al.（2019：426－427）归纳了若干类似现象。如古意大利语的 *sempre que* 由时间连接词（意为"每当，无论何时"）演变为条件关系标记（Mauri & Sansò 2014）。在一些米斯泰克语族语言中，名词 *nú*（'脸部'）先是演变为时间关系标记（"当时，每当"，如在约松杜阿语中），之后进一步语法化为条件从句标记（如在迪尤西－蒂兰通戈语中）。以上语言中的这些时间范畴的词项，必然都能够出现在时间义背景化而条件/假设义前景化的环境中，并因此而产生了表条件/假设功能的解读方式，也就是经历了和汉语"时"相同或相似的语用推理过程。

Bybee 关于语用推理"相同"或者"相近"的提法比较笼统。准确说，语用推理的相同或相近，指的应该并不是不同个案的临界性特征及相互关系之间的平行性，而是以这些临界性特征为基础的推理过程在原理上的类同。

前面提及的个案，如赫梯语的 *man*、他加禄语的(*Ka*)*pag*(*ka*)和 *kung* 以及印尼语的 *jika* 由时间范畴语法化为条件/假设功能，和汉语"时"一样，其背后都是由"标记时间"到"标记影响事情发生或状态出现"之间的推理，涉及时间义的背景化和条件/假设义的前景化。但是，不同个案之间具体的语用推理条件及临界性特征则有一定差异。这里的"条件"，既包括语用推理所凭借的通用性原则和规律等，也包括逻辑推理机制（如逆向推理）和 Grice（1975）所说的会话隐含，以及具体的"临界环境－语法化项"关系模式(详见彭睿 2008；彭睿 2020：66—85)。通用性原则和规律及逻辑推理机制不仅具有泛时性，而且是跨文化性和跨语言性的。会话隐含也可以具有跨文化和跨语言的一致性。如 Hopper & Traugott(2003：79—80)提到了如下例子：

(7) *The earthquake hit at 8 a.m. A four-car crash occurred.*

两个分句之间没有连接词，但它们所述事件相继发生的事实则很容易被认同。按照百科知识或常识，时间上的先后就有可能被解读为原因和后果关系。这种推理通常不会受语言及文化背景差异的干扰。以上由时间范畴到条件/假设范畴的演变个案背后也是一种跨文化和跨语言的会话隐含：依照百科知识，如果事件/状态 B 发生/出现于事件/状态 A 的进展过程中，且 A 和 B 有关联性或潜在关联性，而 A 在时间上早于或不晚于 B，则前者有可能是后者的致因。

语用推理的类同不等于"临界环境－语法化项"关系模式具有一致性。回顾一下，本书第二章介绍了彭睿(2008)提出的"临界环境－语法化项"关系两种基本模式：

模式 I： 框架关系为诱因
　　　语法化项频繁编码某恒定框架关系，逐渐演变成该
　　　框架关系的语法标示手段。
模式 II：非语法化项为诱因
　　　非语法化项引起非恒定框架关系的歧解，同时诱发
　　　语法化项的歧解。

模式 I 的特点是恒定框架关系直接诱发语法化项的演变，模式 II 的特点则是非语法化项的语义和形态句法特征诱发非恒定框架关系的歧解，同时引发语法化项的演变。跨语言地看，还存在一种"非基本模式"，其特点是语法化项歧解由框架关系和非语法化项共同诱发产生，兼有两种基本模式的部分临界性参项特征。

从临界环境和语法化项之间关系模式来看，既然是由时间范畴到条件/假设范畴的语法化，框架关系就不具备恒定性，从而

排除了模式 I 的可能。同时，语法化项既可以是条件假设关系的临时编码项，也可能是其专门标记，和模式 II 的临界性特征不符。所以，由时间范畴到条件/假设范畴的语法化，其临界环境和语法化项之间最有可能的是非典型模式中的一种。这可以从汉语"时"的例子清楚看到。"时"的临界环境实例"谷贵时减贾而粜"的语法化临界性特征概括如下：

i. 框架关系无恒定性（"时"语法化前为时间关系，语法化后为条件关系）；

ii."时"可歧解为条件关系的临时编码项（字面上仍表时间）和专门语法标记；

iii."时"的歧解性受非语法化项影响（"谷贵"和"减贾而粜"之间的在时间及事理上的关联性）；

iv."时"的歧解性受其所在框架影响，即必须附着于第一个事件/状态；

v. 框架关系对非语法化项的依赖性不明确。

这种临界性特征应当归入"临界环境－语法化项"关系的非基本模式。驱动赫梯语 *man*、他加禄语（*Ka*）*pag*（*ka*）和 *kung*、印尼语 *jika* 和汉语"时"演变为条件/假设标记的语用推理在原理上可能具有一致性，但类似于以上五点的临界性特征却未必都能在 *man*、（*Ka*）*pag*（*ka*）和 *kung* 以及 *jika* 的临界环境里找到。

需要注意的是，"语用推理类同"作用是有限的。相同的语法化源概念再加上原理上相同或相近的语用推理，是不是就能保证语法化路径的一致呢？答案是否定的。Bybee（2010：206）指出，尽管语用推理的实际内容相近，但因为推理过程在性质和推进过程上的不同，语法化路径在不同语言里还是会呈现出差异性。这种差异性是由语言类型特征的不同造成的。正如 Bybee, Perkins & Pagliuca（1994）所说的，语法化实现的程度跨语言地存在差别。孤立语通常不仅语法化成项在形式上更长、动词的溶合程度更低（即总体上语音缩减程度更低），而且语法范畴的意义更具体，所以代表的是语法化路径的较早阶段。举个例子，如 Dahl（1985）、Bybee & Dahl（1989）和 Bybee, Perkins & Pagliuca

(1994)等发现，缺乏屈折变化（即词缀化和强制性出现的范畴）的语言，往往也缺乏完整体/未完整体以及现在时/过去时的区分。孤立语更容易产生代表过去时和完整体产生路径中较早阶段的完成体，以及代表现在时或未完整体产生路径较早阶段的进行体。总之，并不存在完全相同的两条语法化路径，但相近的语法化路径在世界范围的语言中则屡见不鲜。用Bybee（2010：201）的话来讲，语法化路径的类同，正如同沙丘和海波之间的近似性——创造沙丘或者海波的动力一样，而这些力量的互动造成的浮现结构相近但不相同。

6.3.4 小结

总结起来，跨语言性语法化路径的出现，在很大程度上是由相同语法化源概念和类同语用推理造成的，但这二者也不是跨语言性语法化路径形成的充要条件。"语法化单向性假说"和"源头决定性假说"的结合能够充分解释跨语言性语法化路径的形成的说法，依目前的证据尚无法予以肯定。根据前文的讨论，影响不同语言共有语法化路径的因素，还包括这些语言对语法化源概念的选择——符合语法化源概念条件的概念在特定语言里未必能实现为语法化项，其中原因是很复杂的。即使符合语法化源概念条件的概念在不同语言里都能实现为语法化项，这些语法化项也未必能遭遇类同的语用推理。因此，不同语言的语法化路径有差异的现象也十分常见，其中一种情况就是独特语法化路径的存在。

6.4 独特语法化路径

除了跨语言性语法化路径以外，不同语言中也存在特异的语法化路径，称为"独特语法化路径"。"独特语法化路径"的提法容易让人联想到个别语言的语法化特色问题。彭睿（2020：193）指出，"语法化特色"包括两个层面，一是个别语言因其类型学特征的影响而呈现出来的语法化问题上的特别之处，二是特定语法范畴或者语法化项类型在语法化过程中所展现出来的个性化特征。

这两个层面都可能和语法化路径发生关联。关于汉语语法化的特色问题，彭睿(2020：193-194)的断言是：

> "……这些汉语语法化特色并不真正和普遍规律原则相矛盾。相反，这些特色都是因汉语类型学特征而产生的，是汉语语法化现象与普遍性规律相联结、运用普遍性机制过程中的辅助性手段。"

这一说法可以推广及任何个别语言的语法化特色问题。而按照 Bisang & Malchukov(2020)的说法，个别语言或语族的语法化如果存在特色性的东西，最有可能的体现方式不是语法化动因和机制，而是语法化路径的独特性。这一说法和彭睿(2020)的以上观点是高度一致的。

6.4.1 独特语法化路径的特征

语法化的独特性和跨语言性是相对的。独特语法化路径的最主要特征，就是从输入端到输出端的意义转移异于常见模式，而且一般来讲只见于特定语言(包括其全部或部分方言)。通常这种语法化路径的源头不符合6.3.3节所提到的人类语言"基本的、不可或缺的概念的基准面"的标准。一个典型例子是曹茜蕾(2007)提到的汉语方言里由伴随格标记到宾语标记的语法化路径。前文提到，曹文讨论了汉语方言宾语标记的三种产生路径，包括：

i. 来源于"拿"和"握"义动词
ii. 来源于"给"和"帮"义动词
iii. 来源于伴随格标记

作者指出，路径(i)具有一定程度的跨语言性，在东南亚语言(苗语、越南语、泰语和高棉语)里都有发现。路径(ii)和(iii)都罕见。特别是路径(iii)，应当为汉语方言所特有——至少依据作者的调查，类似个案在任何其他语言里都没有发现。具体说，在汉语方言里，宾语标记来源于伴随格语义场的有闽方言("共")、部分客家话("㧯""同")和吴语("则""搭")，少数江淮官话和西南官话，以及湖南瓦乡话("跟")。Bisang & Malchukov(2020)讨论了数量更多的"罕见"语法化路径，列举如下：

印地语	触摸＞与格，将来时
印地语	耳朵＞地点＞与格＞作格，工具格
莱兹金语	看见＞实证标记
茶堡语	地点(约略位置)＞复数标记
茶堡语	东方＞我向标记
米安语	睡觉＞过去时
苏拉维西语	水果＞量词
通古斯语	病＞不能，恐怕＞不能，不会；懒＞不会
依若科恩语	到这里＞将来时；到那里＞过去时
荷喀语	远指人称代词＞专有名词标记
皮马巴约语	姿势动词＞静态标记(助词)＞名物化标记
茨瓦纳语	建造＞助动词('持续做某事')
埃玛伊语	处下风＞犯错误＞疏忽地
埃玛伊语	举手＞做好准备＞故意地

这些语法化路径的一个共同特点是仅存在于个别语言里。

6.4.2 独特语法化路径的类型

关于独特语法化路径，Bisang & Malchukov(2020)提到了两种典型类型：

i. 常见的语法功能(即语法化输出端)，在个别语言里沿着独特的语法化路径发展而来；

ii. 不常见(即很少以语法性方式来编码)的语法功能，在个别语言/语族里沿着独特的语法化路径发展而来。

前一种类型可命名为"输入端罕见型"，而后一种类型则可称作"输出端罕见型"。实际上还存在着第三种类型，姑且称为"输入端和输出端均常见型"。顾名思义，这种类型输入端和输出端都常见，但输入端和输出端之间的源流关联罕见，也即由源概念到目标义的发展并非常见情形。

6.4.2.1 输入端罕见型语法化路径

输入端罕见型语法化路径的一个典型例子是前面提到的米安语"睡觉＞过去时"和茨瓦纳语"建造＞助动词('持续做某事')"。"睡觉"和"建造"被视为罕见语法化源概念，应该是因为跨语言地看以它们为语法化源概念的个案不常见，如 Kuteva et al. (2019) 里就没有二者成为语法化输入端的语法化路径的资料记录。输入端罕见，并不意味着其输出端罕见；相反，输入端罕见型语法化路径的输出端可能是常见类型的语法素，如"过去时"和表持续的"助动词"都是。

输入端罕见型语法化路径之所以不常见，问题出在其语用推理过程的理据上。拿"睡觉＞过去时"的例子来说，要直接以"睡觉"这一概念与"过去时"进行比较，按照一般规律，恐难以发现容易解释的意义关联来，也就是不容易在二者之间找出较为直观的语用推理条件。相反，从意义上讲，诸如"完成""得到""通过"和"昨天"之类的源概念和"过去"这一概念的关联（如转喻关系）都较为清晰；假以合适的环境，它们都不难找到推理为完成体标记的临界性特征来。这也解释了为什么这几个源概念中的每一个都可以在若干无关联的语言里语法化为完成体标记。

6.4.2.2 输出端罕见型语法化路径

输出端罕见型语法化路径的典型例子包括茶堡语的"东方＞我向标记"和荷喀语"远指人称代词＞专有名词标记"，跨语言地看二者输出端的功能都较少以形态句法的方式来编码。在很多语言里，动词之间的区隔并不从说话人的视角来进行，而专有名词通常也没有专门的语法标记，但是在茶堡语和荷喀语里却分别由"东方"这一概念和远指人称代词发展出了专门标记专有名词的功能单位，形成了罕见的语法化路径。

和输入端罕见型语法化路径一样，输出端罕见型语法化路径的背后也通常是不易发生的语用推理。如"东方"尽管是一个方位概念，如何能够发展出从说话人视角来标记动词的功能来，从一般规律看，其中的语义语用关联并不是太容易窥见。可以肯定的是，这种语用推理必定和茶堡语母语者的特殊生活环境、认识世界的特别方式等有关，最终以在交际中形成的临界环境为依托而产生。

6.4.2.3 输入端和输出端均常见的独特语法化路径

输入端和输出端均常见的独特语法化路径，顾名思义，就是输入端是常见语法化源概念，输出端为常以语法性手段编码的语法功能，但由前者到后者的关联却不常见。这种情形在 Bisang & Malchukov(2020)中未获专门讨论。

两个常见的概念之间未必存在某种关联，因此也不容易建立起历时发展关系来。举个例子，根据 Kuteva et al.(2019)的归纳，"方所"是最常见的语法化源概念，总共可以成为 16 种语法化路径的输入端(根据作者统计最常见的输入端)，如"方所＞原因""方所＞工具""方所＞进行体"和"方所＞存在"等。而"被动"的源概念最多，总共可以成为 14 种语法化路径的输出端(最常见输出端)，如"伴随格""吃""倒(下)""得到""反身词"等。然而，根据迄今为止的跨语言研究成果，"地点＞被动"这样的语法化路径并没有被发现，至少是不太常见。

一个真实存在的例子是嘉绒语"方所(约略位置)＞复数标记"的路径。尽管"方所"本身是一个普遍存在的语法化源概念，而复数标记也是一个常见的以形态句法方式来编码的语法功能，但这样的演变路径却并没有在其他语言里出现。依据 Kuteva et al.(2019)的考察，复数标记最常见的五种源概念分别为"所有""儿童(复数形式)""人""第三人称代词复数"和"三"。这些源概念的共同点是要么含复数意义，要么和复数意义相容，因此能以不同方式与"复数"这一语法功能挂上钩。这种在意义上和复数相关或相容的事实，使得这些概念可以跨语言地成为复数标记的语法化来源。然而，"方所"和"复数标记"之间似乎不能轻易地建立起语义语用关联来，至少无法通过普遍适用的百科知识、事理因由及逻辑思维获得这样的联结。

6.4.3　独特语法化路径的成因

目前学界对于独特语法化路径成因的研究尚不太充分，体现为相关规律及研究方法总结上的欠缺。之所以在个别语言里出现独特语法化路径，人们最容易想到的一个原因是类型学特征。然而，类型学特征决定的是"具有特定类型语言特色"的语法化路径，并不能解释为何个别语言里存在异乎寻常（如在相同类型语言中也不常见）的语法化路径。比如说，持握义动词"把"在汉语里发展成处置标记，但在其他孤立语里未必会出现类似的语法化路径，就说明从持握义动词到处置标记的演变路径不是由孤立语特征决定的。

既然语法化是由语用推理驱动的，那么要弄清独特语法化路径的关键成因，就无法撇开语用推理的因素。本章6.3.3节指出，语法化由语用推理驱动，而语用推理也具有跨语言、跨文化的相近性；跨语言地出现相同或相似的语法化路径，其背后的一个重要推手正是语用推理。独特语法化路径最根本的特征是语用推理过程的特异性，"输入端罕见"或者"输出端罕见"都只是语用推理过程特异性的具体表现形式。不同文化、语言在普遍适用的百科知识、事理因由及逻辑思维以外，各自都存在一些认知上特异的地方，体现为说话人以一定语言环境为依托，由不常见的概念（即特定功能单位的非常见来源）推理出常见的功能单位，或者由常见的概念（以罕见的方式）推理出特异性的功能单位来。因此，要准确理解这些特异的语用推理过程，很关键的一点是对相关语言母语者的独特生活环境和认知方式进行深入了解。举个例子，要知道米安语"睡觉＞过去时"以及茶堡语"方所（约略位置）＞复数标记"这类语法化路径背后具体是什么样的语用推理方式，最可靠的方式是从米安语母语者（巴布亚新几内亚的土著）的独特生活环境及认知方式（如"睡觉"和"完成""过去"等之间存在某种关系），以及以嘉绒语茶堡方言为母语的藏族人如何看待"地点"和事物的可数性及单复数之间关系入手，并结合相应的临界环境，来还原其过程。

6.4.4 独特语法化路径的误判

既然是"独特"语法化路径,它们在数量上应当远远低于跨语言性语法化路径,否则具有普遍意义的语法化理论(特别是和语法化源概念有关的规律)的存在价值就值得怀疑。因此,对独特语法化路径的认定应该十分谨慎。

举个例子,吴福祥(2005)讨论了三种具有类型学特征的汉语语法化模式,包括关系名词的语法化模式、伴随介词的语法化模式和语法词/附着词的语法化模式。以关系名词的语法化模式为例,跨语言地看,领属结构中的关系名词一般有两种语法化路径:小句语序为SVO,通常演变路径为"关系名词＞前置词";而小句语序为SOV,则演变路径多为"关系名词＞后置词"。吴文发现,汉语是SVO语言,但其关系名词的语法化路径却是"关系名词＞后置词"。这种情形容易被简单地归入独特语法化路径。对此,吴文的解释是,汉语虽然小句语序为SVO,但其领属结构语序为"领属语＋关系名词",这恰恰不同于一般的SVO语言而与SOV语言相同。这种情形并非汉语独有,比如埃维语也和汉语一样。吴文指出,"人类语言的语法化模式或路径的类型变异与共性特征也并非完全对立";汉语语法演变模式的三个类型特征,"在一定程度上与跨语言的语法化共性仍是相通的"。从这个意义上讲,汉语的"关系名词＞后置词"的演变并不属于严格意义上的独特语法化路径。

一些语法化路径之所以看上去独特,和研究者的观察角度和判定方法有很大关系,其中很重要的一点是研究者看待语法化过程的粗细层级。如 Bisang & Malchukov(2020)提到,有的语法化路径之所以不常见,是因为跨语言的调查不够充分;而有的个案实际上应当归于词汇化而非语法化,也有一些个案涉及对多重语法化演变方向的判断。作者认为,这几种情形都和研究者的判定方式(误判)有关。作者指出,如下三个因素可能左右研究者对语法化路径独特性或普遍性的判断:

i. 语义颗粒度

ii. 个性化语用推理（出现于特色性文化中）

iii. 非加和性（核心误配）

(i)和(ii)都和看待语法化过程的方式有关，其中(i)涉及语法化项意义的粗细层级，(ii)则主要涉及语法化过程的粗细层级。

对于一个语法化路径，既可能粗颗粒度地去看，也可能细颗粒度地来解读；相应地，这一路径看上去既可能较普遍，也可能较罕见。如果较抽象地看待这些语法化路径，就可能把看似罕见的路径归入常见的路径里。Bisang & Malchukov（2020）举例说，依若科恩语里存在着"*hither*（'到这里'）＞将来时"的语法化路径，如果着眼于具体词义，这一路径是较为罕见的；但如果从更宽泛的视角看，"*hither*（'到这里'）＞将来时"路径实际上可以算作跨语言常见的"空间＞时间"路径的一个具体个案。

如果源概念的意义十分具体，语法化过程就会发生在具体环境条件下，而且由高度个性化的语用推理来推动。如 Bisang & Malchukov（2020）引用了 Epps（2008）的一个例子，即哈普语从"木头"到将来时的独特演变路径。根据 Epps（2008）的研究，这一路径实际上应该更为细化，即包括不同中间阶段：

木头＞工具格名词化标记＞因果/目的名词化标记＞不定式/动名词＞将来时

这是一个复合语法化链，其中包含了四个典型语法化过程（相关概念见彭睿 2020：120－121），姑且称为"复合语法化路径"。Epps（2008）指出，这一路径的第一步"木头＞工具格名词化标记"可能和频率有关，因为"木头"在哈普人文化里是最常见材料，频繁地被用作名词性复合词的核心——正是在这样的情形下，"木头"演变成指称方式和工具的名词化标记，然后发生进一步的语法化。在这一语法化复合路径中，将来时标记的直接来源不是"木头"而是"不定式/动名词"。作者归纳说，这类所谓罕见语法化路径，其实其特异之处往往只表现在起始阶段，而在后期阶段，这些语法化路径有可能与其他常见的语法化路径合流。因此，真正的独特语法化路径应该限定于那些典型语法化过程。换言之，复合语法化路径如果具有独特性，应该是指各环节在关联方式及先后顺序方面具有一定的特异性，而不一定体现在相邻环节之间关联的特异性上。

根据 Bisang & Malchukov(2020)的说法，"核心误配"多见于复合结构式的语法化。当语法化项为复合结构式时，其中词汇性较强的部分往往会被当作核心来看待，整个演变路径的起始阶段就以这一核心为代表。正因为如此，英语"*going to* ＞ *gonna*"这一语法化路径可以表示为"*go* ＞ 将来时"，即用其中的动词(而非不定式标记 *to*)来代表语法化项。语法化项的核心往往是目标义的意义来源。但是，Bisang & Malchukov(2020)也指出，不是所有语法化个案都是如此，如涅涅茨语的第三人称代词 *pi.da* 来源于傀儡名词 *pi*〔在名词 *puxəd*('身体')基础上产生〕和第三人称领属性一致性标记 -*da* 的结合。明显地，提供主要语义内容的是作为词缀的 *da*，而不是具有词汇性质的词根(也即作为核心的) *pi*。在一些牵涉系词的语法化过程中，因为系词自身极少提供语义信息，目标义的主要贡献者是其所在句法环境。如伊朗语的语法化路径"系词＞义务"似乎不常见，但如果考虑到主要语义来源并非系词本身，而是其句法分布环境"for me X is to do"(意为'对我而言，X 就等于做……')，就不难理解了。

6.4.5 独特语法化路径的鉴别方法

Bisang & Malchukov(2020)把独特语法化路径的三种误判归因于研究者的判定方法和观察视角上的问题，但没有正面提及鉴别独特语法化路径的方式为何。

和跨语言性语法化路径一样，独特语法化路径也应当遵循语法化的一般规律，如发生于特定环境、受语用推理的驱动等；而独特语法化路径的认定，同样需要历时证据的支持。因此，要确定具体语法化路径的独特性究竟是源于研究者的误判，还是可归因于母语者具有特异性的逻辑思维和语用推理方式，最根本的还是要从语法化临界环境入手，检视源概念是否能够出现在具备语用推理出目标义的条件的临界环境中。彭睿（2020：144）指出，临界环境因在语法化过程中不可或缺，可以被视为一个语法化演变是否发生的关键判断依据。进一步的推论是，临界环境存在与否，也可以用来评判特定语法化路径不常见这一事实是否系由研究者判断方式引起。就是说，既然独特语法化路径的形成原因和语用推理特异方式密不可分，独特语法化路径的判定也仍然需要从语用推理角度来检视。再拿哈普语从"木头"到"将来时"的复合语法化路径来说，"木头"和"因果/目的名词化标记""不定式/动名词"以及"将来时标记"之间都没有直接关联，也就是难以发现语法化临界性特征，因此语法化路径是无法成立的。然而因为哈普文化的特殊性，"木头"和"工具"之间有着十分自然的关联，语法化临界性特征也不难找到。

作为语法化驱动力的语用推理应该置于语法化连续环境中来观察。不论是常见语法化路径还是独特语法化路径，作为其判定依据的语用推理条件，如桥梁环境模型（Heine 2002）或临界环境模型（Diewald 2002）所论断的，都存在于桥梁环境或临界环境中。彭睿（2020：146－147）指出：

> 探讨历时形态句法变化，最可靠、最有效的做法，当然是从历时语料中找出线索，然后还原历时演变过程。然而，历史语言学研究常常要面对历时语料不充足的困惑，并非所有语法化个案的临界环境实例都能在这些不充足的历时语料中得到完好保存……在这种情况下，我们必须利用相对较晚的历时语料（暂且称为"后现语料"，包括当代的共时语料）来重构这种变化。这一做法，对那些缺乏书面历史文献的语言来说，几乎就是唯一的手段。

因此，要证实本章 6.4.2 节提及的三类独特语法化路径的具体例证，如无历时语料证据的支撑，就应当尽量以后现语料（如当代语料）来佐证；而不论是历时证据还是后现证据，都必须和相关语言母语者的独特生活环境和认知方式相结合。一个现实是，一些学者认定的语法化个案往往不仅缺乏历时语料证据，即使在当代共时语料里也难以找到语法化临界环境。针对这一情况，彭睿（2020：148）认为：

> 一个假设的语法化演变个案，如果既不能在语法化成项出现之前的历时语料中找到其临界环境实例，又不能在后现语料中发现相关的语用推理条件，虽然不能断然否定其存在的可能性，但肯定应该降低这一演变发生的概率。

这一说法对独特语法化路径来说也是适用的。如无历时语料和后现语料两重证据的支持，主观认定（如凭借词源关系甚至单独依据词形相同或相近来判断）的语法化路径的可信度就应当打折扣。这对独特语法化路径来说显得格外重要。跨语言性语法化路径既然在一定数量毫无关联的语言里出现，其可靠性就已经得到了证实；检验独特语法化路径是否真实存在的唯一途径，就是看历时语料和/或后现语料中的语用推理条件的有无。

独特语法化路径的语用推理方式既然具有特异性，其桥梁环境或临界环境所含藏的语用推理条件及其相互之间的互动方式也应该是异于常态的。因此，要界定这些语用推理条件及其互动方式，非常关键的一点，如本章6.4.2节所强调的，就是要对独特语法化路径所属具体语言母语者的独特生活环境和认知方式有深入的了解。

6.5 总结

语法化过程的输入端是某种源概念。一般来说，语法化源概念具有通适性和泛性，二者属于不同维度。通适性就是跨文化性，和个性特色相对；泛性是指源概念意义上缺乏具体细节特征。源概念和语法化目标义之间不是简单的一一对应关系，而是既存在单一源概念对应多种目标义现象，也存在多种源概念对应同一目标义的现象。语法化路径既可能为不同地域和不同类型语言所共有，也可能是个别语言（或包括其方言）所特有的。跨语言性语法化路径的存在，主要是因为语法化源概念是人类经验中的基本方面，在很大程度上独立于任何文化，另一方面也和语用推理的相似性有关。独特语法化路径主要是由具有特异性的语用推理推动产生的。对具体独特性语法化路径的判定需要考虑多种因素，如相关语言母语者独特的生活环境、逻辑思维和语用推理方式。一些误判情形是由研究者的观察视角引起的。和语法化临界环境相关的语用推理条件，是判定独特语法化路径真伪的可靠依据。

思考题

1. 语法化源概念一直是学者们所关注的课题。从这些学者的讨论中，可以归纳出语法化源概念的哪些特征？

2. 关于跨语言性语法化路径的成因，学者们尝试过从不同角度来解释。这些解释方案似乎都有不足之处，具体表现在哪些方面？

3. 相同的语法化源概念加上相同或相近的语用推理，并不能保证语法化路径的一致。这一情形应该如何解释？

4. "独特语法化路径"的关键，是从输入端到输出端的意义转移模式异于寻常。这些异常的模式有哪几种？

5. 具体语法化个案是否属于"独特语法化路径"，判断起来很容易出现偏误。有没有一种鉴别"独特语法化路径"的有效方法？运用这种方法可能碰到什么样的困难？

第七章 频率和语法化

7.1 引言

  频率和语法化的关系一直是学界的一个热门话题。频率分两种,"文本频率"和"类型频率"。文本频率指的是语素、词或语串在一定文本范围中出现的次数。举个例子,当我们说汉语人称代词"我们"在一定文本范围里出现次数高于"你们",结构助词"的"比"得"更常见,指的都是文本频率的差异。类型频率牵涉特定的语言格式或复合形式,指的是可以出现某一格式和形式的词或者语素等的数量。比如,在现代汉语里,能够进入"～们"这一复数形式的代词非常有限,因此可以说"～们"这一形式的类型频率很低。再如英语过去式形式,能够加上 -ed 变成过去式的动词数量庞大,而需要改变元音而变成过去式(如 drive 变成 drove)的动词数量很少,指的都是类型频率的高低(见如 Bybee & Thompson 2000；Hopper & Traugott 2003：127)。

  和语法化关系比较密切的是文本频率。有学者主张高文本频率具有引发语法化演变的作用(如 Haiman 1994；Bybee 2002,2003a,2006,2010),文本频率和语法化的相互关联在频率理论文献里被广泛认知(如 Traugott & Heine 1991；Krug 1998；Bybee & Scheibman 1999；Bybee 2003a,2006；Haspelmath 2004)。Haspelmath(2004：18)把这种相互关联称为"语法化的频率条件"——一个潜在的语法化项相对于竞争对手的文本频率越高,就越有可能发生语法化。Bybee 等人把文本频率看成语法化的一个关键机制。如 Bybee(2003a：602－603)指出,高频率"不仅是语法化的后果，也是这一过程的一个主要参与者，是引发语法化过程中各种变化的作用力"，甚至把语法化定义为"高频使用的词串或者语素串发生自动化，变成一个单一处理单元的过程"。到目前为止，文本频率和语法化之间到底是何种关系，学界并没有形成一个普遍接受的说法。关于这一课题，仍有很多问题还没有获得令人满意的回答，如文本频率推动语法化的原理和限制条件是什么，以及如何解释高文本频率未必能引起语法化变化，而一些低文本频率的语言单位或材料也能发生语法化这类现象等等。Heine & Kuteva（2005：45）指出，频率和语法化之间存在某种形式的关联，但文本频率、环境扩展以及功能变化三者的互动到底是如何进行的，属于何种性质，答案仍然很不清楚。这种情形正是目前学界对"频率－语法化"关系研究的现状。

学者们对"频率－语法化"关系的讨论，从方法上看，大致可以分为两类。一种方法是在统计文本频率时不区分语法化项的分布环境和发展阶段，姑且称为"笼统频率观"；另一种方法是关注语法化项在不同环境或发展阶段中的文本频率和语法化过程的关系，可称为"差异频率观"。笼统频率观影响巨大，目前仍是学界的主流声音，以 Bybee 及其同事的学说为代表。差异频率观对笼统频率观的不足进行了反思，力图探索文本频率推动语法化的根本原因。从差异频率观角度研究"频率－语法化"关系的主要有彭睿（2011b）、Peng（2012）和 Petré（2015）等。不同的理念使得两种观念对文本频率和语法化之间互动规律的认识大相径庭。差异频率观只是一个概括性标签，不同学者的具体方法和立场有着明显差异。

7.2 文本频率效应

撇开语法化这一概念，高文本频率到底能给语言单位带来什么样的影响呢？Bybee & Thompson（2000）总结了文本频率引起的两种后果："紧缩效应"和"保守效应"。Bybee（2003a，2006）对两种效应进行了微调，提出了文本频率的第三种效应——"自主性"效应。本节以下内容是对这几份研究相关讨论的综述。

7.2.1 紧缩效应

按照 Bybee & Thompson (2000) 的说法，紧缩效应体现在语音、句法和语义三个维度上。作者举了几个英语助动词的例子。比如，因为高频率使用，(be) *supposed to* 这一短语在语音上紧缩为 [spostə]，并且相应地丧失了表被动的句法地位，意义上也经历了虚化，最终成为一个助动词。Bybee (2003a) 更具体地提到了两种语音变化形式："语音缩减"和"语音溶合"。以下是对这份研究相关内容的概括。

先看语音缩减。高频词的变化速度通常比低频词更快。如研究表明，英语里元音的缩减及删除 (Fidelholtz 1975；Hopper 1976)、美国英语中的塞音弱化和德语科隆方言的元音变化 (Johnson 1983)，都是由高频率引起的。Pagliuca & Mowrey (1987) 认为，如果把发音看成一组交叠的动作，那么所有的语音变化都可以归因于"实体缩减"，即发音动作幅度的减略，或者归因于"时量缩减"，即发音动作的时长上的缩短。实体缩减和时量缩减的共同后果是个别发音动作的缩短，或者相连的发音动作之间重合部分的增加。对于高文本频率如何导致语音缩减，Bybee (2003a：616) 讨论了如下两点：

i. 按照 Fowler & Housum (1987) 的说法，在同一话语中，相同单词的第二次出现会明显比第一次使用时发音短促，因为先前出现过的单词更容易被说话人存取。所以一个词或短语在相同话语中经常重复出现的话，就比那些低频率的词或短语更容易被缩短。

ii. 根据 D'Introno & Sosa (1986) 所说的"熟悉效应"，语音之所以快速地缩减或者变化，主要是因为是在随意或熟悉的社交情景中使用。两位作者指出，因为语音变化多发生于随意的话语中，那些较频繁地使用的词语自然更容易发生变化。

Bybee 也提到了其他因素。如随着意义的泛化，语法化项在意义信息上的贡献减少，语法化项所在的结构式在语调及韵律上的重音也随之减弱，同样对语法化项音段特征有一定影响。

7.2.2 保守效应

保守效应指的是这样的情形，即一个语串的形态句法结构会因其高频率使用而变得更加固化，进而具备抗拒演变的能力。Bybee & Thompson（2000）举例说，因为文本频率低，英语的 *weep/wept*，*creep/crept* 和 *leap/leapt* 中的过去时形式有规范化为 *-ed* 形式的趋势，即分别变成 *weep/weeped*，*creep/creeped* 和 *leap/leaped*；相反，*keep/kept* 和 *sleep/slept* 因为高频率使用，所以没有迹象表明其过去时形式会被规范化。

7.2.3 自主性效应

语音溶合和自主性效应也有关。除了元音和辅音的缩减，高文本频率还常常引起原本分离的词或语素的语音溶合。按照 Bybee & Thompson（2000）的说法，这是高文本频率引起的紧缩效应在句法和语义两个维度上的体现，即高频率语串丧失内部结构和意义上的理据性，称为"自动化"[①]现象。因为自动化，高频率的词或者语素组合会被储存起来，作为一个组块来进行处理。

Bybee（2006，2010）把自动化从紧缩效应里独立了出来，称为自主性效应。[②] 自主性效应指的是这样的情形：由多个语素构

[①] Bybee & Thompson（2000）的"自动化"的原词为 automation，而 Haiman（1994）的"自动化"用的是 automatization。二者在意义和内涵上应该是高度一致的。

[②] Bybee 的"自主性效应"理念可以追溯到 Haiman（1994）所讨论的"重复"所引起的一系列后果。Haiman（1994）指出，重复可以引起三种后果："释放""习惯化"和"自动化"。释放指的是行为/动作原本的工具性功能，让位于从该行为/动作所赖以发生的环境所推导出来的功能；而这种推导出来的功能往往更具象征意义。所谓惯常性，按照 Haiman（1994）的说法，是由重复产生的一种和心理有关的后果。经常重复进行的仪式，往往会变得不再有新异感，进而发生形式上的缩减，也可能会伴随意义的失落，此即"仪式化"。从心理学角度看，仪式化就是习惯化，指的是人们因心理刺激的持续出现而导致反应上懈怠的现象。重复也可能导致一个语串发生自动化，使之变成一个单一处理组块，其中语串内原本分离的单位失去其各自的意义。Haiman（1994）举了这样一个例子：要硬记一串无关联的数字或字母是有难度的，但当生成这串数字或字母的理据被熟知时，记忆的难度就降低了。作者指出，这就是自动化——重复使得构成行为/动作的单个动作的示意作用被弱化，从而造成行为/动作形式上的缩减；先前分离的示意动作被重新组织成一个自动化的单元。

成的词、短语或词串，在高频率的作用下丧失其内部结构，并和与其在词源上相关联的形式脱节，也即变得具有自主性。Bybee & Scheibman（1999）讨论的一个典型例子是英语自然口语中的 *don't*。作者指出，*don't* 遭缩减既不是语音调节的结果，也不是句法调节的结果，而是因为它是一个因高频使用而自动化了的组块。

自主效应和保守效应是相关联的。例如，Bybee（2006）指出，有派生词缀的词语如果高频使用，它与基式的关联在透明度上就会降低。因此，高文本频率对派生词语的意义有决定性影响。派生词语如果比其基式的文本频率高，在意义上就更容易变得模糊，并且产生基式中不存在的额外意义或细微差异。原因很简单，高频词更容易产生强力表征，无需借助相关联的词语来理解。同样的过程从发生语法化的短语身上也能看到。发生语法化的短语如果高频使用，会逐渐丧失其语义和句法上的透明性，与其内部语素以及这些语素在其他构式里的用例脱钩。Bybee 举的例子是，*be going to* 如果高频使用，它和单个的语素 *be*，*go* 和 *to* 的关联就会越来越弱，同时也和其他 *be going to* 用例产生显著差异。其结果是，说话人不再能够意识到 *be going to* 的词源是什么。这种脱钩在语音、语义和形态句法三个层次上都有所体现。

Bybee（2006）提到，以上三种效应对频率的要求是不一样的：保守效应适用于高频率语言单位，而自主性效应似乎只适用于超高频率的语串；紧缩效应情况稍不同，语串的频率越高，相应地其紧缩程度也越高。

7.3 笼统频率观

高文本频率会引起保守、紧缩和自主性增加三种效应，这一点已经获得了跨语言研究的证实。那么高文本频率是不是对语法化有推动作用呢？如果有，具体方式又是怎样的呢？这两个话题一直是学界讨论的焦点。学者们广泛认同的语法化机制是类推和重新分析，而在 Bybee 的学说中，被视为语法化的机制的却是导致语言单位出现高文本频率的重复使用。高文本频率与类推和重新分析二者有何异同呢？Traugott（2011）指出，重新分析和类推是从听话人视角来说的，而重复（文本频率）则是从说话人在线生成的角度来看的。重新分析和类推在语法化过程扮演何种角色，学界已经有了较为充分的讨论。要了解重复或高文本频率和语法化有无关联，关键是弄清楚它们对语法化项新功能的产生是不是有推动作用；如果有推动作用，也要了解推动方式具体为何。

7.3.1 高频率在语法化中的作用

Bybee（2010：109）指出，语法化即新语法素的创造过程，体现为组块化、语音紧缩、自主性增加、泛化至新环境（通过类推）、习惯化和语用推理等的累积效应；而这些具体方面的运作都离不开重复，其背后的驱动力是使用频率的增加。

按照 Bybee（2003a：604）的讨论，高文本频率在语法化过程中扮演着如下几种角色：

i. 高频率使用导致语义力度因为习惯化而变弱。
ii. 发生语法化的结构式因为高频率使用而出现紧缩和溶合两种语音变化。
iii. 频率越高，结构式的自主性也越高，意味着结构式的组成成分与它们的其他用例之间关联的遭弱化或被丢失。
iv. 结构式意义透明度（即理据性）丧失，也使得短语得以在新环境中产生新的语用联结，从而出现意义变化。
v. 高频短语因为具有自主性而稳固性增强，也因为这一缘故而使得其某些形态句法特征免遭遗弃。

其中（iii）和（iv）两点十分关键。本章 7.2.3 节提到，多语素构成的词或短语的文本频率如果升高，一个后果是该词或短语因自主性得到提升而越来越独立于其组成成分以及相同结构的其他用例。如 Bybee（2003a）提到了美国英语口语的 *I don't know* 的例子。*I don't know* 可以缩减为[aɪɾənə]或[aɪənə]。这一短语有三种用法，(i)可以以其字面意思来回答问题，(ii)在会话中缓和某种论断，及(iii)礼貌地表达不同意或拒绝之意。在第三种用法中，

I don't know 失去了和构成它的单词的关联,变成了一个单一处理单元。随着自主性的增加,*I don't know* 就可以从它所高频率出现的环境里获得新的功能/意义。高文本频率正是以这样的方式使多语素构成的词或短语产生自主性,并且使其内部结构日趋模糊化,因此有了和新意义结合的可能性。

7.3.2 语法功能/意义的产生机制

Bybee(2003a)所归纳的高文本频率五种后果,只是说明了这样一个事实,即结构式因高文本频率而具备了被赋予新语用功能、获取新意义的条件或者可能性。那么新功能/意义到底是如何产生的,其来源又是什么呢?Moder(2007)和 Bybee(2010)都讨论了语法意义产生的三种机制:

i. 语义虚化或泛化
ii. 推理作用下的语用增强
iii. 从语言及语言外环境的意义吸收

以下将重点介绍 Bybee(2010)对(i)和(ii)两种机制的讨论。

Bybee(2010)指出,在交际过程中,说话人通常会对结构式用法加以扩展,以便表达新思想、新主意。当一个结构式的适用范围逐渐扩展到新词汇项、分布范围逐渐扩展到新环境时,就可以说泛化已经发生了。环境扩展过程往往伴随着结构式原来的一些具体意义的丢失。例如,英语情态动词 *can* 来源于古英语动词 *cunnan*。*Cunnan* 的意义是"知道",而当它的搭配对象是指称某种技能的动词时,*cunnan* 的意义就变成了"知道怎样(做)",也就是心智能力。到了中古英语,*cunnan* 的意义扩展到了心智和身体能力。在此基础上,*cunnan/can* 发展出了根源可能性,即一般意义的使成条件,存在于施事以外,包括身体和社会条件。这是一个典型的意义泛化过程。结构式意义泛化的结果是它能够适应的环境越来越宽,相应地其文本频率也会变得更高。泛化是通过类推机制实现的。

结构式的新功能/新意义是从环境中推导出来的,而促使新意义和结构式发生联结的是语用推理。在言语交际中，要清楚表达说话人意欲传递的意义是一件十分复杂的事，因此语用推理在言语交际中往往很常见，听话人通过环境来推理和解读说话人表达的意思，最终会导致意义变化。这一过程即 Traugott（1988）和 Traugott & Dasher（2002）所说的语用增强，指的是环境所提供的推理和意义最终变成语法素或者结构式意义的一部分的现象，也就是推理义的语义化过程。

Bybee（2010：143—144）举了英语让步义复合介词 *in spite of* 的例子来诠释语用增强的内涵。名词 *spite* 意为"蔑视，轻蔑"，*in spite of* 的最早意思是"违抗"。15 世纪时，*in spite of* 的宾语多为意指"敌人"或"被反叛的威权"的名词性成分，如：

(1) *The Erle þen, with his pepill, drove ouer þe havon of Gravenyng thaire pray of bestes, att lowe water, in spite of al þe Flemmynges, and brought hem with al thaire prisoners to Caleis, and lost neuer a man; thonket be God!* （The Brut，1400—82）
'Then the Earl, with his people, drove over their herd of animals, the inlet at Gravening at low water, in spite of the Flemish, and brought them with all their prisoners to Calais, and never lost a man; thanks be to God!'

到了 16—19 世纪，*in spite of* 的宾语已经可以泛指某种需要克服的力量或者障碍；*spite* 也不再是原来的名词意义：

(2) *The benefits of innoculation have established the practice in spight of all opposition.*
（Gentl. Mag., 1762. XXXII. 217/2）

在此基础上，说话人通过语用推理使得 *in spite of* 产生了意义变化。尽管有阻力或障碍，仍能达成某种情势，就可能存在这样一种推理，即这种情势是说话人不曾预料到的。(3a)句是 *in spite of* 语法化临界环境的实例，可以有"反向力量"和"反预期"两种解读方式。就是说，这一句子虽是反向力量或者障碍义的例子，但含有这样的暗示，即主句所述事件因为那些艰困条件而不被看好。(3b)则只有反预期解读方式。

(3) a. *In spite of the rough conditions, travel advisories and the war on terrorism, scores of older Americans are uprooting their lives to help needy nations improve their living conditions.* （*Time Magazine* 2003）

b. *Yet in spite of music's remarkable influence on the human psyche, scientists have spent little time attempting to understand why it possesses such potency.* （*Time Magazine* 2000）

归纳起来，语用推理使 *in spite of* 产生让步义的主要理据就是：在障碍面前出现了某种情势，而因为这些障碍的存在，说话人并未期盼这种情势能最终达成。

从一定环境推理出来的功能/意义都是可以被取消的（Hopper & Traugott 2003：78—81）；这种功能/意义最终变成语法性语素或者结构式意义的一部分，是相同推理过程重复发生的后果。就是说，作为语法化项的语法素必须以一定的频率出现在具有相同推理条件环境中，才有可能使推理义最终和语法性语素相结合。正如 Bybee (2010：173) 所说的，和意义泛化一样，语用推理导致了更抽象意义的产生。拿 *in spite of* 来说，它表达了让步关系，这一意义可能让它的使用频率增加，原因是和障碍义相比较，它可能适用于更多的环境。Bybee (2010：107) 指出，文本频率的增加对语法化有推动作用，而语法化反过来也会促进文本频率的增加；这种"自给效应"正是语法化背后的动能。

7.4 对笼统频率观的审视

数十年来，笼统频率观已经发展出了比较系统的理论方法，为深化对文本频率和语法化之间关系的认识作出了极大贡献。

Bybee 等人的基本理念学界是认同的，但其部分核心观点的合理性却不断遭到学者们的质疑。

7.4.1 笼统频率观未及深入讨论的课题

目前笼统频率观的理论阐述已经获得了一些跨语言证据的支持。然而，在一些重要问题上，笼统频率观要么没有给出答案，要么其解决方案无法令人满意。关于"频率－语法化"关系，尚待深入挖掘的关键课题包括如下两个：

课题一：如何解释低文本频率语言单位的语法化？

Bybee 等人没有正面回答这一问题。跨语言地存在两种现象，一方面高文本频率未必引发语法化，而另一方面低文本频率的语言单位却未必不能发生语法化演变（详见本章 7.4.2 节的介绍）。正因为如此，Heine & Kuteva（2007）认为频率推动语法化的观点缺乏有说服力的证据，因为发生语法化演变的词项的文本频率可能不是最高的。彭睿（2020：169－170）指出：

> 语法化的驱动力是语用推理，语法化具有连续阶段性，如果这两方面的作用被低估甚至边缘化，频率理论就无法准确揭示"频率－语法化"关系。很清楚，并不是频率影响语法化的说法完全站不住脚，而是能直接影响语法化的频率是高度受限的——这才是问题的关键。

课题二：文本频率和语法化之间关系的本质是什么？

既然高文本频率并不保证语法化的发生，而低文本频率也未必能对语法化施以影响，那就说明笼统频率观在文本频率和语法化关系的本质这一问题上尚有进一步探讨的空间。笼统频率观的关键缺失是对文本频率、语用推理和语法化渐变性三方面如何互动并没有进行合理解释。

关于第一个问题，Hoffmann（2004）和 Brems（2007）的解释方案值得注意。Hoffmann（2004）讨论了低文本频率的英语复合介词如 *in present of* 及 *at cost of* 等的语法化，指出它们是通过与之结构相似而且高频率使用的复合介词 *in front of* 和 *in view of*

的类推而产生的。Brems（2007）探讨的是英语中表达小量的 *lot of*，*scrap of* 及 *flicker of* 等低文本频率的单位是如何语法化的。这些单位的形成过程中并没有经历过典型语法化所具有的语音损耗、去范畴化和语法性重新分析等特征。Brems 指出，如果依照 Hoffmann（2004）的解释方案，这些小量名词的产生应该是以高频率的 *a bit of* 为实例的图式性构式"a + 小量名词 + of"类推的结果，然而，其研究表明，这些小量名词的语法化并不是简单地以这一类推为唯一推动因素，而是牵涉了更复杂的多重数量词模型的类推。

不论是 Hoffmann（2004）的单一类推说还是 Brems（2007）的复合类推说，都是对低文本频率语法化项的语法化规律的有益探索。然而，英语复合介词和小量名词的形成是不是典型语法化（即符合渐变性、由语用推理驱动等条件）仍需要慎重考虑；如果两种演变都不是典型语法化过程，这两份研究也就无法对笼统频率观构成真正挑战。同时，两份研究的考察对象范围和类型都比较狭窄，由此得出的规律是否具有代表性也需要讨论。

7.4.2　笼统频率观的局限性

笼统频率观不仅在理论方法上存在讨论空间，而且在实证上也遭遇了挑战。

7.4.2.1　理论上的误区

语法化是由语用推理驱动的。关于频率和语用推理之间的关系，Bybee 及其同事的观点是，高文本频率使得语言单位有了通过语用推理而与新意义进行关联的可能性。然而，在讨论高频率和语法化之间关系时，这些学者们似乎只强调了高频率的作用，而没有充分关注语用推理在语法化过程中究竟扮演什么样的角色。这造成一个后果，即 Bybee 的观点容易被解读成"高文本频率是语法化的充要条件"。

彭睿（2011b）指出，笼统频率观存在三个误区：

i. 没有清楚地区分语法化和其他类型的语言变化（如词汇化）。诸如"惯常化"和"自主化"这样的频率理论核心概念所概括的过程或状态，并不是语法化演变所独有的，而是同样适用于一般意义上的语言变化。

ii. 虽然也认同语用推理对语法化的推动，但对其在语法化演变中的关键作用未予强调。既然语法化以语用推理为驱动力，如果说文本频率对语法化有推动作用，一定是因为它以某种方式促进了语用推理；要是缺乏语用推理条件，再高的频率也和语法化无关。

iii. 忽略了语法化环境的连续性特征，没有区分语法化真正发生的环境（即临界环境）和其他环境，或者说没有区分语法化项在不同环境中的文本频率对语法化的不同影响方式。

除了以上三个误区，还有一个方面也是笼统频率观应予充分说明的，即文本频率对不同类型的语法化项在推动方式上是否一致。语法化项可以分为复合型（即结构式或者多语素词串，如 *be going to*，*I don't know*）和独体型（单语素）两类。前文提到，Bybee（2003a：603）把语法化定义为高频使用的词串或者语素串发生自主化，变成一个单一处理单元的过程。这是一个覆盖面狭窄的语法化定义，其中的词串和语素串都是复合型语法化项，但独体型语法化项没有包括在内。因此，作者有关频率和语法化关系的讨论，是不是能够概括复合型和独体型两类语法化项，就成了一个需要检验的问题。按照 Bybee 的说法，高文本频率使得多语素的语法化项自主性增强、内部理据性消失，同时也就有可能和新意义/功能相结合，这明显是就复合型语法化项而言的。对独体型语法化项来说，并不存在自主性增强或内部理据性消失的问题，因为这类语法化项本身就是单一处理单元。在语法化过程中，独体型语法化项最显著的变化，是同构项范围的不断扩展（即可与之搭配的语言单位类型的增加）和语法化项自身意义的不断虚化或泛化。那么 Bybee 的学说如何以统一框架来解释文本频率对不同类型语法化项的影响呢？这对笼统频率观的解释力和预测力来说关系重大。

在笼统频率观里，独体型语法化项实际上并没有完全被排除。举个例子，Bybee（2003a）详尽讨论了古英语"知道"义动词

cunnan 经过同构项环境扩展、意义泛化最终语法化为助动词 *can* 的过程。尽管 *cunnan* 由两个音节 *cun* 和 *nan* 构成，仍归属于独体型语法化项，因为两个音节并不对应两个不同语素。*Cunnan* 最终因为紧缩效应而变成了 *can*，但这一过程和"词串或语素串经自主化变成单一处理单元"是不是一回事是一个需要证实的问题。跨语言地看，单音节语素语法化项并不罕见，如汉语的"把""被""叫""让""给""们"等。这些语法化项原本就都是单一处理单元，不管其语法化涉及不涉及紧缩效应，但肯定都没有经由自主化过程。独体型语法化项既然不存在自主性增强或内部理据性消失这样的问题，那么它们和新意义/功能的结合又是如何发生的呢？*Cunnan* 在古英语里可以带动词不定式宾语。根据 Bybee（2003a）的调查，从古英语到中古英语，"*can* ＋ 动词不定式"结构式的频率急剧升高，最重要的因素是 *can* 的主语和动词不定式中动词（即 Himmelmann 2004 所说的同构项）类型的不断增加，导致 *can* 在意义上泛性程度越来越高或说越来越虚化——这就是 *cunnan/can* 能获得新意义/功能的条件。Bybee 等人或许可以解释说，对于独体型语法化项来说，发生自主化而且变成单一处理单元的不是语法化项自身，而是其所在的直接环境（结构式），如 *can* 所在的"*can* ＋ 动词不定式"或者"主语 ＋ *can* ＋ 动词不定式"结构式。这一解释要能说通，前提是这两种结构式最终朝向单一处理单元发展，但这种发展趋势是否存在同样值得怀疑——这两种结构式可能发生习用化，但习用化和单一处理单元是不同维度上的过程。

归纳起来，尽管作者没有明确说明，Bybee（2003a）所讨论的语法化项获取新意义/功能的方式似乎是有差别的。对复合型语法化项来说，高文本频率导致其自主性增加，变成一个单一处理单元；从语法化项的角度看，这是一个"内部融合度增加"的过程。对独体型语法化项来说，其所在结构式（以语法化项为实体性成分）的类型频率提升，导致语法化项的文本频率以及意义泛性增加；从语法化项角度看，这是一个"外部关联性强化"的过程。如果对 Bybee 理论的这种解读方式是正确的，就说明高文本频率对复合型语法化项和独体型语法化项演变的推动在机制上不完全一致。这种不一致的根源，至少可以部分地追溯到 Bybee (2003a)关于语法化的定义，这一定义并没有把独体型语法化项包括在内。Bybee 的语法化定义还存在其他问题。如复合型语法化项的自主化及成为一个单一处理单元更主要的是形式上的变化；这种以形式变化为主的过程如果是语法化项获得（新）功能的条件，为何等同于获得（新）功能的过程本身，恐需要解释。[①] 如本章 7.3.2 节提到的，Bybee 也认为结构式的新功能/新意义是从环境中推导出来的，而促使新意义和结构式发生联结的是语用推理，而语用推理条件及语用推理结果如何与高文本频率相互作用，从而使新意义语义化为语法化项意义的一部分，也是 Bybee 理论应予具体说明的。此外，语法化是一个渐变过程，那么"自主化"和"成为单一处理单元"的过程也是分阶段的。这种阶段意识在笼统频率观里并没有得到充分体现（详见本章 7.5 节）。

7.4.2.2　实证上的挑战

高文本频率和语法化变化孰为因孰为果，涉及"频率－语法化"关系的根本，但学界的意见并没有达成一致。研究表明，诸如"高文本频率不能诱发语法化"及"发生语法化的语言材料文本频率未必高"这类现象的确跨语言存在。这是笼统频率观饱受质疑的一个重要原因。如 Neels (2020：343)指出，语法化涉及了不同的认知过程，如组块化或图式化，它们和不同的频率类型相对应，如共现的语言单位的相对频率，或者类型频率——频率类型和特定认知过程导致的语言变化之间的对应实为一种"鸡和蛋"的关系；因为发生语法化的结构式在适用范围上越来越宽，很自然地其高文本频率应该是语法化的后果。因此作者认为 Bybee 把频率看成语法化的驱动因素是非常有争议的。再如 Heine, Claudi & Hünnemeyer

---

[①] Bybee 的这一说法应该来自 Haiman(1994)所说的重复的"释放"后果。Haiman 指出，因为不断重复，行为/动作从其原本的目的转而生发出交际性功能，就是一种释放，这也是一个获得意义的过程。然而，言语交际中特定语言材料的高频率使用和物理性行为/动作的重复发生是否具有完全平行的后果，这本身就是值得讨论的问题。

(1991b)以及 Heine & Kuteva(2007)都质疑，高频率是语法化主要参与者的说法并没有令人信服的证据；相反，高频率非但不能引发语法化，只是语法化变化的附带现象。Bybee(2010：107)所说的"自给效应"，即文本频率的增加对语法化有推动作用，而语法化反过来也会促进文本频率的增加，是否如作者断言的那样是语法化背后的动能，似乎仍然缺少一个有说服力的解释。

语法化未必依赖高文本频率推动的个案并不少见。Heine, Claudi & Hünnemeyer(1991b：38—39)举了这样一个例子：斯瓦希里语所有发生语法化的词都在 278 个频率最高的词范围内；然而，频率最高的前 15 个词都没有发生语法化。发生语法化的动词中频率最高的是 *-toa*（'给予'），发生语法化的名词中频率最高的则是 *-mwana*（'孩子'），但频率排名高于二者的词语却并没有产生变化。Hundt(2001)也指出，最早的英语 *get* 被动句（如 *Clinton got elected* / *He got hit by a truck*）出现于 18 世纪，而这种被动句的总体频率在这一阶段很低，直到 19 世纪和 20 世纪才显著升高——这意味着 *get* 在语法化为被动标记的时候文本频率并不高。再如 Krug(2000)的调查显示，英语准情态词 *have got to* 相对于更早语法化的 *have to* 的频率更低，但其语法化进度却快于后者。

下面来看一个较详细的例子。Bogomolova(2018)通过对莱兹基语族中的塔巴萨兰语和阿古尔语的人称一致性标记语法化过程的构拟，也揭示了这样一个事实，即高文本频率并非语法化的推动因素。以下是对这份研究相关内容的概括。

根据 Bogomolova(2018)的介绍，塔巴萨兰语和阿古尔语是俄罗斯达吉斯坦共和国南部两个很近的亲属语言，语序均为 SOV。两种语言最大的区别体现在人称一致性标记上。塔巴萨兰语缺乏书面语记录，但有人称一致性标记，其来源是附着于限定动词的人称代词。这种语言有五个人称代词，包括两个单数形式（第一人称 *uzu*，第二人称 *uvu*）和三个复数形式（第一人称 *uxu* 和 *uču*，第二人称 *uču*），第三人称用指示代词来表示。阿古尔语也有五个人称代词，和塔巴萨兰语的人称代词同源，但其人称一致性标记并没有语法化，大致上相当于塔巴萨兰语人称标记语法化之前的状态。Bogomolova（2018）的假定是，阿古尔语人称代词的使用情况大致上反映了塔巴萨兰语人称标记语法化前的样貌。

Siewierska（1999，2004）认为，文本频率对人称一致性标记的产生很关键；具体过程是，原本独立的照应代词与谓语相邻，逐渐经历语音紧缩，发生附着化并最终演变为一致性词缀。然而，根据 Bogomolova（2018）对阿古尔语人称代词的观察，与塔巴萨兰语人称一致性标记语法化相关的如下两种情形和笼统频率观的预测不相符：

首先，按道理，和塔巴萨兰语里通过附着化成为人称一致性标记的人称代词相对应的，必定是阿古尔语人称代词中最高频地与动词相邻者。但 Bogomolova（2018）调查了阿古尔语自然语料中不同位置上人称代词的频率，发现塔巴萨兰语代词附着化的实际情况和这一预期之间有落差。统计显示，阿古尔语位于动词后的主语在频率上低于位于动词前的主语；而动词前主语的频率高低因人称、数及语义角色的差异而有所不同。动词前的主语人称代词频率高于动词后的主语人称代词，因而更有可能发生语法化，但事实上发生语法化的却是动词后的主语人称代词。

其次，阿古尔语非主语人称代词倾向于出现在动词后位置，其在动词后的频率远比主语人称代词高。按照笼统频率观，非主语人称代词更有可能语法化为动词的代词性标记，而主语人称代词更多地出现在动词前，因此不容易语法化为动词的人称词缀。但塔巴萨兰语的实际情况恰恰相反：主语人称代词语法化为强制性的人称一致性标记，而宾语只是较为少见地在动词上有标示，显示出较低的语法化程度。

以上两种情形都是笼统频率观所无法解释的。那么，塔巴萨兰语人称一致性标记的语法化到底是受什么规律支配的呢？阿古尔语中存在着主语代词重复的现象，即同一个代词同时出现在动词前和动词后。此种用法在语料中频率不算太高但也较为常见。特别地，阿古尔语中位于"说"义动词的主语位置上的人称代词的重复出现十分常见，尤其是第一人称和第二人称（第三人称罕见）。以下是 Bogomolova（2018）所举的第一人称的例子：

(4) a. *zun p-u-ne zun q'-u-na*
    I say-PF-PFT I do-PF-CONV
    mesliʔat=ra sa ʒemiʔat
    discussion(ABS)=ADD one community(ABS)
    rezi x-a ʒiga.ji-l, sa c'aje
    agree become-IPF place-SUPER one new
    ʒiga.ji-l aq'-a-s-e mazgit.
    place-SUPER do-IPF-INF-COP mosque(ABS)
    'I said after a discussion with our community that we would build the mosque on the place the people would agree on.'

b. *zun aʁ-a-a zun, zu wun*
   I say-IPF-PRS I I you
   qu-χ-a-s qaj-naje-f-e.
   RE-carry-IPF-INF RE：come：PF-PART2-S-COP
   'But I say that I came to pick you up.'

大多数情况是，同样的代词主语一前一后都紧挨着动词。说话人一般认为代词主语重复是舌头的错误动作，但据 Bogomolova（2018）的统计，这种结构占了动词"说"代词主语有关例子的20%，所以很难简单看成一种口误。和其他动词倾向于人称代词前置不同的是，动词"说"的代词主语绝大多数出现于动词后；如果加上重复情形，90%个案涉及动词后主语代词。Bogomolova（2018）认为，代词重复可被看作早期语法化的征兆——动词后人称代词的代词地位已丧失，这样才能和相同语义域的代词论元共现；就是说，阿古尔语动词"说"的人称代词主语重复现象对塔巴萨兰语主语标示方式的语法化具有预示性。和高频的动词"说"相关联的代词性句法，符合塔巴萨兰语人称一致性标记语法化所需要的位置条件，该动词的代词主语大多出现于动词后位置，而且也有相对较高的重复代词频率。这份研究最重要的结论是，对语法化项文本频率的笼统衡量或许无法正确预测语法化的推动因素，而对个别词项（如阿古尔语动词"说"）句法结构的调查，更有助于解释语法化现象，因为这类词项的使用及信息结构等特征为语法化提供了基础。

塔巴萨兰语和阿古尔语的人称一致性标记、英语准情态词 *have got to* 和英语被动标记 *get* 等例证清楚显示，跨语言地的确存在一些不以高文本频率为推动力量的语法化个案。当然，正如 Traugott（2011：28）所指出的，在学者们调查过的个案中，大多数情况下，在语法化开始时文本频率会升高。不过，这些不由高文本频率推动的语法化个案尽管数量上不占优，其理论意义不容小觑。这些例子说明，对于一些关键问题，如文本频率在语法化中的作用到底是什么，具体是怎样推动语法化的，以及对语法化的推动受到何种因素的制约等，笼统频率观没能给出令人满意的答案来。

Heine，Claudi & Hünnemeyer（1991b）和 Heine & Kuteva（2007），也包括 Bogomolova（2018）及 Neels（2020）等，虽然质疑了笼统频率观，但没能就这些问题提出正面主张。因为语法化和语法化项高文本频率密切相关的现象更常见，所以可以肯定的是，文本频率仍然是语法化过程中的重要推动因素。然而，既然并非所有语法化演变都必须由高文本频率推动，那么含糊地说高文本频率是语法化的根本性推动力，就没有可靠性。笼统频率观的最大问题，正是缺乏对后一观点的认知。

7.5 差异频率观

差异频率观，顾名思义，主张的是语法化项在不同环境或不同发展阶段的文本频率对其语法化演变有着不同影响。持差异频率观的学者虽然都不赞同对语法化项的文本频率不加区分的做法，但其具体主张并不完全一致。本节将重点介绍彭睿（2011b）"临界频率假设"和 Petré（2015）的"相对频率说"。

7.5.1 临界频率假设

7.5.1.1 临界频率假设的主要内容

彭睿(2011b)和Peng(2012)是较早提出"差异频率"理念的研究，其目的是解释本章7.4.2节提及的"高文本频率不能诱发语法化"，而"发生语法化的语言材料文本频率未必高"这类现象。持笼统频率观的学者对于这些现象的解释是，高文本频率不是语法化背后的唯一推手，言下之意就是高文本频率的推动力受到了其他因素的干扰。对此，彭睿(2011b)的评论是：

> 包括频率理论拥护者在内的很多学者都指出，高频率不是引发语言变化的唯一因素(如Krug 1998)，也并非导致语法化的唯一动力(如Bybee 2003)。① 这在一定程度上缓解了人们对频率理论有关主张的质疑，但显然不是一种积极的解释。我们仍然需要弄清楚，如果频率对语法化有推动作用，这种推动是怎样实现的；高频率的作用有限，这究竟是例外还是另有缘由。

彭睿(2011b)进一步指出，笼统频率观的一个症结是，尽管持这种观念的学者们认同语法化项通过语用推理获得新意义/功能的观点，其相关讨论却并没有真正把环境因素和语用推理纳入考量。这些学者在讨论频率对语法化的影响时所依据的频率是笼统性的，并没有区分语法化项在有语用推理条件的环境中的频率和在没有语用推理条件的环境中的频率。这种情形产生的原因是，笼统频率观没有意识到"自主化"和"单一处理单元"过程是渐变的，有着不同的发展阶段(如Heine 2002和Diewald 2002的语法化连续环境观念)。同时，在这种频率观念里，文本频率对语法化变化的推动作用被过度强调，而环境因素和语用推理互动关系在语法化中的角色(语法化只能发生于临界环境)则实际上被边缘化了。针对笼统频率观的这一缺陷，彭睿(2011b：5)的设想是，

---

① 这里的Bybee(2003)具体指本书Bybee(2003a)。

既然语法化环境具有连续性特征，只有临界环境具备语用推理条件，那么就必须把语法化项在非典型环境中的频率和临界环境中的频率区分开来，两种频率分别称为"非临界频率"和"临界频率"。在此基础上，这份研究提出了"临界频率假设"，包括如下两个方面：

i. 语法化的前提是由临界环境实例的不断出现而引起的相似语用推理过程的反复。
ii. 临界频率如果积累了相当的历时厚度，并达到一定共时强度，就可能导致语法化。

换言之，临界频率可以由"共时强度"和"历时厚度"这两个参数来衡量：

共时强度

语法化项临界环境实例在一定共时平面里大量出现，导致相似语用推理过程在该共时平面里反复发生，形成语用推理的共时强度。

历时厚度

语法化项临界环境实例在多个连续的共时平面里持续出现，导致相似语用推理过程历时性反复发生，形成语用推理的历时厚度。

共时强度和历时厚度一同构成了临界频率的"二维性"，概括起来就是：共时强度越大，相似语用推理在共时平面里重复发生的次数就越多，推理义惯常化的程度也越高；历时厚度越大，相似语用推理及其结果（即推理义）就越能在人们心理认知上积累和传承。

为证实临界频率假设的解释力，彭睿（2011b）举了汉语跨层结构"因+而"演变为连词"因而"的例子。从先秦到两汉魏晋，汉语的"因+而+VP"[如(5a)和(5b)]和"因+以+VP"[如(6a)和(6b)]两种连动结构具有竞争关系，其中"因"为动词，而"而"和"以"均为连词。"因+而"最终演变为双音节连词，而"因+以"则竞争失败。

(5) a. 舟之侨谏而不听，遂去。因而伐郭，遂破之。

（《战国策·秦策》）

b. 仪遂使楚。至，怀王不见，因而囚张仪，欲杀之。

（《史记·楚世家》）

(6) a. 秦欲伐楚，楚因以起师言救韩，此必陈轸之谋也。

（《战国策·韩策》）

b. 公令胥童以兵八百人袭攻杀三郤。胥童因以劫栾书、中行偃于朝。 （《史记·晋世家》）

"因＋而＋VP"和"因＋以＋VP"在形式和意义上都具有平行性。彭文重点讨论了"因＋而"语法化成功而"因＋以"语法化未果的原因，指出有三种可能："因＋以"(i)笼统频率低，(ii) 缺乏临界环境，以及(iii) 有临界环境，但临界频率低。作者的统计结果显示，先秦时期"因＋而"和"因＋以"的笼统频率很接近，公元1—2世纪时"因＋以"的频率甚至略高于"因＋而"。"因＋以"也有可赖以语法化的临界环境，如：

(7) 不韦贤之，任以为郎。李斯因以得说。

（《史记·李斯列传》）

这句中"李斯因以得说"可有两种理解方式，一是李斯凭借吕不韦的任用而得以"说"，二是因为吕不韦任用了李斯，所以后者得以"说"。其中后一种理解方式可能导致"因＋以"被解读为表结果的连词。彭文更进一步的调查结果显示，"因＋而"和"因＋以"在先秦时期都出现了临界环境，临界频率相差无几，但都很低；二者的不同发生于先秦以后。从公元前2世纪至公元2世纪期间，"因＋而"的临界频率较先秦有了较大幅度增长而且保持稳定。而"因＋以"在两汉以后开始衰落，其临界频率也远远低于同时期的"因＋而"。"因＋而"在3世纪以前即完成了向连词"因而"的演变，而"因＋以"则始终没能完成平行的语法化过程，最有可能的原因，应当是其临界频率相对较低，直至终遭淘汰。

彭睿(2011b)也意识到,即使是高临界频率(包括共时和历时两个维度)对语法化的影响也不是绝对的,因为语法化不一定发生;而且导致语法化的因素往往是多元而不是单一的,临界频率只是其中的一个必要条件而非充分条件。彭睿(2020：189)补充说：

> 临界频率假设的提出只是探讨频率和语法化关系的初步工作,而这一假设也是粗略性的,有待进一步打磨。比如说,区分语法化项在有语用推理条件的环境中的频率(临界频率)和在没有语用推理条件的环境中的频率(非临界频率)无疑是一个正确的方向；更进一步地,语法化项在非临界环境(典型环境、孤立环境和习用化环境)的频率,分别对语法化过程有何种影响,也是一个值得认真思考的问题。

7.5.1.2 临界频率的"门槛"

彭睿(2011b)提出过但未能回答的重要问题之一,是导致语法化的临界频率有无一个"门槛",即语法化项的历时演变所需求的反复使用是不是有一个最低限度。换言之,这份研究没有讨论这样的课题,就是语法化项的临界频率是不是一定要达到某种数值,才有可能引发语法化,否则新语法意义仍然可以取消,无法真正在语法化项身上实现语义化。与此相关的一个问题是,临界频率的门槛是不是有一个普遍性的标准。Peng(2012)试图回答这两个问题。这份研究讨论了八个汉语虚词语法化过程中的笼统频率和临界频率。这八个汉语虚词包括"所以"、"之所以"、系词"是"、条件假设助词"时"、"因而"、情态助词"再说$_1$"、连词"再说$_2$"和情态助词"再讲"：

表 7.1　笼统频率和临界频率（每百万字出现的频次）

频率类型	所以	之所以	是	时	因而	再说$_1$	再说$_2$	再讲
笼统频率	961.7	294.5	337.2	179.2	38.1	19.5	41.2	4.4
临界频率	72	58.8	51.2	41.9	23.5	1.4	1	0.9

从以上表格可以清楚得到三个重要信息：

i. 总体上，以上八个虚词的临界频率都非常低，特别是"再说$_1$"（每百万字 1.4 次）、"再说$_2$"（每百万字 1 次）和"再讲"（每百万字 0.9 次）三者。
ii. 各虚词的临界频率高低差距很明显，介于每百万字 0.9 次（"再讲"）到 72 次（"所以"）之间。
iii. 临界频率在笼统频率中的占比差距也很明显，介于 2.4%（"再说$_2$"）和 61.6%（"因而"）之间。

这几个事实说明，不仅临界环境并没有一个统一的门槛，而且临界频率和笼统频率之间的比值也是因个案而异的。

上表中八个汉语虚词的临界频率并不高，却引发了语法化演变，这需要一个合理解释。彭睿（2011b）把临界频率看成文本频率的一个特殊类别，是相同或者相似语用推理过程重复的次数。语用推理过程的每一次重复，都具有强化新语法意义和语法化项之间关联的效果。正因为临界频率对语法化项的这种直接影响，即使是低临界频率，也能够在一定程度上让语法化项产生新语法意义。这份研究还指出，临界频率的二维性也可以用来解释为什么低临界频率仍然能够推动语法化，因为拥有相当历时厚度的临界频率，只要其共时强度达到一定程度，语法化就可能发生。

7.5.2 相对频率说

Petré（2015）从共文相对频率的角度来分析结构式的语义化现象，解释了较大文本里结构式的环境及频率在语法化早期阶段中的作用。这份研究的观点姑且称为"共文相对频率说"（简为"相对频率说"）。作者指出，环境对语法化的重要性已经是学界共识，把结构式推向语法化的应该是共文的变化，然而这一理念却并没有获得广泛认知。为此，作者提出了如下两个主张：

i. 语用义可以因语法化项相对频率的变化而发生语义化；
ii. 结构式与其分布环境之间的互动是系统性的。

以下是对这份研究主要内容的概括，观点及例证均出自这份研究。

Petré(2015)具体讨论的个案,是英语由系词 BE 和分词形式构成的进行时构式[BE Ving](如 *He was playing tennis when Jane came in*)的语法化过程。作者指出,[BE Ving]的语义化以及后续的语法化始于它所在环境的变化。[BE Ving]的进行时用法包括"行为"(如 8a)和"成就"(如 8b)两种:

(8) a. *Andrew was playing tennis when Jane called him.*
　　b. *As I was getting into the bath the fire alarm went off.*

作者把这两种情形统称为"焦点化"用法,指出在这种用法里,话题时间为其所表达事件聚焦的时段。

[BE Ving]的焦点化用法的来源是静态义的[BE+形容词]用法。通常认为,[BE Ving]起源于古英语中系词和带后缀 *ind(e)/-end(e)* 的动词词根 V 的结合,即[BE V*ende*]。一种情形是,V*ende* 原本为形容词性分词。但从古英语早期开始,[BE V*ende*]即已显露动词特征了,如:

(9) *Ðæs modes storm se symle* bið cnyssende *ðæt scip ðære heortan.*
　　'The mind's storm, which continually is battering the ship of the heart.'　　(c. 894. CP:59.4)

其中 *bið cnyssende*(is battering)展现了动词特征,*ðæt scip ðære heortan*(the ship of the heart)宜理解为 *bið cnyssende* 的直接宾语。而正如 Núñez-Pertejo(2004)所言,这种动词特征和形容词性分词之间并没有清晰界线——大多数[BE V*ende*]形式同时具有动词性和形容词性。

Petré(2015)采纳了 Killie(2008)的做法,即依据形式和/或者语义环境标准把[BE Ving]的用法分为四个类型:静态、持续、焦点化和叙说。作者认为,这四种用法中和[BE Ving]的语法化直接相关的是静态用法[如(10a)]和焦点化用法[如(10b)]。

(10) a. *For ðan ðe* we habbeð *hier te-foren writen þat godes milsce last æuremo to alle ðo mannen ðe* him bieð

dradinde ...

'For we have written before that God's mercy lasts forever to all those men who <u>are dreading him</u> ...'

[a. 1225(c. 1200). Vices: 59]

b. Oh, sweet kisse! but ah, sheswaking!
Lowring beautie chastens me:
Now will I forfeare hence flee.

(1591. Sidney, Astr. & Stella)

这份研究指出，从语义上看，[BE Ving]的静态用法体现的是主语的非施事性，不具备"正在进行"特征；完全静态则是指所有阶段情形都一致。按这两个标准，(10a)尽管其中 *dreading* 的论元 *him* 在句中出现了，仍然属于[BE Ving]的静态用法。焦点化用法的特点是[BE Ving]所代表的行为正在发生于某个单独的时间点（称为"焦点化时点"）。此种用法的[BE Ving]所表达的是作为前景行为框架的背景行为。这两种用法都和背景有着清晰的关联性。

归纳作者的讨论，如下几点对了解[BE Ving]的语法化很关键：

i. 早期的[BE Vende]用法中焦点化环境很少见，(11)是为数不多的此类例子中的一个：

(11) On þe time. þe ure lafdi seinte marie kennede ... were herdes <u>wakiende</u> bi side þe buregh and <u>wittende</u> hereoref. Ðo cam on angel of heuene to hem.

'On the time that our Lady St Mary gave birth ... were herds waking beside the city and watching their sheep. Then came an angel from heaven to them.' (a. 1225(? a. 1200). Trin. Hom. [Trin-C B. 14.52]: 31. 436)

在这个句子里，*On þe time. þe ure lafdi seinte marie kennede* (On the time that our Lady St Mary gave birth)部分为 *wakiende* (waking)及 *wittende* (watching)的发生提供了时间框架；副词 ðo (then)则为和 *wakiende* 及 *wittende* 相关联的新事件提供了话题时间，也就是为[BE Vende]结构提供了焦点化环境。但这种环境中焦点化时点和包含[BE Vende]的从句之间并没有句法上的关联。这种句法上关联的缺失，使得早期"正在进行"这一意义无从语义化。

ii. 统计显示，中古英语[BE Ving]的文本频率总体上是稳定的，但焦点化用法的频率在持续增长。然而，这一时期[BE Ving]虽然焦点化用法频率在增加，但其他用法频率并未减少，说明进行义此时尚未成为[BE Ving]的内在特性。

iii. [BE Ving]焦点化用法频率的增加和中古英语晚期文本结构的变化有关。中古英语的副词性从句比例相较古英语有了明显的增加，这在叙述中的时间性结构里尤其突出。Petré（2015）提到，从1421年—1570年这一期间开始，[BE Ving]在背景化的副词性从句中增幅明显，这应当是副词性从句总体增加的自然结果——[BE Ving]因为表达背景化的情景，其频率和这些副词性从句具有一致性。当[BE Ving]出现于副词性从句时，主句通常是一个焦点化时点，为正在进行的[BE Ving]情形提供话题时间。副词性从句可能与焦点化环境有句法关联，而[BE Ving]正是因为在这类副词性从句中高频出现，从而发生了语义上的变化。

iv. 除了从句类型，焦点化用法的动词类型也在[BE Ving]的进一步发展中起到了推动作用。焦点化的环境通常是叙述性文本，而叙述性文本常常涉及行为主体为实现目标而施行的位移。因此，出现于焦点化环境的动词很多是有目的的行为动词，而最高频的就是 *coming*，*going*，*standing* 和 *making* 等几个。

v. 到中古英语末期，"正在进行"义已经语义化成了[BE Ving]意义中的一个要素。这一过程主要发生于叙述性文本中的从句里。

Petré（2015）也提到了语用推理的作用。然而，对于语用推理在"正在进行"义在[BE Ving]结构式中的语义化中到底扮演何种角色，作者似持保留态度。首先，"正在进行"义成为[BE Ving]的一个语义要素的语义化过程，和由语用推理驱动的语法化变化是有区别的。作者举例说，since 从时间义"之后"到原因义在认知上是十分自然的，由先后顺序到原因，说话人可以很自然地推理出因果关系来；但[BE Ving]结构不同，从非进行义到进行义的变化就没有这么自然，而是有条件的——只有当[BE Ving]的实际环境发生变化，即出现于背景化的副词性从句中，这种变化才有可能发生。其次，有证据显示，表达背景信息的副词性从句加上适宜的语用推理，为[BE Ving]的焦点化和进行义的获得提供了合适的句法环境。

归纳起来，Petré（2015）的"相对频率说"一方面认为进行义在[BE Ving]的语义化和由语用推理驱动的语法化不同，另一方面又肯定[BE Ving]产生进行义的环境正是具有语用推理条件的副词性从句。在作者看来，进行义在[BE Ving]结构式身上发生语义化，最关键的因素是它在背景化的副词性从句中出现频率的增加；语用推理似乎只是[BE Ving]语法化的次要推动力量。

7.5.3 差异频率观两种路子的异同

笼统频率观不区分推动语法化的频率和对语法化没有直接推动作用的频率，而差异频率观的两种具体路子"临界频率假设"和"相对频率说"的最大的共同点是摒弃了这一做法，凸显了对语法化真正有意义的文本频率的作用。Petré（2015：35）认为，相对频率说和临界频率假设在基本理念上较为接近，应该指的就是这个意思。

差异频率观两种路子的区别很清楚，简单说就是"临界频率"和"相对频率"的不同。这种区别可以更具体地从如下两个方面来看：

i. 从临界频率假设的角度看，真正影响语法化的是语法化项在具有语用推理出目标义的环境里的文本频率；既然语法化是由语用推理驱动的，那么能够左右语法化的频率必定和语用推理有关联，这是临界频率假设背后的假定。相对频率说不认同语用推理对语法化的主要推动作用，而是把适宜语法化项发展出目标义的特殊语义语用特征和语用推理看成推动语法化的一主一次两个因素。对相对频率说来讲，促进语法化进程的是语法化项在宜于发展出目标义的环境里的出现频率。

ii. 临界环境中能够推动语法化的因素是由语法化项、非语法化项及其所在结构式的特征构成的，既有形态句法方面的，又有语义语用方面的；这些特征整合起来，就构成了语用推理条件（临界性特征）。相对频率说把语义语用特征部分从语用推理条件中剥离了出来，但又认为二者一同为语法化提供了适宜的句法条件，这一立场需要进一步澄清。

由此可见，两种路子的最大区别体现为对语用推理在语法化中的作用的不同理解。彭睿（2011b：5）批评笼统频率观没有强调语用推理对语法化的关键作用，指出：

> 语法化以语用推理为机制，所以如果说频率对语法化具有推动作用，一定是因为它以某种方式促进了语用推理。要是缺乏语用推理条件，再高的频率也和语法化无关。

因为相对频率说并不强调语用推理在语法化中的关键作用，以上这段话也正好显现了相对频率说和临界频率假设的区别之所在。

7.6 笼统频率观和差异频率观的结合

学者们对笼统频率观的质疑，主要是由高文本频率未必能推动语法化、低文本频率的语言材料却可以发生语法化这类现象引发的。笼统频率观所强调的变化，如自主性的升高和语义透明度的丧失等，说到底都只是语法化项获得新意义/功能的前提条件中的一部分，而并非获得新意义/功能的机制。笼统频率观并不否认语用推理对语法化的作用，如 Bybee, Perkins & Pagliuca（1994：289）就曾提到，语用推理使得语法素获得新义，是语言变化的重要机制。这种频率观念也意识到了文本频率和语用推理的结合是语用义被语义化为语法化项意义/功能的一部分方式。如 Bybee（2006：720—721）指出，*be going to* 之所以产生"意图"义，是因为这一意义在 *be going to* 的用例中常常出现。然而，在笼统频率观频率统计的具体操作上，语用推理对新意义/功能产生的关键作用并未被凸显。最关键的一点，文本频率的高低和（复合型）语法化项的自主性强弱之间有着因果关系，但和产生新意义/功能的机制——语用推理的频次高低之间，却未必有必然性关联（如正比关系）。笼统频率观明显忽略了这一问题。

差异频率观最基本的理念是，并不是语法化项的每一次使用，都对其语法化进程有推动作用；因为语法化项发生于特定环境，因此，只有在这种特定环境里（例如临界频率假设提到的有语用推理条件的临界环境）语法化项所出现的文本频率，才真正和语法化有关联。临界频率假设并未否认高笼统频率（临界频率＋非临界频率）对语法化项的影响（包括多语素语法化项自主性增加和理据性降低，以及单语素语法化项的意义泛性增强等），但不认同这种影响和语法化之间有直接关联。彭睿（2011b）主张，语法化直接受到临界频率的推动，但和非临界频率没有直接关联；语法化发生的概率和临界频率高低成正比。这两点正是临界频率假设最核心的观点。

差异频率观的两种路子——临界频率假设和相对频率说，目前都处于理论构想阶段，尚有待进行更系统、更深入的论述。从理论建设的角度来讲，这两种路子对于"频率－语法化"关系的讨论都是有价值的，也都需要在跨语言语料基础上进一步检视和修正。同时，笼统频率观的很多合理主张都已经得到了跨语言事实的支持。因此，目前对差异频率观的合理定位是，与其说它是探讨"频率－语法化"关系的全新方法，不如说它是对既有研究（主要是笼统频率观）的有益反思和补充。笼统频率观的一些论断，如高频使用导致语义力度因习惯化而变弱、文本频率高低和多语素语法化项（结构式或语串）的自主性高低成正比，以及高文本频率导致多语素语法化项语义透明度丧失，并导致单语素语法化项意义泛化，都具有一定合理性。这些论断未能真正解决"频率－语法化"的关系问题，但如果和差异频率观结合起来，例如对临界频率和非临界频率加以区分，就有可能更准确地勾勒高文本频率和语法化的关系。这种结合的思路应该是，笼统频率造成语法化项的自主性或意义泛性增强，使之分布于临界环境的概率提升，然后才能完成语法化演变。整合的频率观可以概括如下：

> 整合的频率观
> i. 高文本频率使得多语素语法化项自主性升高、语义透明度降低，也使得单语素语法化项意义泛性增强（或进一步增强），从而具备了发生语法化的条件。
> ii. 具备了发生语法化条件的语法化项分布于具有语用推理条件的临界环境的概率增加。
> iii. 临界环境实例不断出现，引起相似语用推理过程的反复发生，最终导致语用推理义的语义化，从而完成语法化演变。

关键问题在于，高文本频率未必引发语法化，低文本频率却可能引发语法化——整合的频率观的理论意义如何，在很大程度上取决于对这两种现象的解释力。对于典型的语法化（具有渐变性，以语用推理为驱动力）来说，这不是太大难题。彭睿（2011b：6）指出：

> 高笼统频率不一定意味着高临界频率，而低笼统频率也不一定意味着低临界频率。如高频率未必导致"人称代词＋的""的＋人"和"的＋事"的语法化，可能是因为这些语串的临界频率低；而"的＋话"的频率相对较低反而引起语法化，可能是因为其临界频率高。

为了更全面地解释上面提及的两种现象，Peng（2012：374）对临界频率假设作了一些补充说明，最关键的几点是：

> i. 在其历时演变过程中，一个语言单位未必会经历临界环境；理论上，不管笼统频率有多高，其中的临界频率也都可能为零。
> ii. 除非语法化项的临界频率达到一定"门槛"，否则语法化不会发生，而这一门槛因具体语法化项而异。
> iii. 因为语义化是语用推理重复的结果，因此即使是低临界

频率，也有可能使语用推理义被语义化。

其中(ii)回答了临界频率到底需要多高的问题，(iii)回答了低临界频率为何可以引起语法化的问题。这些补充可以在一定程度上释疑一些疑难问题。但是，因为文本频率并非推动语法化的唯一因素，所以关于"频率－语法化"的关系问题，仍有相当大的讨论空间。

7.7 总结

文本频率和语法化之间存在某种关联，这是目前学界的主流意见。在 Bybee 的观念里，语言单位的高文本频率不仅会引起保守、紧缩和自动化三种效应，而且被看成语法化的重要机制。因为缺乏更有针对性的论述和证据，这一观念里的"语法化以高文本频率为机制"（即"笼统频率观"）的说法遭到了部分学者的质疑。最关键的质疑是 Bybee 等人忽略了这样的事实，即并非语法化项的所有文本频率都直接推动语法化（即"差异频率观"），因此对于能够推动语法化和不能够推动语法化的文本频率未予区分。持差异频率观的学者们对于"什么样的文本频率对语法化有推动作用"这一问题的回答也不一样，目前有"临界频率"和"相对频率"两种说法，两种说法都有待从跨语言视角进一步论述。高文本频率对语法化项获得新功能/意义的推动是有前提的，其中一个重要条件就是 Bybee 等人所说的高文本频率的"自主性效应"（即语法化项语义透明度降低）。自主性效应对解释多语素语法化项的变化是合适的，而对单语素语法化项来说，高文本频率的一个后果应该是意义泛性的增强。语义透明度降低的多语素语法化项和意义泛性增强的单语素语法化项，如果以一定频率在特定类型的环境中使用，就有可能发生语法化。如对差异频率观里的临界频率假设而言，这种特定类型的环境就是临界环境，其特点是有导致新意义/功能产生的语用推理条件。从这个意义上讲，或许"笼统频率观"和"差异频率观"的结合，是揭示"频率－语法化"关系的关键。

思考题

1. 笼统频率观所主张的语法功能/意义产生机制有几种？这几种机制的解释力怎么样？

2. 笼统频率观有关高文本频率在语法化中的作用的理论很有价值，但似乎也有未及深入讨论的课题。这些课题有哪些？

3. 笼统频率观不仅存在理论上的误区，而且碰到了实证上的挑战。这是否足以说明笼统频率观有必要予以重新打磨和调整？

4. 差异频率观有两种路子，其异同体现在哪几个方面？

5. 笼统频率观和差异频率观有没有整合的基础？整合的频率观是不是在预测力和解释力两方面都得到了增强？

第八章　语法化单向性和去语法化

8.1　引言

语法化理论的一个重要假定是,语法化这一产生功能性单位的历时演变是单向性的。语法化单向性问题由 Givón (1971)最早提出,较早讨论语法化单向性问题的著述还包括 Givón (1975)、Langacker (1977)和 Vincent (1980)等(参 Haspelmath 2004)。单向性被广泛地认为是语法化的一个基本原则(Joseph 2005:3),而且是形态句法演变最重要的制约因素(Haspelmath 2004)。把单向性看成一个"原则",就意味着语法化演变一般不能逆反,而且这种演变通常涉及某种损耗,如意义、形态句法特征、形态独立性及语音材料上的折减;而如果把单向性认定为一种"假说",就会容许一些逆向的变化,即意义/功能和形态句法特征等的增加,但同时必须意识到,这种逆向变化是罕见的(见 Norde 2009:49)。

过去几十年来,学界对语法化单向性的质疑声一直存在。学界讨论的核心问题有三个:

i. 语法化是否可逆?
ii. 如果可逆,表现形式是什么,比如是孤立个案,还是有其规律性?
iii. 如果可逆,对语法化理论观念有什么影响?

本章将详细介绍去语法化现象的特征和具体类型,同时对学界关于以上三个问题的讨论予以梳理和评析。

8.2 关于语法化单向性

语法化单向性的内涵很丰富,而且背后有着具体参数的支撑。

8.2.1 "语法化单向性"的内涵

按照 Hopper & Traugott(2003:100)的说法,假如 A 和 B 为两个历时阶段,A 先于 B 出现而不是相反,那么从 A 到 B 的演变就是单向性的。具体到语法化演变,其单向性指的是这种历时演变的方向通常是从词汇性程度高到词汇性程度低,或者从语法化程度低到语法化程度高。语法化单向性可以较直观地表述出来,如 Lehmann(1995[1982]:13)提出的如下语法化刻度:

(孤立性)＞ 分析性 ＞ 多式综合－黏着 ＞ 多式综合－屈折 ＞（零）

学者们更主要地是从语法化项的角度来观察语法化单向性的,多着眼于语法化项在语音、形态句法和语义语用特征等方面的变化。以下是学者们经常讨论的语法化单向性特征变化:

语音:语音材料融蚀
形态－句法:去范畴化；范畴性征弱化；实词性征减弱；功
　　　　　能性/语法性增强；内向依附性增强
语义－语用:实义性丢失或减弱('语义虚化')

对这些特征变化的讨论多见于语法化窄化观的著述。从语法化扩展观视角看,语法化单向性还应该包括语法化项语义语用环境的扩展。

通常一个具体语法化个案只会涉及一部分单向性特征变化,集以上所有变化于一身的例子并不常见。如汉语处置标记"把"的语法化并没有出现语音材料的融蚀,而在由汉语量词"个"到助词

"个"的语法化过程中,功能性/语法性增强和内向依附性增强等现象都没有出现。语法化是一个渐变、具有连续阶段的过程,以上特征变化的出现,往往和语法化的具体阶段有关——发展阶段越晚,涉及的特征变化可能也越多。

8.2.2 语法化单向性的表现

语法化单向性体现在多个方面,不同学者在讨论语法化特征时,关注的可能是单向性的不同侧面。如 Heine,Claudi & Hünnemeyer(1991b:2)把语法化定义为"一个词汇单位或者结构担负起语法功能,或者一个语法单位担负起更具语法性的功能"的变化。Haspelmath(2004)的语法化定义是"基于形态句法形式的变化,即由词汇性词项到功能词项,由功能词项到附着词,再由附着词到词缀这样的过程,简言之,即内向依附性不断增强的语言单位的形成"。Kiparsky(2012:5-6)把这两个定义都看成功能学派的代表性语法化定义,但指出这两个定义着眼的是语法化单向性变化的不同方面:Haspelmath(2004)着眼于语法化项的形式(或形态句法地位)变化,而 Heine,Claudi & Hünnemeyer(1991b)的关注点则是语法化项的功能变化。

Hopper & Traugott(2003)对语法化单向性作了系统的解读。这份研究从"语法化环境-语法化项"互动的角度出发,同时把语法化演变的阶段性纳入考量,将语法化单向性特征概括为"泛化"和"去范畴化"两种。以下内容是对 Hopper & Traugott(2003)及 Himmelmann(2004)相关论述的概括和评析。

8.2.2.1 泛化

Hopper & Traugott(2003)特别强调的是,泛化不等于意义的虚化;在语法化的早期,通常并不发生意义上的虚化。泛化和虚化不等同的事实在一些次级语法化过程里体现得很清楚,如以下这几个汉语语法化个案:

个$_量$ > 个$_助$

"过$_1$"(表完毕义助词) > "过$_2$"(过去曾经义助词)

"着"(持续体标记) > "着"(进行体标记)

在这几个个案中,语法化项和语法化成项均为功能性单位。关键是,每一个个案中的语法化项和语法化成项的语法化程度高低都难以清楚分辨,而意义上的虚实程度差异,更是无法区别;但是从语法化输出端看,用法增多了,说明泛性程度提高了。Hopper & Traugott(2003:101)对泛化的定义是:

> 泛化是这样一个过程:一方面以语言单位多义性增加为特征,另一方面以语素从词汇性到语法性或者从语法性较低到语法性较高这样的范围增加为特征。

就是说,泛化体现在意义和语法功能两方面。回顾一下 Himmelmann(2004:32—33)的语法化定义,即语法化以"环境扩展"为特征,具体包括如下三个层面:

i. 同构项扩展,即能与语法化项搭配的成分类型的增加。
ii. 句法环境扩展,即语法化项分布环境从核心论元位置扩展到核心以及边缘成分的位置。
iii. 语义—语用环境扩展,即语法化项可分布于语法化变化发生之前所不能出现的语义—语用环境中。

这一定义背后的基本理念应该就是语法化存在意义和语法功能两方面的泛化。

先看意义泛化。在 Hopper & Traugott(2003)看来,意义泛化即多义的产生,或者说,就是意义的拓展。这种拓展的背后是语法化的并存原则,即新义产生之后,旧义不一定马上消失,而是和新义共存。这从语法化链身上可以看得非常清楚。再拿前面提到的几个汉语例子来说,"个$_{量}$"来源于名词"个$_{名}$","个$_{量}$"的产生是在"个$_{名}$"基础上意义范围增加的结果。从"个$_{量}$"演变到"个$_{助}$"以后,"个"的意义拓展程度更进了一步。同样道理,表完毕义的助词"过$_{助}$"是趋向动词"过$_{趋}$"语法化的结果。从"过$_{趋}$"到"过$_{1}$",再从"过$_{1}$"到表过去曾经义的"过$_{2}$",意义拓展的趋势非常清楚。对于意义泛化,Hopper & Traugott(2003:103)作出了如下总结:

> 随着语法化的进行，意义通过发展各种多义用法来拓宽其范围。取决于分析的方式，这些多义用法可能非常细腻。只有当被整体地看待时，这些用法才似乎呈现出意义上的弱化。可以郑重声明的事情，并不是泛化后会发生语义虚化，而是在语法化过程中一般不会发生导致语义窄化的意义变化。

就是说，语法化演变通常都会伴随着范围拓宽意义上的泛化。Himmelmann（2004）语法化定义中的"语义－语用环境扩展"就是一种意义泛化，只不过作者的观察视角是语法化项所能出现的语义－语用环境的变化。Himmelmann（2004：33）主张，"语义－语用环境扩展"是语法化的核心特征，这和 Hopper & Traugott（2003）所言意义泛化在语法化中具有普遍性是一致的。

再来看语法功能泛化。语法功能泛化就是语法化项在特定环境中重新分析后，能够出现在更宽泛的环境里，为更广的形态句法目的服务。在 Himmelmann（2004）的语法化扩展观（即"基于结构的语法化观"）里，语法功能泛化理念对应于"同构项扩展"（即能与语法化项搭配的成分类型的增加）和"句法环境扩展"（即语法化项分布环境从核心论元位置扩展到核心以及边缘成分的位置）这两个层面。这两种扩展都有着一定的规律性，但相关研究都比较薄弱。彭睿（2017；2020：90）指出，Himmelmann（2004）对于同构项变化的论述只是概略性的，一是没有明确界定"同构项"的内涵，只是把它笼统解释为和语法化项搭配的成员，二是简单地把同构项变化概括为"扩展"。彭睿（2020：92－101）指出，同构项变化可以具体归纳为两种基本方式：

i. 同质性扩展
　语法化项的初始同构项和新增同构项属同一语法范畴。
ii. 异质性替换
　语法化项的初始同构项和新增同构项属不同语法范畴。

这里的"初始同构项"即语法化项在语法化起始阶段的搭配项。"同质"指的仅仅是语法范畴相同或相近；同质的同构项成员可能属于不同的语言单位类型（如语素、词、短语和句子等）。同质性扩展以处置式标记"把"和动态助词"过"（包括表完毕义的"过$_1$"和表过去曾经义的"过$_2$"）语法化过程中同构项的变化方式为典型例子，而异质性替换以"个"从量词到助词以及"得"由获得义动词到助词的演变为代表（详见彭睿 2017；也见本书第三章）。

Himmelmann认为"语义－语用环境扩展"是语法化过程的核心特征，而同构项扩展和句法环境扩展两个层次都是非核心特征（2004：33），因为这两种变化未必会发生，即缺乏普遍性。就是说，伴随语法化演变的语法功能泛化不必然发生。这是语法功能泛化不同于意义泛化的地方。

8.2.2.2 去范畴化

去范畴化是语法化的一个重要参数（详见本书第三章），也被一些学者看成一个语法化原则（详见本书第四章）。本书第四章提到，Hopper（1991）把去范畴化定义为这样的过程，即"发生语法化的单位易于丧失名词或动词这两类主要范畴的形态标记或者句法特性或使之中性化，并且承担诸如形容词、分词及介词等次要范畴的特征"。相应地，Hopper & Traugott（2003）对去范畴化的讨论也限于主要语法化。Heine & Kuteva（2007）和 Heine & Narrog（2010）拓宽了去范畴化的范围，把这一原则定义为作为词汇项或者其他语法化程度低的语言单位特性的形态句法特征的丢失，这样就同时涵盖了主要语法化和次级语法化。和主要语法化相对应的去范畴化即从主要语法范畴（名词、动词和形容词）到次要语法范畴（副词、介词、连词和助词等）的演变，属于范畴的降类，如汉语例子中从持握义动词"把"到处置标记"把"，以及从遭受义动词"被"到被动标记"被"等，都较为典型。和次要语法化有关的去范畴化相对来说更为复杂，主要有两种类型：

i. 语法化项的范畴类别发生变化，如汉语里从"个$_量$"演变为"个$_助$"的个案。

ii. 语法范畴典型性降低，即语法化项或许并不改变其语法化范畴类别，但可能因其相关特征的失落而降低其在范畴中的成员地位,如从核心成员变为边缘成员。

类型(i)较为常见。这种类型的关键是语法化项发生范畴转变。类型(ii)的整个过程未必明显地伴随范畴的降类。从表完毕义的助词"过₁"到表过去曾经义的"过₂"的演变,以及从持续体标记"着₁"到进行体标记"着₂"的演变等汉语个案,都是类型(ii)的典型例子。两种类型一样,输入端和输出端的语法化程度差异难以清楚分辨,这在类型(ii)里尤为显著。

8.2.3 语法化单向性的附带现象

除了泛化和去范畴化,Hopper & Traugott(2003)还讨论了语法化单向性的几个附带现象。作者所说的附带现象,包括择一、裂变和更新三种变化过程。择一和语法化项的语义、语法功能泛化都有关联,指的是编码相同功能的语法手段的减少或者单一化。裂变指的是语法化发生后,语法化项保持其原来特征和状态、和语法化成项并存的现象,包括两种类型:词汇单位发生语法化演变后,其源形式仍可保持为词汇项,不排除发生新的语法化的可能;功能单位发生语法化后,其源形式也可能保持原来的特征和状态,甚至发展出新的功能手段。如果功能单位的语音越来越窄化、意义越来越泛化,难以满足表达需求,一个常见的现象是更新,即既有语法意义以新形式(如复合结构式)来表达(详见本书第四章)。

8.3 去语法化:事实和争议

本章的另一个核心问题是,既然存在语法化单向性问题("原则"或"假说"),那么逆反语法化的历时形态句法演变是不是真实存在?Lehmann(2015)[①]最先注意到了这个问题,提出了"去语法化"的概念。本章8.2.1节提及了"(孤立性)>分析性>多式综

[①] 准确说,"去语法化"这一概念最早出现于这本著述的第一个版本 Lehmann(1995[1982])。

合－黏着＞多式综合－屈折＞（零）"这一语法化刻度。Lehmann（2015）的说法是，所谓去语法化，就是沿这一刻度表逆反方向发生的演变过程，而这一过程应该是不存在的。然而，后来的跨语言研究已经证实，去语法化个案的确存在，只不过数量不多。

8.3.1 "单向性假说"受到的质疑

长期以来，学界对语法化单向性假说的质疑声一直存在（如Newmeyer 1998；Campbell 2001；Janda 2001；Norde 2001；Joseph 2005）。遭到质疑的主要是两个方面。第一个方面是单向性假说存在逻辑性漏洞。最关键的一个理由是，"单向性"这一特征已经被学者们嵌入语法化定义里了。换言之，很多学者就是以"单向变化"（词汇性＞语法性，低语法性＞高语法性）来定义语法化的。如以下这些代表性的语法化定义都是如此：

 i. 语法化主要是"语素的范围从词汇性到语法性或者从低语法性到高语法性的提升过程，例如，由派生性构型成分演变为屈折性构型成分"。
 （Kuryłowicz 1976[1965]）
 ii. 语法化是"结构图式某一局部的内向依附性"增强的变化。
 （Haspelmath 2004）
 iii. 语法化是"词汇单位或者结构担负起语法功能，或者语法单位担负起更具语法性的功能"的变化。
 （Heine，Claudi & Hünnemeyer 1991）

在这几个定义里，单向性的意涵清楚地在定义本身的表述中体现了出来。Janda（2001：294）指出，如果"单向性"特征是语法化定义中的一部分内容，那么语法化单向性假说就是一种"重言式"（或"恒真式"）逻辑，即在任何解释下皆为真的命题。言下之意是，这样的假说或规律价值几何值得怀疑。对于这种具有挑战性的质疑，语法化理论家们的确无法回避，有必要予以认真回应，同时更精准地归纳语法化演变的核心特征。

学界争论较多的是第二个方面，即逆反语法化的演变的跨语言存在。研究表明，不遵循单向性假说的演变现象的确存在。如果逆反语法化演变的例子跨语言地被发现，无论其性质是什么、数量上有多少，都是语法化单向性假说乃至整个语法化理论框架所必须正视的。

8.3.2 去语法化现象

自从 Lehmann（2015）提出"去语法化"这一概念以后，不论是语法化理论家还是质疑语法化理论的学者，对此都给予了相当程度的关注。在这些学者中，要特别提到的是 Muriel Norde 和 David Willis。两位学者的研究成果，如 Norde（2009，2010）和 Willis（2007，2017）等，都极大地深化了去语法化研究，在学界产生了广泛的影响。

8.3.2.1 去语法化的内涵

学者们对去语法化的内涵有着不同的解读，对于这一过程和语法化之间关系的理解也不尽一致（详见 Lindström 2004：109－118）。但这些不同见解起到的作用是一样的，即都能够启发语法化理论家更清楚地检视语法化现象和语法化理论框架。按照 Willis（2017：29－30）的说法，早期的去语法化研究中，通常只要一个语言单位在演变的前一时间点是语法性的，而后一阶段被用作词汇性单位，就可判定为去语法化的例子；然而，由于没有把变化的具体过程考虑进去，这一做法并不能界定出一个具有一致性特征的演变类型来。如 Lehmann（2015：18）提到了 Kuryłowicz（1976[1965]）所举的一个例子：原始印欧语中 *-a 是一个派生性名词后缀，表集合意义。在拉丁语里，*-a 被语法化为中性名词复数标记，如 *ovum*（'egg'）是单数，而 *ova*（'eggs'）是复数。在意大利语里，拉丁语的中性名词变成了阳性，复数标记为-*i*, -*a* 被重新用成派生性集合义词缀，如 *muro—mura*（'wall'）和 *uovo—uova*（'eggs'）。所以 Kuryłowicz 的结论是，意大利语的-*a* 由复数标记到派生性词缀的演变是逆反语法化的。对此，Lehmann（2015：19）的评论是，类似个案并不可靠，因为能产性极低；另外，这样的个案并没有真正经历以语法性程度更高的屈折阶段为起始点的逆向发展，不过是其早前阶段的延续。如意大利语的 *uova* 其实是拉丁语 *ova* 的进一步发展，而不是现代意大利语复数 *uovi*（'eggs'）的替代形式。

由以上例子可见，具体历时演变个案是否属于语法化的逆反过程，单凭一些表面上的特征变化，可能难以清晰判断。这说明讨论出一个既能够准确刻画去语法化本质特征、同时又容易被大家所理解的去语法化定义来，是非常有必要的。Lehmann（2004：155）指出，语法化是语言符号"丧失自主性而变得更受限于语言系统"的过程，而且以语法化项自主性减弱为特征。以这一语法化定义为参照点的话，去语法化演变就应该以"语言符号自主性增强、摆脱语言系统制约"为特征。Norde（2002：47—48）把去语法化定义为这样的过程："在语法化斜坡上从右而左转移的语法性变化。"为了凸显跟 Lehmann 的语法化定义相逆反的特点，Norde（2009：126）把去语法化的定义调整如下：

> 去语法化是语法素于特定环境中在多层次上（语义、形态、句法或语音）自主性或语音材料获增强的综合性变化。

调整后的定义在表述上更为细致和缜密。

根据 Willis（2017）的归纳，理论上，去语法化对语法化的逆反有两种方式：

> 方式Ⅰ：语法化成项"原路折返"，回到其发展过程中的某个早期阶段。

这种方式在 Haspelmath（2004）里被称为"表征逆反"，而在 Askedal（2008）里被称为"词源范畴逆反"。

> 方式Ⅱ：和语法化总体方向相反的变化趋势。

这种方式在 Haspelmath（2004）里被称为"类型逆反"，而在 Askedal（2008）里被称为"非词源类型逆反"。

Haspelmath（2004）和 Askedal（2008）都认识到，对第一种逆反方式的讨论无太大意义。学界关注更多的是第二种方式，即从语法化斜坡的右侧向左侧转移的变化（Norde 2010：129），也就是沿着"词缀＞附着成分＞词汇性成分"方向的演变。Willis（2017：29）指出，语法化通常被看成在功能、形式和意义三个层面降级的历时变化：

   i. 功能（句法）层级：词汇性（名词，动词等）＞功能/语法性（限定词，时，体等）
   ii. 形式（形态语音）层级：自由语素＞附着成分＞词缀
   iii. 意义层级：具体（词汇性）意义＞抽象（语法性）意义

所以，按照 Willis 的解读，"逆反语法化演变"的意思，就是促成语法化的机制和驱动力同样导致语言单位在以上三个层级上发生和语法化方向相反的变化。这种变化属于 Haspelmath（2004）所说的类型逆反。

在本章余下内容中，去语法化指的都是类型逆反。

8.3.2.2 去语法化的特征

按照 Willis（2007：273）的梳理，去语法化可能呈现出五种逆反语法化的特征：①

   i. 语音"增强"；
   ii. 沿语法化斜坡右向的边界重新分析：词缀＞附着词＞独立词；
   iii. 从语法性（介词、代词、冠词等）到（更具）词汇性（名词、动词、形容词）的范畴重新分析；
   iv. 由抽象到具体的隐喻性转移（"反向隐喻"）；
   v. 由抽象到具体的语用推理。

其中特征（iii）涉及了范畴重新分析和语用推理（2007：276）。作者指出，以上逆反语法化的特征中，最核心的是（ii）和（iii），分别称为"去屈折"和"句法性词汇化"（2007：273，278）。

Willis（2007：273）指出，既是语法化的逆反，那么推动语法化的过程细节必须部分或全部地在去语法化演变中有所体现，只

---

① 取决于学者们对"去语法化"的理解，这些逆反语法化的特征并不都被学界认同。例如，在 Haspelmath（2004）看来，只有（ii）是唯一的真正去语法化现象。

不过变化结果和语法化是相反的。语法化演变具有历时连续性，理论上，逆反语法化的过程也应该具有类似的特征。因此，Willis（2017：30）更具体地指出，去语法化实例"须展示前后两个阶段之间的连续性"，如中间阶段；按照这一标准，诸如"零派生"和"元语言性升级"这样的情形都应排除在去语法化之外。拿零派生来说，这种演变又称"转类"，指的是词项无需形式上的显性变化即可变更范畴类型或改变其他特征，通常是没有方向性限制的构词过程。作者指出，这种情形在孤立语中尤为突出，如英语中的名转动（名词 *dog*，*cloud*，*water* 等）及形转动（形容词 *cool*，*blind*，*slow* 等），都是典型例子。零派生中在表面上和去语法化最接近的是语法性范畴变成词汇性单位的情形，如英语动词 *down*（*down a beer*）、*out*（*out a celebrity*）和 *but*（*don't you but me!*）。但是，这种情形，尽管输入端为语法性范畴，而输出端是词汇性单位，并不属于去语法化。究其原因，这一过程并不是既有语言单位的渐变，缺乏过渡环节。黏着语素的元语言升级，如英语的 *isms*，*ologies* 和 *teens* 等，通常是一个有意识的创造性的过程。最关键的是，这种过程也缺乏中间阶段，所以同样不宜归入去语法化范畴。

8.3.3 去语法化的类型

去语法化并非一种均质的演变现象。深入了解去语法化过程的一个重要步骤，是弄清其具体演变方式有哪些。Norde（2009，2010）把去语法化细分为三个类型："去语法""去屈折化"和"去黏着"。Norde（2011：476）指出，"去语法"是主要语法化的逆反，定位为"主要去语法化"；而"去屈折化"和一部分"去黏着"是次级语法化的逆反，可看成"次级去语法化"。去语法化的三种类型都不常见。作者指出，相对来说，去黏着出现频次较多，而去屈折化最为罕见（Norde 2011：482）。

以下对去语法化三个类型的介绍（包括例证）均摘引自 Norde 著述中的相关讨论。

i. 去语法

Norde（2009：135；2010：138－139）把"去语法"定义为这样的过程："功能词在特定语言环境中被重新分析为某种主要词类的成员，同时获得该词类典型形态句法特征，并在语义内容上得到增强的综合性变化。"去语法以如下例子为代表：

加拿大滑特卢郡的宾夕法尼亚德语
　　过去虚拟情态 welle 'would' ＞ 动词 wotte 'to wish'
（Burridge 1998）

古斯拉夫语
　　něčito 'something' ＞ 保加利亚语 nešto 'thing'

中世纪威尔士语
　　介词 yn ôl 'after' ＞ 动词 nôl 'to bring'

"去语法"的输出端为动词、名词或形容词。

ii. 去屈折化

按照 Norde（2009：152；2010：140）的定义，"去屈折化"指的是"屈折词缀在特定环境中获得新功能，同时转移至黏着程度较低的语素类型的综合性变化"。这种变化就是从语法化程度高的黏着语素（即屈折词缀）到另一种语法化程度低的黏着语素（即派生词缀或附着成分）的过程，以学者们讨论过的如下个案为典型例子：

英语、丹麦语、挪威语和瑞典语等
　　阳性/中性单数属格标记-(e)s ＞ 前附性 s

古瑞典语
　　阳性单数主格标记-er ＞ 现代瑞典语派生性名词化后
　　缀-er

夸匝语
　　屈折性感叹标记-ni ＞ 派生性原因标记-nĩ

"去屈折化"的输出端为派生词缀或附着成分。

iii. 去黏着

Norde(2010：142)说得很清楚，"去黏着"就是"黏着语素在特定环境中成为自由语素的综合性变化"。这一类去语法化方式的内部差异最大。原因很清楚，"去黏着"的输入项既可能是屈折性的，也可能是前附性和派生性的。其中屈折性和前附性输入项的去黏着个案是人们最常提及的，如：

北部萨米语
  haga 离格后缀＞后置词
爱尔兰语
  muid 第一人称复数动词后缀＞第一人称复数代词

作者提到，去黏着演变的一个重要共同特征是，变化前后语法功能不变。

三个类型中，去语法在不同类型学特征的语言里都有发现。去屈折化和去黏着的价值则都可能需要进一步澄清。去屈折化和去黏着有两个共同问题：

第一，二者的跨语言适用性都有局限。这两类去语法化如果存在，最有可能发生于屈折形态丰富的语言里，孤立语里应该不容易见到。

第二，二者都面临着和"扩展适应"（详见本书第十章）相区隔的问题。

按照 Van de Velde & Norde(2016：27)的定义，"扩展适应"是一种功能特征被"跳跃性地"选择来表达某个"和其原本功能无直接关联的新功能"的现象。如柬埔寨语无意义的音串"元音＋$m(n)$"最后变成有意义的中缀，就是一个典型例子。Traugott(2004：151)指出，发生扩展适应的语言单位或材料既然处于语法化斜坡的末端，其变化方向就只能是逆反语法化，属于"语法化单项性原则的反例"。Ramat(1998：123)的观点是，扩展适应对单向性假说构成"严重的挑战"（也见 Narrog 2007 和 Haiman 2017 等）。因此，扩展适应和去语法化（主要是去黏着和去屈折化两类）在概念上无可避免地存在一定的纠葛。单从输入端上看，去黏着和去屈折化个案是难以和扩展适应清楚区分开来的。如果着眼于变化过程，两种去语法化类别和扩展适应的差异或许可以看清，因为去语法化是一个渐变的综合性过程，而且也是由语用推理驱动的（Willis 2007），和具有跳跃性特征的扩展适应形成了鲜明的对照（稍详细讨论见本书第十章）。问题就在于，学界所提到的那些去屈折化和去黏着个案，是不是都可以清楚地确定为语用推理驱动的结果，如果不可以，再加上相关语言单位或材料不常用，则不能排除是语言单位或材料跳跃性地、无预料性地被征用来表达新功能的扩展适应个案。

此外，如果去语法化被定性为一种"综合性变化"，那么去黏着能否算作去语法化呢？这在学界是有争议的。如Askedal（2008）指出，一些个案中，黏着语素仅仅是因为类型或/和句法上的重新配置而获得组合上的独立性，但并没有脱离封闭的语法类或者具有抽象功能性质或语义性质的成员的范畴。对此，Norde（2010：130）的解释是，有的去黏着个案既有形式特征变化，也有功能特征变化，应该可以算作去语法化演变；有的个案要么只涉及形式变化，要么只涉及功能变化——即使是这类个案，也应算作综合性变化，因为其中既涉及构词法也涉及句法。

8.3.4 去语法化现象对语法化单向性假说的影响

不论是支持语法化单向性假说还是对它持质疑态度，都必须正视这样一个事实，即语法化和去语法化数量悬殊（见如Ramat 1992；Traugott 2001；Lehmann 1995[1982]；Newmeyer 1998；Heine, Claudi & Hünnemeyer 1991b；Heine 2003；Brinton & Traugott 2005；Haspelmath 1999, 2004）。如Newmeyer（1998：275—276，278）声称，90%的语法变化是符合单向性假说的；而Haspelmath（1999：1046）也指出，在"词汇－语法"连续统上99%的变化属于语法化（参Heine & Narrog 2010：403）。

去语法化现象既然数量稀少，对语法化单向性假说有无影响呢？学者们大致有两种观点。

一种观点是，去语法化现象缺乏系统性而且罕见，因此对语法化单向性假说并没有什么影响。如 Heine，Claudi & Hünnemeyer（1991b：5）认为，去语法化在数量上是微不足道的。Haspelmath（1999，2004）也认识到，去语法化的个案在数量上极度受限。Heine（2003：175）指出，去语法化不过是一些缺乏共性、无法跨语言复制的演变，这一点和语法化很不相同。对于去语法化现象的存在，Traugott（2001）、Heine（2003）、Brinton & Traugott（2005）和 Haspelmath（1999，2004）等则承认，语法化单向性有少数例外。Haspelmath（2004）指出，文献中讨论过的去语法化个案，多数并未显示出逆反语法化的特征来；这些个案中真正可以被称为去语法化现象的数量极少，而且不同个案相互之间缺乏一致性，并不宜用"去语法化"这一术语来统称。作者提出，语法化的逆反过程应该是"反语法化"，即逆反"篇章＞句法＞形态"的任何演变，意指从语法化过程的输出端到输入端，同时和语法化过程有着相同中间阶段的演变。作者举例说，从格后缀经由后置性附着成分再到自由的后置词的过程，就是一个典型反语法化过程。①

另一种观点是，必须正视去语法化现象对语法化单向性假说的影响。更具体地说，根据 Heine & Narrog（2010：403）的归纳，持这种观点的学者在态度上还可以分两种情况：

i. 既然存在去语法化，那么语法化单向性假说就是不成立的。

ii. 语法化单向性大体上可靠，但不是绝对的。

持第一种态度的学者（如 Campbell 2001）甚至对语法化（作为现象

---

① "反语法化"这一术语是否比"去语法化"更为精准，有很大的讨论空间，原因有二。第一，Norde 和 Willis 的去语法化定义不仅涵盖了 Haspelmath 所定义的"反语法化"的内容，而且更丰富。第二，Haspelmath（2004）还指出，在"反语法化"发生前后，反语法化项所在的结构式保持一致，正如语法化前后语法化项所在结构式虽然经历了特征的渐变，但并未成为一个新结构式一样。作者对语法化所在结构式如何变化的状态是不够准确的。如本书第二章和第六章介绍过的彭睿（2008）讨论的"临界环境－语法化项"关系的两种基本模式，其中基本模式 II 的一个重要特点就是语法化项所在结构式的"框架关系"（包括"语义语用特征集"和"形态句法特征集"两方面）并不保持恒定，也就是产生新结构式（也见彭睿 2020：75－79）。

和作为理论框架)的存在价值都表示质疑。第二种态度在一定程度上影响了语法化理论家对语法化的认知。如 Hopper & Traugott (2003：132) 承认语法化现象存在一些"反例",但认为这些反例发生频次低,所以对语法化单向性假说不构成负面影响。然而,正是因为这些数量少、频次低的反例的存在,两位作者都只是把具有单向性特征的语法化定义为一种语法演变的"强烈倾向",而非一个原则。Haspelmath (2004：23) 的处理方式稍异,是把语法化单向性从"绝对普遍性"规律降格为"统计意义上的普遍性"规律。

去语法化真实地存在,尽管其发生概率低、数量少而且缺乏跨语言规律,也是学者们无法忽视的。例如,对于以上 (i) 和 (ii) 两种态度,Norde (2010：125) 的解读是,尽管一些主要的语法化理论家(如 Heine, Bybee, Traugott 和 Lehmann 等)对语法化是否可逆持保留态度,去语法化作为一种独立的演变现象已获学界广泛认同。去语法化现象的理论意义也引起学者们越来越多的关注。Ramat (1992：553) 也指出,去语法化数量虽少,并不意味着这一现象的存在是无意义的;人们仍需要回答这样一个问题,即为什么在自然语言里,语法化和去语法化这两种相互逆反的演变能够共存。van der Auwera (2002：26) 则指出,去语法化应该获专门研究,而不是被当作语法化演变的例外来对待。随着人们对去语法化现象重视程度的提高,学界逐渐涌现出了一些具有跨语言视野及理论深度的研究成果,前文提到的 Willis (2007, 2017) 及 Norde (2009, 2010, 2011) 就是其中的典型代表。

8.4 语法化和去语法化的异同

"去语法化是语法化的逆反变化过程",这样的说法是目前的主流观点,但比较笼统。研究表明,去语法化和语法化既存在明显的差异性,也有一定相似处。Norde (2011) 对去语法化和语法化的异同进行了讨论。

8.4.1 去语法化和语法化的相似处

根据 Norde（2011：476—477）的归纳，去语法化和语法化在如下几方面存在相似处：

i. 都是综合性变化，即不同层次（语义、形态、句法和/或语音）的基本变化。一般来说，形式（语音、形态和/或句法）和意义都会改变，但也存在仅有形式发生改变的个案。
ii. 都是渐变的，由一系列微幅变化组成。
iii. 都产生新语法素或结构。
iv. 都在一定环境内发生，是语法素功能的变化。至少在变化初期，发生演变的语法素所在结构式的性状以及该语法素在结构式中的位置都保持不变。

语法化是由语用推理驱动的，而 Norde（2011）没有提及的一个问题是，去语法化是否也以语用推理为驱动力。这一问题在 Willis（2007，2017）里有着清晰的答案，即变化方向和语法化相反但同样经历了中间阶段、同样以重新分析为机制并且由语用推理驱动的演变现象的确存在。Willis（2007：294）和 Willis（2017：32）都提到了威尔士语"取"义动词 *nôl*（fetch）的产生这个例子。中古威尔士语介词 *yn ol*（after）裂变成两个词项，一个沿正常语法化路径产生了介词 *yn ôl*（according to），另一个变成了动词 *nôl*（fetch）。从介词 *yn ol*（after）到动词 *nôl*（fetch）是一个典型的去语法过程，经历了桥梁环境，如以下例子：

（1）中古威尔士语

Dos   yn ol   y   marchawc   a   aeth
go. IMP   after   the   knight   REL   went.3SG
o dyma   y'r   weirglawd ...
from. here   to-the   meadow
'Go after the knight who went away from here to the meadow ...'

这个例子具有语用推理条件：*go after something*（'追赶某种东西'）可能产生"追赶某种东西并将它拿回"（也就是*fetch*）这样的会话推理意义来。相应地，这个句子在结构上有两解，一是介词短语，另一是目的小句。这种重新分析的结果是逆反语法化方向的。用 Willis（2007：299）的话来说，这类过程和语法化是类同的，即以重新分析为机制，由语用推理驱动，而且涉及词汇意义的转喻变化，但结果（指演变方向）则和语法化相反。

如果动词 *nôl*（fetch）的产生过程具有代表性，那就说明，去语法化和语法化之间在以上四点之外还存在一个重要相似点，即以语用推理为驱动力。然而，并非所有被学者们认定的去语法化个案都如同威尔士语动词 *nôl*（fetch）的产生一样能够发现清楚的语用推理条件。因此，就目前的研究状况来说，要断言去语法化和语法化一样是由语用推理驱动的，尽管在理论上站得住脚，但证据上仍然是不充分的，原因是缺乏跨语言材料的检视。这一问题也是目前去语法化研究有待加强的地方。

8.4.2 去语法化和语法化的不同点

Norde（2011）提到，去语法化和语法化在如下几个方面存在差异：

i. 演变的方向性：语法化涉及意义损耗，而去语法化则涉及意义增强；语法化涉及句法固定化或构词上的合并，而去语法化则涉及黏合程度的降低或者句法自由度的增加。
ii. 发生频次：语法化发生的频次远比去语法化高，而且呈现出跨语言的规律性。
iii. 数个相连的语法化可以构成一个链条，而去语法化没有可能形成链式变化。

作者指出，以上三方面差异里面，（i）是最主要的。这不难理解，意义和形态句法变化的方向性对演变的定性具有决定性作用。（ii）和（iii）密切相关：去语法化之所以难以观察到链式变化，一个重要原因是其发生频次低。去语法化发生频次低的原因，将在本章 8.5 节里予以介绍。

　　Norde(2011)未提及的是，不同于语法化，去语法化缺少规律性。语法化具有跨语言的规律，体现为不同个案具有共同的参数和原则，也体现为众多跨语言相同或相似的语法化路径的存在，有的路径甚至是不论在地域上还是语言类型上都没有关联的语言所共有的(详见本书第六章)。从目前的研究成果来看，对去语法化来说，这种跨语言地相同或相似的路径是不存在的(Heine 2003：175)；甚至亲属语言之间也不容易发现共同的去语法化路径。拿本章 8.3.3 节提到的三种去语法化类型来说，没有证据显示那些个案，如古斯拉夫语"*něčito* 'something'＞保加利亚语 *nešto* 'thing'"(去语法)，巴西夸匝语"屈折性感叹标记-*ni*＞派生性原因标记-*nĩ*"(去屈折化)，北部萨米语"离格后缀 *haga*＞后置词 *haga*"(去黏着)，其背后存在跨语言的相似路径。

　　有学者讨论了跨语言性的去语法化路径。如罗耀华、周晨磊(2013)对汉语选择连词"抑"由疑问句句末语气词经去语法化变成选择连词的过程的讨论，颇有意义。这份研究指出，"抑"所经历的"疑问句句末语气词 ＞ 选择连词"的去语法化演变并非孤例。两位作者提到了四个类似例子，包括(i)元明时期北方汉语口语的准连词"那"，(ii)苏州方言准连词"勒"，(iii)甘肃、青海方言准连词"吗"，以及(iv)彝语选择连词(相当于准连词)da^{21}。这几个例子的共同特点是既有语气词功能，也有选择连词的特征。从罗耀华、周晨磊(2013)所提供的简要语料分析来看，可以肯定这四个准连词的确都同时有句末语气词和选择连词的用法，但仅凭这些语料无法确凿地证明这四个词都和"抑"一样经历了"疑问句句末语气词 ＞ 选择连词"的逆反语法化过程，或者正处于这一过程中。作者引用了宋金兰(1993)的例子来说明甘肃、青海方言准连词"吗"用法特点。甘肃、青海方言可用"吗"构成"A 吗 B"式选择问，例如：

　　(2) 我们走上去吗跑上去？我们走上去还是跑上去？

(转引自宋金兰 1993：32)

例(2)中"吗"是选择问句中前一选择肢的句末语气词。"吗"另外也有连词用法,主要是出现于"A 呢吗 B(呢)"式选择问句中,如:

(3) 你吃些呢吗喝些呢?你是吃一些还是喝一些?

(转引自宋金兰1993:32)

"呢"是语气词,因此(3)中"吗"不能再被分析为语气词,而是具有选择连词的功能。仅凭同一共时平面上"吗"两种用法共存的现象,要证实"吗"一定经历了"疑问句句末语气词>选择连词"的去语法化演变,证据稍嫌单薄。因为缺少历时语料的支撑,"选择连词>疑问句句末语气词"这种演变的可能性并不能被排除。其他几个准连词的情形与此相仿。关于彝语 da^{21} 既有语气词功能也有选择连词特征的事实,至少有两个问题需要澄清。一个问题是,彝语内部差异大,da^{21} 兼有语气词和选择连词功能的事实是不是在彝语内各方言里很普遍?另一个问题是,彝语和汉语长期接触,da^{21} 兼有两种用法的事实是不是语言接触的结果?如果第一个问题的答案是肯定的,而第二个问题的答案是否定的,那么 da^{21} 由语气词演变为选择连词的可能性是存在的,否则,这样的演变就难以成立。这两个问题在罗耀华、周晨磊(2013)里并没有讨论。

罗耀华、周晨磊(2013)这份研究的价值是毋庸置疑的——Norde 及 Willis 等的理论框架主要是建立在屈折语基础上的,对汉语方言及彝语等孤立语语料的分析,有助于人们更全面地思考去语法化的跨语言、跨方言共同路径问题。假如以上表选择的准连词来自疑问句句末语气词的说法属实,就说明去语法化并非完全无规律可循,相似的语法化路径或许在一定范围内(如类型学特征相一致的语言)存在。当然,这恐怕也不能改变这样的事实,就是相比语法化,去语法化现象罕见,总体上规律性不强。

8.5 语法化单向性的理论解释

去语法化现象发生频次低、数量少,和语法化现象相差悬殊,这是目前语法化理论家和去语法化现象研究者都不否认的事实。为这一现象找到一个合理的解释，是持不同立场的学者的共同目标。有不少学者尝试过回答这一问题，并且取得了一定进展，但也存在很多不足。这批学者包括一些质疑语法化独立理论价值的人，如 Newmeyer。Newmeyer（1998：276）对去语法化现象发生频次低的解释是，功能性单位（如词缀）比语音完整的单位发音更省力，所以如果其他条件相同，儿童会选择把动词重新分析为助动词，而不是把助动词重新分析为动词。这一解释的局限性很明显，没有触碰到问题的实质。其理论前提，即把语言能力的发展和创新限定于儿童语言学习阶段，本身就存在问题。儿童语言学习和语言历时演变之间到底有没有平行关系，学界一直有争议（见 Bybee & Slobin 1982；Milroy 1992；Labov 1994；Ravid 1995；Bybee 2010 等）；越来越多的研究支持这样的观点，即儿童语言和语言历时演变之间并无因果关联。[①]

　　本节将简单介绍并述评三份更有代表性的研究，Givón（1975）、Haspelmath（1999）和 Willis（2017）。三份研究的理论假定不同，观察角度有异，从中可以窥见学界过去数十年来在为语法化单向性进行理论解释方面所作的努力。

8.5.1　Givón（1975）

　　Givón（1975：96）认为，语法化的逆反过程罕见，这和"形式—意义"之间的像似关系密切相关。作者指出，假如一个动词丧失其语义内容而变成格标记，它同时也会丢失语音材料并且变成

[①] 长久以来，一部分形式学派和功能认知学派学者以儿童语言学习来佐证语言变化，笃信儿童语言学习在语言历时发展中扮演着重要角色。然而，学界也一直存在着质疑的声音。例如，Bybee（2010）指出，儿童语言学习和语言历时演变有同有异，体现在语音、构词法和句子三个层面上。Bybee 引用了 Baron（1977）的说法，指出影响语言历时发展的因素和影响儿童语言学习的因素并不完全等同。Diessel（2012）则指出，语言历时发展和儿童语言学习之间的关联只是一种巧合：因为二者背后的机制（如类推、固化和范畴化等）是类同的，所以变化类型有相似之处。关键是，儿童语言学习并非语言历时发展过程的简单映射，因为两者之间平行关系具有不均衡性：在屈折范畴身上体现得最明显，在语法标记和复合构式身上稍弱，在语音发展方面最弱。Diessel 的结论是，没有迹象表明儿童语言和语言历时演变之间有因果关联。

一个黏着词缀，最终完全融蚀为零形式。就是说，逆反语法化的变化过程之所以罕见，是因为语义内容的丧失很可能伴随形式上的紧缩——词项在形式上紧缩的同时语义上又得到增强，这种情形几无可能发生；同时，在交际中，形式缩减了的语素不太可能被用来承担句子信息内容中的关键部分。

Givón的解释思路很清晰，但缺陷明显，问题就出在作者试图以"形式－意义"像似关系来解释语法化的不可逆反性的做法。正如本书第五章所指出的，对语法化来说，这种像似关系并不普遍存在：

首先，Givón所说的"形式"指的就是语音形式。研究表明，在语法化过程中语法化项的语音形式不必然发生诸如紧缩这样的变化。如Bisang的系列研究及Narrog（2017）等都指出，东亚及东南亚大陆语言的语法化没有或者很少出现语音形式和意义共变的现象，而Schiering（2006，2010）及Arcodia（2013）的研究都显示，语法化项的语音紧缩独立于语法化过程。

其次，"形式－意义"像似关系和Bybee等提出的"平行紧缩假说"的道理是一样的。"平行紧缩假说"的解释力和预测力都受到了学者们的质疑，如Heine等提出了"意义先行假说"，指出在语法化过程中，形式和意义变化并不同步，意义变化应该早于形式变化。Bisang & Malchukov（2020）的跨语言调查则表明，"意义先行假说"和"平行紧缩假说"之间，前者更符合跨语言的实际情况。

既然对语法化来说，语法化项的语音紧缩并非一个界定性特征，具有普遍意义的"形式－意义"像似关系不存在，这种关系阻碍语法化逆反过程发生或者频繁发生的说法也就难以成立。Givón的观点虽然不排除对于解释一些具体个案有一定帮助，但应该不能被当成去语法化现象罕见这一事实的通常性理据。

8.5.2 Haspelmath（1999）

Haspelmath（2004）把语法化定义为"一个结构图式某一局部的内向依附性增强"的变化。这一定义背后的假定是，语法化所带来的形态句法形式变化,以语法化项自主性①的减弱及与其他成分相结合程度的增加为特征。基于这种理解,Haspelmath 对语法化不可逆反性的解释,如 Haspelmath(1999),就是围绕"形式紧缩＞形式伸展"这种历时变化的发生所碰到的交际困难来进行的,具体是以形式变化为观察视角或切入点,但以交际(语义语用)目标实现过程中的阻力为主要理据。

8.5.2.1　隐形推手假说

Haspelmath(1999)的关键理论基础是 Keller(1994)的"隐形推手假说"。Keller(1994)的隐形推手假说以基于使用的语言演变理论为基本框架,其基本主张是,语言变化是语言使用的"无意图性副产品"——就是说,语言变化虽不是说话人所刻意所为的,但却是由说话人的行为所导致的。Keller 对语言演变的解释包括四个方面(以下介绍摘自 Haspelmath 的归纳):

Ⅰ　特定事件发生的生态条件

　　a. 语法是一个无意识的处理程序:

　　　从最自由/最有意识性/表达最精细的一端到最受规则约束/最无意识性/最自动化的另一端,语言单位形成了一个连续统,两端的成分分别是完全词汇性和完全功能性(或语法性)的。

　　b. 基本话语意义:

　　　对于话语来讲,某些语言单位的意义普遍较其他意义更为基本,即更频繁地被表达(如"领有"及"工具"比"自行车"或"月亮"更基本)。

　　c. 频率和惯例化:

　　　高等生物认知处理上的一个普遍特征是,认知事件因频繁发生而使得处理过程变得更为轻易(惯例化,自动化),即完成同样过程所需关注力更少。

---

① Hapelmath 的"自主性"内涵和 Bybee(2006,2010)较为接近,指的是复合型单位理据性或/和可析性的丢失。Bybee 和 Lehmann"自主性"概念的差异见本书第一章 1.3.2 节脚注①的解释。

II 行为准则（即指引说话人语言行为的准则；具体名称为 Haspelmath 所加）
  a. 超级准则：以成功交际但尽可能少费力的方式说话。
  b. 明确性：以让人理解的方式说话。
  c. 简约性：以不费多余精力的方式说话。
  d. 一致性：以和他人一样的方式说话。
  e. 夸张性：以招人注意的方式说话。

III 隐形推手过程（即由个体说话人依循行为准则而开展的集体行为）
  a. 说话人在本可说 YA_FZ 之处说了 YB_LZ（准则 5）。（X_L＝词汇性成分；X_F＝功能性成分）
  b. 其他说话人也跟随他/她说 YB_LZ（准则 5 和 4）。
  c. B_L 在社区言语交际中使用频率上升，因为 B 的新意义对话语来说更基本（生态条件 Ib）。
  d. B_L 因其高频率而变得可预测性更高。
  e. B_L 因其高可预测性而导致发音方式被减缩（准则 2 和 3）。
  f. 因其高频率，B(现为 B_F)在说话人看来自动化和惯例化程度更高（生态条件 Ic）；自动化程序意味着与相邻成分合并、在特定环境中强制性使用、位置固定等；即 Lehmann（1995[1982]）的语法化参数。
  g. 经过习惯化，B 的意义在语用上不再具有显著性。

IV 待解释的内容
  表达形式 B_L 在语言的特定阶段曾经是词汇范畴，已经变成了功能范畴 B_F（伴随有各种语音、意义和句法变化）。

Keller（1994）的一个重要假定是，"隐形推手"过程是语言行为的一般性指导原则，是正常的语言行为不可违逆的。

8.5.2.2 Haspelmath 的解释

Haspelmath（1999）对隐形推手假说和语法化的关系进行了解释，概括如下：

i. 说话人的目标不仅是花最小力气就能被听话人理解，而且要以言语来进行成功交际。
ii. 成功交际可以用夸张形式达成。

说话人不仅意欲清楚表达，也希望其言辞富于想象力而且具有生动性，以便招引他人注意。隐形推手过程始于说话人的个别言语。说话人为招人注意，往往以新颖方式来表达旧事物，如以 *by means of* 来替代 *with*，而这种新颖表达方式通常属词汇性范畴。如果这一新表达方式替代的是语法性成分，那么它也会发生语法化，并最终变成语法性成分。

iii. 新表达方式发生语法化的前提是，个体说话人的创新必须先被其他人接受。

接受了创新形式的说话人一方面依循着"一致性原则"（II4：以和他人一样的方式说话），因为她/他与有言语创新行为的说话人同属一个社团，另一方面也遵从"夸张性原则"（II5：以招人注意的方式说话），因为对社团外的说话人来说，其言语行为仍然是异于正常方式的。

iv. 担负一般性话语功能的词汇项如果被高频率使用，其可预测性会相应增加。

可预测性的高低和对语音显著性的依赖是成反比的——可预测性越高，对语音显著性的依赖就越低，说话人发音不必清晰（"简约性原则"，II3：以不费多余精力的方式说话），因为遭误解的概率不高（"明确性原则"，即II2：以让人理解的方式说话）。这样，高频词项可以在语音上被缩减。

高频率使用也意味着惯例化和自动化程度的增加（生态条件Ic），就是说，在处理功能词项时，说话人无需有意识地提升注意力。作为惯例化的后果，功能词的使用具有强制性，而且位置固定，同时常常和与之同现而且有语义关联的相邻词项发生合并。

在以上内容的基础上，就可以来剖析 Haspelmath 解释语法化不可逆反的理据了。归纳 Keller（1994）及 Haspelmath（1999）

对语言变化及语法化演变原理的描述,语法化起始于"说话人在本可说 YA_FZ 之处说了 YB_LZ";说话人的目的是通过夸张表达(B_L)来引人注目,这种夸张表达因被众人接受而升高了其文本频率,然后就会因文本频率效应而发生自动化及惯例化,最终导致形式缩减及分布固定化。这样,语法化的逆反过程就应当是"说话人在原本可以说 YB_LZ 的地方说了 YA_FZ"。按照 Haspelmath(1999)的说法,这样的语法化逆反过程会遭遇如下两重阻力:

首先,违反了"行为准则"中的"一致性准则"(II4:以和他人一样的方式说话),而且和"明确性准则"(II2:以让人理解的方式说话)相抵牾。这是因为,功能性成分在显著性和细节性上逊于词汇性成分,而说话人通常不会有这样的动机,即以这类表达方式来取代显著性和细节性都相对较高的表达方式。

其次,说话人言语会受到生态条件(Ia)的制约,那就是,说话人可以有意识地自由操控词汇性成分,而对功能性成分的处理则是自动性且无意识的。这是因为,功能成分是受限的,如受制于 Lehmann 的两个语法化标杆参数,"组合变异性"和"组合度"——说话人即便有用功能词取代词汇性成分的动机,也会因为功能词使用上的这种受限而无法做到。在隐形推手过程中,因为步骤(IIIa)(即"说话人在本可说 YA_FZ 之处说了 YB_LZ")无法实施,后面的步骤均没有机会发生。

因此,"夸张性准则"是阻碍朝向逆反语法化方向演变的关键——说话人只能通过在说 YA_FZ 之处说 YB_LZ 的方式来达到夸张及招人注意的目的,以 YA_FZ 代替 YB_LZ 的做法无法实现这一目标。

8.5.2.3 Haspelmath 解释的得失

和 Givón(1975)相比较,Haspelmath(1999)对"语法化能否逆反"的解释说服力更强,主要有如下两方面原因:

首先,Haspelmath(1999)的解释力和其理论基础密切相关。Haspelmath(1999)秉持的是"基于使用的语法观"理念,认为语言变化是说话人无数个体行为累积的结果;作者也把社会因素纳入考量,认为说话人的言语行为受到"成功交际"目标的影响。这份研究对语法化不可逆反性的解释,也吸收了 Lehmann (1985,1993)和 Keller(1994)的一些重要理念;其中 Keller(1994)的"隐形推手假说"是其关键性理论基础。反观 Givón(1975),因当时研究方法的局限性,并不具备这样的理论基础。

其次,Haspelmath 的解释触及了去语法化的关键动因。

语法化逆反过程如果存在,不外两种情况,一是无规律性的例外,二是由某种力量(如交际目的)推动的变化,有一定规律性。有价值的显然是第二种情况。再来回顾一下 Heine 等提出的语法化意义先行假说。本书第五章提到,语法化的根本动因就是成功交际,这是意义先行假说最重要的思想基础,也是 Heine 的语法化理论框架的核心。Heine 等人认为,语法化本质上是一个认知-交际及语义过程;相应地,解释这一过程必得先从意义开始。可以推论的是,有规律性的语法化逆反过程无论是不存在还是尽管存在但罕见,都一定和认知-交际及语义因素相关。Haspelmath(1999)在讨论语法化逆反过程(即"说话人在原本可以说 YB_LZ 的地方说 YA_FZ")的阻力时,提到的一个关键点就是交际因素,是语义语用方面的,这使得其解释接近了形态句法历时演变的本质。

当然,Haspelmath(1999)的解释也存在一定可讨论的空间。如果语法化逆反方向演变真的是"形式紧缩＞形式伸展"这样的过程,那么 Haspelmath 的解释可能是有道理的;然而,如果"形式紧缩＞形式伸展"的说法本身就存在问题,那么 Haspelmath 的观点是否有价值就存疑了。至少如下两点需要厘清:

i. Haspelmath 之所以认为语法化逆反方向演变以去语法化项的"形式紧缩＞形式伸展"为特征,是因为他把语法化定义为"一个结构图式某一局部的内向依附性增强"的现象,其十分典型的情形就是语法化项发生"形式伸展＞形式紧缩"的改变。如前所述,语法化项的这种"形式-意义"像似关系是没有普遍性意义的(如 Bisang 的系列研究及 Narrog 2017 等的观察),一方面和 Heine 等人的意义先行假说有矛盾,另一方面也和 Schiering(2006,2010)及 Arcodia(2013)关于语法化项的语音紧缩独立于语法化过程的观点不一致。

ii."形式紧缩＞形式伸展"这样的变化和 Norde 及 Willis 等对去语法化内涵的描述是有较明显差异的。Norde 及 Willis 都主张去语法化特征存在多层次性。如 Willis（2007：273）提到，去语法化可能出现的五种逆反语法化的特征中包括语音增强，但明确指出这种纯粹的形式变化不是去语法化的核心特征；相反，核心特征只有两种，去屈折（即"词缀＞附着词＞独立词"，去语法化项沿语法化斜坡右向的边界重新分析）和句法性词汇化，即去语法化项从语法性到（更具）词汇性的范畴重新分析。Haspelmath 的说法以去语法化的非核心特征为基础，其解释力自然会打折扣。

既然语法化以成功交际为目的，而且并不以语法化项形式上的紧缩为根本特征，那么语法化项形式上的紧缩或伸展都和交际目的的达成没有必然关联。前一小节提到，Haspelmath 认为语法化不可逆，其中一个关键是说逆反语法化的演变违反了 Keller（1994）的"行为准则"中的"明确性准则"（II2：以让人理解的方式说话），因为功能性成分在"显著性"和"细节性"上逊于词汇性成分，因此说话人通常不会以功能性成分来代替词汇性成分。Haspelmath 把"显著性"和"细节性"高低等同于形式上的紧缩和伸展的做法是不是合适，似还有讨论空间；另一个关键是，表达的明确性是不是必然和形式上"显著性"及"细节性"挂钩，这也是需要进一步思考的问题。

8.5.3　Willis（2017）

关于去语法化频次低的原因，Willis（2017）的关注点是语法化过程发生逆向变化可能面临的不同层次阻力。以下是对这份研究有关内容的摘录，以及针对这些内容的相关评析。

8.5.3.1　去语法化的多层次阻力

Willis（2017：40—43）指出，去语法化至少面临数个层次的阻力，概括和解读如下。

i. 通常的规律是，语音弱化要比语音增强常见得多。这是因为，语速的增加及省力策略的运用都会导致语音的缩减；音段中更常发生的是删音而不是增音,导致增音较为罕见。具体地说,造成语法化过程中语音缩减现象的主要有两个因素,一是语法化项频率增加,二是语法化项因获得功能性地位而失去重音。去语法化过程则不同。在去语法化过程中,原本无重音的词项获得重音,或者先前的功能性词项频率降低,语音上增强或者至少不进一步弱化,这样的操作应该都不无可能。但是,这些情形的出现都必须依赖于特殊环境,比如功能性词项的对立重音。这一点可以用 Norde(2009:83)的一个例子来说明:英语定冠词 *the* 如果意为"唯一的"(如 *Are you THE John Malkovich?*),其发音可以由/ðə/ 变为 /ði/,即央元音/ə/为高元音/i/所代替。这是一个典型的元音增强过程,而这样的环境是极其少见的。

ⅱ. 再来看形态音位边界的丧失或弱化。类似"附着词 > 词缀"这样的变化涉及形态音位边界的丢失或弱化,这一过程似乎也是单向性的。不能正确判断边界,就如同错误地划定了一个假边界,尽管创造形态音位边界的情形的确存在。举个例子,说话人把 *marathon* 误解为 *mara-thon*,从而产生了 *tele-thon* 这样的词。[①]边界的弱化往往取决于先前的语音弱化。

ⅲ. 语法化的主要机制是重新分析,而从词汇性到功能性的范畴重新分析并不是单向的(如 Haspelmath 1998:325)。因此,从理论上说,单纯涉及重新分析的去语法化(通常是"去语法"这一类型)是可能的。然而,这样的重新分析会遭遇很多阻力。例如,重新分析通常发生在桥梁环境,去语法化要在这种环境发生,必须满足如下的条件:去语法化项即使缺乏屈折形态,也照样可以同时允许词汇性和功能性两种解读方式。两种解读是否可能同时存在,取决于具体语言的类型学特征。在具有分析性形态的语言里,这种情形是可能存在的。如威尔士语和保加利亚语的名词都没有格标记,正因为如此,威尔士语的 *eiddo* "他的 > 财

---

① 这种情形被称为"俗词源化",其特点是原本模糊的构词方式和词汇性单位被错误地重新分割及重新理据化(Harnisch 2010:8)。跨语言地看,俗词源化发生的概率并不高(有关俗词源化的讨论详见本书第九章)。

产"和保加利亚语的 nešto "不定代词＞名词（事物；东西）"这两个去语法化个案才有可能完成；但在多式综合及黏着语言里，词汇性单位大都有清晰的屈折形态，这种能导致去语法化项重新分析的可能性不是很大，需要特别的条件方能实现。

iv. 语法化涉及语义虚化、隐喻和语用推理等语义语用过程。语法化演变既可能出现语义虚化和词汇义丢失，也会发生各种形式的语义增强。通常认为，有的语法化过程可以理解为语法化项的非逻辑性要素的丧失，如由名词到不定代词的变化就是一个例子。然而，大多数语法化个案会发生某种意义增添，如 want 一词单单是表意愿的意义元素的去除，并不就能使之产生将来义。这说明，即使很清晰的语义虚化个案也未必有明显的单向性倾向——拿 nešto 从不定代词到名词的演变来说，这一过程就并未因为需要增强意义而受阻。但是，依据目前的语法化研究，语义虚化本身的角色是有局限的，对作为意义增强的去语法化变化影响并不大。

v. 隐喻通常是以具体事物指代抽象事物，例外情形（即以抽象事物指代具体事物）虽然存在，但罕见。Heine, Claudi & Hünnemeyer（1991a：157—160）指出，宏观结构的隐喻过程是语法化的"中心策略"，其普遍性的映射链是由具体到抽象，即"人＞事物＞过程＞空间＞时间＞质地/品质"里，从左到右抽象性渐增。其中最常被讨论的隐喻性转移是跨语言地存在的"空间＞时间"，即以空间概念指代时间概念的现象。如时间介词和时间副词一般由空间介词和空间副词发展而来，而空间介词和空间副词又往往来自具体名词。Haspelmath（1997）也注意到，跨语言地看，空间和时间经常以相同方式来表达。如英语的 before（空间方向；时间顺序），be going to（空间位移；将来），end（空间极点；最后时刻）等，而且绝大多数情形是，空间范畴被用于表达时间范畴。Haspelmath（1997：141）的结论是，相反方向的隐喻（即时间＞空间）几乎不存在。

总结起来，阻碍去语法化的因素有很多，如语法化过程中的一些单向性性质，以及构词法类型（分析性或综合/黏着性）、重新分析、类推和退化等等。去语法化相对少见,是因为这些过程有的涉及材料的失落,而缺失的材料通常只有在特殊情形中才能重新获得。

8.5.3.2 Willis 解释模型的优缺点

Willis(2017)意识到去语法化现象的罕见,可以归因于多重因素,因此作者试图从多层次来解释。这是 Willis(2017)的一个鲜明特色。这一解释模型提到的如下几个方面,也是其他学者的讨论中所没有涉及的:

i. 形态音位边界的丢失或弱化(如"附着词 > 词缀")通常是单向的,因为其逆反过程(俗词源化)发生的概率极低。

ii. 语法化涉及的隐喻通常是以具体事物指代抽象事物,而反向隐喻(以抽象事物指代具体事物)的例子罕见。

iii. 语言类型学特征对去语法化可能的阻碍作用。

这几点对于说明去语法化现象为何罕见是有一定帮助的。当然,Willis(2017)的解释也存在需要强化的地方,如以下三点:

i. 这一解释模型用"语音弱化比语音增强更常见"来推论语法化比去语法化更常见。可见,和 Givón(1975)及 Haspelmath(2004)一样,作者也是假定形式和意义之间存在像似和共变关系,而这一前提本身就存在问题。

ii. 作者断言,较之具有屈折形态的语言,有着分析性形态的语言似乎更有条件发生去语法化,主要是这些语言在桥梁环境中更有可能产生歧解。然而,去语法化现象罕见的事实和类型学特征之间有无必然关系,仍是一个有待探讨的话题。一个重要事实是,即便是在典型孤立语里(如汉语),去语法化现象同样罕见。

iii. 作者说具有分析性形态的语言在桥梁环境中更有可能产生歧解,似乎是指形式特征对意义变化有着一定制约作用。这一说法本身有必要进一步澄清,如需要解释其"形式特征制约意义变化"的说法是否和 Heine 的意义先行假说相矛盾。

以上三点都和类型学因素有关——"形式-意义"的像似关系和共变关系在屈折语、黏着语里体现得较明显,但在孤立语里则不太明显。然而，目前并没有证据证明不同类型的语言在去语法化现象发生概率上有何不同。这说明，类型学特征或许只是去语法化发生的条件之一，对这类演变并没有明显影响，分析语/孤立语更容易发生去语法化的说法是不成立的。"意义先行"是一个跨语言类型的规律。本书第五章提到，这一假说最重要的思想基础是，语法化的根本动因就是成功交际，语法化本质上是一个认知－交际及语义过程。结合 Haspelmath（2004）的论述，去语法化也是一个认知－交际及语义过程，其背后动因同样是成功交际。如果这一说法是准确的，那么去语法化也应该以"意义先行"为特征。

Willis（2017）没有清楚说明以上三点，其解释力也会在一定程度上打折扣。尽管如此，Willis 对去语法化现象稀少原因的分析是非常有价值的。

8.6　总结

如 Hopper & Traugott（2003）所言，单向性是语法化的一个强力倾向性。事实证明，语法化的逆反方向演变，即去语法化，的确罕见。去语法化现象虽然稀少，但却跨语言地存在。因此，不论是去语法化现象罕见的原因，还是这种现象自身的规律，都有深入探讨的必要性。

语法化单向性倾向和去语法化罕见的事实可以看成同一现象的不同侧面。过去几十年来，学者们对这一现象的解释虽出现了一些有价值的见解，但仍十分有局限性。多数学者在探讨去语法化罕见的原因时，都会以"形式－意义"的像似关系和共变关系为基本假定。而越来越多的研究成果表明，语法化项在发生意义/功能变化时，并不必然出现语音紧缩/弱化现象；语法化项语音紧缩/弱化只是语法化的附带现象而非其本质特征。这在孤立语里看得很清楚。如 Bisang 的系列研究及 Narrog（2017）等都已经证实，东亚及东南亚大陆语言的语法化没有或者很少有语音形式和意义的共变现象。此外，并没有证据显示作为语法化逆反方向变化的去语法化必定以语音的增强为特征。既然语法化项的语音形式紧缩独立于语法化过程，去语法化项以语音形式扩展为特征的说法至少缺少证据，那么把"去语法化项语音形式扩展遇阻"看作去语法化现象的罕见原因也就不可靠。显而易见，如果学者们接受了"去语法化以去语法化项语音形式扩展为特征"这一假定，其解释去语法化现象稀少原因的思路会受到较大影响。

Heine，Claudi & Hünnemeyer（1991a，b）和 Heine（2018）等都指出，语法化的主要动因就是成功交际，语法化本质上就是一个认知－交际及语义过程。如果 Heine 等人的说法是正确的，那么一个合理的推论就是，去语法化现象如果存在，也必定以成功交际为动因，而且也是一个认知－交际及语义过程；而语法化之所以远比去语法化常见，最大的可能性，应该是总体上前者较后者更能达成成功交际的目标。或者说，去语法化的发生概率远低于语法化，是因为这种演变不太适于交际目的的达成。Haspelmath（1999）对语法化不能逆反这一现象的解释触及了这一关键因素，但作者认为语法化逆反方向演变应当是"形式紧缩 > 形式伸展"，这一有争议的观念使得其以"成功交际"为切入点对语法化逆反方向演变罕见的解释受到了干扰。Willis（2007，2017）对去语法化过程的讨论不仅考虑到了功能、形式和意义三个层面，而且涉及了渐变性和中间阶段，因此在前人研究的基础上有了长足的进步。作者归纳了导致去语法化现象稀少的多层次原因，但其解释一方面受到了"形式－意义"的像似关系和共变关系这一观念的影响，另一方面对类型学因素影响的说明不够精准。很关键的一点，Willis 的解释模型对去语法化和交际目的之间的关系未作清晰交代。

关于去语法化现象自身规律，以下几个课题有进一步讨论的价值：

i. 去语法化尽管遇到多重阻力，仍跨语言地发生，这应该归因于这些演变能够在特定环境下满足交际的需求。交际需求是如何被满足的，其中的规律尚有待深入挖掘。

ii. Willis 主张去语法化演变具有渐变性和中间阶段，但没有系统地讨论这种演变的具体环境和发展阶段。这也是一个值得拓展研究的课题。一种可能的做法是对照语法化连续环境模型，如"桥梁环境模型"或"临界环境模型"，来检视 Willis（2007，2017）的论断。

iii. Norde 给去语法化的分类，即去语法、去屈折化和去黏着，是不是对包括孤立语在内的所有语言类型都合适，需要进一步验证。

对去语法化现象的深入探讨，或许是正确解读这一现象为何罕见的关键途径。

思考题

1. "语法化单向性假说"有着丰富而深刻的内涵，这从 Hopper & Traugott 及其他学者的有关论述中都能清楚看到。Hopper & Traugot 所归纳的语法化单向性特征是什么？其附带现象有哪些？

2. 去语法化现象跨语言地存在，"语法化单向性假说"会不会因此而被证伪？

3. 语法化和去语法化的异同体现在哪些方面？

4. 不少学者在解释语法化的单向性倾向及去语法化现象的罕见时，都会以"形式—意义"的像似关系和共变关系为基本假定。这一做法的问题是什么？

5. 学者们对语法化单向性成因的不同解释方案各有什么可取之处和不足之处？

第九章 词汇化问题

9.1 引言

学界关于"词汇化"的研究主要是围绕两个核心问题进行的，一是这一概念的内涵和外延，二是这种现象和语法化之间的关系。长期以来，"词汇化"这一术语在文献中被用来指称数种不同的演变现象。如一种情况是把词汇化定义为"词的形成"，包括复合、派生和转类等几种变化方式。用 Brinton & Traugott（2005：33）的话来说，这样的词汇化定义最为宽泛，而从历时角度看则最不令人满意，因为它极少或者几乎没有提供这样的关键信息：以不同方式历时形成的词都经历了什么样的变化。

因为词汇化这一概念本身含义不明，所以词汇化和语法化之间关系也一直无法厘清。关于这一问题，学界曾经出现过若干不同观点，如认为词汇化和语法化并无区别，或者主张二者互为逆反过程，等等。而随着研究的深入，有学者开始赞同这样的说法，即词汇化和语法化背后的机制相同，并不存在演变方向相反的问题，而是共享一些变化特征，但演变结果的性质不同，分别为词汇性的和语法性的。

和语法化一样，词汇化这一概念也同时有共时和历时两种理解方式。Brinton & Traugott（2005：18）提到，过往的研究通常认为，共时意义上的词汇化即对概念的编码，而历时意义上的词汇化的基本含义是"纳入词库"或说"脱离能产的语法规则"过程。本章内容以历时意义上的词汇化为主。

9.2 "词汇化"辨异

为更好理解不同观点,有必要对一些重要概念进行简单介绍。①

"词库"作为语言官能的一个共时要素,指的是储存的语言单位及其相互之间可能结合的形式的有限清单;词库通常区分词汇性范畴和语法性范畴(Brinton & Traugott 2005:9)。

"词项"指的是词库中的单位,既可能是词汇性的,也可能是语法性的(Brinton & Traugott 2005:9—10)。"词汇性的"有两层含义(Lehmann 2002b:14;也见 Brinton & Traugott 2005:11):

i. 属于词汇清单
ii. 有具体实义

其中含义(i)涵盖了有实义的词和语法性单位,而含义(ii)则和"语法性"相对。

因为"词汇性"具有不同含义,学者们对"词汇化"内涵的界定也不同。如 Lehmann(2002b:14)主张词汇化的输出端和词汇性的含义(i)有关,即包括具有实义和具有功能性的两种单位;而 Brinton & Traugott(2005:96)也认为词汇化的输出端和词汇性的含义(i)有关,但只包括具有实义的单位。为避免概念内涵的混乱,视具体情况,本章有时会以"实词性"来称说词汇性的含义(ii);如果所引述的文献不区分实义性和语法性单位,即词汇性含义(i),则沿用"词汇性"的说法。②

文献中以"词汇化"命名的演变现象很多(详见如 Brinton 2002 和 Himmelmann 2004 的梳理)。以下对词汇化几种重要含义的简介包括常见类型和有争议的情形两种,相关评析依据的主要是

---

① 不同学者对相同概念的内涵和外延的界定不完全一致,这在词汇及词汇化研究领域尤为突出。本章在对相关文献的引介和述评中,尽可能在共识性界定和个别性界定之间找到平衡。

② 按照语言学传统,"词汇性-语法性"和"实义性-功能性"或"实词性-虚词性"是平行的,其中前者属词汇范畴,后两者则属语义范畴。

Himmelmann（2004）的归纳，同时参考了 Brinton & Traugott (2007)的一些观点。

9.2.1 常见"词汇化"类型

按照 Himmelmann（2004：28）的说法，学界最广泛认同的词汇化现象有两个类型，即"并合"（包括"习语化"）和"化石化"或称"能产性中止"（也参 Brinton & Traugott 2007 的归纳）。以下是对 Himmelmann(2004)相关讨论的概括。

i. 并合（含习语化）

"并合"指两个或两个以上的既有词创造出新词的过程，而既有词可以继续独立存在。这一类型的词汇化以词与词的搭配为输入端。

所谓习语化指的是较长短语发生并合的情形，通常伴随短语的意义组合性或理据性的丧失，如中古英语的 *hab ne-hab*（*have not-have*）变成了 *hobnot*（'与人亲切谈话'）就是一个例子。其他典型的习语化例子有 *to burn the candle at both ends*（'因做太多事情而致过劳，特别是早起晚睡'），*easy does it*（'缓慢而细心地进行'），*to be in the know*（'获悉少数人才知道的事实'）等。Himmelmann（2004）把"混合"（如 *smog*＜*smoke*＋*fog*）和"减缩"（如 *yuppy*＜*young urban professional* 或者 *young upwardly-mobile professional*）也看成并合的两个特殊次类。

ii. 化石化/能产性中止

"化石化"指的是这样的过程，即曾经具有能产性的构形成分（如词缀、附着成分）被重新分析为词根的一部分。这一过程涉及词根与构形成分之间的结合。典型例子包括：

a. 在日耳曼语族的多数支系里，以＊-*eja*-为基础形成的使役式都被重新分析为单语素（或独体型）单位，如 *Set*＜原始日耳曼语 ＊*sat-eja-*（'使坐下'），以及 *lay*＜原始日耳曼语 ＊*lag-eja-*（'使撒谎'）。

b. 在现代德语中，构成抽象名词的后缀-*t* 不再能产，但其化石化了的遗存形式在一些词里被保留了下来。如 *Ankunf-t*（'到来'），*Fluch-t*（'溃逃，逃跑'），以及 *Sich-t*（'看法，风光'）。

Himmelmann（2004）指出，(i)和(ii)两类之间有一些共同特征，如都涉及这样的过程，即两个或两个以上高频率搭配的单位（词项或构形成分）发生并合而且固定下来；而从构词角度看，在这一过程中，这些搭配丧失了其能产性、透明性或意义组合性。这些都属于词汇化的核心特征。

9.2.2 有争议的情形

Himmelmann（2004）提到，"派生性构形成分的形成"和"分裂"这两种情形的词汇化性质是有争议的。派生性构形成分形成的典型例子如英语派生性后缀：

-*dom* ＜古英语 *dōm*（'裁判，权威'）
-*ly* ＜古英语 *lic*（'身体，形式，完形'）
-*hood* ＜古英语 *hād*（'条件，状态'）

Himmelmann（2004：28）注意到，只有一部分学者（如 Lehmann 1989）把派生性构形成分的形成看成词汇化过程，而其他学者则是把这一过程看成语法化现象。作者因此主张，兴许可以把这一过程处理为既独立于词汇化也不同于语法化的变化类型。

Himmelmann 提到了两种"分裂"现象：

i. 在既有词基础上派生出新词

对一个多义词来讲，其不同意义和形式之间存在某种联系的纽带。多义词分裂的后果是，这种纽带遭到切断，从而成为形式上相似甚至相等的不同词项。如 *mouse* 既可以指"老鼠"也可以指"鼠标"，但二者复数形式不同，分别是 *mice*（'老鼠'）和 *mouses*（'鼠标'），证明它们是相互独立的。

ii. 作为语法性构形成分的源词项被用作主要词类（名词、动词）

这种分裂现象在 Brinton ＆ Traugott（2007）里被称为转类，

即形式不改变而词的类别发生变化，而在 Bauer（1983：32）里被称为零语素派生。例如，介词 up 被用作动词（to up），也可以被用作名词（ups and downs）；if 和 but 都是连词，但被用作名词（ifs and buts）。派生性词缀也可以发生分裂，典型例子如 -ism、-ology 被用作名词 ism、ology。更具体地说，ism 和 ology 的形成都属于"截断"。

Himmelmann（2004：30）提到，在转类的例子中，语法性构形成分如果出现在通常只有完全实词性单位（名词、动词，形容词相对较少）才能出现的位置上，往往会被当成词汇化或去语法化现象，而且被看成语法化的逆反过程。作者指出，分裂现象不论源词项是语法性的还是实词性的，都没有根本性区别；各种分裂现象可能是在"产生新词"这一宽泛意义上被当成词汇化，但其实它们和典型的词汇化（"并合"和"化石化"）之间并没有其他明显的相似性：并合和化石化的输入端都是复合形式，而按 Brinton & Traugott（2007）的说法，转类的输入端除了独体形式，也包括复合形式（复合词和短语）。如果分裂的输入端是独体的，而且形式上不可析解，就不会像并合及化石化一样有丧失能产性和透明性这样的特征。

把分裂划归去语法化也是有问题的。如 Willis（2017）指出，去语法化和语法化一样，都是渐变性的，由语用推理驱动，而且可能经历一个具有歧解性特征的中间阶段（详见本书第八章的介绍）。而分裂及转类既缺乏渐变性，整个变化过程也并不涉及语用推理，而且不经历歧解性中间阶段，这是把这种变化看成去语法化的最大障碍。Himmelmann（2004）的主张是，不能把词汇化概念扩大到包括分裂在内；分裂过程无论源词项是语法性的还是实词性的，都不宜看成词汇化过程。

9.2.3 词汇化的关键特征

归纳 Himmelmann（2004）及其他学者的看法，词汇化演变的输出端（词汇化成项）一定是实词性的。除此以外，以并合及化石化为典型代表的词汇化过程都具备了如下几个关键特征：

i. 词汇化的输入端(词汇化项)是复合型组构(如句法结构式、词的搭配等);
ii. 词汇化的输出端(词汇化成项)丧失意义上的理据性,也可能丧失内部结构性;
iii. 词汇化的最高程度是,输出端演变成形式上不可析解的独体单位。

这几个特征清楚地体现在 Kastovsky 和 Lipka 等人的词汇化定义中:

> 词汇化是词的组构或者句法结构式整合进词库的过程,结果是其意义以及/或者形式特征不再能够完全地从构成它的成分或者构成方式派生或预测出来。
> (Kastovsky 1982:164—165)

> 复合型词位一经创制,即可能变成单一的完全词汇性单位,即一个独体型词位;通过这一过程,这个独体型词位或多或少地丢失了结构段的特征。 (Lipka 2002[1990]:111)

正因为如此,Brinton & Traugott(2007)把复合排除在词汇化以外,因为复合词在意义上是有理据性的。复合,就是由两个或两个以上的词位构成复合型词项的过程,涉及的是主要词类(名词、形容词和动词)成员的组构。如 *song+writer*>*songwriter*(见 van der Auwera 2002:20)。词汇化成项如果并非不可析解形式,则必须丧失其意义上的理据性。也就是说,对词汇化来说,最核心的一点不是其输出端的独体形式,而是其意义理据性的丧失。

9.3 "词汇化"概念的理论依据

词汇化以"输入端为复合型组构"和"输出端意义丧失理据性"为核心特征这一观点,目前已经成为学界的主流意见。然而,对不同学者来说,词汇化概念背后的理论依据并不完全相同。以下将集中介绍两种代表性理念:Himmelmann(2004)和 Brinton & Traugott(2005,2007)。

9.3.1 Himmelmann (2004) 的"过程方法"说

Himmelmann (2004: 21—22)提到，学界在讨论词汇化和语法化相互关系(详见本章 9.4 节)的时候，通常要么采用"箱子"方法，要么采用"过程"方法。"箱子"方法的假定是，实词性单位和语法性单位分属不同阵营，就像分别装在两个箱子里：词汇化是从语法性单位箱子到实词性单位箱子的变化，而语法化则是从实词性单位箱子到语法性单位箱子的转移。这一方法的一个关键缺陷是把问题过于简单化了。按照这一理念，词汇化涵盖了所有产生新实词性词项的过程。"过程"方法则是把诸如语音融蚀、意义扩展、理据性和去理据性以及能产性等因素都纳入考量，主张在词汇化过程中，作为词汇化输入端的词项或语法性结构式受到多方面的影响。Himmelmann 的评论是，过程方法比箱子方法可靠性更高。

Himmelmann (2004)举了德语的几个例子来解释什么是"过程"方法意义上的词汇化。一个例子是 *großer Wurf* ('巨大成功或成就')。这个例子在形态句法上是透明的，由形容词 *großer* ('大的')和由动词派生出来的名词 *Wurf* ('抛，扔')构成。形容词 *großer* 可以和很多 *Wurf* 以外的名词构成短语，并且出现在相同的句法和语用环境。其中一种情形是，*großer Wurf* 和其他"*groß*+名词"的短语都在表示"惊奇"以及/或者"羡慕"的表达式里用作体词性谓语：

(1) a. *Das ist ein großer Wurf*！
'This is a great sucess/achievement!'(如说话人看着一幅新画作或新书时这样赞许)

b. *Das ist ein großer Vorwurf/Andrang/Mann/Dichter/Aufstand*!
'This is a big/great accusation/rush/man/poet/uprising'

Himmelmann 指出，*groß* 最初可以和 *Wurf* ('抛，扔')、*Vorwurf*

('罪状，指控')、*Andrang*（'鲁莽'）、*Mann*（'男子'）及 *Dichter*（'诗人'）等名词组成结构式，这种结构式的语义－语用环境是表达惊奇或羡慕。在这些结构式里，只有 *Wurf* 和 *groβ* 的搭配最终成了固定的短语表达式。Himmelmann 的解释是，这是因为 *groβ Wurf* 不仅仅有"猛力抛扔"义，而且频繁地被以隐喻方式用来表达一切类型的巨大成就；*groβer Wurf* 的词汇化，就是这一搭配产生比喻义，同时在形式上固定下来，最终成了习用性表达方式的过程。作者提到的另一个德语词汇化例子是 *Vergissmeinnicht*（花的名字"勿忘我"），其中的 *mein* 是一个遭弃的人称代词属格，用作宾语代词。这种用法在现代德语中已经不再合语法。现代德语中的表达方式是 *vergiss mich nicht*（'don't forget me'），其中宾语位置上的 *mich* 为宾格。*Vergiss*、*mein* 及 *nicht* 的这种搭配被固定下来，最终丧失理据性，变成了一种花的名字。

Himmelmann 把词汇化过程图式化如下：

$$(X) A_n B \mid K_n \rightarrow (X) A_1 B \mid K_{n\text{-}x} / K_{n+x} (\rightarrow (X) C \mid K_{n\text{-}x} / K_{n+x})$$

其中 A 和 B 都是词项，X 和 K 分别代表句法环境和语义－语用环境。以下是作者对这一词汇化过程的具体解释：

i. 词项 B 最初可以和一组词项（A_n）组成结构式，这种结构式能够出现于若干句法环境（X）和语义－语用环境（K_n）。

ii. A_n 类中的某个成员（A_1）开始和 B 搭配，然后组成固定的短语表达式 $A_1 B$。其他含 B 的表达式如同先前一样没有发生变化，而 $A_1 B$ 也继续在同样句法和语义环境中使用。

iii. 发生词汇化变化的组构 $A_1 B$ 可能继续保持形态句法上的透明性。

iv. 因为不再参与语言中的一般性语音或语法变化，$A_1 B$ 也可能开始展示形态句法上的特异性。随着这种形态句法特异性变得更为明显，这一组构就变成了一个不可析解的实词性单位（C）。

v. 词汇化的意义变化方向不确定：$K_{n\text{-}x}$ 和 K_{n+x} 分别代表环境变窄和变宽；"/"号表示两种情形均有可能。

因此，Himmelmann（2004）的词汇化定义可以概括如下：

> 原本具有组合性特征的表达式，后来透明性减弱或者消失，最终成了一个不可析解的简单形式；同时，词汇化中的意义变化从类型到方向都是不可预测的。

例如，上文举的例子里，*großer Wurf* 的特点是环境扩展（通过隐喻扩展），而 *Vergissmeinnicht* 则属于环境窄化的个案。在这一点上，词汇化和语法化有着明显的区别——按照 Himmelmann 的说法，语法化是语法化项的同构项、句法环境以及语义－语用环境三层次的扩展过程（二者关系详见本章 9.4 节）。

需要指出的是，以上词汇化过程图式中的 A_1B 不能狭隘地理解为众多 A_nB 搭配中最终词汇化的唯一一组。拿汉语双音节词"把握""把持""把柄"等来说，这些词都是由"把"（B）和另一个语素（A）词汇化的结果，其中 A 有若干选择，"握""持""柄"只是其中的三个；但对每一个选择来说，X（句法环境）和 K（语义－语用环境）都具有独特性。最终"握""持""柄"和"把"的搭配形式上逐渐固定化，而且意义上失去理据性，发生词汇化，而其他搭配仍维持临时性和意义上的理据性。

9.3.2 Brinton & Traugott（2005，2007）的主张

和 Himmelmann（2004）的"过程方法"相比，Brinton & Traugott（2005，2007）更强调词汇化项内部结构性的递减以及意义组合性的丧失。两位作者的主张是，语言的词汇清单中既有实词性单位（L），也有语法性单位（G），都会经历正常的语言变化；取决于它们之后承担什么样的功能，这些词项要么经历词汇化（演变结果是 L），要么经历语法化（演变结果是 G）。实词性单位是相对自由的；以其内部结构的溶合程度为标准，其词汇性可以有不同层次：

> L1 = 半固定短语（如 *lose sight of*，*agree with*）；
> L2 = 复合型的准特异性形式（如 *mishap*，*desktop*）；包括词汇性派生形态（如 *un-*，*mis-*）；

L3＝独体形式及不可拆分的特异性形式（如 desk, over-the-hill）。

从 L1 到 L2 再到 L3，透明性递减而特异性渐增，也就是词汇性逐渐增强。因此，Brinton & Traugott（2005：96）把词汇化定义为如下过程：

在特定语言环境中，说话人把一个句法结构式或者词语组构用作新实词性单位，其形式和意义特征不能全然从该句法结构式或单词组构方式中派生或预测到。随着时间的推移，该实词性形式可能进一步丧失内部结构性，整个词项的词汇性得到增强。

这一定义和 Kastovsky（1982）的说法一致，强调了词汇化项内部结构性和意义组合性递减的关键性，即 L1 > L2 > L3。除此以外，Brinton & Traugott（2005：96—97）还列出了词汇化的若干特征，分别涉及词汇化的输入端、输出端和演变过程。作者指出，词汇化输入端可以是词汇清单中的任何单位，包括复合词、句法结构式甚至语法性词项[①]；输入端在意义上很具体。详细说，词汇化输出端主要有以下三个特征：

i. 词汇化输出端是实词性的，即储存于库存中的实词项，学习者需要通过学习才能掌握。
ii. 词汇化输出端的复合性程度不限。形式上，实词项可以是固定短语或者成语性短语(L1)，也可以是复合词及派生形式(L2)，还可以是实词性的独体词项和特异性、化石化的形式(L3)。
iii. 作为词汇化输出端的词项一经产生，通常会继续沿着"词汇性—语法性"连续统中词汇性一端进一步演变。

[①] 词汇化输入端如果可以是"词汇清单中的任何单位"，就应该包括单个的语法性词项，而作者词汇化定义中提到的词汇化项是"句法结构式或者词语组构"。这一点作者似乎需要清楚说明。一种可能的解释是，作者或许认为单个的语法性词项是句法结构式或词语组构中的组成部分。

其中特征(iii)是说，既存的实词性单位可能发生进一步的形态、语音和语义上的变化，即由较低词汇性程度向较高词汇性程度的变化(L1＞L2＞L3)(如从可析解的复合词到不可析解的独体形式的变化)。

Brinton & Traugott(2005，2007)还总结了词汇化过程中从输入端到输出端的特征变化，包括

> i. 溶合(即短语或构词边界的消失)，如"结构段＞词位(如 *out-of-hand*)"，以及"复合形式＞词位"，如古英语的"*bere*('大麦')＋*œrn*('房屋')＞*barn*('仓库')"。
>
> ii. 意义及语用上的习语化。
>
> iii. 范式能产性的降低，也可能涉及用例能产性的降低(相当于 Himmelmann 2004 所说的同构项减少)。

特征(ii)包括两个方面。一个方面是意义构成要素丧失组合性，如 *black market* 既无关"市场"，也不指称任何"黑色"的事物。另一个方面，新意义通常是高度特异性的，有时变得更抽象，如 *nuts-and-bolts*('基本组成部分，实质性内容')，有时变得更具体，如比较现代英语 *bailiwick*('一个人的兴趣或技术的具体领域')和其源头中古英语 *bailiffwic*('法警的管辖权')。

很清楚，Brinton 和 Traugott 两位作者把词汇化看成产生新实词性单位的历时演变，而不仅仅是一个语言成分被吸纳进入语言清单但没有发生形式和意义变化的过程。如果秉持这一理念，词的借贷以及词语之间形成透明组构的过程等，因为形式和意义都不发生改变，就都应该被排除在词汇化之外。

9.3.3 两种理念的异同及整合

Himmelmann(2004)和 Brinton & Traugott(2005，2007)两种理念在词汇化一些重要问题上的看法高度一致，如都主张词汇化并非简单的由语法性单位向实词性单位的演变，而是具体包括如下两方面：

> i. 输入端(词汇化项)是复合型的；

ii. 演变后果包括意义理据性和结构透明性的降低或丧失。

两种理念的不同之处在于观察视角的差异,主要也体现在两个方面:

第一,Himmelmann(2004)提到了词汇化项(即 Brinton & Traugott 的定义中"句法结构式或者词语组构")中各构成部分搭配的临时性,以及词汇化成项的两种状态:各构成部分搭配的专一化和进一步出现的理据性丧失。Brinton & Traugott(2007)则强调,词汇性单位(包括词汇化项和词汇化成项)的词汇性指的是其内部结构溶合程度,可以有不同层级;词汇化的后果是,词汇化成项的词汇性要高于词汇化项。

第二,Himmelmann(2004)和 Brinton & Traugott(2007)都提到了词汇化的"方向",但内涵不同。在 Himmelmann(2004)的观念里,词汇化是没有方向的,意指其后果既可能是意义扩展,也可能是意义窄化。而 Brinton & Traugott(2007)指出,词汇化和语法化一样是单向性的,但这里的"单向"指的都是输入端(词汇化项和语法化项)内部结构透明性的降低或丧失以及意义上的去理据化。

Himmelmann(2004)和 Brinton & Traugott(2005,2007)在以上两个方面的立场都不相矛盾,而是互相补充。因此,如果把两种理念结合起来,就可以归纳出词汇化的如下核心特征:

词汇化核心特征

i. 词汇化项是复合型的,包括句法结构式或者词语组构;

ii. 词汇化成项是实词性的;

iii. 词汇化成项在意义上理据性降低或丧失;

iv. 词汇化成项可能(但不一定)出现形式上溶合度的提高或说内部结构透明性的降低乃至丧失。

特征(iii)里词汇化项的意义理据性降低,是词汇化过程的一个必然后果。特征(iv)的内部结构透明性如果指的是说话人能够感知的结构方式,其降低或丧失也是自然的。如前文提到的两个古英语的例子,*bere*('大麦')+ *ærn*('房屋')> *barn*('仓库'),以

及 *neah-ge-bur* > *neighbor*。但是，内部结构透明性丧失以后是否如这两个例子一样同时发生语音融蚀，则因具体语言类型以及具体个案而异。词汇化项在这一点上和语法化项在语法化过程中的情形是高度一致的。举个例子，本书第五章提到了 Bisang（2008a）的观察，即东亚及东南亚大陆语言语法化的特色之一，就是缺乏或者仅存在有限的形式－意义共变关系。缺乏共变，主要是指语法化项形式变化未必发生。词汇化项的情况也是如此。如汉语的双音节实词"鼓舞""要领"的源头都是并列结构，"怀疑""固执"的源头则分别是动宾结构和状中结构。在这几个双音节词的形成过程中，都发生了意义理据性的降低或消失。虽然每个词的两个源构素在语音上都仍保持可析解状态，但其原本具有的结构关系已经不复存在了；然而，这些词并没有进一步发生形式上的溶合，也即其源构素之间没有发生和 *barn* 以及 *neighbor* 那样的进一步语音变化，这种情况在汉语中十分常见。

9.4 词汇化和语法化的关系

词汇化和语法化之间关系如何，是学界久未解决的一个难题。前文提到，学者们对词汇化的理解很不相同。如 Anttila（1989[1972]：151）主张，当一个语言形式脱离具有能产性的语法规则的时候，词汇化就发生了；Moreno Cabrera（1998：214）把词汇化定义为由句法单位创造词汇项的过程，其方向是从句法到词汇。这两个词汇化定义都是以语法化为比照对象的，而且都可以归属于 Himmelmann（2004）所说的"箱子"方法，即语言单位由语法性箱子进入词汇性箱子的过程。

学者们对词汇化和语法化二者关系的理解，在很大程度上取决于他们如何定义词汇化和语法化。一个曾经流行的说法是，语法化和词汇化互为逆反过程。如 Kuryłowicz（1976[1965]：52）就持这样的观点。随着研究的深入，越来越多的学者不认同这一观点，但背后的理由不完全一致。如 Norde（2001：236）指出，和语法化不同的是，词汇化过程并不具备渐变性，因此也不太可能是语法化的逆反过程——语法化通常会经由一个中间阶段（即桥梁环境或临界环境），而这样的中间阶段在词汇化过程中不存在。目前学界的主流意见是，词汇化和语法化以某种方式相互关联（Ramat 1998；Wischer 2000；Lehmann 1989，2002b；Himmelmann 2004；Brinton & Traugott 2005，2007；等等）。如Ramat（1998：121）把词汇化看成一个合并的过程，然而合并在语法化中也十分常见，所以作者主张语法化和词汇化之间具有互补或者重叠关系。Wischer（2000：355）认为词汇化和语法化密切相关，而不是相互对立；二者运行于语言的不同层面，这或许是它们主要（或许唯一）相区别的地方。Lehmann（2002b）也主张词汇化和语法化不互为镜像关系，即并不相互逆反。

9.4.1 有关词汇化和语法化关系的不同解释方案

认识到词汇化和语法化的相互关联性，只是深入了解二者关系的第一步。在这一课题上，目前论述上较有系统性、最具代表性的是 Lehmann（1989，2002b）、Himmelmann（2004）和 Brinton & Traugott（2005，2007）这三种方案，三者在方法上都有着鲜明的特色。接下来的内容是对这几种方案的概述和解析。

9.4.1.1 Lehmann（2002b）

Lehmann（2002b）讨论了词汇化和语法化的不同认知原理。作者主张，对于具有某种程度复合特征的认知对象，人脑有两种存取方法："分析性方法"和"整体性方法"。

> 分析性方法：
> 着眼于细节，把认知对象的每一个组成部分都纳入考量，并且考虑认知对象因其性质和功能特征而对整个组构所作的贡献，同时把组合规则运用于各个部分。
>
> 整体性方法：
> 从整体入手，对整个认知对象进行直接存取，并不对个别组成部分的贡献细加考量。

Lehmann（2002b）提到，两种方法的运用条件不同：人们在遇到熟悉的认知对象时,通常会用整体性方法[①],而如果对认知对象不熟悉,则倾向于用分析性方法;对于具体对象,人们往往能够在两种方法之间切换。两种方法的运用条件不同,因此是互补关系。

Lehmann(2002b)的独特之处,是把大脑存取复合型认知对象的不同方法运用到了词汇化和语法化关系的讨论中。作者认为,语法化是对语言单位的分析性存取,或说语言单位是在分析性组构中获得某种功能的;而词汇化则是对语言单位的整体性存取(即舍弃了对其内部结构方式及意义要素的分析),并纳入词汇清单。以下是这份研究对语法化和词汇化异同论述内容的要点。

假定 XY 是语言中的一个搭配形式,

i. 以整体方法来存取 XY,就意味着把这一搭配处理为词汇清单中的一个词项。说话人以整体方式来存取 XY 的意识的强化,是 XY 迈向词汇化的第一步。

ii. 以分析性方式来存取 XY,则是把这一搭配当作一个语法结构式,就是认识到 X 或 Y 或两者的结构特征都会在搭配中发挥作用,即各自都能对整个结构式的结构和意义作出贡献。如果说话人在言语实践中对 XY 的这种"先分解再整合"式的认知模式越来越强化,XY 即开始发生语法化变化。

iii. 不论是词汇化的第一步还是语法化的起始阶段,XY 这一

[①] 词汇化过程中整体性存取的单位为什么必须是说话人熟悉的,Lehmann 并没有清楚地予以说明。但 Himmelmann 对词汇化过程的说明,似乎可以当作一种解释:词汇化项中不同构成部分的搭配原本是临时性的,后来逐渐专一化和固定化,说话人就不太关注其内部理据性了。这和第七章提到的 Bybee & Thompson(2000)所说的"自动化"(高频率语串丧失内部结构和意义上的理据性)在道理上是相似的。因为自动化,频率高的词或者语素组合会被储存起来并当成一个组块而被处理。自动化又和 Bybee & Thompson 所提到的频率效应之一"自主性效应"有关。自主性效应就是,由多个语素构成的词和短语或者词串,在高频率的作用下,会失去其内部结构,并与语源上相关联的形式脱节,也就是变得具有自主性。Lehmann 的整体性方法和高频率引起的自动化和自主性效应在理念上是一致的——由于 Himmelmann(2004)所说的词汇化项内部成分搭配的专一化,词汇化项作为一个整体的文本频率可能会提高,对说话人来说,其熟悉程度会增加。

搭配或许都不会发生任何明显的改变，但这种启动起到了奠定 XY 的发展方向的作用。

iv. 词汇化和语法化都不会在孤立的语言符号身上发生，而是只会发生在有着具体的聚合和组合关系的语言符号身上。

Lehmann (2002b) 指出，词汇化的一些重要特征可以通过跟语法化的对比体现出来。作者通过复合结构式 $[XY]_Z$ 的例子来分析词汇化和语法化的一些更具体区别。这些区别主要体现在两个方面：

i. 在语法化过程中，$[\ ]_Z$ 的某个成分，如 X，是整个过程中的焦点（即语法化项），并且会随着这一过程的完成而发展为语法性单位。然而，在词汇化过程中，这样的焦点成分并不存在（即不论 X 还是 Y 都不能单独成为词汇化项），相反，受到影响的是作为一个整体的 $[\ ]_Z$。这说明，词汇化过程必然涉及一个具有复合型内部结构的单位（如 XY 搭配），而语法化过程则不排除发生于独体型单位（如 X 或 Y）。

ii. 在语法化过程中，$[\ ]_Z$ 的内部（X 和 Y 之间或者 $[\ ]_Z$ 和作为整个过程焦点的 X 之间）关系变得更严密、更受限（也就是更受制于语法规则）。而在词汇化过程中，$[\ ]_Z$ 的内部关系变得不规则，并且最终消失。

方面 (i) 是词汇化和语法化的一个重要差异：只有复合型单位可能发生词汇化，而独体型单位已经存在于词库里了，因此不能发生词汇化 (Lehmann 2002b：7)，这和 Himmelmann (2004) 及 Brinton & Traugott (2005，2007) 的说法是完全一致的。语法化可能发生于复合型单位，也可能发生于独体型单位。举个例子，Brinton & Traugott (2005，2007) 所说的 L3，如英语的 *desk* 和 *handicap*，也如汉语的单纯词"去、来、蜿蜒"，都不能发生词汇化。但是，如"去"和"来"等，因具有较高的意义泛性，如有合适的环境和语用推理条件，就有发生语法化的可能——"去"和"来"这两个动词的语法化，已经为历时事实所证明。Lehmann (2002b：

7)还指出,构形成分的语法化不过是其所在结构式语法化的副产品;就是说,如果发生语法化的结构式里存在一个调节各成分关系的单位(即上文提到的"焦点"),那么该结构式的语法化会触发这一调节单位的语法化,而如果这样的调节单位不存在,该结构式的语法化也不会受到影响。对词汇化来说,这种调节单位并不存在。

在 Lehmann 的理论体系里,词汇化和语法化不是相互逆反的关系;相反,二者之间存在很多共性,在一定程度上是平行的。如两者都是"缩减"过程,但具体方式不同:语法化导致语法化项的自主性发生缩减,使它向着更受规则限制的语法层面转移;词汇化则导致词汇化项的内部结构发生缩减,使它朝向词汇清单方向转移(Lehmann 2002b:15)。这一观念最大的特色是分别把分析性存取和整体性存取当作语法化和词汇化的认知原理。作者提到,从分析性存取和整体性存取来界定词汇化和语法化,会引发如下两个后果:

后果一:两个语法性语素的合并必须归入词汇化。

两个语素无论是语法性的还是实词性的,其合并都属于整体性存取,所以应归入词汇化范畴。作者举例说,西班牙语介词 *de*、*ex* 和 *de* 经过合并后进一步溶合,形成了 *desde*('自从')这一新介词,属于词汇化。

后果二:复合型语言单位的语法化以词汇化为前提。

Lehmann(2002b)举了一些西班牙语的例子来说明后果二。如西班牙语复合介词 *a base* (*de*)('在……基础上')的形成首先是词汇化,然后才发生语法化。其他复合介词的形成,如 *desde*('自从')(＜*des de*)、*bajo*('在……以下')(＜*baxo de*)、*cabe*('除了')(＜*a cabo de*),还有复合连词的形成,如 *en la medida en que*('就……来说')、*a pesar de que*('尽管')、*pese a que*('虽然')等,也都是如此。作者还提到了其他语言里词汇化和语法化相继发生的例子。如在英语 *gonna* 的个案中,半语法化的 *going* 和语法性语素(*to*)先词汇化,然后进一步发生语法化。

Lehmann 的上述观点与其对词类的词汇性和语法性的论述有

关。通常的看法是，名词、动词和形容词是实词性的，而介词和连词是语法性的；而作者认为，这些词类之间并不能以实词性和语法性来区分，因为实词性和语法性的判定标准是独立于这些词类的判定标准的；就是说，每个词类都既有实词性成员也有语法性成员(Lehmann 2002b：8—9)。因此，任何词类增添了新成员，首先都是为词库增添新词语，也就是词汇化；而词汇化了的新词语，有可能发生语法化（Lehmann 2002b：9）。需要指出的是，Lehmann 关于词汇性和语法性独立于词类的说法是否具有跨语言的适用性和理论价值，需要进一步讨论。

Lehmann 观念存在一些有待澄清的问题。Lehmann(2002b)用分析性存取和整体性存取来区分语法化和词汇化，展现出了相当的理论高度；其解释力如何，则仍必须用跨语言语料来检视。但着眼于语法化和词汇化过程的复杂性，同时比对其他语法化理论框架，Lehmann 的理论模型有一些需要解释的地方，也有一些有必要进一步讨论之处。以下只是列举其中的三个方面。

第一个方面，复合型组构是不是一定要先词汇化然后才能语法化。

Lehmann 的主张是，词汇化就是词库增添新词项；新词项可能发生语法化。这一主张要有合理性，必须具备两个关键性前提，即(i)凡通过整体性存取得到的结果，都可能成为词库里的习用性成员；(ii)语法化项不能是非结构性（即跨层）语串。结构性语串的特点是构成成分之间有合法的形态句法和语义关系，如汉语的"吃＋饭""头＋疼"，非结构性语串的特点则是构成成分之间没有合法的形态句法和语义关系，如汉语的"然＋而""而＋后"。这些前提条件有必要再推敲，因为对非结构语串语法化的解释无法做到简洁有效。以下来看两种个案。

个案类型一：汉语非结构虚词

汉语里存在相当数量的非结构词（即通常所说的"跨层"结构词）。汉语非结构词既有实词性的，如"以为、在乎"，也有语法性的，如"因而、否则、至于、而后、然而、极其、几乎"等。单纯地从存取方式来看，两组词的形成过程并无差异，都涉及整体性存取。词汇化的结果是产生新词语，这对"以为、在乎"来说很自然；而对"因而"等语法性词语来说，就得假定在其最终语法化之前还存在一个阶段，这些词语在这一阶段已经是词库里的习用化成员，但尚未获得语法化之后的功能。对结构性语串（如"随时""因此"）来说，这种过渡阶段的存在是说得通的。如"因此"的历时形成过程可以表述为

因＋此　＞　{因此}　＞　因此
　　　　词汇化　　　语法化

{因此}是"因＋此"词汇化的输出端，同时又是"因此"语法化的输入端，属于过渡状态。如果把{因此}的状态理解为已经（或接近）凝固成词，具备了表达因果关系的功能，但尚未获得"连词"的形态句法地位，似乎说得过去。然而，这种解释对非结构语串来说，就有一些困难。以"因而"为例，其历时形成过程可以表述为

因＋而　＞　{因而}　＞　因而
　　　　词汇化　　　语法化

因为非结构词的两个源构素之间既没有形态句法关系，也没有语义关联性，作为过渡状态的词汇性（而不是功能性/语法性的）{因而}的存在就需要更多解释。或许更合理的说法是，"因＋而"演变的结果直接就是语法性的"因而"，属于语法化过程。

个案类型二：多源构素语法性项

跨语言地看，语法性词语来源于多语素源结构的例子并不罕见。Heine & Kuteva（2002b：6）举了这样一个例子：科伊语（纳米比亚中部科伊桑语的一个支系）意为 *when it is like that*（'那种情形的时候'）的从句发展成了时间性连词 *taátenu*（相当于英语的 *then*）：

(2) *ta-　　á　　te　　nu　　xavaná　//é*
　　be：thus-JUNC-PRES-when　　again　　1：M：PL
　　kúùn-à-tè　　…

go-JUNC-PRES
'Then we went again…'

时间性连词 *taátenu* 的源构素有四个，包括 *ta*（be：thus）、*á*（连接语素）、*te*（现在时标记）和 *nu*（when），四个源构素构成了一个非结构语串。从句 *ta-á-te-nu* 作为一个整体发生了演变，同样，按照 Lehmann（2002b）的说法，*ta-á-te-nu* 必须先词汇化，然后再语法化。这同样需要认定从句 *ta-á-te-nu* 和最终的时间性连词 *taátenu* 之间存在一个过渡状态，而这一过渡状态的习用性程度是什么、在"实词性单位－功能性单位"连续统上处于什么位置，都不容易解释。

对于这两类个案引发出来的问题，Lehmann（2002b）并没有讨论。一种处理办法是，把这种过渡状态看成是为理论的完整性而假定的阶段，可能实际存在，也可能不存在。彭睿（2011a）提出，非结构语法化有三个层次，包括"组块化"（非结构源构素结合成组块）、"赋义化"（非结构组块获得语义语用特征）和"语用推理"（非结构组块演变为非结构虚词）。其中"组块化"层次的存在和先词汇化后语法化过程中假定的过渡状态在道理上是一样的。另外一种处理办法，就是简化这种解释模式，主张复合型组构既可以发生词汇化，也可以直接发生语法化，由输出端的性质来决定。复合型组构在特定环境中因语用推理的驱动而发生语法化的例子十分常见，如英语 *be going to* 以及汉语非结构虚词"因而、否则、至于、而后、然而、极其、几乎"等的语法化，都已经为学者们的研究所证实。

第二个方面，分析性存取和整体性存取之别是不是语法化和词汇化的本质性差异。

词汇化是说话人对复合型组构进行整体性存取的后果这一说法，应该不会碰到太多问题。麻烦在于，如果语法化项也是复合型组构，其演变过程同样会遭遇整体性存取。如前文提到的科伊语时间性连词 *taátenu*，按照 Lehmann（2002b）的解释，应该是其源构素 *ta-á-te-nu* 先词汇化，即被整体性存取，然后在更宽的环境里，词汇化了的 *taátenu* 再被分析性存取。按照前面提到的处理办法，假定 *ta-á-te-nu* 词汇化后出现了一种过渡状态，作为之后语法化的输入端，也没有太大问题。所以，一个更合理的说法是，分析性存取或许和语法化关系紧密，但整体性存取并不是词汇化所独有的认知方式——无论是词汇化过程还是语法化过程，只要输入端是复合型组构，整体性存取就会发生。和第一个问题相关，这一认知可以使对词汇化和语法化之间关系的解释更为简洁有效。

第三个方面，"分析性存取－整体性存取"二分和语法化及词汇化的其他特征有何关联。

从认知方法上定义和区别词汇化和语法化，这是 Lehmann（2002b）的一个最重要特色，也极具启发意义。问题在于，Lehmann 的方法无法呈现词汇化和语法化两种演变的详细异同方式。拿语法化来说，本书第一章提到，Lehmann 的语法化观中最核心的两个概念分别是"语法性"和"自主性"，其关键假定是：一个语言符号在使用上越自由，就越具自主性；而自主性和语法性是相反的，语法化会减损语言符号的自主性。这一假定和分析性存取的说法是高度吻合的。但是，分析性存取如何与其他学者观察到的语法化特征发生关联（如因果关系，证实或证伪）无法体现出来。语法化理论还存在其他一些有影响力的理论观念，如语法化由语用推理驱动（如 Heine 及 Hopper 和 Traugott 的主张），语法化环境具有连续性特征（如 Heine 和 Diewald 的模式），语法化和文本频率关系密切（如 Bybee 等人的理论），以及语法化会引起三层次环境扩展（如 Himmelmann 的主张）等。这些观念和 Lehmann（2002b）的分析性存取有何关系，需要清楚说明。举个例子，语用推理在 Lehmann 的语法化学说里并没有显著的位置，而可以肯定的是，语用推理和分析性存取并不相矛盾，那么二者之间有何内在联系，具体方式是什么，都值得深入考察。

同样，整体性存取和学界所关注到的词汇化过程所体现出来的其他特征如何关联，也是值得细致探究的。举一个例子，Himmelmann（2004）以及 Brinton & Traugott（2005）都主张，词汇化的演变后果包括意义理据性和结构透明性的降低或丧失，这和 Lehmann（2002b）的整体性存取说法基本上是一致的。更准确地说，意义理据性和结构透明性的降低或丧失是整体性存取的后果。然而，意义理据性和结构透明性的降低或丧失是有程度差异的，而这种差异是否需要在整体性存取说的论述中体现出来，如何才能体现出来，都是非常有意思的话题。

9.4.1.2　Himmelmann（2004）

本章 9.3.1 节提到，Himmelmann（2004）把词汇化过程图式化如下：

$$(X)A_nB \mid K_n \rightarrow (X)A_1B \mid K_{n-x}/K_{n+x} (\rightarrow (X)C \mid K_{n-x}/K_{n+x})$$

B 最初可以分别和若干 A 类词项构成结构式。X 和 K 分别代表这种结构式所能出现的句法环境和语义－语用环境。A 类词项中的某个成员（A_1）和词项 B 组成了固定的表达式 A_1B。很关键的一点是，A_1B 逐渐失去结构透明性及意义理据性，变成了一个不可析解的实词性单位（C）。根据本书第三章的介绍，Himmelmann 以一套相同的符号对语法化进行了图式化：

$$(X_n) A_n B \mid K_n \rightarrow (X_{n+x}) A_{n+x} b \mid K_{n+x}$$

这就是"基于复杂结构的语法化观"。其中 A 和 B 代表词汇项，b 代表语法化了的成分。在 Himmelmann 看来，语法化可以用以下三种类型的环境变化来定义：

a. 同构项类型的扩展：$A_n \rightarrow A_{n+x}$（如，普通名词 $\rightarrow$ 普通名词和专有名词）

b. 句法环境的扩展：$X_n \rightarrow X_{n+x}$（如，核心论元 $\rightarrow$ 核心及边缘论元）

c. 语义－语用环境的扩展：$K_n \rightarrow K_{n+x}$（如，前指用法 $\rightarrow$ 前指及次前指用法）

通过对两种图式化的演变过程的比较，可以很清楚地看到 Himmelmann（2004）解决词汇化和语法化异同问题的思路。在 Himmelmann 看来，词汇化和语法化的共同点包括：

i. 输入端相同，即都是自然话语（在特定环境）中具有能产性的词项的结合：$A_n B | K_n$；
ii. 输出端都是习用性的表达式。

具体地说，词汇化使得某个词串（或复合型组构）发生习用化，而语法化使得某种至少含有一个固定单位（即语法化项）的表达范式习用化——这一固定单位的泛性不断增加，成为结构式的形态句法标记。同时，能进入该结构式的单位数量上也不断增加。语法化和词汇化既然都是习用化过程，二者之间存在诸多共性并不意外，诸如语音融蚀和形式溶合这样的现象在两个过程中都较为常见。

关于词汇化和语法化的区别，Himmelmann 的论述可以从两个层面来看。第一个层面是二者在哪些方面不同。作者把词汇化和语法化最重要的区别概括为如下两点：

i. 在词汇化过程中，只有一个 A 类成员和词项 B 构成固定单位；在语法化过程中，词项 B 可以分别和一系列 A 类成员构成语言单位（即同构项扩展）。
ii. 在词汇化过程中，句法环境可能变化，也可能不发生变化；而语义－语用环境变化是没有一定方向的。对语法化来说，作为语法化项的词项 B 的句法环境同样可能变化，也可能不发生变化，但其语义－语用环境一定会发生变化，而且具有方向性，即持续扩展。

Himmelmann 指出，因为以上区别，词汇化和语法化在 Bybee（1985：16f)提出的词汇泛性问题上呈现出相反特征：

i. 对词汇化来说，因为只涉及单个词项的形成，所以输出端（如 $A_1 B$）的泛性程度不高；
ii. 语法化牵涉一系列词项，输出端的泛性增加（即语法化成项和越来越多的 A 类词项搭配）。

据此，Himmelman 认为词汇泛性是词汇化和语法化真正呈现相反特征的地方，是两者最关键的区别之所在。

第二个层面是，词汇化和语法化是不是互为逆反过程。Himmelmann给出的答案是否定的，其理由是，二者并没有同时在三个主要参数(同构项、句法环境和语义－语用环境的变化)上表现出相反的特征。在三个参数中，词汇化和语法化唯一显示出相反方向的参数是同构项变化：语法化以同构项扩展为特征，而词汇化因为只和 A 类成员中的某一个发生关联，所以呈现出"缩减"的特征。有意思的是，语法化中同构项的扩展通常是渐次发生的。而词汇化中同构项范围的缩减则是顿变的：由 A 类词项和词项 B 构成的表达式的数量不会减少，但其中某个 AB 表达式被凸显出来，获得与其他表达式不同的地位。

词汇化和语法化的以上异同，可以从汉语双音节词"把持""把握""把柄"及处置标记"把"的历时形成过程看得很清楚。从上古汉语开始，动词"把"即可以和不同动词及名词在句中自然搭配，最终和"持""握""柄"等组成固定搭配，并发生词汇化。词汇化了的"把持""把握""把柄"不仅意义上丧失了理据性，而且因各自意义上的特异性而泛性程度极低。三个词的句法环境及语义－语用环境和之前的"把＋持""把＋握""把＋柄"这种临时搭配相比，并无明显的有规律性的不同。动词"把"的语法化发生于连动式"把＋NP＋VP"，其中 NP 指称可用手持握的实物，"把＋NP"也是句中自然搭配。随着"把"的语法化，NP 的范围先是扩展到可持握的实物(如"醉把花看益自伤""闲常把琴弄")，然后扩展到不可持握的实物(如"徒把凉泉掬")，最后扩展到抽象事物或概念(如"图把一春皆占断")(见彭睿 2020：18)，但这种扩展仍属于同质性扩展，即"把"的搭配项语法范畴相同或相近(详见彭睿 2017)。从句法环境上看，"把"语法化前可以是单句主动词，也可以是连动句的第一个动词，但语法化之后则只能出现在作动词状语的介宾结构中。"把"语法化前后其语义－语用环境经历了一个从表述连续事件首事件到表处置义，然后表致使义这样的过程(彭睿 2009a)。

Himmelmann 的解释方案聚焦于词汇化项及语法化项的同构项(即搭配项)、句法环境和语义－语用环境三个层次的变化，其显著缺陷之一是没有对词汇化项及语法化项自身的形式和意义变化进行更细腻的分析，特别是没有强调语法化项的特征变化，以及语法化项特征变化和三层次环境变化之间的互动关系。如 Heine 等人的语法化参数里的扩展参数涵盖了 Himmelmann 的三层环境扩展，而另外几个涉及语法化项特征失落的参数去意义化、去范畴化和融蚀，则没有在 Himmelmann 的方案里体现出来。这造成了一个后果，即 Himmelmann 的方案对词汇化和语法化的异同缺乏全方位的比较。在这一点上，Brinton & Traugott（2005，2007）的解释方案体现出一定优势。此外，既然 Himmelmann 的方案聚焦于语法化项的环境扩展，那么这种环境扩展和语法化连续环境的两个模式（Heine 的桥梁环境模式和 Diewald 的临界环境模式）之间有着怎样的关联，也是值得关注的。

9.4.1.3　Brinton & Traugott（2005，2007）

Brinton & Traugott（2005，2007）提出了整合的词汇化观和语法化观。两位学者主张，词汇化和语法化都是在语言使用过程中出现的语义语用、形态句法及语音变化，同时从 Lehmann、Himmelmann 和 Bybee 等学者的学说里吸收了一部分有价值的观点。以下先对 Brinton 和 Traugott 方案的主要内容进行概括，然后讨论其需要强化论述的地方。

先来看整合的词汇化观和语法化观。

Brinton 和 Traugott 两位学者用"词汇清单"来取代"词库"。词汇清单中既有实词性单位（L），也有语法性单位（G）。如 9.3.2 节提到的，实词性单位是相对自由的，以其内部结构的溶合程度为标准，实词性单位的词汇性可以有不同层次，包括 L1（半固定短语，如 *lose sight of*，*agree with*），L2（复合式准特异性形式，如 *unhappy*，*desktop*）和 L3（独体而且难以拆分的特异性形式，如 *desk*，*over-the-hill*），几个层次依序透明性递减而特异性渐增（Brinton & Traugott 2005：94）。

Brinton 和 Traugott 指出，语法性单位是功能性的，往往与外部同构项之间存在形态句法关系。两位作者以语法性单位和外部同构项之间的溶合程度为标准，把其语法性粗略地分为如下三个等级（Brinton & Traugott 2005：93）：

G1＝迂回形式（如形成初期的 *be going to*，*as far as*，*in fact*）

G2＝准黏着形式：功能词，附着成分（如 *must*，*of*，*'ll*，领属标记 *-s*）

G3＝能改变词干范畴类型的派生性形态之类词缀（如副词性 *-ly*；多数屈折形态，包括零屈折）

至少在其形成初期，G1 的位置是相对自由的，但其内部有一定程度的溶合，并且具备了某种功能性意义。G2 与其同构项不同程度地发生黏合，而 G3 则必定与同构项高度黏合。

以上不同等级的词汇性和语法性单位可以整合为一个实词性和语法性共时斜坡（Brinton & Traugott 2005：94；Brinton & Traugott 2007：7）：

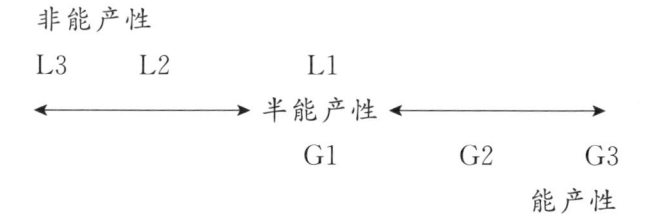

```
       非能产性
   L3    L2         L1
   ←─────────────→  半能产性  ←─────────────→
                    G1        G2        G3
                                        能产性
```

实词性单位和语法性单位分列斜坡的两侧。在实词性单位一侧，由图式中间到极左端，按照其内部结构的溶合程度依序为 L1、L2 和 L3。在语法性单位一侧，由图式中间到极右端，按照与外在同构项溶合的程度依序为 G1、G2 和 G3。Brinton & Traugott（2005：92）指出，共时地看，词的组构成分依其能产性（即按照 Bussmann 1996 的说法，"词的组构成分用来组成新语言表达式的能力"）形成一个连续统。因此，跨越整个斜坡、把实词性单位和语法性单位整合起来的关键因素就是能产性。

以上认知是 Brinton 和 Traugott 词汇化理论的重要基础，也是其讨论"词汇化－语法化"关系问题的出发点。两位作者指出，词汇化成项是实词性单位，词汇化的趋势是词汇化项词汇性的

增强(L1 > L2 > L3);而他们给语法化的定义是(Brinton & Traugott 2005:99):

> 语法化是说话人在特定语言环境里用一个复合结构的局部表达语法功能的过程。随着时间的推移,这一过程产生的语法性单位可能通过获得更多语法功能以及扩展其同构项而增强其语法性。

所以,语法化成项是语法性单位,语法化的趋势是语法化项语法性的增强(G1 > G2 > G3)。

根据 Brinton & Traugott(2005,2007)的解释方案,宏观地看,词汇化和语法化都只能发生于语言使用中,而且依赖于一定的环境,也附从于说话人和听话人的交互沟通。除此以外,微观地看,词汇化和语法化还存在如下三个相似点。

i. 词汇化和语法化都发生合并和融蚀。这里的合并和融蚀对于词汇化和语法化来讲内涵很不相同。词汇化的特点是内部融蚀程度的增加,如以下两种变化:

上古英语 *gar*(spear)+ *leac* (leek) > *garlic*
god(good)+ *spell*(tidings)> *gospel*

这种融蚀过程就是 Lehmann(2002b:13)所说的整体性方法,是语串或者结构式[XY]$_z$中 X 和 Y 之间边界的弱化或消失,其结果是[　]z 作为一个整体受到影响。

语法化通常涉及与外在同构项的合并,合并后的语音串之后也可能发生进一步融蚀。如作者举了 Anttila(1989[1972]:149)提到的如下匈牙利语例子:

古匈牙利语 *vila*('世界')+ *béle*('内脏/核心'+'方向性的')> *vilagbele*('进入世界')> 现代匈牙利语 *világba*('世界')+'方向格标记'

就是说,第一步 *vila* 和 *béle* 发生合并,变成 *vilagbele*;然后 *vilagbele* 进一步融蚀为 *világba*。

ii. 词汇化和语法化都涉及俗语化或固定化,以及组合性意和组构上的去理据化。二者从这个意义上讲,都是单向性的。①

iii. 词汇化和语法化都是渐变性的,即都以微幅、局域及重叠的步子进行,有时候发生于歧解性/中间环境。

相似点(i)所提及的语法化涉及"与外在同构项的合并"以及合并后的语音串之后"发生进一步融蚀"的说法,恐怕需要进一步澄清,特别是对孤立语来说是否合适有必要说明。除去这一因素,三个相似点在总体精神上和 Lehmann(1989,2002b)以及 Himmelmann(2004)是相通的,同时也涵盖了其他学者如 Bauer(1983)和 Lipka(2002[1990])等有价值的观察和结论。关于语法化和词汇化的主要区别,Brinton & Traugott(2005,2007)的归纳是相关讨论中最有系统性的。结合其他学者的说法,两位作者指出,以下特征为语法化所独有:

i. 功能性转移/重新分析(如从词汇性核心变为功能性核心);
ii. 去范畴化(丢失原来所属范畴的特征,随着时间的推移吸收新范畴的特征);
iii. 语法化项类型频率/能产性提升(Haspelmath 2004; Himmelmann 2004; Lehmann 2015);
iv. 由类型频率提升引起的文本频率的升高(Bybee 2003a);
v. 具有类型学上的广泛性:演变具有跨语言和跨时间的可重复性。

这里只稍微讨论一下(iv)和(v)两点。一个语言单位之所以因语法化而引起文本频率升高,和其意义泛性有关,在交际过程中,说话人通常会对语言单位(如结构式)用法加以扩展,以便表达新思想、新主意。当语言单位的适用范围(即搭配项或外部同构项)逐渐扩展到新词汇项、分布范围扩展到新环境时,就可以说泛化已经发生了,相应地其文本频率也会变得更高(详见本书

---

① Himmelmann 说词汇化意义变化无方向。这一说法是着眼于意义的抽象化或具体化。而 Brinton 和 Traugott 所说的词汇化和语法化的单向性,侧重的是去理据化和形式上的固化等。两种说法并不矛盾,因为涉及的是不同维度的方向性。

第七章)。相反,词汇化不会引起和语言单位搭配的外部同构项范围的扩大,而只会引起新词源构素内部的溶合,和新词的文本频率高低没有关系。很多语法化路径不同程度地具有跨语言共性(详见本书第六章),也就是具有类型学上的广泛性。相反,词汇化结果往往具有个别语言特色,不具备跨语言共性,因而缺乏类型学上的广泛性。

Brinton 和 Traugott 的方案同样存在需要强化论述的地方。Brinton & Traugott(2005,2007)的方案很细腻,涉及的特征较为全面,既照顾到了语法化项和词汇化项自身的特征变化,也关注到了其他涉及整个过程的变化。这种细腻的分析再加上把语法化和词汇化的输出端分别定位为语法性单位和实词性单位的做法,基本上能够准确地界定这两类历时演变过程。然而这一方案背后的理论基础——"实词性和语法性共时斜坡",似乎存在需要强化论述或进一步澄清的地方,主要是如下两个方面:

i. 跨语言适用性

两位作者的"实词性和语法性共时斜坡"对英语(或其他印欧语)来说或许是适用的,但是不是适用于其他语言,需要进一步证实。跨越整个共时斜坡并整合实词性单位和语法性单位的关键因素是能产性(即"组构词的成分用来组成新语言表达式的能力")。拿实词性一端来说,以"内部结构的融合"为标准来定位孤立语的词汇性等级,恐怕需要把更复杂的因素纳入考量,同时不能忽略语言类型学意义上的差异。例如,并非所有类型语言里复合词的意义理据性和内部结构融合程度(结构上的透明性)之间都存在严整的对应关系。汉语里的确存在意义理据性不同的复合词,但这些复合词的内部溶合程度并没有太大区别。如"后悔、过度、怀疑、水井、美丽、健美"等双音节复合词的意义理据性相对清楚,而"窗户、数量、质量、忘记、人物"等偏义词因只有一个语素贡献意义,理据性稍弱。另外一些词,如"规矩、消息、聪明、草包、抬杠"等的理据性则已经难以从字面上看出来了。关键是,三组词的内部结构溶合程度并无明显的差异。因此,对汉语来说,词汇性的关键是意义理据性,和内部结构溶合程度无太大关系。

总之，词汇化在各种语言中的不同表现，无法通过 Brinton & Traugott（2005，2007）的模式完全准确地进行呈现和解读。

ii. 能产性和词汇性及语法性的关系

前面提到，在 Brinton & Traugott（2005，2007）的模式里，跨越整个实词性和语法性共时斜坡、整合实词性单位和语法性单位的关键因素是能产性。然而，这种能产性和词汇性（内部溶合程度）及语法性（和外部同构项的溶合程度）之间是否存在对应关系，也需要进一步检视。再拿前面提及的汉语复合词来说，三组词意义理据性不同，但内部结构溶合程度并无明显区别，而能产性程度也无法分出高低来。就是说，这些词的能产性和词汇性也没有直接关系。概括起来，尽管从实词性和语法性共时斜坡两端看，总体上语法性单位的能产性要高于实词性单位，但实词性单位内部是否存在能产性和词汇性的对应，从目前的证据来看，似乎无法得出肯定的回答来。

9.4.1.4　三种方案的比较

归纳起来，总体上，Lehmann（2002b）、Himmelmann（2004）以及 Brinton & Traugott（2005，2007）对词汇化的性质特征以及词汇化－语法化关系的看法并无明显的抵牾之处。三个方案切入角度清楚地不同。Lehmann（2002b）的关注点是词汇化和语法化在认知方式上的差异，强调了过程，而不是简单从输出端来看。这和箱子方法有很明显的区别。Himmelmann（2004）的关注点是词汇化和语法化在同构项、句法环境和语义－语用环境这三个参数变化上展现的不同。Brinton & Traugott 的整合观对两种变化的共性和差异都作了具体分析，也吸收了 Lehmann 和 Himmelmann 的一些观点，是几家说法中最为细腻和全面的。三种方案都有需要强化论述或修正的地方。很重要的一点是，如果三个方案在修订时都能把汉语这样的典型孤立语纳入考量，那么其预测力和解释力定然会得到提升。

9.4.2 词汇化和语法化的逆反过程

学界曾经有过词汇化和语法化互为逆反过程的说法,但这一说法目前已经没有市场了。如 Lehmann(2002b)、Himmelmann(2004)和 Brinton & Traugott(2005,2007)都明确表示,词汇化和语法化并不互相构成逆反过程。Lehmann(2002b)所主张的词汇化和语法化,其背后的认知基础(分别为整体性方法和分析性方法)特征迥异但并不相逆反,因此作者认为语法化的镜像是去语法化,而词汇化的镜像是"俗词源"。Himmelmann(2004)指出,词汇化和语法化在三个主要参数(同构项、句法环境及语义－语用环境三层次变化)上面,只有同构项变化呈现相反的方向。Brinton 和 Traugott 系统性地讨论了词汇化和语法化两种演变的共性,显示二者并非逆反过程,而是既有共同点,也有不同之处。

9.4.2.1 词汇化的逆反过程

本章 9.3.3 节提到,词汇化的核心特征除了词汇化项在形式上必须是复合型的(包括句法结构式或者词语组构)以外,词汇化成项也必须是实词性的,而且在意义上出现理据性的降低或丧失,可能(但不一定)伴随形式上溶合度的提高或说内部结构透明性的降低乃至消失 (Himmelmann 2004;Brinton & Traugott 2005,2007)。这在 Brinton & Traugott(2005:96)的词汇化定义中体现得很清楚,即"说话人把一个句法结构式或者词语组构用作新实词性形式,其形式和意义特征不能全然从该句法结构式或单词组构方式中派生或预测到",而且,这一实词性形式可能"进一步丢失内部结构性,整个词项的词汇性得到增强"。这个意义上的词汇化,其典型逆反过程应当是原本意义上无理据性、内部结构模糊的实词性单位发生如下两项变化:

i. 获取意义上的理据性;
ii. 添增内部结构。

Brinton & Traugott(2005,2007)认为,词汇化的这种逆反过程是"反词汇化",其典型代表就是 Lehmann(2002b)所称的俗词源的形成(或着眼于过程,可称为"俗词源化")①,也就是没有透明性的表达式被"人为"地赋予一定理据性和结构这种操作过程。按照 Lehmann(2002b:14)的说法,俗词源的形成,远比词汇化罕见;这并不是语言行为中的自然要素,而是需要强力性创造方可达成。

先来看俗词源化的特征和产生前提。

俗词源化有不同类型,学者们对这一现象的解读也不尽相同。如 Winer(1992:238)把俗词源化定义为"对词语产生的一种流行但不真实的臆想,通常是以两个或更多词语在语音或意义上的像似性为基础"。这一定义概括性很强。用 Harnisch(2010:8)的话来讲,俗词源往往伴随着模糊性构词和词汇性单位的重新分割和重新理据化。② 不论是重新分割和重新理据化,似乎都是说观察的对象原本就有一种内部结构和理据,而遗漏了原本完全没有内部结构和理据性的情形。Olschansky(1996:107)把俗词源化解释为这样一种过程(根据 Michel 2015 的英译整理):

> 在共时层面上孤立而缺乏理据的词,或者词的内部成分,被以从词源上及历时角度看不正确的方式仿照语义上近似或(部分)一致、非孤立性且为人们所熟知的词(词族)来赋予理据、进行诠释并去孤立化。这一过程所产生的词位获得了新的构词方式、形态语义或意义解释或者解释的可能性。

Michel(2015)提到,和学院派词源学以意义的历时发展和词的来源为研究目标不同,俗词源化的一个重要特征是"共时孤立性",具体包括两个方面:

---

① 如本书第一章提到,很多文献以"俗词源"来指称词汇化的逆反过程,而另一些文献更注重其变化和过程的特点,使用的术语是"俗词源化"。本书根据表述的需要,有时会采取后一种做法,即在强调获得俗词源是一种变化过程的时候以俗词源化来予称说。

② Harnisch(2010)把重新分割和重新理据化看成"去词汇化"的伴随现象,而 Michel(2015)指出,这里的去词汇化就是通常所说的俗词源化。

i. 俗词源化发生于特定阶段，是一个共时过程；
  ii. 发生俗词源化的词必然是孤立的，通常没有理据性和透明性，因为它们无法和任何既有的词或词族发生关联。

作者还指出，俗词源的存在有如下两个前提：
  i. 某个孤立的词和另一个词或者词族之间的语音近似；这种近似在无理据的词和有理据的词之间起着桥梁作用；
  ii. 孤立的词因向人们熟悉的词或词族靠拢而获取一定的语义特征，并和这些词或词族产生意义上的可关联性，即一种"后起性理据化"或"去孤立化"的过程。

学者们对俗词源化并没有作更细致分类。综合各家的说法，同时根据学界既有的研究成果，俗词源化大致上可以归纳为两种类型：

类型 I：内部结构和理据性的创造

类型 II：内部结构和理据性的重建

俗词源化类型 I 的对象，即 Olschansky 所说的"在共时层面上孤立而缺乏理据的词"。如果这类俗词源化被严格理解为"完全没有理据性的语言单位被人为创造出理据性来"，其案例的认证就不是一件容易的事。以下两个疑似的例子均来源于 Merriam Webster 网络词典（https://www.merriam-webster.com/dictionary，访问时间 2022 年 4 月 9 日）。

案例一 *asparagus*

英格兰于 16 世纪引进芦笋（*asparagus*）。当时芦笋的拉丁语名称常被诠释为 *sparagrass*，这一名称很快就被俗词源化为由两个英语单词构成的复合词 *sparrowgrass*。而实际上 *sparrow*（'雀'）和 *grass*（'草'）这两个词都和芦笋及 *sparagrass* 这个词没有任何关联。

案例二 *muskrat*

Musquash（'麝香鼠'）是生活于北美的一种动物。因为这种动物在英语中原本没有名字，所以人们就改变了其称说方式，目的是使它听上去不会让 17 世纪的英语母语者觉得陌生。*Musquash* 是属阿尔冈钦语的马萨诸塞语的一个单词，后来借入英语

中。因为麝香鼠是啮齿类动物，所以 musquash 的第二个音节被改为 rat（'鼠'），这样 rat（'鼠'）和 musk（'麝香'）就构成了 muskrat。Musk 在 muskrat 一词被创造之前的几个世纪里就已经和哺乳动物及哺乳动物的气味挂上钩了。

单纯词是没有理据性的，如英语中的 red、data 和 if，以及汉语中的"逶迤""巍峨""蜈蚣"等，这是很清楚的。然而，拉丁语的 sparagrass 和马萨诸塞语的 musquash 原本是否有内部结构和理据性尚需要核实。如果二者原本的确没有内部结构和理据性，其俗词源化就属于类型 I，否则就可能归入类型 II。[①]

文献中讨论得较多的俗词源化案例往往和类型 II 有关，就是说话人对原本有自身内部结构和理据性的词语的误读。以下是文献中讨论过的几个英语中俗词源化例子。

案例三　gantlope（见 Michael 2015）

Gantlope 意指一种军事惩戒——受罚者要裸露上身在两排人之间跑动，这些人用棍棒或带结的绳索来笞打受罚者。这个词极有可能是中古瑞典语 gatulop，由 gata（'小道，规定的单向行车道'）和 lopp（'跑动，沿……前进'）组成。1646 年出现第一例 gantlope 形式的用法。然而，按照俗词源，gantlope 来自 ghent lope。例如，有一种传说是，这种惩戒方式始于比利时城市"根特"（Ghent），因此 gantlope 就是 Ghent 和 lope（跳跃，跑动）的结合。

案例四　female（摘自 Diccionari de lingüística online）

英语在 12 世纪时从法语中借入了 femelle 一词，即 femme（年轻女子）的爱称。到了 14 世纪，英语母语者因为不熟悉后缀 -elle，错误地把 melle 部分和 male 一词挂上钩。这一做法似乎不无道理——femelle 和 male 意义恰好是相对的。

案例五　X+burger（见 Scholfield 1988：342）

Hamburger 原本是 Hamburg + er，意为"汉堡地区的人"。Hamburger 中的 Ham 和 ham（腌肉）在发音和书写形式上近似，

[①] 拉丁语 sparagrass 和马萨诸塞语 musquash 的俗词源化，都是在引入英语时发生的，属于张绍麒（2000：19）所说的"跨系统型流俗词源"。

Hamburg + *er* 被人们重新解读为 *ham* + *burger*。因为这种俗词源性质的解读，*burger* 就被将错就错地理解成了一种食品样式。之后就产生了 X + *burger* 的组构，其中 X 可以是不同食物，如 *cheese*，*beef* 等。

汉语母语者给一些进入汉语的音译词赋予理据性，即所谓"谐音译"(史有为 2000：105)或"音意双关"(杨锡彭 2007：127)，也可以归入俗词源化。这种音译方式既考虑到外语原词的语音，选择语音相近的汉字来记写，同时又在用字表义上兼顾外语原词的意义，是一种音义兼顾的汉语化方式。文献中常提到的有"基因"(*gene*)、"维他命"(*vitamin*)、"香波"(*shampoo*)、"嬉皮士"(*hippies*)、"媒体"(*media*)及"黑客"(*hacker*)等等。杨锡彭(2007：130)还提到了一种"谐音别解"式的音译，即"用汉字音译外来词，字面上有意义，但又与外语原词的意义无涉"，称之为汉语"意化"外来词的手段，如"可口可乐"(*cocacola*)，"嘉年华"(*carnival*)和"仙客来"(*cyclamen*，一种樱类植物，俗称"报春花")。"谐音别解"的最大特点是在照顾外语原词发音的同时，利用汉字表意功能在外语原词的理性意义之外添加一种意义色彩。汉语的音译词原本是没有理据性和内部结构的，谐音译和谐音别解有一个共同点，就是那些在汉语中原本为零内部结构的词被赋予了汉语母语者所熟悉的某种理据性和结构方式。这些外语词在原本的语言中是否有理据性是一回事，但它们被借入汉语后的纯音译形式应该是没有理据性和内部结构的单纯词。因此，这些音译词在汉语里获得了和其原来的外语词或短语完全不同的理据性和内部结构，应该就是俗词源化的结果。

回到本节的关键问题：俗词源化到底是不是如 Lehmann(2002b)和 Brinton & Traugott(2005，2007)所说，属于词汇化的逆反过程呢？答案是不能一概而论。按照 Brinton & Traugott(2005，2007)的说法，实词项一经产生，就可能发生进一步的形态、语音和语义上的变化，即由较低实词性程度向较高实词性程度的变化(L1＞L2＞L3)，其特征是透明性递减，意义特异性渐增，如从可析解的复合词到不可析解的独体词的变化。那么，词汇化的逆反过程就应该是从较高实词性程度向较低实词性程度的变化(L3＞L2＞L1)，也就是透明性渐增，意义特异性递减的过程，如从不可析解的独体词到可析解的复合词的变化。

在"逆反词汇化"的问题上，类型 I 和类型 II 两种俗词源化是有差别的。类型 II 个案的共同特点是对某个词原本理据性的误读或曲解，使其内部结构发生改变，如 *gantlope* 和 *hamburger*。严格说，这和词汇化逆反过程的"透明性渐增"及"特异性递减"并不全然是一回事。Hopper & Traugott（2003）把 *hamburger* 的例子处理为重新分析，原因应该就在于此。类型 I 的特点是内部结构和理据性的创造，可以解读为 L3＞L2，则是对词汇化过程的真正逆反。类型 II 着眼于过程的结果，也涉及了词语的新的内部结构和理据性的确立，可以看成不典型的词汇化逆反过程。

9.4.2.2 语法化的逆反过程

学者们通常认可语法化的逆反过程是 Givón 所说的"去语法化"（如 Ramat 2001；Norde 2009，2010；Willis 2007，2017）。Haspelmath（2004：27）的看法是，去语法化现象异质性较高，其多数个案的演变方向都并不和语法化相反，因此有必要专门创造一个术语来称说语法化的逆反过程，即"反语法化"。Brinton & Traugott 对此表示赞同。Haspelmath（2004：27－28）把反语法化看成去语法化的一个类型，定义为语法化逆反方向的形态句法变化，即"从一个潜在的语法化终点变到起点，而且有着同样的中间阶段"。Haspelmath 所说的其他类型的去语法化是广义性质的，涵盖了本章 9.2.2 节提到的转类及 9.4.2.1 节提到的俗词源化等现象。这些现象在其他学者（如 Norde 和 Willis）的理论中是被排除在去语法化范畴以外的。这些学者给去语法化的定义方式（可称为"狭义去语法化"）和 Haspelmath 的反语法化的内涵高度相似。因此，本书不区分反语法化和（狭义）去语法化，而是把二者统称为"去语法化"。

按照 Lehmann（2002b：15）的说法，去语法化就是给有依附性的表达式赋予自主性的过程，和词汇化逆反过程一样，这样的过程也需要强化的创造性才能实现。去语法化也是渐变的，应该涉及 G3＞G2＞G1 中的某一个步骤。关于去语法化的性质和特征，本书第八章已有详细讨论。这里只举一个例子，即 Norde（2002）提到的英语和瑞典语的领属性 -s，来说明去语法化的具体过程。以下分析（包括例句）均摘自这份研究。

目前学界的一个共识是，领属性 -s 是一个附着成分而非词缀。

(3) a. *kungen   av Danmarks   bröstkarameller*（瑞典语）
　　　[King-DEF of Denmark]-s throat lozenges
　　　'the king of Denmark's throat lozenges'
　　b. *mannen   som   kom   igår's   väska*（瑞典语）
　　　[man-DEF who   came yesterday]-s suitcase
　　　'the suitcase of the man who came yesteray'
　　c. *the queen of England's son*　　　　　　　　　（英语）
　　d. *the man I saw yesterday's son*　　　　　　　（英语）

如(3)中各例所示，-s 可以附着于介词短语(3a, 3c)，甚至可以附着于关系从句(3b, 3d)，称为"词组所有格"。领属性 -s 源自日耳曼(Germanic)的屈折性领属标记，其产生过程是一个典型的去语法化个案（从标记词的词缀到标记短语的附着成分）。在早期瑞典语里，-s 的功能是标记词，而且标记名词短语里的所有词，即印欧语里常见的"协同格"标记方式(4a)。古瑞典语及中古瑞典语期间，协同格标记系统逐渐消失。-s 是唯一发展成短语标记的格后缀(4b)，而这个阶段是 -s 演变成附着成分的关键时期。-s 到第三阶段（15 世纪下半叶）才发展出真正的组别性领属标记功能(4c)

(4) a. *ens*　　　　　　　　　*salogs*
　　　a-MASC. SG. GEN　　blessed-MASC. SG. GEN
　　　manz　　　　　　　　*munne*　　　　　（Bur 205）
　　　man-MASC. SG. GEN　mouth
　　　'a blessed man's mouth'
　　b. [...] *kom   iak   heem   til   fadhir*
　　　[...] came　　I　　home　to　father-ø
　　　mins　　　　　　　　*hws*　　　　　　（Bir 26）

```
    my-MASC. SG. GEN        house
'I came home to my father's house'
c. konungen   i   Danmarcks   krigzfolck
                           (Per Brahe's chronicle from 1985)
  [king-DEF in Denmark]-s forces
'the king of Denmark's (armed) forces'
```

在古瑞典语和中古瑞典语里，当-s 扩大其使用环境时，可以不再附着于词干，而是可以附着于所有类型的屈折形式，如 *domkirky-o-s*（FEM. SG. OBL 阴性．单数．宾语）（'大教堂'）和 *ox-a-nna-s*（PL. GEN. DEF 复数．属格．有定）（'牛（复数）'）等。这进一步证明，-s 的功能已经不再限于词缀了。因为是从黏着性的词缀（G3）演变为准黏着性的附着成分（G2），按照 Brinton & Traugott 的说法，领属性 -s 的发展是语法化的逆反变化。

9.5 总结

对于词汇化的内涵和外延，学界目前并未达成共识。在各家说法中，Himmelmann（2004）和 Brinton & Traugott（2005，2007）较具影响力。二者都认为，词汇化通常发生于复合型单位，包括句法结构式或者词语组构；这是一个原本具有组合性特征的表达式内部结构透明性和意义理据性减弱或者消失，最终可能进一步变成不可析解的简单形式的过程，其输出端是实词性的。关于词汇化和语法化的关系，目前学界的主流观点是，二者并不互为逆反过程。综合三种最具影响力的解释方案，包括 Lehmann（2002b）、Himmelmann（2004）及 Brinton & Traugott（2005，2007），词汇化和语法化有同有异。词汇化是对词汇化项整体性存取的结果，而语法化是对语法化项分析性存取的结果（Lehmann 2002b）。这一说法或仍有需要澄清的地方，但着眼于对两种过程的宏观把握，是非常有启发意义的。词汇化只涉及单个词项的形成，所以输出端的泛性程度很低；语法化牵涉一系列词项，输出端的泛性程度会增加(Himmelmann 2004)。语法化的后果之一是语法化项因类型频率提升而发生的文本频率升高,词汇化不会引起和语言单位搭配的外部同构项范围的扩大,而只会引起新词源构素内部的溶合,不涉及新词的文本频率的变化;跨语言地存在一些语法化路径,说明语法化不同程度地具有跨语言共性,即所谓类型学上的广泛性,而这种广泛性并不见于词汇化(Brinton & Traugott 2005,2007)。

语法化的逆反过程为去语法化,这一说法目前是学界的主流意见。而词汇化的逆反过程为俗词源化的说法,一方面并没有获得多数学者的赞同,另一方面也需要更精准的表述——例如,比照 Brinton & Traugott(2005,2007)的词汇化定义,并非所有俗词源化现象都符合词汇化逆反过程的标准。只有创造内部结构和意义理据性这种俗词源化类型才是真正的词汇化逆反过程,而这种类型的俗词源化罕见。就是说,词汇化十分普遍,而作为词汇化逆反过程的俗词源化则相对稀少,而且不具有跨语言的广泛性。其中原因是什么,目前学界尚无清晰解释。

思考题

1. 不同学者所主张的"词汇化"概念有宽有窄。学界主流意见认同的"词汇化"核心特征是什么?

2. Himmelmann 和 Brinton & Traugott 的"词汇化"概念在理论依据上有哪些异同?二者能否整合?

3. Lehmann 认为"词汇化"和"语法化"在认知原理上不相同,二者的差别具体有哪些?

4. Brinton & Traugott 提出了"整合的词汇化观和语法化观",其优点和缺点分别是什么?

5. "语法化"和"词汇化"并不互为逆反过程。"语法化"和"词汇化"各自的逆反过程分别应该具备什么样的特征?

第十章 扩展适应问题

10.1 引言

第一章提到,语法化项既可能是实词性单位,也可能是功能性单位,这在语法化经典定义中体现得很清楚。如前面章节反复提到的,Heine, Claudi & Hünnemeyer(1991b:2)主张语法化是"一个词汇单位或者结构担负起语法功能,或者一个语法单位担负起语法性更强的功能"的变化。稍不同的是,Hopper & Traugott(2003)把语法化定义为"词汇性单位和复合结构在特定语言环境里承担语法功能,以及语法化之后继续产生新语法功能"的过程,并没有规定功能性语法化项的演变方向必定是语法性的升高。两个定义都既包括主要语法化也涵盖了次级语法化。

学者们注意到,跨语言地存在一种和次级语法化有些接近的变化类型:高度语法化的语言单位可能获得新语法功能,或者意义功能不明晰的语言单位或语言材料可以被赋予一定语法功能。这种现象被称为"扩展适应"[①]。目前较有影响的一种说法是,扩展适应的最典型情形,是高度语法化、正在衰微或处于冗余状态的语言单位或材料,无预料而且跳跃性地获得某种语法功能的现象(见如 Van de Velde & Norde 2016;Haiman 2017)。因为这样

[①] 学者们以不同术语来称说类似于"扩展适应"的过程,如"再语法化"(Greenberg 1991)、"功能更新"(Brinton & Stein 1995)、"亚分析"(Croft 2000)和再功能化"(Smith 2006)等。此外,Schilling-Estes & Wolfram(1994)和 Andersen(2006)分别以"再形态化"和"再获语法性"来称说诸如此类现象(更多相关术语,请见 Narrog 2007:4;Van de Velde & Norde 2016:10—11)。这些术语的提出,出发点不同,内涵和外延相近但不完全相同。

的定位，扩展适应和语法化的关系相对容易厘清，但无可避免地和去语法化及语境吸收等发生纠葛。

10.2　关于扩展适应

10.2.1　什么是扩展适应

"扩展适应"原本是一个生物学术语，最早由 Gould & Vrba（1982）提出，意指某一特征被增选来担负一种与其原有功能无直接关联的新功能这种变化。如爬行类动物原本用来调节温度的羽毛，其功能后来发展为飞行，脊椎动物的呼吸和消化器官被用于发声等等，都是生物学意义上的扩展适应的典型例子。这一术语后来由 Lass(1990)引入语言学，用来描述"废弃"的语言单位或语言材料获得新语法功能的现象。Lass（1990：80）对扩展适应的定义是，原本与后来用途无关或者只是微弱地相关的特征被机会主义式地借用于新用途。作者认为这种现象类似于"废物回收"，是一种功能重置。Lass（1997：316-318）对扩展适应进行了重新解读，意识到"扩展适应项"（简为"适应项"）包括但并不局限于功能上无用的语言材料。这一新认识目前已成为学界主流意见（见如 Willis 2010；Van de Velde & Norde 2016）。

目前学者们虽然比较一致地认为，适应项并不限于弃置无用的语言单位或材料，但没有就适应项的具体性质和特征达成完全一致。Traugott（2004）和 Narrog（2007）都提到，适应项通常处于语法化斜坡的末端，即因为高度语法化而失去了既有的功能。Narrog（2007）的说法是，适应项在功能上是模糊的，或者是明显冗余的（即为标记同一特征的数个共存手段之一）。Willis（2010，2016）则提到适应项具有正在式微的特征。Heine（2003：168）认为适应项是"已经丧失了大多或所有意义内容"的语法形式，Haiman（2017）也主张适应项是无意义和冗余的材料。Van de Velde & Norde（2016：27）的概括较有代表性，即适应项虽然不完全排除仍然活跃的功能单位，但大多数个案的适应项的确都正在式微而且在一定程度上处于被闲置的状态中。

什么是语言学意义上的扩展适应,可以从以下两个例子清楚看到。

第一个例子是柬埔寨语中缀"-元音＋m(n)-"的形成过程。Haiman(1998,2017)注意到,柬埔寨语"元音＋m(n)"本是无意义的音串,只起装饰性作用:

(1) a. *cpo：h*   ～ *c-am-po：h*   '朝向'
    b. *skoal*   ～ *s-am-koal*   '熟悉,认识'
    c. *ksawt*   ～ *k-am-sawt*   '贫穷的,悲惨的'

Haiman(2017：54)指出,原本无意义的"元音＋m(n)"音串,在非正式、随意发音时可以被省略,仅仅起到凑音的作用,但先是被重新诠释为装饰性的音素,然后又被解读为有意义的中缀。"元音＋m(n)"如果插入动词性单音节词根首辅音后面成为中缀以后,能使这些词根变成派生性名词:

(2) a. *cŋa：j*   '远'   ～ *c-am-ŋa：j*   '距离'
    b. *criang*   '唱'   ～ *c-am-riang*   '歌曲'
    c. *deung*   '知道'   ～ *d-amn-eung*   '知识'

作为中缀的"元音＋m(n)"还可以有其他不同的意义,如及物化标记或者致使义语素:

(3) a. *slap*   '死亡'   ～ *s-am-lap*   '杀死'
    b. *trev*   '真实'   ～ *d-am-rev*   '拉直'
    c. *craeun*   '许多'   ～ *c-am-raeun*   '使繁荣,增加'

第二个例子是契迁语及物化标记 *i*-的产生。Greenberg(1991)提到,在契迁-帕占语里,*i* 是一个常见的第三人称单数回指代词,通常以黏着形式出现。回指代词 *i* 可以有各种意义功能,如作表示领属的名词前缀,以及作表示主语或者宾语动词的前缀。*i* 有时候充任动词的非限制性具指宾语,可以出现在没有显性宾语的及物动词身上,但显性宾语出现时不能用。在依托纳马语(属玻利维亚契迁语)里,*i*-是非具指宾语;如无其他宾语出现,那么

i- 的使用就是强制性的，如：

(4) a. *Mas-t ? it ? ye*　　'砍手臂'
　　　i-t ? it ? ye　　　'砍'（不定指宾语）
　　b. *chas-dot ye*　　　'捣谷子'
　　　i-dot ye　　　　　'捣'（不定指宾语）

类似情形在契迁语其他支系里也有发现。进一步的发展是，*i-* 因为只能用于及物动词，所以变成了使不及物动词及物化的派生性成分。这种功能重新诠释，Greenberg（1991）称为"再语法化"。

10.2.2　扩展适应的性质和特征

目前文献里出现的扩展适应的定义方式大致分两类。

第一类定义强调输入端（适应项）和输出端（适应成项）各自的特征以及二者之间的无关联性。这类定义中具有代表性的如以下两个：

> 已经丧失了大多或所有意义内容的语法形式……被用于新用途，成为意义迥异的语法形式。　（Heine 2003：168）

> 形态句法特征正在式微的语言形式被重新启用来表达其他新型或者既有形态句法特征。
> 　　　　　（Willis 2010：171；Willis 2016：203—204）

这类定义同时也强调了输入端的特征，即适应项无意义或处于式微状态的事实。Haiman（2017）的定义也可以归入这一类：

> 无意义或冗余材料获提升而担负新的语法（形态句法或音系）或者意义工作。　（Haiman 2017：52）

第二类定义以整个过程的骤变性为着眼点，同时也注意到适应项和适应成项之间的无关联性。如 Van de Velde & Norde（2016：27）把扩展适应定义为这样一种现象，即一种功能特征被"跳跃性地"选择来表达某个"和其原本功能无直接关联的新功能"。

以上两类定义视角稍有不同，但实际上是相容的。二者最大共同点是适应项和适应成项之间的无关联性。那么,适应项和适应成项之间的无关联性,是否就是扩展适应的核心特征呢?对此学界仍有争议(详细介绍见 Van de Velde & Norde 2016:16—27;Van de Velde 2018:522—524)。本书认同 Van de Velde & Norde (2016)的观点,把新功能的"新颖性"和变化的"无预料性"看成扩展适应的两个核心特征。

特征一:新颖性

"新颖性"特征指的是适应成项功能上的特异性。扩展适应通常导致特定语言中新功能的确立,其新颖性包括两种情形:其一是新功能原本并不存在,其二是新旧功能之间没有任何关联(Van de Velde & Norde 2016)。举个例子,假如某种语言原本缺乏性别范畴的形态标记,后来不但产生了这种标记,而且是由一个在功能上和这种标记性别完全不相干的无意义语串来承担,这就是第一种情形的典型例子。第二种情形以契迁语第三人称单数回指代词 i-到及物化标记的变化为典型例子。严格说,还存在第三种情形,即原本无意义/功能的语言材料获得一定意义/功能,而这种意义/功能未必是全新的(即可能已经存在其他编码方式),如柬埔寨语中缀"-元音+$m(n)$-"的产生。

特征二:无预料性

"无预料性"是从变化过程来看的,可以有诸多相关的体现方式。无预料性可以指适应项新功能的产生是一种跳跃性转移,不遵循任何常见的语言演变规律(如 Gardani 2016;Narrog 2016);也可以指这种转移不会跨语言地反复出现,变化方向也不可预测,即违反一般的语法化或常见的认知原则(如类推)(Van de Velde & Norde 2016)。从 Haiman (2017:65—66)的角度看,扩展适应的发生总体上是随机性和机会主义式的,其结果通常无法预测;而用 Willis (2016:203)的话讲,这是一种"极端"的重新分析。既然是随机性的和机会主义式的,也就不牵涉语用推理过程。

由无预料性可以推导出扩展适应的第三个特征,即"不确定性",意指适应项和目标功能之间的双向选择无规律可循的事实。

特征三：不确定性

不确定性具体包括两个方面，分别涉及新功能的确定(i)和适应项的遴选(ii)：

i. 适应项被赋予哪种新功能；
ii. 新功能由哪一个单位/材料来充任适应项。

适应项要么在功能上已经式微，要么干脆是无意义的语串，它可能获得的新功能是无法从其自身来预测的。而从另一个角度看，语言中出现的特定新意义/功能，也无法根据意义/功能本身的特征来推断其可能的源头。这两方面不确定性的存在，在很大程度上都是因为扩展适应不是由语用推理驱动的，这也是扩展适应和语法化演变最重要的区别。

扩展适应的以上三个特征都和自然语言历时演变常见规律（类似语法化演变的共同理据、普遍动因及统一机制）的缺乏有关。基于这一认识，本书把扩展适应定义为如下过程：

> 正在式微或者在一定程度上处于被闲置状态中的语言单位或材料偶然性地获得新颖语义语用功能及形态句法地位的变化。

以上定义涵盖了"新颖性""无预料性"和"不确定性"三个特征的内容，既方便清晰定位扩展适应，也有助于把这一现象与其他演变类型（如"语法化"和"去语法化"等）相区隔（详见本章 10.3 节）。

10.2.3 扩展适应的类型

Lass(1997：316)提到，适应项或者原本有一定功能（要么原本功能尚存，要么功能尽失），或者原本就没有任何功能。Smith(2006，2011)根据扩展适应项的这种不同，把扩展适应细分为三类：

> 再功能化：扩展适应项原来的功能为新功能所代替。
> 增功能化：扩展适应项在原来的功能基础上产生新功能。
> 功能化：扩展适应项原本没有形态句法功能，但后来获

得了某种形态句法功能。

10.2.3.1 再功能化

再功能化以英语致使义后缀-*en* 的形成和"数"范畴发展出否定功能的过程为典型例子。

Van de Velde（2018：521）提到了英语表致使（或肇始）的后缀-*en* 的例子，如在 *deepen*、*lengthen* 和 *frighten* 等单词里。作者提到了 Wischer（2010）所转述的 Otto Jespersen 的说法，指出-*en* 是古英语的不定词尾-*an* 的遗留形式，不稳定地出现于中古英语动词，缺乏清晰的意义特征；这一遗留形式之所以产生致使或者肇始意义，是因为古英语里不定词尾已遭弃用，同时可能受到了来自古英语里致使或肇始意义的-*n* 词干的类推压力，如 *fæstnian*（fasten）（Wischer 2010：33—34）。从不定词尾到致使义后缀是一个清晰的再功能化例子。

Willis（2016：212—216）讨论了英语"数"范畴到否定范畴的发展，以下是对作者相关分析的概括。古英语里所有动词都区分单复数。如 *singan*（sing）的过去时单数为 *sang*（第一和第三人称）或者 *sunge*（第二人称），而复数形式都是 *sungon*。*Wesan*（be）的过去时单数为 *wæs*（第一和第三人称）、*wære*（第二人称）和 *wæron*。中古英语动词的数范畴屈折形式逐渐衰落。按照 Lass（1992：95—100，34—41）的观察，这种数范畴变化的现在时要早于过去时。总体上，单数形式被推广到复数形式，以至于现在 *sang* 既可以出现于 *I sang* 也可以用于 *we sang*。因为动词数标记的丧失，英语动词过去时的数范畴处于式微状态，而过去时动词 *be* 则是唯一例外，其单复数形式在标准英语里一直保持（如 *I was* 和 *we were*）。现在时动词的单复数用法尽管也不很丰富，但相比而言，其单复数区别得到了更好的保存。在标准变体中，动词 *be* 在第一人称（*am*：*are*）和第三人称（*is*：*are*）中得到保存，而其他动词只能通过-*s* 后缀在第三人称代词中保持（*she sings*：*they sing*）。很多口语变体在整个词形变化表中体现出广泛性，要么是-*s* 形式（*she sings*，*they sings*），要么是非-*s* 形式（*she sing*， *they sing*)。也有一些其他可能的方言系统没有数的区别。总之，目前"数"在英语动词词形变化表里是一个式微了的范畴，式微的程度在不同方言里有差异。正是在这样的情形下，*was-were* 区别趋于遭弃，词形变化表要么被 *was* 统摄，要么被 *were* 统摄。这表明过去时动词系统数标记的完全消除。因为数在英语动词中不再有区隔作用，编码数的形态手段就被重新分配给其他特征，即"否定"。无论人称和数为何，各英语方言都呈现出这样一种趋势，即在否定句里用 *were*（以 *weren't* 的形式），而在肯定句中用 *was*。这一趋势在英国到处都能看到，如雷丁和约克、汾兰以及伦敦东。美国的一些地方也有类似情况出现。

10.2.3.2 增功能化

Greenberg（1991）提到的几个再语法化的例子，符合 Smith 的增功能化标准。

一个例子是本章 10.2.1 节提到的契迁语及物化标记 *i-* 的形成过程，其中 *i* 由第三人称单数回指代词变成使不及物动词及物化的派生性成分，同时其第三人称单数回指代词的用法得到保留，这是一个典型的增功能化个案。

另一个例子是契迁－帕赞语族里 *-kwa* 由名词变为名词标记的变化。在契迁－帕赞语族里，*-kwa* 指称圆状物，原本是一个独立的名词，如特拉巴语的 *gwa*（'蛋'），以及库纳语的 *kwa-kwa*（'坚果'）。在库纳语里，*-kwa* 可以出现在很多名词上，已经被后缀化了。按照 Holmer（1952：188）的说法，*-kwa* 是库纳语最常见的后缀，在整个语族里也很普遍；因为 *-kwa* 的意义十分多样，可以看成具体名词的一个通常性构成成分。这一构成成分原来只能用于特定类型的小物体的名称，这些小物体在印第安语族的不同语言里相关或者相同，如"石头、禽蛋、坚果、花蕾、星星"等。在库纳语里，*-kwa* 在语义上已经被重新诠释，表示单数，如 *wini*（'珠子'），*win-kwa*（'一个珠子'）；也可以表示小称，如 *machi-kwa*（'男孩儿'）。Holmer（1952：55）观察到，*-kwa* 更能产的一种重新诠释功用是标记施事名词，如 *ope-kwa*（'沐浴者；泳客'），以及源于形容词性词根的抽象品性，如 *sipu-*

kwa（'白，白颜色'）。在某些契迁语里，-kwa 可以用来构成动名词，如在阿根廷帕赞语里的米利卡亚语里，gue 出现在动名词里，如 Valdivia（1943）提到的 cheri-cherigwe（'给予－礼物'）和 pi-na-pigue（'死亡－死亡状态'）。

10.2.3.3 功能化

10.2.1 节提到的柬埔寨语中缀"-元音＋m(n)-"的形成是一个典型的功能化个案。下面再看一下印欧语无意义的后缀 es 变成格或数标记的过程。Anttila（1989[1972]）提到，在印欧语里，词的构成方式通常是词根加上后缀形成词干，词的屈折方式则是在词干基础上再加上一个词尾。印欧语的名词词干构形后缀通常没有清楚的意义功能。当屈折性词尾被删除后，有时候其意义会被转到遗存下来的原本无意义的词干构形成分身上。Anttila（1989[1972]：150）举了 -en 的例子。原始印欧语的 *$uk^w sē$（'ox'，主格．单数）和 *$uk^w senes$（'oxen'，主格．复数）都是典型的 en 词干：*$uk^w sen$- 是词干，-es 是主格复数词尾。*$uk^w sē$ 和 *$uk^w senes$ 在古英语里分别为 oxa 和 yxen，而在古高地德语里分别是 ohso 和 ohsen。主格单数没有 -n，是古形式。因为 -es 已经从其他形式中消失，-en 就被重新诠释为格或数标记了。这一被 Anttila（1989[1972]）称为再语法化的个案，也可以归入功能化的范畴。

再功能化、增功能化和功能化聚焦的是适应项特征的不同情形。理论上，三种变化尽管都符合前面提到的扩展适应的三种特征，但因为适应项的不同，每一种变化都应该呈现出一定特色来。如功能化的适应项原本没有功能，其发生扩展适应的过程应当不会和再功能化及增功能化完全一致；而再功能化和增功能化的适应项的本身功能是否在一定程度上对新功能的获得有影响、如何影响，都是可以去挖掘的课题。

10.3 扩展适应和其他现象的纠葛

学界讨论过的功能单位产生方式有数种，除了最为常见的语法化，还有扩展适应、去语法化和语境吸收。扩展适应不可避免地和其他几种演变之间存在一定的纠葛。一些学者试图从这几种演变方式的起点以及起点和终点的差异的角度来对它们进行区隔。如 Haiman（2017：52）给扩展适应的定义，即"无意义或冗余材料获升级而担负新的语法（形态句法或音系）或者意义工作"，有两个关键点，一是扩展项的"无意义或冗余"，二是形态句法及语义语用功能的"升级"。这份研究提到，一些具有"升级"特点的变化，如词汇化和去语法化等，都是以某种语法素（即有意义功能的单位）为起点（输入端）的演变，不仅包括从单词到单词、从屈折词缀到派生词缀、从词缀或功能词到单词的过程，也包括从词缀到附着成分的变化。作者意识到，这些变化，如果不是清楚的形态句法及语义语用功能降级过程，就可能和扩展适应有重叠。

相比于变化起点及其与终点的差异，本章 10.2.2 节提到的扩展适应的三个特征（新颖性、无预料性和不确定性）能够更有效地把扩展适应和其他演变区隔开来。学界对词汇化内涵和外延的认识非常不一致，而本书采纳的是 Brinton & Traugott（2005，2007）的处理方式，即认为词汇化的输出端为实词性单位（详见第九章）。如果词汇化的输出端为实词性单位，就和扩展适应以及语法化都有了清楚的区隔。因此，以下几个小节将只涉及扩展适应和语法化、去语法化及语境吸收之间的异同。

10.3.1　扩展适应和语法化

依据其语法化项的情况，语法化可分为"普通语法化"（语法化项为单语素单位或者结构性语串）和"非结构语法化"（语法化项为非结构性语串）两类。扩展适应和这两类语法化之间有着不同关系。

10.3.1.1　扩展适应和普通语法化

有学者（如 von Mengden 2016：539）主张把次级语法化（语法化项为功能性单位）并入扩展适应，以便让"语法化"这一术语专指主要语法化（语法化项为实词性单位）。这一主张的优缺点都很明显。优点是把语法化项为实词性单位的语法化过程和其他产生功能性单位的过程清楚区隔了开来,缺点则是混同了次级语法化和扩展适应,而后两者在性质和特征上有诸多不同。总体看语法化和扩展适应的区别主要体现在以下几个方面:

i. 语法性程度变化方向

不少学者认为,扩展适应和语法化虽然都以重新分析为机制,变化方向却相反(Narrog 2007:9;Ramat 1998;Traugott 2004;Haiman 2017等)。Haiman(2017:51)举例说,单词降级为词缀属于语法化,而音串发生形态化或者词缀升格到单词地位,就可以归为扩展适应。Ramat(1998:123)认为,扩展适应对语法化单向性假说构成了"严重挑战",而Traugott(2004:151)也承认,适应项既然处于语法化斜坡的末端,其变化方向就只能是逆反语法化,属于"语法化单项性原则的反例"。实际情况比这些学者们所观察到的更为复杂;扩展适应和语法化"变化方向相反"这一论断的准确性尚有待证实。

正如很多学者所认知的那样,适应项要么本身是无语法功能的符号或语串,要么因高度语法化而失去了原来的语法功能;因此适应项或者从无到有地获得语法功能,或者被重新启用并赋予和其原有功能完全无关联的新语法功能。两种情况都不能简单概括为语法性程度的提升。在Heine,Claudi & Hünnemeyer(1991b)及Hopper & Traugott(2003)所定义的语法化中,主要语法化(词汇性单位>功能性单位)的方向都是语法化项在语法性程度上的提升,次级语法化(功能性单位>功能性单位)则稍有不同:对Heine,Claudi & Hünnemeyer(1991b)来说,这是一个从语法性单位到语法性程度更高的单位的过程,而对Hopper & Traugott(2003)来说,这一过程只涉及新语法功能的获得,语法化项的语法性程度未必会变得更高。次级语法化的这两种理解方式都不能和扩展适应等同起来。

ii. 有无可预料性

语法化从过程到结果都具有可预料性,而扩展适应是无预料性的。

"可预料性"的意思不仅是指输入端和输出端之间在意义及形

态句法关联上具有可追踪性及一定程度的可复制性,而且也指其变化过程(如动因、机制)是有规律可循的。语法化受语用推理驱动,所以通常语法化项的意义特征及形态句法特征和语法化成项的功能之间的关系是可诠释的,具体的语用推理条件也是可追踪和可辨识的(如体现为不同的"临界关系－语法化项"关系模式,详见本书第二章)。相反,扩展适应的一个核心特征就是随机性,是机会主义式的。和这种无预料性相关的不确定性则使得扩展适应在其根本问题上都缺乏规律性,如适应项可能被赋予哪种新功能,以及具体哪一种单位/材料能够被征用为适应项。

iii. 是否具有跨语言性

语法化可能存在跨语言共性,而扩展适应是偶发性的,无跨语言共性可言。

这里的"跨语言共性",不仅指演变动因和机制上的一致性,也包括演变路径上的共性。本书第六章讨论了跨语言地存在的一些语法化路径。"跨语言"的范围可宽可窄,既可能涉及类型特征相同的语言,也可能涉及完全无关联的语言;两种情形都证实了语法化是一种有着跨语言规律的演变模式。扩展适应既然是偶发性的,不仅在个别语言里的出现是不可预测的,也不存在循相同模式发生于同类型语言中的情形,更不可能出现在无关联的语言里发生输入端和输出端都一致的现象。扩展适应的偶发性的一个直接证明是它远比语法化罕见。Van de Velde(2018)虽然质疑了扩展适应远比语法化罕见这一说法,但并没能提供系统的证据来予反驳。目前跨语言研究展示的事实就是,相比于语法化,可以归入扩展适应的演变个案的确数量非常稀少。

iv. 是否依赖环境

语法化发生于特定环境,这是不同流派的语法化理论家的一个共识。语法化的驱动力是语用推理,而语用推理条件就存在于临界环境或桥梁环境。扩展适应既然是偶发性、无预料性的,也无需语用推理的促成,因而对环境没有依赖性。

v. 是否具有渐变性

语法化具有渐变性,最有力的证据,是语法化环境的连续性。无论是 Heine（2002）的桥梁环境模型还是 Diewald（2002）的临界环境模型，都很好地诠释了这一点。跳跃性是扩展适应除无预料性之外的另一个核心特征。因为这种跳跃性，扩展适应有别于一般的自然语言演变。

以上四个方面密切相关，从不同侧面呈现了普通语法化和扩展适应之间的区别。

10.3.1.2 扩展适应和非结构语法化

在扩展适应演变中，适应项要么是高度语法化但被闲置的功能单位，要么本身就是无意义的音串。特别是无意义音串类型的适应项，和非结构语法化的输入端高度相似。非结构语串的两个源构素之间既没有形态句法关系，也没有语义相关性，和作为适应项的无意义音串从形式上看并无实质性区别。那么非结构语法化和扩展适应的关系是什么？非结构语串不符合人们对语法化项的一般认知；然而，彭睿（2011a）的研究表明，非结构语法化项的语法化过程尽管有不同于一般语法化项的地方，但从动因和机制上看，和一般语法化项并无二致，也完全符合语法化的普遍性规律（彭睿 2011a，2020）。

按照彭睿（2011a）的说法，非结构语法化有三个层次，即"组块化层次"（非结构源构素结合成组块）、"赋义化层次"（非结构组块获得语义语用特征"）以及"语用推理层次"（非结构组块演变为非结构虚词）。三个层次有机地结合在一起，构成了非结构语法化的全过程。非结构语法化过程也有渐变性，也会经过连续性环境，和扩展适应的跳跃性明显不同。新功能的产生也是语用推理的结果；而既然由语用推理驱动，这种演变就不是无预料性的。

10.3.2 扩展适应和去语法化

扩展适应和去语法化之间有同有异。二者相似之处主要体现在规律性缺乏和数量稀少上。

扩展适应是偶发性的，没有跨语言的共性，甚至也不存在同一语言类型内部的共同演变路径，因此较为罕见。去语法化往往也缺乏跨语言规律性，而且同样不多见（见如 Norde 2011：476—

477)。总之扩展适应和去语法化的发生频次都远远低于语法化。

除了以上两点，扩展适应和去语法化在输入端上有时候难以清楚分辨。适应项有两种类型，分别为高度语法化但被闲置的功能单位和无意义的音串。去语法化项都是语法素，按照 Norde (2009，2010)的说法，大致上可以分三类：功能词、屈折语素和黏着语素(详见本书第八章)。其中屈折语素和黏着语素都是高度语法化的。因为"高度语法化"和"被闲置"在认定上的主观性，所以扩展适应和去语法化从输入端上看，要清楚区隔也不太容易。

撇开演变过程(动因、条件和机制等)，扩展适应和去语法化无法从演变方向和输入端上清楚区隔。但如果着眼于变化过程，二者的差异则清晰可见，最关键的是如下四点：

i. 跳跃性还是渐变性

扩展适应是一种跳跃性的变化，而按照 Van de Velde & Norde (2016：23)的说法，去语法化"不是一种功能上的跳跃"，而具有渐变性，输入和输出两端有着"清晰的关联"。

ii. 对特定环境的依赖

扩展适应的发生并不需要环境条件的辅助，而去语法化和语法化一样，通常只能发生在特定环境里。

iii. 是否由语用推理驱动

扩展适应作为一种"无厘头"式的偶发性演变，因其无预料性和跳跃性，没有可能涉及逻辑推演及事理因由，也不会有会话隐含之类语用推理的介入。去语法化会经由临界环境阶段并由语用推理驱动。这是因为去语法化对语法化的逆反属于 Haspelmath (2004)所说的"类型逆反"，即沿着"词缀 > 附着成分 > 词汇性成分"方向的演变。这种逆反具有一定理据性，如输入端和输出端的性质和特征差异存在一定规律性，两端的关联是通过语用推理建立起来的(详细讨论见本书第八章)。

iv. 是否具有可预料性

可预料性就是以理据性为基础的可追踪性。前文多处提到，扩展适应既然是偶发性的，从输入端到输出端的变化是无理据性的，因此也就具有不可预料性。相反，去语法化和语法化一样是由语用推理驱动的，其理据性也体现为语用推理条件的存在，也就是可以预料的。

以上四点涉及了演变过程的不同方面。总结起来，扩展适应和去语法化的相似处都是表面性的，无关演变过程本身；而二者的差异则都和其本质性特征有关。

10.3.3 扩展适应和语境吸收

语境吸收是语言单位或语言材料从其所在环境中获得意义功能的过程(Bybee，Perkins & Pagliuca 1994)。Bybee(2010：176)的说法是，语境吸收通常发生在语言单位或语言材料(语境吸收项)意义上高度虚化而无法抵挡外来的意义影响的阶段。彭睿(2018，2020)把语境吸收方式分为两类。方式 I 的特点是，吸收义来源于吸收项所在环境的语义关系，语境吸收项因感染而获得其所在环境的功能特征，其典型例子是 Bybee, Perkins & Pagliuca (1994：230—236) 所举的亚美尼亚语和阿拉伯语中由陈述到情态的演变。方式 II 的特点是，吸收义来源于以吸收项为组成部分的复合型功能项的语义功能，语境吸收项以转喻方式获得其所在复合功能项的语义功能。这一类型以 Bybee(2010)所举的法语名词 *pas* 获得否定意义的过程为代表。根据彭睿(2018)的讨论，两种方式的共同特征有二：(i) 不涉及语用推理，及(ii)不经由临界环境。Bybee 等人把"隐喻扩展""推理"或"语用义的习用化""意义泛化""和谐"和"语境吸收"并列为语义变化的机制，实际上是主张语境吸收独立于语用推理。同时，语境吸收既然没有语用推理的助力，自然也就不存在具有歧解特征的阶段。Bybee, Perkins & Pagliuca (1994：296) 把语境吸收定性为一种极端的语义转移现象，即可证明。

扩展适应和语境吸收的关系问题迄今为止学界无专题讨论。两种演变的共同点很清楚：(i)无阶段性，(ii)无语用推理介入，以及(iii)输入端和输出端无有规律性的关联。同时，语境吸收发生于语法化较晚阶段，而扩展适应项也处于语法化斜坡的末端。那么，有无可能扩展适应和语境吸收实际上是同一过程，只是观察视角不同？研究表明，二者相互独立，但存在交叉。

首先，有的个案既是扩展适应又有语境吸收。如印欧语词的构成方式通常是词根加上后缀形成词干，词干再加上词尾，然后形成词的屈折方式。印欧语的名词词干构形后缀通常没有清楚的意义。然而，当屈折性词尾脱落后，其意义就可能转移到遗留下来的原本无意义的词干构形成分身上。10.2.3 节提到了 Anttila（[1989]1972：150）所举的印欧语复数标记 -en 的个案，这一个案和法语名词 pas 获得否定意义的过程（语境吸收方式 II）颇为相似。从无意义的词干构形成分到复数词尾，-en 实际上是完成了一次无预料性的功能重置，输入端和输出端之间的关联缺乏理据性，而且未经中间阶段，因此是扩展适应。换一个视角，着眼于功能来源，-en 的新功能来自脱落的 -es，也就是代替方式从原本有复数标记的形态结构中获取了标记复数的功能，这是语境吸收。

其次，在很多扩展适应个案中，适应项并不像语境吸收项那样从结构中衍生出语义特征来。再以柬埔寨语"-元音＋m(n)-"为例，这种无意义音串之所以变成中缀，不是因为从其所插入的词语中吸收了某种意义特征——相反，那些词语[如 cŋa:j（'远'）和 trev（'真实'）]恰恰是因为这一音串的插入才发生意义或功能上的改变[变成 c-am-ŋa:j（'距离'）和 d-am-rev（'拉直'）]。"-元音＋m(n)-"应该是被说话人不按规律地征用为中缀，从而导致其所插入的结构产生新的功能。在这类扩展适应中，适应项是新功能的创造者，而非吸收者。

以上两点说明，扩展适应和语境吸收部分重叠但相互独立。进一步的问题是，什么样的扩展适应最容易和语境吸收发生关联。应该说，在这一问题上规律性不明显。柬埔寨语中缀"-元音＋m(n)-"的产生并没有受到该语言形态句法规则的推动和制约。印欧语复数标记 -en 的产生过程兼具扩展适应和语境吸收的特点，导致其产生的一个重要推手是印欧语要求单复数的对立，这一规则要求，脱落的 -es 的复数标记功能需要由其他单位或材料来承担。就是说，-en 是"依规补缺"式承担新功能。但是，特定语言的形态句法规则并不必然使扩展适应具有语境吸收特征。如契迁—帕占语第三人称回指代词 i-变成动词及物化标记,是为了满足这种语言对动词宾语的要求,但并不是一个语境吸收的例子。总之,扩展适应和语境吸收之间关系很复杂,尚有待进一步挖掘。

10.4 "扩展适应"的启示——汉语类同义副词"也"的产生

扩展适应现象的发现拓宽了学者们对语言历时演变现象的认知。功能性成分的产生途径,不全然都是有理据性、有规律可循的历时演变(语法化、去语法化等),也不都是渐变的过程。扩展适应频次低而且不具备跨语言规律,其存在又一次证明了历时形态句法演变的复杂性。

扩展适应现象的存在,也可以丰富学者们解决疑难杂症的思路。跨语言地看存在一些以常见的理论方法难以解释的历时演变现象。这些现象之所以难以解释,既有可能是相关历时语料不足造成的,也可能和现有理论方法的不完善有关,而除此以外,归属于扩展适应的可能性也不能排除。拿汉语历时形态句法研究来说,成果十分丰硕,但也存在一些长期争论不休的悬案。学者们对于这些悬案几乎没有从扩展适应角度来探讨的。Peyraube(2017)提及了汉语研究者对扩展适应未予关注的事实,同时简短提到了几例疑似的汉语扩展适应变化个案,如汉语类同义副词"也"和远指代词"那"的产生,但没有展开讨论。一些最常见的汉语功能标记的来源及产生过程,如类同义副词"也"和指示代词"这""那"等,学界一直有争议,学界提出的各种解决方案都难获完全认同。学者们所凭据的语料不尽相同,切入的视角也各有差异,但却不约而同地假定,这些功能标记必定是依据某种众所周知的机制(如语法化、去语法化)而产生的。但在充分考虑了常见演变方式仍无可靠解释方案的情况下,或许不应该排除探讨这些功能标记通过扩展适应这种无预料性、机会主义式的机制而产生的可能性。

汉语类同义副词"也"的产生过程是扩展适应的一个很好的例

证。副词"也"的基本功能是表示"类同"。按照陆俭明(1985)的说法，这种"也"可分实用用法(5a，5b)和虚用用法(6a，6b)两类（例句均引自《现代汉语八百词》）：

(5) a. 来也可以，不来也可以，你总得给我个信儿。
　　b. 风停了，雨也住了。
(6) a. 你不说我也知道。
　　b. 怎么扳也扳不动。

目前学界比较一致的看法是，类同义副词"也"产生于六朝时期，唐代开始用例增多（如太田辰夫 1987[1958]：268；陈宝勤 1998；李宗江 1997；储一鸣 2016，2018；杨荣祥 2000）。争议较大的是"也"的语源问题。

10.4.1　既有研究

关于类同义副词"也"的来源，目前主要有两种观点：(i)来源于副词"亦"，(ii)来源于句中语气词"也"。后一种主张实际上有数种可能机制，如语境吸收和去语法化，但没有研究从扩展适应的角度进行讨论。

10.4.1.1　副词"也"来源于副词"亦"

持这一观点的学者包括裴学海（1954）和太田辰夫（1987[1958]）。杨荣祥(2000：63)没有论证"也"的来源，只是提到裴氏意见"值得重视"，"'也'与'亦'当有语源关系"，并没有具体说明是怎样的语源关系。

副词"也"来自副词"亦"，最直观的情形就是词汇或者汉字替换。如果是有意识的替换，一种可能解释是"求新"，但这种解释无法触及个性化的原因。至于为什么选择"也"作为替换形式，裴学海（1954：171）的说法是，"也"因和"亦"之间乃"一声之转"，所以被用作后者的替代书写形式。中古汉语以前，"也"和"亦"十分常见，二者也偶有近乎相同的用法（如李宗江 1997），但总体上"也"和"亦"作为虚词在主要功能上差异甚大，而且在很长时期里共存并用，没有竞争关系。"也"仅仅因为和"亦"语音近似，就成为后者的替代者,这从历时演变一般规律的角度看,不太容易解释。

10.4.1.2 副词"也"来源于句中语气词"也"

持副词"也"来源于句中语气词"也"这一观点的,主要是李宗江(1997),陈宝勤(1998),张立昌、秦洪武(2011)及储一鸣(2016,2018)等。学者们较一致地认为,从句中语气词"也"到副词"也"可以分解为两个步骤:(i)"也"发展出和"亦"一样的副词功能,然后(ii)副词"也"在和"亦"的竞争中胜出。对于步骤(ii)学者们已经进行了深入探讨,如杨荣祥(2000:72—77)的说法是,"也"更适应新语法体系,而"亦"更适应原有的语法体系;萧红(1999:64—67)指出,表层语法形式的精密化是"也"取代"亦"的根本原因,而这同时和"也"的口语词性质相关。储一鸣(2018:34)把"也"代替"亦"归因为词汇变化中的"优胜劣汰"。步骤(i)较为复杂。"也"和"亦"的竞争,属于跨语言存在的"层化"现象。而"也"要和常用副词"亦"竞争,前提是"也"必须发展出和"亦"相同的功能;对于具体过程,学者们的主张各各不同,争论的焦点是这种演变的机制为何。句中语气词"也"语法化程度高于副词"也",所以学者们没有把语法化视角纳入考量。

李宗江(1997)指出,"也"可以表提顿并标记话题,而这种"话题+'也'+说明"句常常两句或两句以上连用:

(7) a. 其于意也不易,其于意也洋然。(《墨子·经说下》)
  b. 故目之于明也殆,耳之于聪也殆,心之于殉也殆。

(《庄子·徐无鬼》)

这类句子在连用时都呈现出类同意义,而这一意义被"指派"给各句共有的"也"来表达,使之由后附变为前附(李宗江1997:63)。李文指出,如果"话题+'也'+说明"句连用时前一句的"也"不出现,后一句的"也"的作用就很像副词,如:

(8) 惠施多方,其书五车,其道舛驳,其言也不中。

(《庄子·杂篇·天下》)

李文提到了一些形式上的证据来说明"也"具备了发展出副词"亦"

的功能的条件，如前文提到的，"也"和"亦"语音近似，能出现在相同位置，是同一语气词的"异文"。作者也提到，"亦"还有近似于句中语气词"也"的用例：

(9) a. 岁亦无恙耶？民亦无恙耶？王亦无恙耶？

(《战国策·齐策四》)

b. 丧亦不可久也，时亦不可失也。 (《礼记·檀弓篇》)

句中语气词"也"和副词"亦"有可能位置毗邻：

(10) 然则无用之为用也亦明矣。 (《庄子·杂篇·外物》)

按照李宗江(1997：62)的说法，位置毗邻的"也"和"亦"有连读的可能，因读音相近，书写时可能只取其一，导致二者界线变模糊。

张立昌、秦洪武(2011)也认为，含句中语气词"也"的平行结构(即"话题＋'也'＋说明"句连用)有类比意义；"也"因丧失停顿功能而变成冗余成分，造成语言节奏上的多种可能性。受到双音节化的影响，"也"前面的两个音节成为一个节奏单位，"也"则归入下一节奏单位，如(11a)在节奏变化前后的念法分别为(11b)和(11c)：

(11) a. 鸟之将死，其鸣也哀，人之将死，其言也善。

(《论语·泰伯》)

b. 鸟之将死，[其鸣也][哀]，人之将死，[其言也][善]。

c. 鸟之将死，[其鸣][也哀]，人之将死，[其言][也善]。

以这样的方式，句中语气词"也"在战国时期即最早完成了向副词的过渡，表停顿的功能削弱，而表类同意义的能力增强。特别地，以下这类例子是副词"也"赖以产生的环境：

(12) a. 独孤臣孽子，其操心也危，其虑患也深，故达。

(《孟子·尽心上》)

b. 教之化民也深于命，民之效上也捷于命。

(《史记·商君列传》)

两例各含两个句中"也"。作者认为各平行结构上下句之间在抽象意义上具有共性，句中语气词"也"因意义空虚和冗余而成为这种共性(即类比意义)的承载体。两位作者把这种由句中语气词"也"到副词"也"的演变过程定性为"逆语法化"(即去语法化)。

陈宝勤(1998：85-86)认为，句中语气词"也"所在的"主＋'也'＋谓"[相当于李宗江(1997)的"话题＋'也'＋说明"句]本身就含有类同义因素；除此以外，促成句中语气词"也"演变为副词的条件还包括句中"也"处于副词位置、"也""亦"语音近似以及中古以后句中"也"的式微等。

储一鸣(2018)讨论"也"的类同义的来源时提到了两个重要条件。第一个条件是上古句末语气词"也"主要用于判断语境：

(13) a. (传)其曰齐仲孙，外之也。其不目而曰仲孙，疏之也。 (《穀梁传·闵公元年》)

b. 鲁武公以括与戏见王，王立戏，樊仲山父谏曰："不可立也！" (《国语·周语》)

"也"因长期出现于这种语境而感染了其共同语义特征(作者用的术语是语境"感染"，根据其描述相当于前文介绍的"语境吸收")，即判断主体对被判断客体是否符合某种标准的"主观性认同和强调"。第二个条件是句中语气词"也"在句法分布上靠近副词位置：

(14) a. 有君子之道四焉：其行己也恭，其事上也敬，其养民也惠，其使民也义。 (《论语·公冶长》)

b. 柴也愚，参也鲁，师也辟，由也喭。(《论语·先进》)

作者的观点是，这两个条件，加上"相邻原则"和"相似原则"的推动，以及说话人的类推思维，抽象的语境义、句法义演变成类同义，最终"也"完成了向副词的转化。

10.4.2 既有研究的局限性

既有研究对类同义副词"也"的来源的讨论在多方面存在商榷空间,主要体现在对形式条件和机制的分析方面。

10.4.2.1 形式条件的作用

在讨论"也"从语气词到副词的变化时,学者们列举了形式(读音、句法分布等)方面的条件,但未能证明这些条件是这种变化的促成因素。例如,几份研究都提到的"也"和"亦"读音的近似,李宗江(1997)观察到的二者疑似(尽管只是偶见)的同一语气词的异文用法,或许都是有利于解释为何"也"最终代替"亦"的因素,但对解释"也"是如何发展出类同义副词的并无直接帮助,要看成"也"由语气词变为副词的一个重要致使条件,有些牵强。语气词"也"和副词"也"分布位置看似相似,但前者后附于其前面成分,而后者前附于其后面成分,所以问题的关键是"也"借由何种力量、因循何种机制来克除这种结构层级差异带来的阻力,从而由后附变前附。李宗江(1997)似把"也"由后附变前附看成语气词"也"获得类同义的后果,但对"也"的意义功能变化导致其形态句法特征改变的具体机制是什么,并没有提供详细说明。张立昌、秦洪武(2011)把"也"由后附变前附归因为双音节化引起的节奏单位重新划分,论证上也有欠缺——双音节化是构词层面的事,而"也"从后附到前附是句法层面的变化;构词方式的改变推动句法层面的历时变化,这从跨语言的形态句法演变规律角度看,并不常见。即使认定这是汉语特色,也需要深入论证之后,方能用作解释其他现象的依据。

单纯从形式上的个性特征及相关变异上找寻形态句法－语义语用变化的促成因素,往往无法触及问题的根本。在形态句法－语义语用历时演变中,形式特征往往只是辅助条件而非主导因素。举个例子,根据Heine(2018)的意义先行假说,在语法化过程中意义变化是主要的,在时间上要早于形式(如形态句法和语音)变化;语法化本质上是一个认知－交际及语义变化过程,相应地,了解这一过程必得先从意义开始。意义先行假说虽然针对的是语法化，但对其他类型的形态句法－语义语用变化也有启发意义。

10.4.2.2 "语境吸收"机制

尽管表述方式不同，几份研究都主张句中语气词"也"的类同义来源是其所在环境。具体说，"也"的类同义的产生环境，李宗江(1997)认为是连用的"话题＋'也'＋说明"句，在秦、张文里则称为"平行结构"，陈宝勤(1998)认为就是句中语气词"也"所在的主谓句（"主＋'也'＋谓"）。问题就在于，类同义副词"也"的产生机制究竟是不是语境吸收。

句中"也"要通过语境吸收机制获得类同义，前提是高频率分布于含类同义的环境中，其中的关键词有二，"含类同义"和"高频率"。先看含类同义问题。陈宝勤(1998：85－86)指出，含句中语气词"也"的主谓句隐含类同义因素，而这种意义因素和上下文一起构成了"类同语境"。作者并没有说明其判断依据为何，从语料中也无法找到相关证据。李文和秦、张文所提出的副词"也"的类同义来自连用的"话题＋'也'＋说明"句的说法要成立，类同义必须是这种句子连用所编码的核心语义特征。一种语言形式总是习用性地和特定的语义特征相匹配。那么和连用的"话题＋'也'＋说明"句相匹配的语义特征，是不是就是类同义呢？这里应该区别两个概念："类同义"和"形态句法－语义语用关系对应"（简为"关系对应"）。二者的异同可以通过如下几个例子窥见一斑：

(15) a. 君以为易，其难也将至矣。君以为难，其易也将至焉。　　　　　　　　　　　　　　　　（《国语·晋语》）
　　b. 人之生也柔弱，其死也坚强。草木之生也柔脆，其死也枯槁。　　　　　　　　　　　　　（《老子·道德经》）
　　c. 谷也食子，难也牧子。　　　　（《左传·文公元年》）

连用的"话题＋'也'＋说明"句之间发生关联的方式有数种（见李宗江 1997：63）：(15a)两句"也"后面的说明部分（"将至"）相同；(15b)中有两组"话题＋'也'＋说明"句，两组里对应句子中话题的核心部分（"生""死"）相同；(15c)中两句的话题和说明部分也都不同，但说明部分的宾语（"子"）相同。连用的"话题＋'也'＋说明"句除了结构上的相似，还有其语义关系上诸如此类的关联。准确说，前人时贤所说的"类同义"，实际上就是这种在结构相似和语义相关基础上产生的关系对应；把这种关系对应理解为类同义，并进而理解为连用的"话题＋'也'＋说明"句的核心语义特征，应当是一种误读。类同义特征如果存在，应当只是"话题＋'也'＋说明"句因连用产生的附带特征，而非与这种句子连用相匹配的核心语义特征。一个有力证据是，不独"话题＋'也'＋说明"句，任何句式（如被动句、处置句和双宾句）多个句子的连用（如"他送我笔，我送他书"，"张三把苹果吃了，李四把饮料喝了"）都有关系对应，或许也有附带的类同义，但这种类同义如果存在，不能被解读为这些连用句子的核心语义特征。

再来看频率问题。自东汉以来，句中语气词"也"的使用在不同类型的语料中大幅降低，"也"的这种用法在口语中甚至濒于消失（详见10.4.3节）。因此，即使陈宝勤（1998）所说的"主＋'也'＋谓"句和李宗江（1997）以及张立昌、秦洪武（2011）所说的"话题＋'也'＋说明"句连用都编码类同义，语境吸收所需的频率条件也难以满足。

综上，"也"通过语境吸收而获得类同义的说法无法成立。

10.4.2.3 "去语法化"机制

前文提到，去语法化发生于特定环境，具有多层次性及渐变性，是语法化的一种类型逆反，即沿"词缀 ＞ 附着成分 ＞ 词汇性成分"方向的变化；去语法化输入端和输出端之间有着清晰的关联，其性质和特征差异存在一定的规律性和理据性。和语法化一样，去语法化过程也可能存在临界环境，其动因或驱动力同样是语用推理。那么，句中语气词"也"有无可能是通过去语法化的方式演变为类同义副词的呢？答案也是否定的，原因如下：

ⅰ. 句中语气词"也"的功能是表提顿兼标记话题，这和"也"的类同义副词用法之间缺乏历时演变规律和认知理据等方面的关联，难以建立起语用推理关系。

ⅱ."也"的语气词功能和副词功能之间缺乏过渡阶段（临界环

境)。在语料中并未发现"也"可以歧解为语气词和副词的例子。既有研究都认为句中语气词"也"可以出现在副词位置,和"亦"一样,而且这种用法的"也"经历了由后附到前附的重新分析。对此,前文已经指出,语气词"也"和副词"亦"的位置只是在分布位置上相似,并无实质性相同;语气词"也"由后附到前附的说法并无可靠证据,后附和前附两可的状态并未在语料中找到。

总之,语气词"也"通过去语法化演变为类同义副词的说法也缺乏有力证据的支持。

10.4.3 "扩展适应"解释

句中语气词"也"已经具备了通过扩展适应变成副词"也"的部分条件。例如,"也"的语气词和副词功能之间从概念上说并无关联性,从语气词"也"到副词"也"的演变缺乏既有历时演变规律和认知理据的证据,二者之间的语用推理关系得不到语料支持,等等。所以,语气词"也"和副词"也"之间如果存在历时演变源流关系,最有可能的是扩展适应的结果。然而,即使以上说法都成立,也还有两个问题需要澄清。

问题一:作为句中语气词的"也"是怎样发展出被征用为适应项的条件的?

适应项虽然不排除由活跃的功能单位来担任,但通常被征用的是功能上正在式微或者处于冗余状态的单位。一些学者已经注意到,东汉以后句中"也"用例在不同类型文献中大幅减少(如陈宝勤1998)。所谓"式微"可以从两个相关的角度来看:(i)强制性降低,以及(ii)使用频率的减少。东汉以后的句中语气词"也"符合这两个条件。学者们已经注意到了句中"也"用例的大幅减少。从先秦开始,句中语气词"也"的出现就不具有强制性,如在以下两个《论语》的例子中:

(16) a. 人ϕ不堪其忧,回也不改其乐。　　(《论语·雍也》)
　　　b. 君子有三变:望之ϕ俨然,即之也温,听其言也厉。
　　　　　　　　　　　　　　　　　　　　(《论语·子张》)

两例中 ϕ 处都可添加句中语气词"也"。这种情况在中古汉语（从东汉、魏晋南北朝到隋唐朝中期）里更加明显。类同义副词"也"最早出现于六朝时期，而语料显示，句中语气词"也"的使用在此之前就已经开始在书面语和口语中大幅减少了。中古时期"书面语是模仿先秦和西汉的文章，但口语却一直在发展"（蒋绍愚 2019：7），文言系统和当时的口语（即"古白话"）的差异已经比较明显。因为口语最直观地反映语言的实际变化，所以考察中古时期句中"也"使用频率的变化时，不妨把模仿性质的书面语和当时的口语分开来看，两相对比。文言方面的例子来自《论衡》，其中(17a)含句中语气词"也"，而(17b)和(17c)，按照西汉以前的文言传统，ϕ 处都可以出现这种语气词：

(17) a. 夫未进也被三累，已用也蒙三害，虽孔丘、墨翟不能自免，颜回、曾参不能全身也。

（《论衡·累害篇》）

b. 成王之才 ϕ 不如周公，桓公之知 ϕ 不若管仲。

（《论衡·命禄篇》）

c. 命贫 ϕ 以力勤致富，富至而死；命贱 ϕ 以才能取贵，贵至而免。 （《论衡·命禄篇》）

在语言比较接近当时口语的几部汉译佛典里（包括东汉的《中本起经》和《道行般若经》、元魏的《贤愚经》和《杂宝藏经》及成书于西晋或更晚的《杂譬喻经》），仅存在两个句中语气词"也"的用例，分别见于《中本起经》和《道行般若经》：

(18) a. 当尔日也，境界人民，靡不敬肃渴仰世尊。

（《中本起经卷第二·本起该容品第八》）

（CBETA，T04，no. 0196）

b. 是辈人也，当作是知。

（《道行般若经卷第七·远离品第十八》）

（CBETA，T08，no. 224）

因此，东汉以后，句中语气词"也"在口语中强制性已经降到最低。

对先秦以来五部文言著作（包括春秋时期的《论语》和《左传》，以及东汉的《前汉纪》《太平经》和《论衡》）进行的抽样调查结果显示，强制性的降低直接导致句中语气词"也"使用频率的减少。调查对象主要是李宗江（1997）提及的"也"的句中语气词的三种分布方式：(i)出现在句中名词主语之后，(ii)表时间的成分之后，和(iii)主谓短语（包括主谓之间由"之"连接的情形）之后。五部著作的句中"也"的使用频率列于表10.1：

表10.1 春秋－东汉文言句中语气词"也"的使用频率

总字数和"也"的频率	论语	左传	论衡	前汉纪	太平经
总字数（万）	1.27	19.7	13.8	18	42
句中语气词"也"出现次数	48	28	19	11	54
句中语气词"也"的频率（%）	0.38	0.014	0.014	0.006	0.013

从春秋到东汉，总体上文言系统中句中语气词"也"的使用频率呈减少趋势。对古白话的调查对象是前面提到的五部汉译佛典，其句中语气词"也"的频率统计列于表10.2：

表10.2 古白话句中语气词"也"的使用频率

总字数和"也"的频率	中本起经	道行般若经	杂譬喻经	贤愚经	杂宝藏经
总字数（万）	2.7	9.4	1.3	15.9	7.8
句中语气词"也"出现次数	1	1	0	0	0
句中语气词"也"的频率（%）	0.0037	0.001	0	0	0

很清楚，在这些接近口语的汉译佛典中，句中语气词"也"几近消失。这和陈宝勤（1998：86）对俗文献（汉译佛典、乐府民歌、佚闻趣事杂志、神仙怪异述记等）的调查结果是一致的。

综上，东汉以降，总体上，句中语气词"也"处于式微状态中。特别地，文言中的句中语气词"也"已经十分少见了，而同时期古白话中"也"的这种用法则已经濒于消亡。这说明，句中语气词"也"已经具备了被征用为适应项来承担新功能的条件。

问题二：为什么其他边缘化或近于消亡的功能词没有被征用为适应项？

这个问题牵涉另一个重要理论课题，即在多于一个符合条件的功能单位共存的情况下，是不是存在某种"适应项遴选机制"。这一课题，换个表述法，就是适应项的选择到底是完全随机性的，还是受制于一定的规则。这在学界尚没有被认真讨论过。提出这样的问题，似乎就意味着承认这样的事实，即适应项的征用并不是完全没有规律可循的；而目前学界的一个关键假定是，扩展适应的发生是随机性的。

东汉开始的古白话中，不光是句中语气词"也"，还有其他一些常用文言语气词的使用频率也大幅减少。这里只举一个例子，句末语气词"矣"在东汉以前十分常见，表10.3是它在前文提及的五部文言著作中的使用频率：

表10.3 春秋－东汉文言句末语气词"矣"的使用频率

总字数和"矣"的频率	论语	左传	前汉纪	太平经	论衡
总字数(万)	1.27	19.7	18	42	13.8
句末语气词"矣"出现次数	181	827	410	920	788
句末语气词"矣"的频率(%)	1.42	0.42	0.23	0.22	0.57

"矣"的使用频率远远高于相同作品中的句中语气词"也"。然而，在古白话中，"矣"的使用频率同样出现锐减，这在调查的五部汉译佛典中看得很清楚：

表10.4 古白话句末语气词"矣"的使用频率

总字数和"矣"的频率	中本起经	道行般若经	杂譬喻经	贤愚经	杂宝藏经
总字数(万)	2.7	9.4	1.3	15.9	7.8
句末语气词"矣"出现次数	15	1	19	11	0
句末语气词"矣"的频率(%)	0.056	0.001	0.15	0.007	0

句末语气词"矣"功能上和副词"也"相距甚远,很难建立起历时演变规律和认知理据等意义上的关联,而且几乎没有可能产生具有语用推理关系的环境。可以推定的是,以上几点再加上"矣"式微的状态,这一句末语气词也具备了承担新功能的条件。那么,为什么"矣"终究没有被征用为适应项呢?如果着眼于"矣"自身,从目前的证据并不能清晰看到是什么因素阻遏了对它的征用。但如果把"矣""也"和"亦"进行比较,就可以发现如下两点不同:

i."也""亦"乃一声之转,和中古"亦"(以声,昔韵,羊益切)相比,同时期"也"(以声,麻韵,羊者切)音相近,而"矣"(云声,之韵,于纪切)则稍远。

ii."也"和"亦"线性位置相似,而"矣"居于句末,和"亦"的分布有明显的距离。

"也"和"矣"在功能上都和"亦"无关联,所以纯粹从形式(语音和线性位置)上来看的话,句中语气词"也"因为和"亦"更接近,或许被征用来承担"亦"的功能的条件要优于"矣"。

虽然"也"和"矣"都具备了成为适应项的条件,但二者中哪一个被征用,按理来说是没有理据性可言的。所谓"条件更优越"的说法,就暗含了"规律性"和"非随机性"的意思,这与扩展适应的随机性特征是相矛盾的。和目前扩展适应理论相吻合的一种解释方式是:虽然"也"和"矣"都有条件成为适应项,但"也"先被选中了,"矣"被征用的可能性就遭到了阻断;而"也"被选中,本身就是一个随机性结果。

10.5 总结

跨语言地看,语法化是形态句法功能发展最主要的方式。和去语法化及语境吸收一样,扩展适应现象罕见。但与去语法化和语境吸收不同的是,扩展适应现象属于机会主义式的演变,其最重要的特征是无预料性和跳跃性,也就是不能为常见的形态句法-语义语用变化规律所预测,而且缺乏认知上的依据。因此,要判断一种历时形态句法个案是否属于扩展适应现象,并没有现成的规律、原则可援引和参考,最关键的是要以扎实的语料调查和严谨缜密的分析为基础,并结合常见的语言发展规律,对其他可能性予以排除。正是用这样的方法,本章重新检视了汉语类同义副词"也"的产生方式。既有研究有关副词"也"依循人们所熟知的某种演变机制(如语法化、去语法化和语境吸收)发展而来的说法,得不到可靠证据的支持。句中语气词"也"在东汉以后的古白话里处于式微状态,有可能被征用来承担新功能;而类同义副词功能和句中语气词的"提顿+话题标记"功能相差甚远,二者之间没有发生语用推理的环境。因此,句中语气词"也"通过扩展适应方式被征用来承担了类同义副词的功能。

必须强调的是,扩展适应不是形态句法功能发展的常态,也不能当成解决疑难杂症的万应药。一个历时演变个案被定性为扩展适应,最关键的理据是从目前的证据无法窥见演变前后功能上的关联方式。因此,扎实的调查和严谨的分析是防止滥用这一概念及研究手段的唯一方法。不排除这样的可能性的存在,即某些先前被当成扩展适应的个案,由于新证据的出现或新研究方法的运用,被重新归入有理据性的历时演变之列(如语法化、去语法化或语境吸收)——同样,对相关事实的调查,也有赖于研究者的严谨分析及对具体现象的准确判断。

思考题

1. "扩展适应"的核心特征有哪些?这一机制对解释语言历时演变有何意义?
2. "扩展适应"和"语法化"的区别体现在哪些方面?
3. "扩展适应"和"去语法化"有哪些异同?区别二者的关键是什么?
4. "扩展适应"和"语境吸收"之间是否有清楚的界限?
5. 判定"扩展适应"个案的真伪,或者运用"扩展适应"概念来解释语言演变现象时,应该注意什么?

附　录

人名索引

Ambridge, Ben 153
Andersen, Henning 53, 299
Anthonissen, Lynn 129
Anttila, Raimo 272, 286, 307, 314
Askedal, John Ole 234, 239
Baggio, Giosuè 153
Baron, Naomi S. 246
Bauer, Laurie 264, 287
Beijering, Karin 2
Bisang, Walter 2, 10, 15, 29, 39, 56, 57, 79, 100, 130, 131, 133, 138, 139, 141, 146, 147, 148, 150, 151, 152, 153, 160, 161, 164, 165, 182, 183, 185, 187, 188, 189, 247, 252, 257, 272
Bogomolova, Natalia 207, 208, 209, 210
Bookheimer, Susan Y. 153
Breban, Tine 2
Brems, Lieselotte 202, 203
Brinton, Laurel J. 239, 240, 260, 261, 262, 263, 264, 265, 268, 269, 270, 271, 273, 275, 280, 284, 285, 286, 287, 288, 289, 290, 294, 295, 297, 298, 299, 308
Bussmann, Hadumod 285
Bybee, Joan L. 10, 11, 14, 15, 19, 21, 25, 26, 27, 28, 31, 33, 34, 36, 38, 39, 56, 68, 71, 80, 81, 82, 83, 84, 91, 94, 95, 96, 97, 98, 102, 126, 127, 128, 129, 131, 133, 138, 141, 142, 148, 150, 155, 158, 159, 160, 167, 170, 171, 174, 175, 178, 180, 181, 193, 194, 195, 196, 197, 198, 199, 200, 201, 202, 203, 204, 205, 206, 207, 211, 220, 223, 241, 246, 247, 248, 274, 280, 282, 284, 287, 313
Campbell, Lyle 1, 232, 240
Claudi, Ulrike 4, 5, 18, 19, 20, 28, 29, 31, 32, 34, 43, 88, 89, 139, 142, 145, 157, 158, 159, 160, 171, 174, 206, 207, 210, 227, 232, 239, 240, 255, 258,

299, 309

Coupe, Alexander R. 166

Craig, Colete 171

Croft, William 19, 95, 127, 299

Dahl, Östen 31, 32, 129, 180

Danchev, Andrei 135, 136

Dapretto, Mirella 153

Dasher, Richard B. 28, 200

Diessel, Holger 246

Diewald, Gabriele 30, 41, 42, 43, 45, 49, 68, 69, 76, 117, 151, 190, 211, 280, 284, 311

D'Introno, F. 195

Evans, Nicholas 30, 42

Fischer, Olga 6, 7, 8, 146

Fowler, Carol A. 195

Gamillscheg, Ernst 112

Gardani, Francesco 303

Givón, Talmy 2, 4, 8, 33, 56, 83, 145, 225, 246, 247, 251, 252, 256, 295

Goldberg, Adele E. 15, 20, 153

Goodglass, Harold 153

Gould, Stephen J. 300

Greenberg, Joseph H. 299, 301, 302, 306

Grice, Paul H. 31, 178

Habicht, Külli 165

Hagège, Claude 103, 104

Haiman, John 26, 193, 196, 206, 238, 299, 300, 301, 302, 303, 308, 309

Harnisch, Rüdiger 254, 291

Haspelmath, Martin 5, 14, 54, 82, 145, 159, 193, 225, 227, 232, 234, 235, 239, 240, 241, 246,

247, 248, 249, 250, 251, 252, 253, 254, 255, 256, 257, 258, 287, 295, 312

Heine, Bernd 3, 4, 5, 15, 18, 19, 20, 21, 25, 28, 29, 30, 31, 32, 33, 34, 35, 36, 41, 42, 43, 49, 51, 55, 56, 68, 69, 71, 76, 83, 84, 85, 86, 87, 88, 89, 91, 94, 95, 96, 97, 98, 100, 101, 102, 109, 117, 127, 138, 139, 141, 142, 143, 144, 145, 148, 149, 150, 155, 157, 158, 159, 160, 168, 171, 174, 190, 193, 194, 202, 206, 207, 210, 211, 227, 230, 232, 239, 240, 241, 244, 247, 252, 255, 256, 258, 278, 280, 284, 299, 300, 302, 309, 311, 320

Himmelmann, Nikolaus P. 5, 11, 12, 13, 14, 15, 16, 17, 21, 90, 91, 92, 93, 97, 98, 119, 146, 154, 155, 205, 227, 228, 229, 230, 261, 262, 263, 264, 265, 266, 267, 268, 270, 271, 272, 273, 274, 275, 280, 281, 282, 283, 284, 287, 289, 290, 297, 298

Hoffmann, Sebastian 202, 203

Hopper, Paul J. 2, 3, 4, 5, 6, 8, 9, 10, 11, 18, 19, 21, 22, 31, 32, 33, 35, 36, 53, 68, 71, 85, 99, 100, 101, 102, 103, 107, 108, 109, 111, 112, 113, 114, 115, 117, 122, 124, 125, 136, 146, 157, 158, 160, 177, 179, 193, 195, 201, 226,

227, 228, 229, 230, 231, 241, 257, 259, 280, 295, 299, 309

Housum, Jonathan 195

Hundt, Marianne 207

Hünnemeyer, Friedrike 4, 5, 18, 19, 20, 28, 29, 31, 32, 34, 43, 88, 89, 139, 142, 145, 157, 158, 159, 160, 171, 174, 206, 207, 210, 227, 232, 239, 240, 255, 258, 299, 309

Jakobson, Roman 22

Janda, Richard 1, 232

Janzen, Terence D. 167

Joseph, Brian D. 1, 225, 232

Kastovsky, Dieter 17, 265, 269

Keller, Rudi 248, 249, 250, 252, 253

Killie, Kristin 2, 216

Kim, Albert 153

Kiparsky, Paul 6, 7, 8, 21, 227

Kortmann, Bernd 108

König, Ekkehard 32, 43, 108, 175, 176

Krug, Manfred 193, 207, 211

Kuperberg, Gina R. 153

Kuryłowicz, Jerzy 1, 4, 22, 157, 158, 232, 233, 272

Kuteva, Tania 15, 71, 83, 84, 85, 86, 89, 97, 109, 142, 162, 165, 168, 172, 176, 178, 184, 185, 194, 202, 207, 210, 230, 278

Kytö, Merja 135, 136

Labov, William 38, 246

Langacker, Ronald W. 15, 20, 225

Lass, Roger 300, 304, 305

Lee, Osterhout 153

Lehmann, Christian 4, 9, 10, 17, 18, 21, 22, 23, 24, 25, 26, 32, 33, 34, 36, 71, 72, 73, 74, 75, 76, 77, 78, 79, 80, 94, 98, 99, 100, 102, 127, 129, 138, 139, 140, 141, 147, 148, 149, 150, 151, 155, 226, 231, 232, 233, 234, 239, 241, 248, 249, 251, 252, 261, 263, 273, 274, 275, 276, 277, 279, 280, 281, 284, 286, 287, 289, 290, 291, 294, 295, 297, 298

Li, Charles N. 63, 64

Lindström, Therese Å. M. 233

Lipka, Leonhard 17, 265, 287

Lord, Carol 103, 145

Lyons, John 22

Malchukov, Andrej 15, 30, 130, 139, 141, 150, 151, 152, 153, 160, 161, 164, 182, 183, 185, 187, 188, 189, 247

Matthiessen, Christian 32

Meillet, Antoine 1, 3, 21

Mel'čuk, Igor A. 22

Metslang, Helle 165

Michaelis, Susanne M. 145

Michel, Sascha 291

Milroy, James 38, 246

Moder, Carol L. 199

Moreno Cabrera, Juan 272

Narrog, Heiko 3, 15, 25, 29, 56, 71, 84, 85, 109, 127, 139, 141, 142, 145, 146, 147, 148, 149, 150, 230, 238, 239, 240, 247, 252, 257, 299, 300, 303, 309

Neels, Jakob 206, 210

Newmeyer, Frederick J. 1, 232, 239, 246

Noël, Dirk 12, 19

Norde, Muriel 2, 5, 6, 18, 76, 77, 78, 151, 225, 232, 233, 234, 236, 237, 238, 239, 240, 241, 242, 243, 244, 245, 253, 254, 259, 272, 295, 296, 299, 300, 302, 303, 311, 312

Ohori, Toshio 149

Olschansky, Heike 291, 292

Pagliuca, William 10, 14, 19, 25, 31, 39, 56, 71, 80, 83, 84, 97, 102, 126, 127, 128, 129, 148, 150, 159, 160, 170, 171, 174, 180, 195, 220, 313

Pajusalu, Karl 165

Peng, Rui 9, 47, 50, 68, 95, 153, 154, 172, 194, 211, 214, 222

Perkins, Revere 10, 14, 19, 25, 31, 39, 56, 71, 80, 83, 84, 97, 126, 127, 128, 129, 148, 150, 158, 160, 170, 171, 174, 180, 220, 313

Petré, Peter 194, 210, 215, 216, 218, 219

Peyraube, Alain 315

Pérez, Aveline 135

Pinker, Steven 15, 153

Quirk, Randolph 109

Ramat, Giacalone A. 238, 273, 309

Ramat, Paolo 239, 241, 295

Ravid, Dorit D. 38, 246

Reh, Mechthild 100, 102, 139, 145, 175

Rostila, Jouni 18, 19

Scheibman, Joanne 193, 197

Schiering, René 15, 128, 130, 137, 138, 247, 252

Schilling-Estes, Natalie 299

Scholfield, Phil. 293

Siewierska, Anna 208

Slobin, Dan I. 38, 246

Smith, John-Charles 299, 304, 306

Sohn, Sung-Ock 65

Sosa, Juan M. 195

Svorou, Soteria 159

Sweetser, Eve 42

Tabor, Whitney 77, 151

Talmy, Leonard 16

Thompson, Sandra 32, 63, 64, 107, 193, 194, 195, 196, 274

Tomasello, Michael 19

Traugott, Elizabeth C. 1, 2, 3, 4, 5, 6, 8, 9, 10, 11, 12, 13, 14, 17, 18, 19, 21, 22, 25, 28, 30, 31, 32, 33, 34, 35, 36, 38, 43, 45, 46, 47, 48, 53, 68, 69, 71, 73, 76, 77, 78, 92, 100, 101, 103, 107, 108, 109, 111, 125, 136, 141, 151, 157, 158, 160, 174, 175, 176, 177, 179, 193, 198, 200, 201, 210, 226, 227, 228, 229, 230, 231, 238, 239, 240, 241, 257, 259, 260, 261, 262, 263, 264, 265, 268, 269, 270, 271, 273, 275, 280, 284, 285, 286, 287, 288, 289, 290, 294, 295, 297, 298, 299, 300, 308, 309

Trousdale, Graeme 8, 12, 18, 19,

30，34，38，46，47，48，73，76，77，78，92，100，141，174

Untermann, Jürgen 17，291

van de Velde, Freek 238，299，300，302，303，305，310，312

van der Auwera, Johan 241，265

Vanhove, Martine 161，164

Vincent, Nigel 225

von der Gabelentz, Georg 128

von Mengden, Ferdinand 76，77，308

Vrba, Elisabeth S. 300

Wiemer, Björn 71

Wilkins, David P. 30，42，176

Willis, David 6，233，234，235，236，239，240，241，242，243，245，246，253，256，257，258，259，264，295，300，302，303，305

Winer, Lise 291

Wischer, Ilse 17，273，305

Wolfram, Walt 299

Ziegeler, Debra 103

Zurif, Edgar 153

曹广顺 79，93，110，116，120，121，135

曹茜蕾 117，163，164，182，

陈宝勤 316，317，319，321，322，323，325

陈鹏飞 131 132，133

陈前瑞 2，51，93，121，135

储一鸣 316，317，319

丁声树 107

董秀芳 57，58

董正存 18

贺阳 107，117

洪波 18

胡斌彬 172

胡晓萍 110，113

胡亚 35

江蓝生 177

蒋绍愚 110，134，145，324

李蓝 117

李临定 107

李如龙 117

李小军，120，122，133

李宗江 316，317，318，319，320，321，322，325

刘红妮 58

刘坚 111

刘清平 172

刘世儒 109，117，118

龙国富 18

陆俭明 316

罗耀华 244，245

孟繁杰 117

裴学海 316

彭睿 2，5，8，9，10，13，19，20，21，30，33，35，38，42，43，46，47，48，49，51，58，59，60，61，62，65，67，68，91，92，93，95，96，114，115，121，122，135，154，157，177，179，181，182，188，190，191，194，202，203，210，211，212，214，215，220，221，222，229，230，240，279，283，311，313

秦洪武 317，318，320，322

史金生 110，113

史秀菊 116

史有为 294

宋金兰 244，245

太田辰夫 110，316

王力 106，107，117，118

吴福祥 187

萧红 317

杨荣祥 316，317

杨锡彭 294

杨永龙 18，131

姚双云 60，104，105

俞光中 107

俞理明 172

张金圈 172

张立昌 317，318，320，322

张绍麒 293

张谊生 58，120，123

赵元任 107

植田均 107

周毕吉 104

周晨磊 244，245

周洋 105，106

术语索引

伴随格 162，163，164，182，185

保持 101，102，113，114，115，119，122，125

保留 102

编码项 63，64，65，66，67，180

变体 48，81，88，131，132，151，152，305

变异性 9，10，23，24，72，73，74，75，76，77，78，79，80，139，140，141，148，149，150，151，152，154，155，251

标杆参数 9，10，23，25，71，76，77，78，80，94，98，100，139，141，148，149，150，151，251

标杆理论 9，18，21，22，34，36，71，139

标句词 87，88，160

濒临体 143，144，145

并合 16，262，263，264

并列句 8，32，33

不定词尾 305

参数 9，10，13，15，22，23，24，25，34，47，70，71，73，74，75，76，77，78，79，80，81，82，83，84，85，88，89，90，91，93，94，95，96，97，98，99，100，101，125，126，127，128，139，140，141，142，148，149，150，151，152，154，212，226，230，244，249，251，283，284，289，290

层化 100，101，109，110，111，113，114，115，124，125，317

程序性 174

重新分割 254，291

重新分析 3，6，7，11，16，31，32，33，35，40，44，49，54，55，63，68，115，122，166，197，198，203，229，235，237，242，243，246，253，254，255，262，287，295，303，309，323

重新理据化 254，291

重言式（或"恒真式"）逻辑 232

处理程序 101，248

处理单元 26，194，199，204，205，206，211

处理流 153

传义性 75，161，162

词干 10，75，77，128，140，149，150，285，297，305，307，314

词干构形后缀 307，314

词汇化 16，17，18，24，25，58，187，203，235，253，260，261，262，263，264，265，266，267，268，269，270，271，272，273，274，275，276，277，278，279，280，281，282，283，284，285，286，287，288，289，290，291，294，295，297，298，308

词汇化项 17，265，268，269，270，271，272，274，275，276，283，284，285，288，290，297

词汇清单 261，268，269，274，276，284

词汇性 1，2，4，10，11，22，31，46，77，80，81，82，84，88，102，107，114，115，128，143，157，189，226，227，228，232，233，235，236，248，249，250，251，253，254，255，260，261，265，268，269，270，271，272，276，277，278，284，285，287，288，289，290，291，299，309，312，322

词库 16，260，261，265，275，277，278，284

词项 1，58，73，75，89，90，140，159，160，162，178，202，210，227，236，242，247，250，254，261，263，264，265，266，267，268，269，274，277，281，282，283，290，297

词位 16，265，270，291

词形变化表 23，24，72，73，75，76，78，79，87，99，140，149，305，306

词组所有格 296

次级去语法化 236

次级语法化 2，4，51，77，78，92，95，96，97，109，114，115，119，122，124，157，158，167，168，169，227，230，236，299，308，309

次前指用法 90，281

次要介词 108

存取

　分析性～ 25，274，276，277，279，280，297

　整体性～ 25，274，276，277，279，280，281，297

搭配限制条件 92

单向性 4，5，7，20，21，33，99，101，124，174，175，181，225，226，227，231，232，233，238，239，240，241，245，246，254，255，257，259，271，287，309

单一处理单元 26，194，199，204，205，206，211

单语素 16，17，204，221，222，223，262，308

定向点 170

对立重音 254

多义词 11，263

反词汇化 17，290

反向隐喻 235，256

反语法化 240，295

泛化 10，11，13，14，26，27，28，
　　81，82，83，84，86，91，94，
　　95，96，101，112，126，128，
　　129，132，151，152，159，175，
　　195，198，199，201，204，205，
　　221，227，228，229，230，231，
　　287，313
泛性 13，14，19，20，21，80，82，
　　119，133，159，160，161，162，
　　170，171，191，205，221，222，
　　223，228，275，282，283，287，
　　288，297，298
范畴性重新分析 3
方法
　　分析性～ 25，273，274，290
　　整体性～ 25，273，274，286，290
非逻辑性要素 255
非限制性具指 301
分裂 17，46，100，263，264
复合句 32，33
附缀化 128，137，138
赋义化 59，60，114，279，311
格莱斯会话原理 31，32
更新 231
功能更新 299
功能化 146，304，307
共变 12，14，15，21，90，100，126，
　　128，129，131，133，137，138，
　　139，140，141，146，147，149，
　　151，152，155，247，256，257，
　　258，259，272
构形成分 1，2，16，262，263，264，
　　276，307，314
固定化 33，73，75，80，81，82，94，
　　100，126，140，148，149，243，
　　251，268，274，286

后起性理据化 292
后现语料 48，190，191
后缀化优先 148
化石化 16，262，264，269
话语自主性 107
环境
　　非典型～ 42，43，135，212
　　孤立～ 42，63，136，214
　　连续性～ 20，311
　　临界～ 30，42，43，44，45，46，47，
　　　48，49，50，51，61，62，63，
　　　65，66，67，68，69，95，97，
　　　105，115，122，136，157，161，
　　　177，178，179，180，185，186，
　　　189，190，191，192，200，204，
　　　211，212，213，214，215，220，
　　　221，222，223，240，259，273，
　　　284，310，311，312，313，322
　　歧解性～ 37，42，45，46，47，48，
　　　49，50，51，53，61，68，69
　　桥梁～ 30，41，42，43，45，46，49，
　　　50，51，61，68，69，85，86 143，
　　　144，190，191，242，254，256，
　　　259，273，284，310，311
　　习用化～ 30，41，123，144，214
　　音渡～ 138
　　语法化～ 11，13，14，25，37，38，
　　　41，42，53，54，55，67，68，
　　　69，70，76，89，91，99，117，
　　　204，212，227，280，310
　　直接结构～ 37，38，39，40，41，
　　　49，50，54，55，61，67，68，90
　　转换～ 30，41，86，123，144
环境引发的重新诠释 43，84，85，89，
　　142
会话隐含 29，31，32，35，178，179，

312

基准面 171，172，182

假说

　超清晰～ 145

　单向性～ 174，181，232，233，238，239，240，241，259，309

　平行紧缩～ 14，15，83，127，128，129，130，137，141，150，151，153，154，247

　外溢～ 145

　意义先行～ 15，29，51，55，89，127，138，142，143，145，146，150，152，153，154，156，247，252，256，320

　隐形推手～ 248，249，252

　源头决定性～ 170，174，181

假性分裂句 46，47

间接格 164

结构段 23，24，72，73，265，270

紧缩 9，12，14，15，23，24，26，27，33，56，73，74，75，77，80，81，82，83，85，94，96，100，126，127，128，129，130，131，133，134，135，137，138，140，141，142，146，147，150，151，152，153，154，155，194，195，196，197，198，205，208，223，247，248，252，253，257，258

进化性演变 129

进行体 2，51，52，92，93，96，120，121，122，123，124，135，168，181，185，228，231

敬语与格 65

镜像 273，290

句法处理 153

句法化 24，33，34

句法环境扩展 12，13，91，92，96，97，155，228，229，230

句法性词汇化 235，253

句法自由度 76，243

聚合变异性 24，72，73，74，75，78，79，80，139，140，141，149，150，151，152

聚合度 9，23，72，73，74，75，78，79，80，139，140，141，148，150，151，152

聚合化 9，73，75，78，79，99，100，140，149

聚合势 9，23，34，72，73，74，75，77，78，79，80，139，140，141，148，151，152

可析性 26，248

可预测的协同变化 129

框架关系 61，62，63，64，65，67，179，180，240

傀儡名词 189

扩展 5，7，8，10，11，12，13，14，15，19，21，27，33，35，36，47，59，70，77，81，84，85，86，87，88，89，90，91，92，93，94，95，96，97，98，124，142，146，148，154，155，194，199，204，205，226，228，229，230，258，266，268，271，280，281，282，283，284，286，287

扩展适应 238，239，299，300，301，302，303，304，307，308，309，310，311，312，313，314，315，316，323，326，327，328

扩展适应项 300，304，313

类推 6，7，8，11，26，28，32，35，

68，119，166，197，198，199，
203，246，256，303，305，319

类推性思维 7

离格后缀 238，244，

理据性 17，18，26，27，34，196，
198，204，205，221，248，262，
265，266，267，268，271，272，
274，281，283，288，289，290，
291，292，293，294，295，297，
298，312，313，314，315，322，
327，328

连接词 44，45，52，77，165，177，
178，179

连续性特征 37，41，89，204，212，
280

裂变 100，101，111，112，113，114，
115，119，122，124，125，231，
242

临界频率假设 210，211，212，214，
219，220，221，222，223

临界性特征 43，44，55，59，61，62，
63，64，65，67，122，177，178，
180，184，190，220

零派生 236

零屈折 285

模式

 临界环境～ 42，43，45，69，284

 桥梁环境～ 42，43，45，69，143，
284

 目标义 30，37，41，42，45，50，51，
68，86，95，157，159，161，
162，163，164，184，189，190，
191，219，220

目的小句 243

脑皮层区域 153

内聚 9，23，24，72，73，76，128，139

能产性

 范式～ 270

 用例～ 270

逆反

 表征～ 234

 词源范畴～ 234

 非词源类型～ 234

 类型～ 234，235，312，322

逆向推理 53，178

黏着性格缀 108

派生性 1，16，172，173，232，233，
237，238，244，263，264，301，
302，306

派生性名词化后缀 237

派生性形态 87，285

频率

 非临界～ 212，214，221

 类型～ 193，205，206，287，298

 临界～ 68，95，96，97，212，213，
214，215，219，221，222，223

 笼统～ 194，213，214，215，221，
222

 文本～ 25，26，27，28，68，75，
82，84，89，94，95，137，138，
193，194，195，196，197，198，
199，201，202，203，204，205，
206，207，208，210，211，215，
218，219，220，221，222，223，
224，251，274，280，287，288，
298

 相对～ 152，206，215，219，223

频率观

 差异～ 194，210，219，220，221，
222，224

 笼统～ 194，197，201，202，203，
204，206，208，210，211，219，

220，221，223，224
普遍语法 7，8
歧解性 30，42，46，50，51，52，53，61，62，65，66，67，175，180，264，287
前范畴性 56，57，58，59，61
前附性 237，238
前指用法 90，281
嵌入句 9，10，32，33
强制化 73，75，78，80，100，140，149
强制性 22，23，73，74，75，78，79，80，86，100，107，114，140，147，149，160，181，208，249，250，302，323，324，325
去词汇化 291
去范畴化 5，15，85，87，89，94，101，102，107，109，113，114，115，119，120，122，124，125，142，148，149，151，152，203，226，227，230，231，284，287
去黏着 236，238，239，244，259
去屈折化 236，237，238，239，244，259
去形态音素化 24，34
去意义化 15，73，75，78，83，84，85，87，94，142，161，284
去语法 236，237，238，242，244，254，259
去语法化 5，6，15，18，225，231，232，233，234，235，236，238，239，240，241，242，243，244，245，246，247，252，253，254，255，256，257，258，259，264，290，295，296，298，300，304，307，308，311，312，313，315，

316，319，322，323，327，328
劝勉情态 149
人称一致性 207，208，209，210
融合 9，73，75，140，288
融蚀 5，12，14，15，85，88，89，94，95，96，100，130，131，137，138，142，147，148，149，226，247，266，272，282，284，286，287
溶合 12，14，15，27，56，81，95，96，108，128，133，146，149，180，195，196，198，268，270，271，272，276，282，284，285，288，289，290，298
溶合性格缀 108
时间性连词 278，279
势域 9，23，72，73，76，139，151
释放 27，196，206
受益格 163
输出端 2，17，18，20，33，63，114，158，164，171，182，183，184，185，186，192，228，231，236，237，240，261，264，265，269，270，278，279，282，288，289，297，302，308，309，310，312，313，314，322
输入端 2，17，18，20，33，63，114，124，157，158，164，171，182，183，184，185，186，191，192，231，236，238，240，262，264，265，266，269，270，271，278，280，282，302，308，309，310，311，312，313，314，322
双音化 58，59，60，61，98
俗词源 17，18，290，291，292，293，294

俗词源化 18，254，256，291，292，
　　293，294，295，298
缩减
　时量～ 195
　实体～ 195
　语音～ 39，56，135，180，195，254
条件
　背景～ 39，55，56，58，68
　诱发～ 55，61，68
　语法化～ 37，44，45，54，55，59，
　　65，68，69，222
　语用推理～ 30，37，41，42，50，
　　51，53，55，62，68，69，115，
　　136，157，162，171，177，178，
　　184，190，191，192，204，206，
　　211，212，214，219，220，221，
　　222，223，243，275，310，313
通适性 159，160，191
同构项 5，11，12，13，57，90，91，
　　92，93，96，97，119，155，204，
　　205，228，229，230，268，270，
　　281，282，283，284，285，286，
　　287，288，289，290，298
同向平行 129
同质性扩展 92，93，229，230，283
图式性构式 15，18，19，20，33，36，
　　47，48，61，153，154，155，203
完成体 79，111，167，181，184
完整体 131，133，181
未完成体 169
未完整体 181
习惯化 26，27，34，175，196，198，
　　221，249
习用化 29，30，41，86，97，123，
　　144，145，147，205，214，278，
　　282，313

习语化 16，262，270
先时体 170
限定词前成分 77
相对频率说 210，215，219，220，221
小称 306
小句标句词 87
效应
　保守～ 194，196，197
　紧缩～ 194，195，196，197，205
　自主性～ 196，197，223，274
协同格 296
形态化 9，24，34，100，102，117，309
形态音位边界 254，256
形态音位过程 15，133，138
虚化 5，10，11，27，77，83，84，
　　102，119，131，132，145，195，
　　199，204，205，226，227，229，
　　255，313
亚分析 299
依附句 8，10，32，33
仪式化 26，27，196
意义吸收 27，199
异质性替换 92，93，229，230
音位配列限制 56
音位制约 12，130
音韵
　基于短音节的～ 137，138
　基于音节的～ 137，138
　基于重音的～ 137
语法化成项 18，56，61，63，64，79，
　　80，99，101，102，112，114，
　　115，116，117，119，122，124，
　　138，142，161，180，191，228，
　　231，234，282，286，310
语法化刻度 75，226，232
语法化扩展观 10，11，12，13，14，15，

21，36，90，92，93，97，155，
226，229
语法化路径 5，31，56，111，122，
150，151，157，158，161，162，
165，166，167，168，169，170，
171，172，173，174，175，180，
181，182，183，184，185，186，
187，188，189，190，191，192，
242，244，245，288，298，310
语法化项 1，4，5，8，9，10，11，
12，13，14，15，18，19，20，
23，25，27，29，30，31，34，
37，38，39，40，41，43，47，
48，50，51，54，55，57，58，
61，62，63，64，65，66，67，
68，70，71，72，73，76，77，
78，79，80，81，82，83，84，
85，86，88，90，91，92，93，
94，95，96，97，98，99，101，
102，109，112，114，115，116，
117，119，122，124，125，126，
127，128，129，130，131，133，
134，135，137，138，139，140，
141，145，146，147，148，149，
150，151，152，153，154，155，
156，157，158，159，162，166，
170，171，174，178，179，180，
181，188，189，193，194，195，
198，201，203，204，205，206，
210，211，212，214，215，219，
220，221，222，223，226，227，
228，229，230，231，234，240，
247，248，252，253，254，255，
257，258，268，271，272，275，
276，277，279，282，283，284，
286，287，288，297，298，299，
308，309，310，311，312
语法化斜坡 18，107，108，149，157，
158，174，234，235，238，253，
300，309，313
语法化原则 47，70，85，99，100，
101，102，106，113，114，115，
119，124，125，230
语法化窄化观 8，9，13，36，47，70，
71，93，94，97，226
语法素 10，18，26，78，80，81，82，
83，84，129，150，170，184，
198，200，201，220，234，242，
308，312
语法性 1，2，3，4，5，8，9，10，
11，13，14，17，18，19，20，
22，23，24，33，34，71，72，
73，76，80，82，83，84，88，
139，158，174，226，227，228，
232，233，235，253，261，264，
269，276，277，278，280，284，
285，286，288，289，299，309
语境吸收 27，300，307，313，314，
315，316，321，322，327，328
语言符号 7，23，24，26，71，72，73，
139，234，275，280
语义处理 153
语义化 16，28，31，35，97，200，
206，214，215，216，218，219，
220，222，223
语义聚合势 151，152
语义内容 11，14，23，79，189，237，
247
语义-语用环境扩展 12，13，91，92，
96，98，155，228，229，230
语义组合层 153
语音聚合势 148，151，152

语音溶合 195，196

语音损耗 73，77，80，203

语用化 77

语用推理 6，13，25，26，27，28，29，30，31，34，35，37，38，39，40，41，42，43，44，45，49，50，51，52，53，54，55，56，58，59，60，61，62，64，67，68，69，86，88，94，95，97，115，122，136，147，148，155，157，161，162，164，166，167，171，173，175，176，177，178，179，180，181，184，185，186，188，189，190，191，192，198，200，201，202，203，204，206，211，212，214，215，218，219，220，221，222，223，235，239，242，243，255，264，275，279，280，303，304，310，311，312，313，322，323，327，328

语用增强 27，28，199，200

元语言性升级 236

原则

 保持~ 101，102，103，104，105，106，107，114，115，116，117，119，122，123，124，125

 层化~ 109，111，114，125

 简约性~ 250

 夸张性~ 250

 裂变~ 111，114，119，122

 明确性~ 250

 去范畴化~ 107，119，124

 一致性~ 250

 预测性~ 7

 择一~ 84，111，112，113，114，125

源概念 19，20，31，60，157，158，159，160，161，162，163，164，166，170，171，172，173，175，180，181，183，184，185，187，188，189，191，192

源构素 59，60，114，272，278，279，288，298，311

源命题 19，20

韵律融蚀 131

再功能化 299，304，305，307

再获语法性 299

再形态化 299

再语法化 279，299，302，306，307

择一 101，113，115，124，125，231

增功能化 304，306，307

增选 300

致引推理 43

主要介词 108

主要去语法化 236

主要语法化 2，4，77，78，84，95，97，109，114，115，116，119，122，124，125，134，157，167，169，230，236，299，308，309

转类 236，263，264，295

自动化 26，194，196，197，223，248，249，250，251，274

自主性 1，9，14，18，22，23，24，26，27，34，71，72，73，88，95，96，97，100，107，111，122，128，139，151，194，196，197，198，199，204，205，220，221，222，223，234，248，274，276，280，295

组合变异性 10，24，72，73，74，75，77，79，80，139，140，141，148，149，150，151，152，251

组合度 9，24，72，73，74，75，78，79，80，139，140，141，148，149，150，151，152，251

组合势 23，72，73，74，75，76，77，80，139，140，141，151

组块化 26，59，60，198，206，279，311

部分术语名称汉英对照

伴随格	comitatives
保持	persistence
保留	retention
保守效应	conserving effect
变体	allomorphy
变异性	variability
标杆参数	standard parameter
标杆理论	standard theory
标句词	complementizer
表征逆反	token reversal
濒临体	proximative
并合	univerbation
并列句	parataxis
不定词尾	infinitival ending
参数	parameter
层化	layering
超清晰假说	The Extraclarity Hypothesis
程序性	procedural
重新分割	resegmentation
重新分析	reanalysis
重新理据化	remotivation
重言式（或"恒真式"）逻辑	tautology
处理程序	process
处理单元	processing unit
处理流	processing stream
传义性	semanticity
词干	stem

语法化理论解析

词干构型后缀	stem-forming suffix
词汇化	lexicalization
词汇清单	inventory
词汇性	lexicality
词库	lexicon
词位	lexeme
词项	lexical item
词形变化表	paradigm
词源范畴逆反	etymological category reversal
词组所有格	group genitive
次级去语法化	secondary degrammaticalization
次级语法化	secondary grammaticalization
次前指用法	associative anaphoric use
次要介词	secondary adposition
存取	access
搭配限制条件	collocation restrictions
单向性	unidirectionality
单一处理单元	single processing unit
单语素的	monomorphemic
定向点	orientation point
对立重音	contrastive stress
多义词	polysemy
反词汇化	antilexicalization
反向隐喻	antimetaphor
反语法化	antigrammaticalization
泛化	generalization
范畴性重新分析	categorical reanalysis
范式能产性	pattern productivity
非词源类型逆反	non-etymological category reversal
非典型环境	untypical context
非逻辑性要素	non-logical component
非限制性具指	indefinite specific
分裂	split
分析性方法	analytic approach
复合	compounding
复合句	complex sentence

附缀化	cliticization
格莱斯会话原理	Gricean conversational maxims
更新	renewal
功能更新	functional renewal
功能化	functionalization
共变	coevolution
构形成分	formative
孤立环境	isolating context
固定化	fixation
关系名词	relational noun
后起性理据化	secondarily motivated
后置词	postposition
后缀化优先	suffixing preference
化石化	fossilization
话语自主性	discourse autonomy
环境引发的重新诠释	context-induced reinterpretations
基于短音节的音韵	mora-based phonologies
基于音节的音韵	syllable-based phonologies
基于重音的音韵	stress-based phonologies
基准面	reference plane
假性分裂句	pseudo-clefts
间接格	oblique
结构段	syntagma
紧缩	condensation
紧缩效应	reducing effect
进化性演变	reciprocal evolutionary
进行体	progressive
敬语与格	honorific dative
镜像	mirror image
聚合变异性	paradigmatic variability
聚合度	paradigmaticity
聚合化	paradigmaticization
聚合势	integrity
句法处理	syntactic processing
句法化	syntacticization
句法环境扩展	syntactic-context expansion

句法性词汇化	syntactic lexicalization
可析性	analysability
可预测的协同变化	covary
傀儡名词	dummy noun
扩展	expansion
扩展适应	exaptation
扩展适应项	exaptatum
类推	analogy
类推性思维	analogical thinking
类型逆反	type reversal
类型频率	type frequency
离格后缀	abessive suffix
理据性	compositionality
连接词	connective
裂变	divergence
临界环境	critical context
临界性特征	criticality
零派生	zero derivation
零屈折	zero inflection
目的小句	purpose clause
脑皮层区域	cortical area
内聚	cohesion
逆向推理	abductive reasoning
黏着性格缀	agglutinative case affix
派生性	derivational
派生性名词化后缀	derivational nominalization suffix
派生性形态	derivational morphology
平行紧缩假说	The Parallel Reduction Hypothesis
普遍语法	universal grammar
前范畴性	precategoriality
前附性	enclitic
前指用法	anaphoric use
嵌入句	subordination
强制化	obligatorification
强制性	obligatoriness
桥梁环境	bridging context

去词汇化	delexicalization
去范畴化	decategorialization
去黏着	debond
去屈折	deflextion
去屈折化	deinflectionalization
去形态音素化	demorphemicization
去意义化	desemanticization
去语法	degrammation
去语法化	degrammaticalization
劝勉情态	hortative
人称一致性	person agreement
融合	coalescence
融蚀	erosion
溶合	fuse; fusion
溶合性格缀	fusional case affix
时间性连词	temporal conjunction
时量缩减	temporal reduction
实体缩减	substantive reduction
势域	weight
释放	emancipation
受益格	beneficiary
俗词源	folk etymology
俗词源化	folk etymologization
同构项类型扩展	host-class expansion
同向平行	parallel
图式化	schematisation
图式性构式	schematic construction
外溢假说	The Extravagance Hypothesis
完成体	completive; perfect
完整体	perfective
未完整体	imperfective
文本频率	text frequency; token frequency
习惯化	habituation
习用化	conventionalization
习语化	idiomatization; idiomaticization
先时体	anterior

语法化理论解析

限定词前成分	predeterminer
相对频率	relative frequency
相互关联	correlation
小称	diminutive
小句标句词	clause subordinator
协同格	concordial case
形态化	morphologization
形态音位边界	morphophonological boundary
形态音位过程	morphophonological process
虚化	bleach
依附句	hypotaxis
仪式化	ritualization
义务	obligation
意义吸收	absorption of meaning
意义先行假说	The Meaning-First Hypothesis
音渡环境	junctural context
音位配列限制	phonotactic constraints
音位制约	phonotactic constraints
隐形推手假说	The Invisible-Hand Hypothesis
用例能产性	token productivity
语法化	grammaticalization
语法化成项	grammaticalized item/element
语法化刻度	grammaticalization scale
语法化路径	grammaticalization pathway
语法化项	grammaticalizing item/element
语法化斜坡	grammaticalization cline
语法素	grammatical morpheme; gram
语法性	grammaticality
语境吸收	absorption of contextual meaning
语义处理	semantic processing
语义化	semanticization
语义聚合势	semantic integrity
语义内容	semantic substance
语义-语用环境扩展	semantic-pragmatic context expansion
语义组合层	level of semantic combinatorics
语言符号	sign

语音聚合势	phonetic integrity
语音溶合	phonological fusion
语音损耗	phonological attrition
语音缩减	phonological reduction
语用化	pragmaticalization
语用增强	pragmatic strengthening
预测性原则	predictive principle
元语言性升级	metalinguistic upgrading
源概念	source concept
源命题	source proposition
源头决定性假说	The Source Determination Hypothesis
韵律溶蚀	prosodic erosion
再功能化	refunctionalization
再获语法性	regrammation
再形态化	remorphologization
再语法化	regrammaticalization
择一	specialization
增功能化	adfunctionalization
增选	co-opt
肇始	inchoative
整体性方法	holistic approach
致引推理	invited inferences
主要介词	primary adposition
主要去语法化	primary degrammaticalization
主要语法化	primary grammaticalization
自动化	automation; automatization
自由度	freedom
自主性	autonomy
转换环境	switch context
转类	conversion
组合变异性	syntagmatic variability
组合度	bondedness
组合势	structural scope
组块化	chunking

语法化理论解析

部分语言名称汉英对照

阿尔冈钦语	ALGONQUIAN
阿古尔语	AGUL
阿卡特克语	AKATEK
阿拉伯语	ARABIC
阿兰达语	ARANDA
阿尼语	‖ANI
埃及语	EGYPTIAN
埃玛伊语	EMAI
埃维语	EWE
爱尔兰语	IRISH
爱沙尼亚语	ESTONIAN
安第斯-厄瓜多尔语	ANDEAN-EQUATORIAL
巴里语	BARI
巴斯克语	BASQUE
班图语	BANTU
保加利亚语	BULGARIAN
北部萨米语	NORTHERN SAAMI
冰岛语	ICELANDIC
布里语	BULI
察玛斯语	CHAMUS
朝鲜语	KOREAN
茨瓦纳语	TSWANA
达罗毗荼语	DRAVIDIAN
鞑靼语	TATAR
丹麦语	DANISH
迪尤西-蒂兰通戈语	DIUXI-TILATONGO
蒂乌拉马语	TYURAMA
侗台语	KAM-TAI
俄语	RUSSIAN
恩吉尼语	ENGENNI
法语	FRENCH
芬兰语	FINNISH

高棉语	KHMER
戈蒂语	GODIÉ
古尔	GUR
古高地德语	OLD HIGH GERMAN
古斯拉夫语	OLD CHURCH SLAVONIC
哈卡语	HAKA
哈普语	HUP
荷喀语	HOOCĄK
赫梯语	HITTITE
基利维拉语	KILIVILA
加族语	GÃ
柬埔寨语	CAMBODIAN
卡利亚语	KHARIA
卡西语	KHASI
堪纳达语	KANNADA
康巴语	KHAM
科胡语	KOHU
科卡玛语	COCAMA
科伊桑语	KHOISAN
科伊语	KXOE
库纳语	CUNA
库西提语	CUSHITIC
夸匝语	KWAZA
魁北克英语	QUEBEC ENGLISH
拉丁语	LATIN
拉特加莱语	LATGALIAN
拉脱维亚语	LATVIAN
莱兹金语	LEZGIAN
莱慈基语	LEZGIC
老挝语	LAO
立陶宛语	LITHUANIAN
利沃尼亚语	LIVONIAN
林加拉语	LINGALA
伦杜语	LENDU
罗马尼亚语	ROMANIAN
罗曼尼语	ROMANI

语法化理论解析

马尔吉语	MARGI
马拉约-波利尼西亚语族	MALAYO-POLYNESIAN
马来语	MALAY
马萨诸塞语	MASSACHUSETT
曼德语	MANDE
曼宁卡语	MANINKA
蒙达语族	MUNDA
蒙森奥语	MONGSEN AO
孟-高棉语	MON-KHMER
米安语	MIAN
米利卡亚语	MILLCAYAC
米斯泰克	MIXTEC
缅甸语	BURMESE
莫雷语	MORÉ
纳尔语	PNAR
南亚语系	AUSTROASIATIC
尼日尔-刚果语族	NIGER-CONGO
涅涅茨语	NENETS
挪威语	NORWEGIAN
皮马巴约语	PIMA BAJO
契迁-帕占语	CHIBCHAN-PAEZAN
契迁语	CHIBCHAN
瑞典语	SWEDISH
闪语	SEMITIC
斯科特萨米语	SKOLT SAAMI
斯瓦希里语	SWAHILI
苏拉维西语	SULAWESI
苏里南克里奥尔英语	SRANAN CE
他加禄语	TAGALOG
塔巴萨兰语	TABASARAN
泰米尔语	TAMIL
泰梭语	TESO
泰语	TAI
特拉巴语	TERRABA
特姆语	TEM
通古斯语	TUNGUSIC

突厥语	TURKIC
图卡诺语	TUCANO
土耳其语	TURKISH
吐克皮辛语	TOK PISIN
瓦伊语	VAI
西班牙语	SPANISH
希伯来语	HEBREW
希腊语	GREEK
匈牙利语	HUNGARIAN
询语	!XUN
亚美尼亚语	ARMENIAN
伊卡语	IK
伊朗语	IRANIAN
依若科恩语	IROQUIAN
依托纳马语	ITONAMA
意大利语	ITALIAN
印地语	HINDI
印尼语	INDONESIAN
原始日耳曼语	PROTO-GERMANIC
原始斯堪的纳维亚语	PROTO-SCANDINAVIAN
原始印欧语	PROTO-INDO-EUROPEAN
约松杜阿语	YOSONDÚA
越南语	VIETNAMESE
赞德语	ZANDE
中世纪威尔士语	MIDDLE WELSH
朱昂语	JUANG
祖鲁语	ZULU

参考文献

Ambridge, B., A. Bidgood, J. M. Pine, C. F. Rowland & D. Freudenthal (2016) Is passive syntax semantically constrained? Evidence from adult grammaticality judgment and comprehension studies. *Cognitive Science* 40: 1435—1459.

Andersen, H. (1973) Abductive and deductive change. *Language* 49(4): 765—793.

Andersen, H. (2006) Grammation, regrammation, and degrammation. *Diachronica* 2: 231—258.

Ansaldo, U. & L. Lim (2004) Phonetic absence as syntactic prominence: Grammaticalization in isolating tonal languages. In O. Fischer, M. Norde & H. Perridon (eds.) *Up and Down the Cline: The Nature of Grammaticalization [Typological Studies in Language 59]*, 345—362. Amsterdam/Philadelphia: John Benjamins.

Anthonissen, L. (2021) *Individuality in Language Change*. Berlin/New York: Mouton De Gruyter.

Anttila, R. (1989 [1972]) *Historical and Comparative Linguistics [Current Issues in Linguistic Theory 6]*. Amsterdam/Philadelphia: John Benjamins.

Arcodia, G. F. (2013) Grammaticalisation with coevolution of form and meaning in East Asia? Evidence from Sinitic. *Language Sciences* 40: 148—167.

Askedal, J. O. (2008) 'Degrammaticalization' versus typology: Reflections on a strained relationship. In T. Eythórsson (ed.) *Grammatical Change and Linguistic Theory*, 45—77. Amsterdam/Philadelphia: John Benjamins.

Baggio, G., T. Choma, M. Lambalgen, & P. Hagoort (2009) Coercion and compositionality. *Journal of Cognitive Neuroscience* 9: 2131—2140.

Baron, N. S. (1977) *Language Acquisition and Historical Change*. Amsterdam: North Holland Publishing Company.

Bauer, L. (1983) *English Word-formation [Cambridge Textbooks in Linguistics]*. Cambridge: Cambridge University Press.

Bisang, W. (1996) Areal typology and grammaticalization: Processes of grammaticalization based on nouns and verbs in East and mainland Southeast Asian languages.

Studies in Language 20: 519—597.

Bisang, W. (2004) Grammaticalizaiton without coevulution of form and meaning: The case of tense-aspect- modality in East and mainland Southeast Asia. In W. Bisang, N. P. Himmelmann & B. Wiemer (eds.) *What Makes Grammaticalization? A Look From Its Fringes and Its Components*, 109—138. Berlin/New York: Mouton de Gruyter.

Bisang, W. (2008a) Precategoriality and syntactic-based parts of speech: The case of Late Archaic Chinese. *Studies in Language* 32: 568—589.

Bisang, W. (2008b) Precategoriality and argument structure in Late Archaic Chinese. In J. Leino (ed.) *Constructional Reorganization*, 55—88. Amsterdam/Philadelphia: John Benjamins.

Bisang, W. (2008c) Grammaticalization and the areal factor: The perspective of East and Mainland South East Asian languages. In M. J. López-Couso & E. Seoane (eds.) *Rethinking Grammaticalization*, 13—35. Amsterdam/Philadelphia: John Benjamins.

Bisang, W. (2010) Grammaticalization in Chinese: A construction-based account. In E. C. Traugott & G. Trousdale (eds.) *Gradience, Gradualness, and Grammaticalization*, 245—277. Amsterdam/Philadelphia: John Benjamins.

Bisang, W. (2011) Grammaticalization and typology. In H. Narrog & B. Heine (eds.) *The Oxford Handbook of Grammaticalization*, 105—107. Oxford: Oxford University Press.

Bisang, W., A. Malchukov & the Mainz Grammaticalization Project Team (I. Rieder, L. Sun, M. Martiny, & S. Luell) (2020) Position paper: Universal and areal patterns in grammaticalization. In W. Bisang & A. Malchukov (eds.) *Grammaticalization Scenarios: Cross-linguistic Variation and Universal Tendency* (Vol. 1), 1—87. Berlin/Boston: Mouton de Gruyter.

Bogomolova, N. (2018) The rise of person agreement in East Lezgic: Assessing the role of frequency. *Linguistics* 4: 819—844.

Breban, T. (2014) What is secondary grammaticalization? Trying to see the wood for the trees in a confusion of interpretations. *Folia Linguistica* 2: 469—502.

Brems, L. (2007) The grammaticalization of small size nouns: Reconsidering frequency and Analogy. *Journal of English Linguistics* 35: 293—324.

Brinton, L. J. (2002) Grammaticalization versus lexicalization reconsidered: On the "late" use of temporal adverbs. In T. Fanago, M. J. López-Couso & J. Pérez-Guerra (eds.) *English Historical Syntax and Morphology: Selected Papers from 11 ICEHL, Santiago de compostela, 7—11 September 2000* [*Current Is-*

sues in *Linguistic Theory* 223], 67—97. Amsterdam/Philadelphia: John Benjamins.

Brinton, L. J. & D. Stein (1995) Functional renewal. In H. Andersen (ed.) *Historical Linguistics* 1993: *Papers from the 11th International Conference on Historical Linguistics, Los Angeles*, 16—20 *August* 1993 [Current Issues in Linguistic Theory 124], 33—47. Amsterdam/Philadelphia: John Benjamins.

Brinton, L. J. & E. C. Traugott (2005) *Lexicalization and Language Change*. Cambridge: Cambridge University Press.

Brinton, L. J. & E. C. Traugott (2007) Lexicalization and grammaticalization all over again. In J. C. Salmons & S. Dubenion-Smith (eds.) *Historical Linguistics* 2005: *Selected Papers from the 17th International Conference on Historical Linguistics, Madison, Wisconsin*, 31 *July*—5 *August* 2005 [Current Issues in Linguistic Theory 284], 3—19. Amsterdam/Philadelphia: John Benjamins.

Burridge, K. (1998). From modal auxiliary to lexical verb: the curious case of Pennsylvania German wotte. In R. M. Hogg & L. van Bergen (eds.) *Historical Linguistics* 1995 (Vol. 2): *Germanic Linguistics*, 19—33. Amsterdam/Philadelphia: John Benjamins.

Bussmann, H. (1996) *Routledge Dictionary of Language and Linguistics*, G. Trauth & K. Kazzazi (Trans. and eds.). London and New York: Routledge.

Bybee, J. L. (1985) *Morphology: A Study of the Relation between Meaning and Form*. Amsterdam/Philadelphia: John Benjamins.

Bybee, J. L. (1986) On the nature of grammatical categories: A diachronic perspective. *Eastern States Conference on Linguistics* 2: 17—34.

Bybee, J. L. (2002) Sequentiality as the basis of constituent structure. In T. Givón & B. F. Malle (eds.) *The Evolution of Language out of Pre-language*, 107—134. Amsterdam/Philadelphia: John Benjamins.

Bybee, J. L. (2003a) Mechanisms of change in grammaticalization: The role of frequency. In J. D. Brian & R. D. Janda (eds.) *The Handbook of Historical Linguistics*, 602—623. Oxford: Blackwell Publishing.

Bybee, J. L. (2003b) Cognitive processes in grammaticalization. In M. Tomasello (ed.), *The New Psychology of Language* (Vol. 2), 145—67. Mahwah, NJ: Lawrence Erlbaum.

Bybee, J. L. (2006) From usage to grammar: The mind's response to repetition. *Language* 82: 711—733.

Bybee, J. L. (2010) *Language, Usage and Cognition*. Cambridge: Cambridge University Press.

Bybee, J. L. (2013) Usage-based theory and exemplar representations of constructions. In T. Hoffmann & G. Trousdale (eds.) *The Oxford Handbook of Construction Grammar*, 49—69. Oxford: The Oxford University Press.

Bybee, J. L. & D. I. Slobin (1982) Why small children cannot change language on their own. In A. Ahlqvist(ed.) *Papers from the 5th International Conference on Historical Linguistics*, 29—38. Amsterdam/Philadelphia: John Benjamins.

Bybee, J. L. & Ö. Dahl (1989) The creation of tense and aspect systems in the languages of the world. *Studies in Language* 13: 51—103.

Bybee, J. L. & J. Scheibman (1999) The effect of usage on degree of constituency: The reduction of *don't* in American English. *Linguistics* 37: 575—96.

Bybee, J. L., R. Perkins & W. Pagliuca (1994) *The Evolution of Grammar: Tense, Aspect and Modality in the Languages of the World*. Chicago: University of Chicago Press.

Bybee, J. L. & S. Thompson (2000) Three frequency effects in syntax. *Berkeley Linguistic Society* 23: 378—88.

Bybee, J. L. & W. Pagliuca (1987) The evolution of future meaning. In A. O. Carruba, G. Ramat & G. Bernini (eds.) *Papers from the 7th International Conference on Historical Linguistics*, 108—122. Amsterdam/Philadelphia: John Benjiamins.

Bybee, J. L., W. Pagliuca & R. Perkins (1990) On the asymmetries in the affixation of grammatical material. In W. Croft, K. Denning & S. Kemmer (eds.), *Studies in Typology and Diachrony: Papers Presented to Joseph H. Greenberg on his 75th birthday*, 1—42. Amsterdam/Philadelphia: John Benjamins.

Campbell, L. (2001) What's wrong with grammaticalization? *Language Sciences* 23 (Special issue: *Grammaticalization: A Critical Assessment*): 113—161.

Campbell, L. & R. Janda (2001) Introduction: Conceptions of grammaticalization and their problems. *Language Sciences* 23 (Special issue: *Grammaticalization: A Critical Assessment*): 93—112.

Coupe, R. A. (2018) Grammaticalization processes in the languages of South Asia. In H. Narrog & B. Heine (eds.) *Grammaticalization from a Typological Perspective*, 189—218. Oxford: Oxford University Press.

Craig, C. (1991) Ways to go in Rama: A case study in polygrammaticalization. In E. C. Traugott & B. Heine (eds.) *Approaches to Grammaticalization* (Vol. 2), 455—492. Amsterdam/Philadelphia: John Benjamins.

Croft, W. (2000) *Explaining Language Change: An Evolutionary Approach*. Harlow: Longman.

Croft, W. (2001) *Radical Construction Grammar: Syntactic Theory in Typological Perspective*. Oxford: Oxford University Press.

Dahl, Ö. (1985) *Tense and Aspect Systems*. Oxford: Blackwell.

Danchev, A. & M. Kytö (1994) The construction *be going to* + *infinitive* in early Modern English. In D. Kastovsky (ed.) *Studies in Early Modern English*, 59–78. Berlin/New York: Mouton de Gruyter.

Dapretto, M. & S. Y. Bookheimer (1999) Form and content: Dissociating syntax and semantics in sentence comprehension. *Neuron* 24: 427–432.

Diessel, H. (2012) Diachronic language change and language acquisition. In A. Bergs & L. Brinton (eds.) *Historical Linguistics of English: An International Handbook* (Vol. 2), 1599–1613. Berlin/New York: Mouton de Gruyter.

Diewald, G. (2002) A model for relevant types of contexts in grammaticalization. In I. Wischer & G. Diewald (eds.) *New Reflections on Grammaticalization: Proceedings from the International Symposium on Grammaticalization, 17–19 June 1999, Potsdam Germany* [Typological Studies in Language 49], 103–120. Amsterdam/Philadelphia: John Benjamins.

Diewald, G. (2006) Context types in grammaticalization as constructions, *Constructions*, SV1–9. http://elanguage.net/journals/index.php/constructions/article/viewFile/24/29, accessed on 2025–02–21.

Diewald, G. & G. Ferraresi (2008) Semantic, syntactic and constructional restrictions in the diachronic rise of modal particles in German: A corpus-based study on the formation of a grammaticalization channel. In E. Seoane & M. J. López-Couso (eds.) *Theoretical and Empirical Issues in Grammaticalization*, 77–110. Amsterdam/Philadelphia: John Benjamins.

D'Introno, F. & Sosa, J. M. (1986). Elisión de la /d/ en el español de Caracas: Aspectos sociolingüísticos e implicaciones teóricas. In R. A. Núñez Cedeño, I. P. Urdaneta, and J. M. Guitart (eds.) *Estudios Sobre la Fonología del Español del Caribe*, 135–163. Caracas: Ediciones La Casa de Bello.

Epps, P. (2008) From "wood" to future tense: Nominal origins of the future constructions in Hup. *Studies in Language* 32: 382–403.

Evans, N. & D. Wilkins (2000) In the mind's ear: The semantic extensions of reception verb in Australian languages. *Language* 76: 546–92.

Fidelholtz, J. L. (1975). Word frequency and vowel reduction in English. *The Chicago Linguistic Society* 11(1), 200–13.

Fischer, O. (2000) Grammaticalisation: Unidirectional, non-reversible? In O. Fischer, A. Rosenbach & D. Stein (eds.) *Pathways of Change: Grammaticaliza-*

tion in English, 149—69. Amsterdam/Philadelphia: John Benjamins.

Fischer, O. (2007) *Morphosyntactic Change: Functional and Formal Perspectives*. Oxford: Oxford University Press.

Fischer, O. (2008) On analogy as the motivation for grammaticalization. *Studies in Language* 2: 336—382.

Fischer, O. (2010) An analogical approach to grammaticalization. In K. Stathi, E. Gehweiler & E. König (eds.) *Grammaticalization: Current Views and Issues*, 181—220. Amsterdam/Philadelphia: John Bennamins.

Fischer, O. (2013) An inquiry into unidirectionality as a foundational element of grammaticalization: On the role played by analogy and the synchronic grammar system in processes of language change. In H. De Smet, L. Ghesquière & F. Van de Velde (eds.) *Special Issue of Studies in Language: On Multiple Source Constructions in Language Change* 3: 515—533.

Fowler, C. A. & J. Housum (1987) Talkers' signalling of "new" and "old" words in speech and listeners' perception and use of the distinction. *Journal of Memory and Language* 5: 489—504.

Gamillscheg, E. (1957) *Historische Französische Syntax*. Tübingen: Max Niemeyer.

Gardani, F. (2016) Allogenous exaptation. In M. Norde F. Van de Velde (eds.) *Exaptation and Language Change*, 227—260. Amsterdam/Philadelphia: John Benjamins.

Givón, T. (1971) Historical syntax and synchronic morphology: An archaeologist's field trip. *Chicago Linguistic Society* 7: 394—415.

Givón, T. (1975) Serial verbs and syntactic change: Niger-Congo. In C. N. Li (ed.) *Word Order and Word Order Change*, 47—112. Austin: University of Texas Press.

Givón, T. (1979) *On Understanding Grammar*. New York: Academic Press.

Goldberg, A. E. (1995) *Constructions: A Construction Grammar Approach to Argument Structure*. Chicago: University of Chicago Press.

Goldberg, A. E. (2006) *Constructions at Work: The Nature of Generalization in Language*. Oxford: Oxford University Press.

Goldberg, A. E. (2009) The nature of generalization in language. *Cognitive Linguistics* 1: 93—127.

Goodglass, H. (1993) *Understanding Aphasia*. San Diego, CA: Academic Press.

Gould, S. J. & E. S. Vrba (1982) Exaptation: A missing term in the science of form. *Paleobiology* 1: 4—15.

Greenberg, J. H. (1991) The last stages of grammatical elements: Contractive and expansive desemanticization. In E. C. Traugott & B. Heine (eds.) *Approaches to Grammaticalization* (Vol.1) [*Typological Studies in Language* 19: 2], 301—314. Amsterdam/ Philadelphia: John Benjamins.

Grice, H. P. (1975) Logic and conversation. In P. Cole & J. L. Morgan (eds.) *Syntax and Semantics* (Vol.3): *Speech Acts*, 41—58. New York: Academic Press.

Hagège, C. (1993) *The Language Builder: An Essay on the Human Signature in Linguistic Morphogenesis*. Amsterdam/Philadelphia: John Benjamins.

Haiman, J. (1994) Ritualization and the development of language. In W. Pagliuca (ed.) *Perspectives on Grammaticalization*, 3—28. Amsterdam/Philadelphia: John Benjamins.

Haiman, J. (1998) Possible sources of infixation in Khmer. *Studies in Language* 22: 595—617.

Haiman, J. (2017) Exaptation. In A. Ledgeway & I. Roberts (eds.) *The Cambridge Handbook of Historical Syntax* [*Cambridge Handbooks in Language and Linguistics*], 49—69. Cambridge: Cambridge University Press.

Harnisch, R. (2010) Zu einer Typologie sprachlicher Verstärkungsprozesse. In R. Harnisch (ed.) *Prozesse Sprachlicher Verstärkung. Typen Formaler Resegmentierung und Semantischer Remotivierung*, 3—23. Berlin/New York: de Gruyter.

Haspelmath, M. (1997) *From Space to Time: Temporal Adverbials in the World's Language*. Munich: LINCOM EUROPA. (LINCOM Studies in Theoretical Linguistics 3)

Haspelmath, M. (1998) Does grammaticalization need reanalysis? *Studies in Language* 22: 315—151.

Haspelmath, M. (1999) Why is grammaticalization irreversible? *Linguistics* 6: 1043—1068.

Haspelmath, M (2004) On directionality in language change with particular reference to grammaticalization. In O. Fischer, M. Norde & H. Perridon (eds.) *Up and Down the Cline: The Nature of Grammaticalization* [*Typological Studies in Language* 59], 17—44. Amsterdam/Philadelphia: John Benjamins

Heine, B. (1992) Grammaticalization Chains. *Studies in Language* 2: 335—368.

Heine, B. (1997) *Cognitive Foundations of Grammar*. Oxford: Oxford University Press.

Heine, B. (2002) On the role of context in grammaticalization. In I. Wischer & G. Diewald (eds.) *New Reflections on Grammaticalization—Proceedings from the*

International Symposium on Grammaticalization, 17－19 *June* 1999, Potsdam Germany [*Typological Studies in Language* 49], 83－101. Amsterdam/Philadelphia: John Benjamins.

Heine, B. (2003) On degrammaticalization. In B. Blake & K. Burridge (eds.) *Historical Linguistics* 2001, 163－79. Amsterdam/Philadelphia: John Benjamins.

Heine, B. (2018) Grammaticalization in Africa: Two contrasting hypotheses. In H. Narrog & B. Heine (eds.) *Grammaticalization from a Typological Perspective*, 16－34. Oxford: Oxford University Press.

Heine, B. & H. Narrog (2010) Grammaticalization and linguistic analysis. In B. Heine & H. Narrog (eds.) *The Oxford Handbook of Linguistic Analysis*, 401－23. Oxford: Oxford University Press.

Heine, B. & M. Reh (1984) *Grammaticaliztion and Reanalysis in African Languages*. Hamburg: Buske.

Heine, B. & T. Kuteva (2002a) On the evolution of grammatical forms. In A. Wray (ed.) *The Transition to Language*, 376－397. Oxford: Oxford University Press.

Heine, B. & T. Kuteva (2002b) *World Lexicon of Grammaticalization*. Cambridge: Cambridge University Press.

Heine, B. & T. Kuteva (2005) *Language Contact and Grammatical Change*. Cambridge: Cambridge University Press.

Heine, B. & T. Kuteva (2007) *The Genesis of Grammar: A Reconstruction*. Oxford: Oxford University Press.

Heine, B., U. Claudi & F. Hünnemeyer (1991a) From cognition to grammar: Evidence from African languages. In E. C. Traugott & B. Heine (eds.) *Approaches to Grammaticalization* (Vol. 1), 149－187. Amsterdam/Philadelphia: John Benjamins.

Heine, B., U. Claudi & F. Hünnemeyer (1991b) *Grammaticalization: A Conceptual Framework*. Chicago/London: The University of Chicago Press.

Himmelmann, N. P. (2004) Lexicalization and grammaticalization: Opposite or orthogonal? In B. Walter, N. P. Himmelmann, & Björn W. (eds.) *What Makes Grammaticalization: A Look from Its Fringes and Its Components*, 19－40. Berlin/New York: Mouton de Gruyter.

Himmelmann, N. P. (2005) Gram, construction, and word class formation. In C. Knobloch & B. Schaeder (eds.) *Wortarten und Grammatikalisierung: Perspektiven in System und Erwerb*, 79－92. Berlin: Mouton de Gruyter.

Hoffmann, S. (2004) Are low-frequency complex prepositions grammaticalized? On the limits of corpus data—and the importance of intuition. In H. Lindquist & C.

Mair (eds.) *Corpus Approaches to Grammaticalization in English*, 171—210. Amsterdam/Philadelphia: John Benjamins.

Holmer, N. M. (1952) *Ethno-linguistic Cuna Dictionary with Indices and References to a Critical and Comparative Cuna Grammar and the Grammatical Sketch in Cuna Chrestomathy*. Goteborg: Ethnografiska Museet. [306]

Hooper, J. B. (1976). Word frequency in lexical diffusion and the source of morphophonological change. In W. M. Christie (ed.) *Current Progress in Historical Linguistics: Proceedings of the Second International Conference on Historical Linguistics*, 96—105. Amsterdam/New York: North-Holland.

Hopper, P. J. (1991) On some principles of grammaticization. In E. C. Traugott & B. Heine (eds.) *Approaches to Grammaticalization* (Vol. 2), 17—35. Amsterdam/Philadelphia: John Benjamins.

Hopper, P. J. (1996) Some recent trends in grammaticalization. *Annual Review of Anthropology* 1: 217—236.

Hopper, P. J. & E. C. Traugott (2003) *Grammaticalization*. Cambridge: Cambridge University Press.

Hopper, P. J. & S. Thompson (1984) The discourse basis for lexical categories in universal grammar. *Language* 60: 703—83.

Hundt, M. (2001) What corpora tell us about the grammaticalization of voice in *get*-constructions. *Studies in Language* 1: 49—87.

Jakobson, R. (1959) Boas' view of grammatical meaning. In R. Jakobson, 1971, *Word and Language: Selected Writings* (Vol. 2), 489—496. The Hague & Paris: Mouton.

Janda, D. R. (2001) Beyond "pathways" and "unidirectionality": on the discontinuity of language transmission and the counterability of grammaticalization. *Language Science* 23: 265—340.

Janzen, T. D. (1995) *The Polygrammaticalization of FINISH in ASL*. MA thesis, University of Manitoba.

Johnson, T. C. (1983) *Phonological Free Variation, Word Frequency, and Lexical Diffusion*. Ph. D. dissertation, University of Washington, Seattle.

Joseph, B. D. (2001) Is there such a thing as "grammaticalization"? *Language Sciences* 23 (Special issue: *Grammaticalization: A Critical Assessment*), 163—186.

Joseph, B. D. (2005) How accommodating of change is grammaticalization? The case of 'lateral shifts'. *Logos and Language* 2: 1—7.

Kastovsky, D. (1982) *Wortbildung und Semantik* [*Studienreihe Englisch* 14]. Düsseldorf: Pädagogischer Verlag Schwann-Bagel GmbH.

Keller, Rudi (1994) *Language Change: The Invisible Hand in Language* (translation of Keller 1990). London: Routledge.

Killie, K. (2008) From locative to durative to focalized? The English progressive and "PROG imperfective Drift". In G. Maurizio, M. Dossena & R. Dury (eds.) *English Historical Linguistics* 2006 (Vol. 1): *Historical Syntax and Morphology. Selected Papers from the Fourteenth International Conference on English Historical Linguistics* (ICEHL 14), Bergamo, 21—25 August 2006, 69—88. Amsterdam/Philadelphia: John Benjamins.

Killie, K. (2015) Secondary grammaticalization and the English adverbial-*ly* suffix. *Language Sciences* 47: 199—214.

Kim, A. & O. Lee (2005) The independence of combinatory semantic processing: Evidence from event-related potentials. *Journal of Memory and Language* 52: 205—225.

Kiparsky, P. (1968) Linguistic universals and linguistic change. In E. Bach & R. T. Harms (eds.) *Universals in Linguistic Theory*, 171—202. New York: Holt, Rinehart and Winston.

Kiparsky, P. (2012) Grammaticalization as optimization. In W. Jonas & A. Garrett (eds.) *Grammatical Change: Origins, Nature, Outcomes*, 15—51. Oxford: Oxford University Press.

Kortmann, B & E. König (1992) Categorial reanalysis: The case of deverbal prepositions. *Linguistics* 30: 671—697.

Krug, M. (1998) String frequency: A cognitive motivating factor in coalescence, language processing and linguistics change. *Journal of English Linguistics* 26: 286—320.

Krug, M. (2000) *Emerging English Modals: A Corpus-based Study of Grammaticalization*. Berlin/New York: Mouton de Gruyter.

Kuperberg, G. R. (2007) Neural mechanisms of language comprehension: Challenges to syntax. *Brain Research* 1146: 23—49.

Kuryłowicz, J. (1976 [1965]) The evolution of grammatical categories. *Diogenes* 51: 55—71. Reprinted in J. Kuryłowicz *Esquisses Linguistiques* (Vol. 2), 38—54. Munich: Fink.

Kuteva, T., B. Hong, H. Long, H. Narrog & S. Rhee (2019) *World Lexicon of Grammaticalization* (2nd edition). Cambridge: Cambridge University Press.

Labov, W. (1994) *Principles of Linguistic Change: Internal Factors*. Oxford: Blackwell.

Langacker, R. W. (1977) Syntactic reanalysis. In C. N. Li (ed.) *Word Order and*

Word Order Change, 57—139. Austin: University of Texas Press.

Langacker, R. W. (2008) *Cognitive Grammar: A Basic Introduction*. Oxford: Oxford University Press.

Lass, R. (1990) How to do things with junk: Exaptation in language evolution. *Journal of Linguistics* 1: 79—102.

Lass, R. (1992) Phonology and Morphology. In N. Blake (ed.) *The Cambridge History of the English Language* (Vol. 2), 23—155. Cambridge: Cambridge University Press.

Lass, R. (1997) *Historical Linguistics and Language Change*. Cambridge: Cambridge University Press.

Lehmann, C. (1982) *Thoughts on Grammaticalization: A Programmatic Sketch* (Vol. 1). Cologne: Universität Zu Köln, Institut für Sprachwissenschaft.

Lehmann, C. (1985) Grammaticalization: Synchronic variation and diachronic change. *Lingua e Stile* 20: 303—318.

Lehmann, C. (1988) Towards a typology of clause linkage. In J. Haiman & S. A. Thompson (eds.) *Clause Combining in Grammar and Discourse*, 181—225. Amsterdam/Philadelphia: John Benjamins.

Lehmann, C. (1989) Grammatikalisierung und Lexikalisierung. Zeitschrift für Phonetik, *Sprachwissenschaft und Kommunikationsforschung* 42: 11—19.

Lehmann, C. (1993) Theoretical implications of processes of grammaticalization. In W. A. Foley (ed.) *The Role of Theory in Language Description*, 315—340. Berlin: Mouton de Gruyter.

Lehmann, C. (1995[1982]) *Thoughts on Grammaticalization*. Munich: Lincom Europa.

Lehmann, C. (2002a) *Thoughts on Grammaticalization* (2nd edition). Erfurt: Seminar für Sprachwissenschaft der Universität.

Lehmann, C. (2002b) New reflections on grammaticalization and lexicalization. In I. Wischer & G. Diewald (eds.) *New Reflections on Grammaticalization: Proceedings from the International Symposium on Grammaticalization*, 17—19 June 1999, Potsdam, Germany [*Typological Studies in Language* 49], 1—18. Amsterdam/Philadelphia: John Benjamins.

Lehmann, C. (2004) Theory and method in grammaticalization. *Zeitschrift für Germanistische Linguistik* 32(2): 152—187.

Lehmann, C. (2015) *Thoughts on Grammaticaliation* (3rd edition). Berlin: Language Sience Press.

Li, C. N. & S. A. Thompson (1977) A mechanism for the development of copula morphemes. In C. N. Li (ed.) *Mechanisms of Syntactic Change*, 419—444. Austin: University of Texas Press.

Lindström, T. Å. M. (2004) *The History of the Concept of Grammaticalization*. Ph. D. dissertation, University of Sheffield.

Lipka, L. (2002[1990]) *An Outline of English Lexicology: Lexical Structure, Word Semantics & Word-Formation* (3rd revised edition). Tübingen: Max Niemeyer Verlag.

Lord, C. (1973) Serial verbs in transition. *Studies in African Linguistics* 3: 269—296.

Lord, C. (1982) The development of object markers in serial verb languages. In P. J. Hopper & S. A. Thompson(eds.) *Studies in Transitivity* [*Syntax and Semantics* 15], 277—300. London: Academic Press.

Lyons, J. (1977) *Semantics*. 2 vols. Cambridge: Cambridge University Press.

Matthiessen, C. & S. A. Thompson (1988) The structure of discourse and "Subordination". In J. Haiman & S. A. Thompson (eds.) *Clause Combining in Grammar and Discourse*, 275—333. Amsterdam/Philadelphia: John Benjimins.

Mauri, C. & A. Sansò (2014) Pathways to conditionality. *Archivio Glottologico Italiano* 99 (1): 97—121.

Meillet, A. (1958[1912]) L'évolution des forms grammaticales. In A. Meillet *Linguistique Historique et Linguistique Générale*, 130—148. Paris: Champion. (Originally published in Scientia (Rivista Discienza) XXII, 1912.)

Mel'čuk, I. A. (1976) On suppletion. *Linguistics* 170: 45—90.

Metslang, H., K. Habicht & K. Pajusalu (2017) Where do polar questions come from? *Sprachtypologie und Universalienforschung* (STUF) 3: 489—521.

Michaelis, S. M. & M. Haspelmath (2015) Grammaticalization in creole languages: Accelerated functionalization and semantic imitation. Paper presented at the symposium on "Areal patterns of grammaticalization and cross-linguistic variation in grammaticalizaiton scenarios", Mainz, 12—14 Mar.

Michel, S. (2015) Word-formation and folk etymology. In P. O. Müller, I. Ohnheiser, S. Olsen & F. Rainer (eds.) *Word-formation: An International Handbook of the Languages of Europe* (Vol. 1), 1002—1019. Berlin: De Gruyter Mouton.

Milroy, J. (1992) *Linguistic Variation and Change: On the Historical Sociolinguistics of English*. Oxford: Blackwell.

Moder, C. L. (2007) Mechanisms of Change in Grammaticalization. In J. L. Bybee (ed.) *Frequency of Use and the Organization of Language*, 127—147. Oxford: Oxford University Press.

Moreno Cabrera, J. (1998) On the relationship between grammaticalization and lexicalization. In Anna Ramat, G. & P. J. Hopper (eds.) *The Limits of Grammaticalization*, 211−227. Amsterdam/Philadelphia: John Benjamins.

Nagaraja, K. S. (1985) *Khasi: A Descriptive Analysis*. Poona: Deccan College Postgraduate Research Institute.

Narrog, H. (2005) Modality, mood, and change of modal meanings: A new perspective. *Cognitive Linguistics* 4: 677−731.

Narrog, H. (2007) Exaptation, grammaticalization, and reanalysis. *California Linguistic Notes* XXXII (1) (Winter).

Narrog, H. (2012) *Modality, Subjectivity, and Semantic Change: A Cross-linguistic Perspective*. Oxford: Oxford University Press.

Narrog, H. (2016) Exaptation in Japanese and beyond. In M. Norde & F. Van de Velde(eds.) *Exaptation and Language Change*, 93−120. Amsterdam/Philadelphia: John Benjamins.

Narrog, H. (2017) Typology and grammaticalization. In A. Y. Aikhenvald & R. M. W. Dixon (eds.) *The Handbook of Linguistic Typology*, 151−177. Cambridge: Cambridge University Press.

Narrog, H. & B. Heine (2018) Introduction: Typology and grammaticalization. In H. Narrog & B. Heine (eds.) *Grammaticalization from a Typological Perspective*, 1−15. Oxford: Oxford University Press.

Narrog, H. & T. Ohori (2011) Grammaticalization in Japanese. In H. Narrog & B. Heine (eds.) *The Oxford Handbook of Grammaticalization*, 775−785. Oxford: Oxford University Press.

Neels, J. (2020) Lifespan change in grammaticalization as frequency-sensitive automation: William Faulkner & the *let alone* construction. *Cognitive Linguistics* 2: 339−365.

Newmeyer, F. J. (1998) *Language Form and Language Function*. Cambridge, MA: MIT Press.

Newmeyer, F. J. (2001) Deconstructing grammaticalization. *Language Sciences* 23 (Special issue: *Grammaticalization: A Critical Assessment*), 187−229.

Núñez-Pertejo, P. N. (2004) Some developments in the semantics of the English progressive from Old English to Early Modern English. *Revista Estudios Ingleses* 17: 6−39.

Noël, D. (2007) Diachronic construction grammar and grammaticalization theory. *Functions of Language* 2: 177−202.

Norde, M. (2001) Deflexion as a counter directional factor in grammatical change.

Language Sciences 23(2—3): 231—264.

Norde, M. (2002) The final stages of grammaticalization: affixhood and beyond. In I. Wischer & G. Diewald(eds.) *New Reflections on Grammaticalization*, 45—65. Amsterdam/Philadelphia: John Benjamins.

Norde, M. (2009) *Degrammaticalization*. Oxford: Oxford University Press.

Norde, M. (2010) Degrammaticalization: Three common controversies. In K. Stathi, E. Gehweiler & E. König (eds.) *Grammaticalization: Current Views and Issues*, 123—150. Amsterdam/Philadelphia: John Benjamins.

Norde, M. (2011) Degramaticalization. In B. Heine & H. Narrog (eds.) *The Oxford Handbook of Grammaticalization*, 476—487. Oxford: Oxford University Press.

Norde, M. (2012) Lehmann's parameters revisited. In K. Davidse, T. Breban, L. Brems & T. Mortelmans (eds.) *Grammaticalization and Language Change: New Reflections*, 73—110. Amsterdam/Philadelphia: John Benjamins.

Norde, M. & F. van de Velde (2016) *Exaptation and Language Change*. Amsterdam/Philadelphia: John Benjiamins.

Norde, M. & K. Beijering (2013) A clustering approach to secondary grammaticalization. Paper presented at ICHL21: International conference on historical linguistics, Oslo. 5—9 August 2013.

Olschansky, H. (1996) *Volksetymologie*. Tübingen: Niemeyer.

Pagliuca, W. & R. Mowrey (1987). Articulatory evolution. In A. G. Ramat, O. Carruba & G. Bernini (eds.) *Papers from the 7th International Conference on Historical Linguistics*, 459—72. Amsterdam/Philadelphia: John Benjamins.

Peng, R. (2012) Critical frequency as an independent variable in grammaticalization. *Studies in Language* 2: 45—381.

Peng, R. (2013) A diachronic construction grammar account of the Chinese cause-complement pivotal construction. *Language Sciences* 40: 53—79.

Peng, R. (2014) The diachronic development of *zaishuo* in Chinese: A case of poly-grammaticalization chains. *Journal of Chinese Linguistics* 2: 351—386.

Peng, R. (2016) The integration of exemplars and prior knowledge in the extension of schematic constructions: Evidence from Chinese emerge-hide construction. *Language Sciences* 56: 1—29.

Peng, R. (2020) Semantic dilution in the extension of complex and schematic constructions: Evidence from Chinese status-change construction, *Lingua* 9: 1—20.

Petré, P. (2015) Grammaticalizaiton by changing co-text frequencies, or why [BE Ving] became the progresive. *English Language and Linguistics* 1: 31—54.

Peyraube, A. (2017) Syntactico-seantic change in Chinese: Processes of analogy, reanalysis, external borrowing. In G. Peng & F. Wang (eds.) *New Horizons in Evolutionary Linguistics* [*Journal of Chinese Linguistics Monograph* Series 27], 191—221. Hong Kong: Chinese University Press.

Pinker, S. (1989) *Learnability and Cognition: The Acquisition of Argument Structure*. Cambridge, MA: MIT Press.

Pérez, A. (1990) Time in motion: Grammaticalisation of the *be going to* construction in English. *La Trobe University Working Papers in Linguistics* 3: 49—64.

Quirk, R., S. Greenbaum, G. Leech & J. Svartvik (1972) *A Grammar of Contemporary English*. London: Longman.

Ramat, A. G. (1998) Testing the boundaries of grammaticalization. In A. G. Ramat & P. J. Hopper (eds.) *The Limits of Grammaticalization*, 107—127. Amsterdam/Philadelphia: John Benjamins.

Ramat, P. (1992) Thoughts on degrammaticalization. *Linguistics* 30: 549—560.

Ramat, P. (2001) Degrammaticalization of transcategorization? In C. Schaner-Wolles, J. R. Rennison & F. Neubarth (eds.) *Naturally! Linguistic Studies in Honour of Wolfgang Ulrich Dressler Presented on the Occasion of His 60th Birthday*, 393—401. Torino: Rosenbach and Sellier.

Ravid, D. D. (1995) *Language Change in Child and Adult Hebrews: A psycholinguistic Perspective*. Oxford: Oxford University Press.

Rhee, S. (2011) Grammaticalization in Korean. In H. Narrog & H. Bernd (eds.) *The Oxford Handbook of Grammaticalization*, 764—74. Oxford: Oxford University Press.

Rostila, J. (2006) Storage as a way to grammaticalization. *Constructions* 1. http://elanguage.net/journals/constructions/article/view/3070, accessed on 2025—02—21.

Schiering, R. (2006) *Cliticization and the Evolution of Morphology: A Cross-linguistic Study on Phonology in Grammaticalization*. Konstanz: Konstanzer Online-Publikations-System, Bibliothek der Universität Konstanz. www.ub.uni-konstanz.de/kops/volltexte/2006/1872/ , accessed on 2025—02—21.

Schiering, R. (2007) The phonological basis of linguistic rhythm: Cross-linguistic data and diachronic interpretation. *Sprachtypologie und Universalienforschung* (STUF) 4: 337—359.

Schiering, R. (2010) Reconsidering erosion in grammaticalization. In K. Stathi, E. Gehweiler & E. König (eds.) *Grammaticalization: Current Views and Issues* [*Studies in language companion* series 119], 73—100. Amsterdam/Philadelphia: John Benjamins.

Schilling-Estes, N. & W. Wolfram (1994) Convergent explanation and alternative regularization patterns: "were/weren't" leveling in a vernacular English variety. *Language Variation and Change* 3: 273—302.

Scholfield, P. (1988) Documenting folk etymological change in progress. *English Studies* 69: 341—347.

Siewierska, A. (1999) From anaphoric pronoun to grammatical agreement marker: Why objects don't make it. *Folia Linguistica* 1—2: 225—250.

Siewierska, A. (2004) *Person*. Cambridge: Cambridge University Press.

Smith, J. C. (2006) How to do things without junk: The refunctionalization of a pronominal subsystem between Latin and Romance. In J. P. Montreuil (ed.) *New Perspectives on Romance Linguistics* (Vol. 2): *Phonetics, Phonology and Dialectology* [*Current Issues in Linguistic Theory* 276], 183—205. Amsterdam & Philadelphia: John Benjamins.

Smith, J. C. (2011) Change and continuity in form-function relationships. In J. M. Martin, C. Smith & A. Ledgeway (eds.) *A Cambridge History of the Romance Languages* (Vol. 1): *Structures*, 28—316. Cambridge: Cambridge University Press.

Sohn. S. O. (2002) The grammaticalization of honorific particle in Korean. In I. Wischer & G. Diewald (eds.) *New Reflections on Grammaticalization—Proceedings from the International Symposium on Grammaticalizatio*, 17—19 June 1999, *Potsdam Germany* [*Typological Studies in Language* 49], 309—325. Amsterdam/Philadelphia: John Benjamins.

Svorou, S. (1993) *The Grammar of Space*. Amsterdam/Philadelphia: John Benjamins.

Sweetser, E. (1990) *From Etymology to Pragmatics: Metaphorical and Cultural Aspects of Semantic Structure*. Cambridge: Cambridge University Press.

Tabor, W. & E. C. Traugott (1998) Structural scope expansion and grammaticalization. In A. G. Ramat & P. J. Hopper (eds.) *The Limits of Grammaticalization* [*Typological Studies in Language* 37], 229—272. Amsterdam/Philadelphia: John Benjamins.

Talmy, L. (1985) Lexicalization patterns: Semantic structure in lexical forms. In T. Shipen (ed.) *Language Typology and Syntactic Description* (Vol. 3): *Grammatical Categories and the Lexicon*, 57—149. Cambridge: Cambridge University Press.

Talmy, L. (2000) *Toward a Cognitive Semantics* (2 vols.). Cambridge, Massachusetts: MIT Press.

Temsen, G. M. & A. Koshy (2011) Causativization in Khasi: Syntactic and semantic issues. *Interdisciplinary Journal of Linguistics* 4: 243—56.

Tomasello, M. (2003) *Constructing Language: A Usage-based Theory of Language Acquisition*. Cambridge, MA: Harvard University Press.

Traugott, E. C. (1988) Pragmatic strengthening and grammaticalization. In S. Axmaker, A. Jaisser & H. Singmaster (eds.) *Berkeley Linguistics Society* 14: *General Session and Parassession on Grammaticalization*, 406—416. Berkeley, CA: Berkeley Linguistics Society.

Traugott, E. C. (2001) Legitimate counterexamples to unidirectionality. Paper presented at Freiburg University, October 17th, 2001.

Traugott, E. C. (2002) From etymology to historical pragmatics. In D. Minkova & R. Stockwell (eds.) *Studies in the History of the English Language*, 19—49. Berlin/New York: Mouton de Gruyter.

Traugott, E. C. (2004) Exaptation and grammaticalization. In M. Akimoto (ed.) *Linguistic Studies Based on Corpora*, 133—156. Tokyo: Hituzi Syobo Publishing Company.

Traugott, E. C. (2008a) Grammaticalization, constructions and the incremental development of language: Suggestions from the development of degree modifiers in English. In R. Eckardt, G. Jäger & T. Veenstra(eds.) *Variation, Selection, Development: Probing the Evolutionary Model of Language Change*, 219—250. Berlin/New York: Mouton de Gruyter.

Traugott, E. C. (2008b) The grammaticalization of *NP of NP* constructions. In A. Bergs & G. Diewald (eds.) *Constructions and Language Change*, 21—43. Berlin/New York: Mouton de Gruyter.

Traugott, E. C. (2010) Grammaticalization. In S. Luraghi & V. Bubenik (eds.) *Continuum Companion to Historical Linguistics*, 269—283. London: Continuum Press.

Traugott, E. C. (2011) Grammaticalization and mechanisms of change. In B. Heine & H. Narrog (eds.) *The Oxford Handbook of Grammaticalization*, 19—30. Oxford: Oxford University Press.

Traugott, E. C. (2012a) The status of onset contexts in analysis of micro-changes. In M. Kytö (ed.) *English Corpus Linguistics: Crossing Paths*, 221—255. Amsterdam: Rodopi.

Traugott, E. C. (2012b) On the persistence of ambiguous linguistic contexts over time: Implications for corpus research on micro-changes. In M. Huber & J. Mukherjee (eds.) *Corpus Linguistics and Variation in English: Theory and*

Description, 231—246. Amsterdam: Rodopi.

Traugott, E. C. (2015) Toward a coherent account of grammatical constructionalization. In J. Barðdal, E. Smirnova, L. Sommerer & S. Gildea (eds.) *Diachronic Construction Grammar*, 51—79. Amsterdam/Philadelphia: John Benjamins.

Traugott, E. C. & B. Heine (eds.) (1991) *Approaches to Grammaticalization*, 2 vols. Amsterdam/Philadelphia: John Benjamins.

Traugott, E. C. & E. König (1991) The semantics-pragmatics of grammaticalization revisited. In E. C. Traugott & B. Heine (eds.) *Approaches to Grammaticalization* (Vol. 1): *Focus on Theoretical and Methodological Issues*, 189—218. Amsterdam/Philadelphia: John Benjamins.

Traugott, E. C. & G. Trousdale (2013) *Constructionalization and Constructional Changes*. Oxford: Oxford University Press.

Traugott, E. C. & R. B. Dasher (2002) *Regularity in Semantic Change*. Cambridge: Cambridge University Press.

Trousdale, G. (2008a) Constructions in grammaticalization and lexicalization: Evidence from the history of a composite predicate construction in English. In G. Trousdale & N. Gisborne (eds.) *Constructional Approaches to English Grammar*, 34—64. Berlin/ New York: Mouton de Gruyter.

Trousdale, G. (2008b) Words and constructions in grammaticalization: The end of the English impersonal construction. In S. M. Fitzmaurice & D. Minkova (eds.) *Empirical and Analytical Advances in the Study of English Language Change*, 301—326. Berlin/ New York: Mouton de Gruyter.

Trousdale, G. (2010) Issues in constructional approaches to grammaticalization. In K. Stathi, E. Gehweiler & E. König (eds.) *Grammaticalization: Current Views and Issues* [studies in language companion series], 51—71. Amsterdam/ Philadelphia: John Benjamins.

Trousdale, G. (2012) Grammaticalization, constructions, and the grammaticalization of constructions. In K. Davidse, T. Breban, L. Brems & T. Mortelmans (eds.) *Grammaticalization and Language Change: New Reflections*, 167—198. Amsterdam/Philadelphia: John Benjamins.

Untermann, J. (1975) Etymologie und wortgeschichte. In H. Seiler (ed.) *Linguistic Workshop III. Arbeiten des Kölner Universalienprojekts* 1974, 93 — 116. München: Fink (Structura, 9).

Valdivia, L. (1943) *Los Textos Millcayac del P. Luis de Valdivia con Vocabulario Español-Allentiac-Millcayac por Fernando Marquez Miranda*. La Plata: Universidad de La Plata.

Vanhove, M. (2020) Grammaticalization in Cushitic, with special reference to Beja. In W. Bisang & A. Malchukov (eds.) *Grammaticalization Scenarios: Cross-linguistic Variation and Universal Tendencies* (Vol. 2), 659—693. Mouton: De Druyter.

Van de Velde F. (2018) Iterated Exaptation. In G. Booij (eds.) *The Construction of Words* [*Studies in morphology* 4], 519—544. Springer, Cham.

Van de Velde, F. & M. Norde. (2016) Exaptation: Taking stock of a controversial notion in linguistics. In M. Norde, & F. Van de Velde (eds.) *Exaptation and Language Change*, 1—35. Amsterdam/Philadelphia: John Benjamins.

van der Auwera, J. (2002) More thoughts on degrammaticalization. In I. Wischer & G. Diewald (eds.) *New Reflections on Grammaticalization: Proceedings from the International Symposium on Grammaticalization*, 19—29. Amsterdam/Philadelphia: John Benjamins.

Vincent, N. (1980) Iconic and symbolic aspects of syntax: Prospects for reconstruction. In P. Ramat, O. Carruba, A. G. Ramat & G. Graffi (eds.) *Linguistic Reconstruction and Indo-European Syntax: Proceedings of the Colloquium of the "Indogermanische Gesellschaft", University of Pavia, 6—7 September 1979*, 47—68. Amsterdam/Philadelphia: John Benjamins.

von der Gabelentz, G. (1969[1901]) *Die Sprachwissenschaft: Ihre Aufgaben, Methoden und bisherigen Ergebnisse*, Nachdruck der 2. Auflage von 1901 [*Tübinger Beiträge zur Linguistik* 1]. Tübingen: Vogt.

von Mengden, F. (2008) The modules of grammatical change. Paper presented at New Reflections on Grammaticalization 4, Leuven, July 16th—19th, 2008.

Wiemer, B. (2004) The evolution of passives as grammatical constructions in Northern Slavic and Baltic languages. In W. Bisang, N. P. Himmelmann & B. Wiemer (eds.) *What Makes Grammaticalization? A Look from Its Fringes and Its Components*, 271—332. Berlin/New York: De Gruyter Mouton.

Wilkins, D. P. (1981) *Towards a Theory of Semantic Change*. Honors thesis, Australian National University.

Wilkins, D. P. (1989) *Mparntwe Arrernte (Aranda): Studies in the structure and semantics of grammar*. Ph. D. dissertation, Australian National University, Canberra.

Wilkins, D. P. (1996) Natural tendencies of semantic change and the search for cognates. In M. Durie & M. Ross (eds.) *The Comparative Method Reviewed*, 264—304. New York: Oxford University Press.

Willis, D. (2007) Syntactic lexicalization as a new type of degrammaticalization. *Linguistics 2：271—310.

Willis，D.（2010）Degrammaticalization and obsolescent morphology：Evidence from Slavonic. In K. Stathi, E. Gehweiler & E. König（eds.）*Grammaticalization：Current Views and Issues*，151—177. Amsterdam/Philadelphia：John Benjamins.

Willis，D.（2016）Exaptation and degrammaticalization within an acquisition-based model of abductive reanalysis. In M. Norde & F. Van de Velde（eds.）*Exaptation and Language Change*，197—225. Amsterdam/Philadelphia：John Benjamins.

Willis，D.（2017）Degrammaticalization. In A. Ledgeway & I. Roberts（eds.）*The Cambridge Handbook of Historical Syntax*，28—48. Cambridge：Cambridge University Press.

Winer，L.（1992）Folk etymology in Trinidad and Tobago lexicography. In J. H. Hall（ed.）*Old English and New：Studies in Language and Linguistics in Honor of Frederic G. Cassidy*，238—253. New York/London：Garland Publishing Inc.

Wischer，I.（2000）Grammaticalization versus lexicalization："methinks" there is some confusion. In O. Fischer, A. Rosenbach & D. Stein（eds.）*Pathway of Change：Grammaticalization in English* [*Studies in Language*, Companion Series 53]，355—370. Amsterdam/Philadelphia：John Benjamins.

Wischer，I.（2010）Sekretion und Exaptation als Mechanismen in der Wortbildung und Grammatik. In R. Harnisch（ed.）*Prozesse Sprachlicher Verstärkung：Typen Formaler Resegmentierung und Semantischer Remotivierung*，29—40. Berlin/New York：Mouton de Gruyter.

Ziegeler，D.（2000）*Hypothetical Modality：Grammaticalization in an L2 Dialect*. Amsterdam/Philadelphia：John Benjamins.

Zurif，E., D. Swinney & M. Garrett（1990）Lexical processing and syntactic comprehension in aphasia. In A. Caramazza（ed.）*Neuropsychology and Neurolinguistics*，123—136. Hillsdale, NJ：Erlbaum.

曹广顺（1986）《祖堂集》中的"底（地）""却（了）""着"，《中国语文》，第3期，192—203页。

曹广顺（1994）说助词"个"，《古汉语研究》，第4期，28—32页。

曹广顺（2000）试论汉语动态助词的形成过程，《汉语史研究集刊》，第2辑，74—89页。

曹广顺（2014[1995]）《近代汉语助词》，北京：商务印书馆。

曹茜蕾（2007）汉语方言的处置标记的类型，《语言学论丛》，第36辑，184—209页。

陈宝勤（1998）"也""亦"兴亡探析，《学术研究》，第 4 期，85－88 页。
陈鹏飞（2005）林州方言"了"的语音变体及其语义分工，《南开语言学刊》，第 5 辑，76－80 页。
陈鹏飞（2007）组合功能变化与"了"语法化的语音表现，《河南社会科学》，第 2 期，138－140 页。
陈前瑞（2003）《汉语体貌系统研究》，博士学位论文，华中师范大学。
陈前瑞（2009）"着"兼表持续与完成用法的发展，载吴福祥、崔希亮主编《语法化与语法研究》(四)，1－22 页，北京：商务印书馆。
储一鸣（2016）"也"类同作用的获得与语用占位，《贵州大学学报》（社会科学版），第 2 期，260－266 页。
储一鸣（2018）汉语副词"也"的历时与共时考察，博士论文，华中师范大学。
丁声树（1961）《现代汉语语法讲话》，北京：商务印书馆。
董秀芳（2008）汉语动转名的无标记性汉语语法化模式的关联，《历史语言学研究》，第 1 辑，191－200 页。
董秀芳（2011）《词汇化：汉语双音节词的衍生和发展》(修订版)，北京：商务印书馆。
贺　阳（2008）《现代汉语欧化语法现象研究》，北京：商务印书馆。
洪　波、董正存（2004）"非 X 不可"格式的历史演化和语法化，《中国语文》，第 3 期，253－261 页。
胡斌彬、俞理明（2010）"再说"的词汇化和语法化，《西华师范大学学报》（哲学社会科学版），第 2 期，33－37 页。
胡晓萍、史金生（2007）"连"类介词的语法化，载沈家煊、吴福祥和李宗江主编《语法化与语法研究》(三)，65－85 页，北京：商务印书馆。
胡　亚（2022）构式语法与语法化理论的交汇，《语言教学与研究》，第 4 期，31－43 页。
江蓝生（2003）时间词"时"和"後"的语法化，载吴福祥、洪波主编《语法化与语法研究》(一)，181－201 页，北京：商务印书馆。
蒋绍愚（2002）"给"字句、"教"字句表被动的来源，《语言学论丛》，第 26 辑，159－177 页，北京：商务印书馆。
蒋绍愚（2019）也谈文言和白话，《清华大学学报》（哲学社会科学版），第 2 期，1－13 页。
蒋绍愚、曹广顺主编（2005）《近代汉语语法史研究综述》，北京：商务印书馆。
李　蓝、曹茜蕾（2013a）汉语方言中的处置式和"把"字句（上），《方言》，第 1 期，11－30 页。
李　蓝、曹茜蕾（2013b）汉语方言中的处置式和"把"字句（下），《方言》，第 2 期，97－110 页。

李临定（1986）《现代汉语句型》，北京：商务印书馆。

李小军（2011）虚词衍生过程中的语音弱化——以汉语语气词为例，《语言科学》，第 4 期，353－364 页。

李小军（2016）《汉语语法化演变中的音变及音义互动关系》，北京：中国社会科学出版社。

李宗江（1997）"也"的来源及其对"亦"的历时替换，《语言研究》，第 2 期，60－67 页。

刘红妮（2019）《汉语跨层结构的词汇化研究》，上海：学林出版社。

刘　坚（1989）试论"和"字的发展——附论"共"字和"连"字，《中国语文》，第 6 期，447－453 页。

刘世儒（1965）《魏晋南北朝量词研究》，北京：中华书局。

龙国富（2013）"越来越……"构式的语法化——从语法化的视角看语法构式的显现，《中国语文》，第 1 期：25－34 页。

陆俭明（1985）说"也"，载陆俭明、马真著《汉语虚词散论》，22－23 页。北京：北京大学出版社。

罗耀华、周晨磊（2013）"抑"的去语法化，《语言教学与研究》，第 4 期，83－90 页。

孟繁杰、李如龙（2010）量词"张"的产生及其历史演变，《中国语文》，第 5 期，469－476 页。

裴学海（1954）《古书虚字集释》，北京：北京大学出版社。

彭　睿（2008）"临界环境－语法化项"关系刍议，《语言科学》，第 3 期，278－290 页。

彭　睿（2009a）语法化"扩展"效应及其相关理论问题，《汉语学报》，第 1 期，50－64 页。

彭　睿（2009b）共时关系和历时轨迹的对应——以动态助词"过"的演变为例，《中国语文》，第 3 期，212－224 页。

彭　睿（2011a）框架、常项和层次——非结构语法化机制再探，《当代语言学》，第 4 期，321－335 页。

彭　睿（2011b）临界频率和非临界频率——频率和语法化关系的重新审视，《中国语文》，第 1 期，3－18 页。

彭　睿（2016）语法化·历时构式语法·构式化——历时形态句法理论方法的演进，《语言教学与研究》，第 2 期，14－29 页。

彭　睿（2017）同构项变化的方式及其在语法化中的作用，《语言科学》，第 2 期，142－157 页。

彭　睿（2018）语境吸收刍议，载《语言学研究的多元视野——庆祝史有为教授八十华诞文集》，64－73 页，北京：商务印书馆。

彭　睿（2019）"着"语法化的重新审视，《语言科学》，第 3 期，236－249 页。

彭　睿（2020）《语法化理论的汉语视角》，北京：北京大学出版社。
彭　睿（2022）汉语估评句的产生方式—兼谈图式型构式的来源和形成机制，《汉语学报》，第 2 期，77－90 页。
史秀菊（2019）山西绛县方言处置式标记"眊"的语法化，载吴福祥、吴早生主编《语法化与语法研究》（九），346－360 页。北京：商务印书馆。
史有为（2000）《汉语外来词》，北京：商务印书馆。
宋金兰（1993）甘青汉语选择问句的特点，《民族语文》，第 1 期，32－36 页。
[日] 太田辰夫（1987[1958]）《中国语历史文法》，蒋绍愚、徐昌华译，北京：北京大学出版社。
田范芬（2004）连词"以及"的历史来源，《古汉语研究》，第 1 期，54－57 页。
王　力（2013）《汉语史稿》（《王力全集》第一卷），北京：中华书局。
吴福祥（2005）汉语语法化演变的几个类型学特征，《中国语文》，第 6 期，483－494 页。
萧　红（1999）再论"也"对"亦"历时替换的原因，《湖北大学学报》（哲学社会科学版），第 1 期，64－67 页。
杨荣祥（2000）近代汉语中类同副词"亦"的衰落与"也"的兴起，《中国语文》，第 1 期，57－64 页。
杨锡彭（2007）《汉语外来词研究》，上海：上海人民出版社。
杨永龙（2001）《〈朱子语类〉完成体研究》，开封：河南大学出版社。
杨永龙（2011）试说"连 X＋都 VP"构式的语法化，载吴福祥、张谊生主编《语法化与语法研究》（五），369－391 页。北京：商务印书馆。
姚双云（2010）连词"结果"的语法化及其语义类型，《古汉语研究》，第 2 期，61－66 页。
俞光中、植田均（1999）《近代汉语语法研究》，上海：学林出版社。
张金圈、刘清平（2011）句法位置对短语词汇化和语法化的制约——以"再说"的词汇化和语法化为例，《齐鲁学刊》，第 1 期，135－139 页。
张立昌、秦洪武（2011）逆语法化研究——试论古代汉语句中语气词"也"演变的过程、条件及动因，《宁夏大学学报》（人文社会科学版），第 5 期，39－46 页。
张绍麒（2000）《汉语流俗词源研究》，北京：语文出版社。
张双棣、殷国光主编（2014）《古代汉语词典》（第 2 版），北京：商务印书馆。
张万起（1998）量词"枚"的产生及其历史演变，《中国语文》，第 3 期，208－217 页。
张谊生（2001）说"的话"，《现代中国语研究》，第 2 期，70－81 页。
张谊生（2003）从量词到助词——量词"个"语法化过程的个案分析，《当代语言学》，第 3 期，193－205 页。
张谊生（2007）从间接的跨层连用到典型的程度副词——"极其"词汇化和副词化的演化历程和成熟标志，《古汉语研究》，第 4 期，64－70 页。

赵元任（1968）*A Grammar of Spoken Chinese*. 中译本：《中国话的文法》，丁邦新译，《中国现代学术经典·赵元任卷》，1996，石家庄：河北教育出版社。

周毕吉（2008）"结果"的语法化历程及语用特点，《汉语学习》，第6期，65—72页。

周　洋（2015）汉语口语中的置换假设标记——试论"搁"、"叫"、"换"类词语的语法化趋势，《语言科学》，第2期，141—155页。

后　记

过去数十年里,语法化理论陆续地被译介到汉语学界,但完整性不足,内容较为碎片化,而且缺乏脉络梳理,也没有经过精细剖解和详尽分析,学习者要准确领会其要义并非易事。我大约十多年前开始琢磨如何为语法化理论的系统引进尽一点力,却因忙于其他研究课题而未能付诸行动。2020年上半年拙作《语法化理论的汉语视角》在北京大学出版社出版,这项工作才算是迈出了一小步。如书名所示,《语法化理论的汉语视角》的最大特色,是汉语事实和语法化理论之间的双向检视。用其前言里的话讲,这本书"一方面从普遍规律看汉语,另一方面又从汉语反观普遍规律",为的是让汉语研究"参与理论建构"。就是说,这本书尽管也花了不小篇幅介绍和诠释理论知识,但并未以此为最主要目标,所以只能算语法化理论系统引进的一个铺垫。这本书上市以后,责任编辑宋思佳先生来信说,读者的反响很不错,他建议我不妨借着这个势头,从教学或学术普及的角度来写作一本新书,以进一步满足广大读者的需求。这一建议和我系统引进语法化理论的想法十分契合,我于是欣然应允。我希望能借此新书进一步激发汉语读者们对语法化的兴趣,吸引更多同道中人来关注语法化理论,投身于这一领域的研究。

我从2020年下半年开始具体构思新书的框架和内容,2021年上半年动笔后,写写停停,到2022年中完成第一稿,之后又断断续续打磨了一年多时间。构思的时候我就确定,将以《语法化理论解析》作为书名,而且这本新书应该具有双重属性——新书把语法化理论相对完整地呈现给读者,引导他们理解其难点、要旨,故而具有教材性质;同时新书也向读者分享我学习语法化论的心得体会，在每个重大课题上都提出我自己的立场和思路，当然也没有离开专著范畴。语法化理论博大精深，既有源远流长的研究传统，也有繁杂多样的学术理念。要在一本书里把这些内容都有条理地包括进来，本就是难事一桩，再要让这本书具备双重属性，就更费气力了。因此，新书采取了两个策略。第一个策略是"经纬相错"，就是以核心理论课题为"经"，以代表性流派方法为"纬"，把语法化研究最主要的理论成果合理地串联起来。第二个策略姑且称为"疏引协调"。有别于通常意义上的译介，所谓"疏引协调"，不是简单地把理论从其他语言载体"搬运"到汉语里，而是利用跨语言语料对它们进行溯源解义和整合优化。"溯源"当然是细究不同流派的来龙去脉，"解义"则是详论各种方法的得失利弊，尽述各种观念的初衷假定，以让读者领会理论的所以然。"整合"可以理解为不拘泥于一派之见，而是兼顾众说之长。"优化"的目的再清楚不过了，就是拿出解决理论争议的更合理方案来。

新书的构思和写作期间我参加了不少学术活动，其中的几个成了我检测新书内容和写作方向的好机会。举个例子，2020 年年底，刘利教授的两位高足朱光鑫博士和孙雅平博士（二位当时都是在读博士生）牵线搭桥，请我为北京师范大学文学院硕博士生及高年级本科生举行线上系列讲座。讲座题目是"语法化基础理论"，总共八场，内容就是我为《语法化理论解析》这本新书拟定的主要章节。系列讲座很成功，吸引了一大批同行及年轻学子的参与。虽是线上交流，我仍感受到了同行及学子们对语法化理论的关注和兴趣，他们的疑问和反馈让我对新书的章节安排、内容取舍及呈现方式等有了新的灵感。再后来我又获邀先后给中国人民大学、华中科技大学等高校师生分享自己的语法化理论学习心得和研究成果，也借着和师生们的互动再一次对新书内容进行了细致审视。从这个意义上讲，《语法化理论解析》这本新书的背后，有朱博士、孙博士以及众多其他同行、年轻学子的贡献。

从主题和视角上看，目前尚未见与《语法化理论解析》类同的汉语书籍。这本书的读者是广泛的，既可以是初涉语法化理论的新人，也可以是在这一领域已有建树的研究者。尽管这本书不以介绍语法化理论的入门知识为目的，但初学者可以从中了解语法化理论的发展脉络和趋势，这对他们以后深入领会语法化原理和规律大有裨益。对于那些已有一定理论基础或具备了相当研究经验的同行来说，这本书里语法化理论的系统引进以及"经纬相错"和"疏引协调"的策略，能够帮助他们拓宽理论视野及提升理论思辨能力。当然，我深知自己学识见地及研究功力都十分有限，所以《语法化理论解析》这本书理论诠释上的谬误、观念解读上的偏颇难以避免。对此，我要诚恳地请广大读者予谅解，同时不吝指教。

新书的面世，离不开责任编辑宋思佳先生的辛苦付出。关于宋先生的关键作用，我在《语法化理论的汉语视角》一书的后记里曾这样描述，"没有他的拔草除莠和正谬补漏，这本书不可能顺利出版"。把这句话拿来作为目前这本新书一点感言，同样十分贴切。而且，如前所述，正是因为宋先生的鼓励和建议，我才开始动笔把一直停留在脑海中的写书想法变现。所以说，宋思佳先生就是《语法化理论解析》这本书的背后推手。

彭　睿

2025年5月10日

于新加坡国立大学